U0646849

权威·前沿·原创

皮书系列为
"十二五""十三五"国家重点图书出版规划项目

财政蓝皮书

BLUE BOOK OF
CHINA'S FISCAL POLICY

中国财政政策报告（2018）

ANNUAL REPORT ON FISCAL POLICY OF CHINA
(2018)

主　编／刘尚希

社会科学文献出版社
SOCIAL SCIENCES ACADEMIC PRESS（CHINA）

图书在版编目（CIP）数据

中国财政政策报告.2018／刘尚希主编. －－北京：
社会科学文献出版社，2018.7
　（财政蓝皮书）
　ISBN 978 - 7 - 5201 - 2764 - 6

　Ⅰ.①中… 　Ⅱ.①刘… 　Ⅲ.①财政政策－研究报告－
中国－2018 　Ⅳ.①F812.0

　中国版本图书馆 CIP 数据核字（2018）第 103639 号

财政蓝皮书

中国财政政策报告（2018）

主　　编／刘尚希

出 版 人／谢寿光
项目统筹／蔡继辉
责任编辑／蔡继辉

出　　版／社会科学文献出版社　（010）59367026
　　　　　　地址：北京市北三环中路甲 29 号院华龙大厦　邮编：100029
　　　　　　网址：www.ssap.com.cn
发　　行／市场营销中心（010）59367081　59367018
印　　装／三河市龙林印务有限公司

规　　格／开 本：787mm×1092mm　1/16
　　　　　　印 张：25.75　字 数：388 千字
版　　次／2018 年 7 月第 1 版　2018 年 7 月第 1 次印刷
书　　号／ISBN 978 - 7 - 5201 - 2764 - 6
定　　价／109.00 元

皮书序列号／PSN B - 2018 - 726 - 1/1

本书如有印装质量问题，请与读者服务中心（010 - 59367028）联系

▲ 版权所有 翻印必究

《财政蓝皮书》编委会

主　任　刘尚希

委　员　刘尚希　罗文光　白景明　傅志华　程北平
　　　　　杨远根　石英华　王志刚

主要编撰者简介

刘尚希 中国财政科学研究院党委书记兼院长，经济学博士，研究员、博士生导师。第十三届全国政协委员，国务院政府特殊津贴专家，国家"百千万人才工程"国家级专家，国家文化名家暨"四个一批"人才，国家"万人计划"领军人才，高校哲学社会科学（马工程）专家委员会委员。曾多次受邀参加中央领导同志主持的包括国务院、全国人大、全国政协的座谈会、研讨会和专题学习会等。

社会兼职有国务院教育咨询委员会委员、国务院医改咨询委员会委员、国家社会科学基金学科评审组专家、国家重大科技基础设施规划总体专家组成员、中国财政学会副会长兼秘书长、国家气候变化专家委员会委员、北京市人大常委会预算监督顾问、上海市人民政府决策咨询特聘专家、广东省政府咨询顾问等。

对收入分配、公共风险、财政风险、公共财政、宏观经济、公共治理等问题有创新性的探索成果。其代表作有《收入分配循环论》《公共风险论》《财政风险及其防范的研究》《或有负债：隐匿的财政风险》《宏观金融风险与政府财政责任》《公共风险视角下的公共财政》《税收与消费》《税收与民生》《科技与经济融合》等著作，以及《财政风险：一个分析框架》《论公共风险》《公共支出范围：分析与界定》《农民"就业状态"：中国改革发展成败的决定性力量》《公共化与社会化的逻辑》《在不确定性世界寻找确定性》《以人为本的财政观：民生财政》《经济发展方式转换滞后是当前宏观经济问题的根源》《消费率、经济脆弱性与可持续发展的风险》《基本公共服务均等化：目标及政策路径》《基本公共服务均等化与政府财政责任》《中国：城镇化对政府间财政关系的挑战》《以新型城镇化为基点的公共治理改革》《财政与国家治理：基于三个维度的认识》《财政与国家治理：基于不确定性与风险社会的逻辑》《大国财政：理念、实力和路径》《制度主义公共债务管理模式的失灵——基于公共风险视角的反思》《从整体观和风险观系统认识降成本》《论中国特色的积极财政政策》等论文。

摘　要

本报告围绕中国财政政策的相关问题进行撰写，共分为四大板块。

第一大板块为总报告，包括两个部分，在回顾 2017 年财政政策的同时对 2018 年的财政政策进行展望。其中《2017 年中国的积极财政政策及综合评估》提出 2017 年财政政策呈现出从"积极"向"积极有效"转变、从"需求侧总量"调控向"供给侧结构性"调控转变的特征。并对 2017 年积极财政政策进行分类通览，发现其在农业、双创、进出口、生态文明建设、政府与社会资本合作、地方政府性债务管理等多方面着重促进落实"供给侧结构性改革"。最后指出积极财政政策在稳定经济增长、降低实体经济成本、推动供给侧结构性改革、推进财税体制改革等方面发挥了重要作用。《2018 年中国财政政策展望：面向公共风险管理的财政政策》从公共风险管理视角出发，指出未来财政政策应当满足减少经济、社会发展和改革的不确定性的要求，并针对每个方面分别提出了具体建议。

第二板块为财政与宏观经济篇，包括两个部分，分别对我国经济社会形势和财政运行状况进行回顾与预测。《2017 年中国经济社会及财政运行特点分析》总结了 2017 年中国经济社会及财政运行的特点并提出未来需关注的风险。报告指出，经济运行方面：供给侧结构性改革成效显著，投资、消费、出口结构不断优化，新旧动能转换加快，从行业、区域、微观等方面看，中国经济上行动力较强，经济运行情况较好。社会运行方面：就业好于预期；人口老龄化加快，人口流动放缓；城乡居民收入分配差距缩小，非农行业收入增长较快。财政运行方面：社会性支出不断增长，财政收入质量改善，税收结构较为合理，区域财政收入趋于平衡。《2018 年中国经济社会形势及财政收支预测》通过构建 ARIMA 模型，利用相关数据，对 2018 年中国经济社会形势以及财政收支和重点税收进行了预测。经济社会方面：GDP增长率将小幅回落至6.6%；投资仍然保持中高速增长，其中民间投资增速较低，需要引起高度重视；最终消费支出增速为11.74%，网上消费增速强劲；货物和服务净出口波动较大；CPI温和上涨；PPI上涨幅度小幅回落。财政收入方面：财政收入仍然保持较高速度增长，质量进一步提高，税收收入增长较快，非税收入将进一步规范。其中，国内消费税、企业所得税、个人所得税、资源税、国内增值税等都将实现高速增长；进口货物增值税、消费税相对增长缓慢。财政支出方面：财政支出将保持中速增长，结构将进一步优化，重点支出将进一步得到有效保障。其中社会保障支出增速达到15.5%；科技和农林水事务支出将继续保持中高速增长态势；基数较大的教育支出、财政医疗卫生支出缓慢增长；交通运输支出基本不变。

第三板块为政策评估篇，包含三个部分，分别对政府相关政策进行分析评估。其中《中国的政府投资效果分析》通过对政府投资效果进行定量计算，对政府投资在经济、社会、生态环境所产生的效果进行了评价，并提出了相关政策建议，认为要提高欠发达地区以及农村的政府投资比重，引导或挤入民间投资，缩小城乡贫富差距和生活水平。《中国的营改增改革评估》回顾了营改增试点改革历程，并运用定性分析以及统计数据和问卷调查等量化分析方法，全面评估了营改增试点改革5年多的实施情况及取得的积极成效，重点分析了营改增试点改革的改革效应、减税效应和预期效应，得出营改增试点改革基本实现了预期改革目标的结论。报告还指出，由于增值税制度的复杂性，我国增值税仍有进一步改革和完善的空间，并提出了相应的建议。《中国积极财政政策的区域性效果》基于区域经济学视角，分四大区域实证分析了积极财政政策产生的经济效果和社会效果。经济效果方面主要研究了积极财政政策对区域经济增长、民间投资、民间消费和就业的影响；社会效果方面主要研究了积极财政政策对区域教育水平、医疗水平以及贫困发生率的影响。研究发现：积极财政政策在不同区域的经济效果和社会效果存在差异。考虑区域财政竞争后，使用空间计量模型进一步实证研究了积极财政政策产生的经济、社会效果。

第四板块为风险管理篇，包含两个部分，对各类风险进行分析，研究相应的风险应对措施。《财政、货币金融政策有机配合以共御风险》从宏观风险的管理入手，提出了宏观风险管理的政策调控取向，构建了基于风险共御的财政金融政策调控框架，分别探讨了开展宏观风险管理的财政税收政策和货币金融政策，并基于当前的宏观经济风险提出了较为完整的财政金融政策共御风险的机制和政策搭配。《地方政府债务风险管理》首先从考察地方政府债务的流变入手，分析在工业化、市场化、城市化这些大的宏观背景下研究地方政府债务是如何发生发展的，以及通过央地收支划分的财政体制、投融资体制以及官员晋升体制来分析地方政府债务变化，并对当前地方政府债务的层级结构、期限结构进行描述；其次对地方政府债务管理中存在的问题进行分析；再次介绍当前财政的政府债务管理改革举措；最后针对现有制度主义思维下的管理失效进行反思，从行为主义角度提出了政策建议。

关键词：财政政策　供给侧改革　经济状况　财税体制

序言
不确定性条件下的积极财政政策

当前我们所处的时代最突出的特征就是各种不确定性，这已经成为一种常态。如何看待我们的改革、政策与各种经济社会现象，需要一种新的世界观，这种新的世界观就是从对确定性的认知转变到对不确定性的认知。如果没有这种转变恐怕无法适应我们这个时代，难以做出科学的决策与判断。

从不确定性的视角看，推动供给侧结构性改革就是要应对不确定性，供给侧结构性改革应对的不确定性指的是什么？就是供给与需求不能很好地匹配，例如金融服务供给和实体经济融资需求、公共服务供给与需求以及人力资本供给和需求的不匹配等，这些不匹配会带来各种不确定性后果。如果任由这种不确定性进一步地放大，就会变成经济危机、金融危机等各类危机，所以我们不能让这种不确定性继续放大，必须有效控制，实施供给侧结构性改革。面对这种经济、社会的各类不确定性，财政政策该如何作为？中央经济工作会议提出"财政政策要更加积极有效"的要求，蕴涵着提高国家治理效能的深意。所谓"积极"，就是要积极主动发挥财政在国家治理中的基础和重要支柱作用，增强财政政策的预见性和预防性，而不是被动应付、见招拆招。所谓"有效"，就是要抓住关键环节、关键问题，精准发力、对症下药，达到"四两拨千斤"的效果。在当前经济增速换挡期，财政政策更要发挥"定海神针"作用，持续不断地为经济社会发展、改革深化注入"确定性"，稳住大局，推进供给侧结构性改革，确保稳增长、促改革、调结构、惠民生、防风险各项工作有效落实。

要创新积极财政政策，更好地服务供给侧结构性改革，主要体现在以下三个方面。一是从以总量为主的政策转向结构性政策。今天面临的问题很显然不再是总量问题，或者说主要不是这个问题，而是结构性的问题、结构性的矛盾。所以，财政政策就应该从总量的政策转向结构的政策，结构的政策就是要去调整我们的经济结构、产业结构、区域结构、城乡结构、分配结构，财政政策要在这些方面发力。我们说的结构是整体的，不是单一的，不是某一个侧面的，既是经济的，也是社会的、制度的。从当前来看，我们要推动经济结构、社会结构优化，更重要的是制度结构怎么去调整。很显然，这是改革的命题，也是创新的课题。二是财政政策从过去单一地关注或者重点关注经济到关注综合。现在财政政策不仅是经济政策也是社会政策，在民生领域要发力，在教育、医疗、养老、社保等基本公共服务的均等化方面财政怎么发挥作用，民生方面怎么兜底，怎么促进社会公平，通过基本公共服务的提供，促进人力资本的积累，推动人的全面发展。三是从过去宏观调控转向公共风险管理。为什么提出公共风险管理呢？这个世界是不确定的，不确定性事件越来越多，会带来各种眼前的、短期的风险，以及长期的、整体的风险。宏观调控本质是短期的相机抉择，注重的是对短期风险的防范和化解，怎么关注长期风险对中国的发展来讲至关重要，所以财政政策既要关注短期风险的防范与化解，更要转向长期的、整体的战略层面化解风险，这就需要公共风险管理，这样财政政策既能短期有效也能长期有效，不至于造成风险的后移或者累积。财政政策的创新并非易事，这是一个整体性的事情，因为财政的事情不是财政部门的事情，是整个国家的事情，是整个社会的事情，涉及老百姓，涉及企业，涉及整个市场，也涉及国际社会。

　　具体而言，从积极财政政策的效果来看，应主要体现在三个方面。一是注入确定性。党的十八大以来，我国的积极财政政策为市场运行注入确定性，减少实体经济内部、虚拟经济内部以及实体经济与虚拟经济之间的不确定性，稳定国民经济；为社会运行注入确定性，降低消费、就业和社会心理的不确定性，保障民生，稳定民心；为改革注入确定性，按照党的十八届三中全会《决定》提出的"科学的财税体制是优化资源配置、维护市场统一、促进社会公平、实现国家长治久安的制度保障"定位，大力推动改革。二是引导形成良好社会预期。良好社会预期是经济社会平稳健康发展的基石，对市场和社会环境有良好预期，人们就会有动力、有耐心去从事创新创业活动。而悲观的预期则会导致市场主体行为的短期化，倾向于投机炒作赚快钱。要引导形成良好社会预期，首先要保证财政政策信号清晰，各项政策措施越明确、落实越有力，社会预期就越好。其次要精准施策，政策措施一旦出台就不能"翻烧饼"，也不宜频频出招，防止政策多变、频出而扰乱预期。最后要树立底线思维，充分考虑现实中的各种不确定性因素，有预案、有底线，给经济社会主体吃下"定心丸"。三是推动实现新的供求动态平衡。结构性失衡的根源是资源错配、效率低下，产生大量无效供给，而优质供给不足。因此，积极财政政策的作用不是"大水漫灌"，而是精准施策、积极有效。一方面，积极支持"三去一降一补"政策的落实，并着力做好职工分流、培训、安置工作；另一方面，通过实施减税降费、鼓励研发创新、支持普惠金融、扶持中小微企业、改革重要农产品价格形成机制等措施，为市场机制发挥自组织功能创造条件，通过市场力量来矫正结构性失衡。与传统的扩张性政策不同，目前积极财政政策不是政府直接发力扩大需求，而是通过激发市场活力来间接发挥作用，优化资源配置，扩大优质供给；不是通过政策来替代市场，而是让市场在资源配置中发挥决定性作用；不是单打独斗，而是认识和把握稳增长、促改革、调结构、惠民生、防风险等系统联动关系，发挥财政政策在这些方面的整体效能。

刘尚希

2018 年 4 月

目　录

IV 风险管理篇

皮书数据库阅读**使用指南**

总 报 告

General Report

B.1

2017年中国的积极财政政策
及综合评估

武靖州*

摘　要： 2017 年是"十三五"规划实施的第二年，也是提出"供给侧结构性改革"的第二年，财政政策呈现出从"积极"向"积极有效"转变、从"需求侧总量"调控向"供给侧结构性"调控转变的特征。积极有效的财政政策着重促进落实"供给侧结构性改革"，充分体现出财政政策的结构性调整的优势，财政政策涉及领域广泛，主要集中在农业、双创、进出口、生态文明建设、政府与社会资本合作、地方政府性债务管理等方面，在稳定经济增长、降低实体经济成本、推动供给侧

---

* 武靖州，经济学博士，中国财政科学研究院副研究员，主要研究领域为宏观经济、财政政策等。

结构性改革、优化经济结构、推进财税体制改革、促进社会
事业发展方面发挥了重要作用。

关键词： 财政政策 供给侧结构性改革 稳增长 财税体制

2017 年是不平凡的一年，党的十九大胜利召开，勾画了从决胜全面建
成小康社会到全面建成社会主义现代化强国的宏伟目标。这一年，全党全国
按照中央经济工作会议和《政府工作报告》的部署，坚持稳中求进的工作
总基调，统筹推进"五位一体"总体布局和协调推进"四个全面"战略，
以供给侧结构性改革为主线，统筹推进稳增长、促改革、调结构、惠民生、
防风险各项工作，经济运行总体上好于预期。面对近年来我国经济增长速度
换挡期、结构调整阵痛期、前期刺激政策消化期"三期"叠加的局面，党
中央作出我国经济进入"新常态"的精确判断。新常态下，宏观经济政策
应有新的思路。2017 年，我国在继续实施积极财政政策的同时，更加强调
财政政策的有效性与精准度，财政政策在促进经济社会稳定发展方面起到了
重要的保驾护航作用。

一 2017年中国积极财政政策的特征

2017 年是"十三五"规划实施的第二年，也是决策层提出"供给侧结
构性改革"的第二年。2016 年 12 月召开的中央经济工作会议强调"稳中求
进工作总基调是治国理政的重要原则，也是做好经济工作的方法论"，"财
政政策要更加积极有效，预算安排要适应推进供给侧结构性改革、降低企业
税费负担、保障民生兜底的需要"，为 2017 年的财政政策定下了基调。2017
年 3 月召开的十二届全国人民代表大会第五次会议上，李克强总理在《政
府工作报告》中提出"财政政策要更加积极有效"：一是 2017 年赤字率按
3% 安排，比 2016 年增加 2000 亿元；二是进一步减税降费，全年减少企业

税负 3500 亿元左右，减少涉企收费约 2000 亿元；三是财政预算安排向补短板、惠民生倾斜；四是增加均衡性转移支付和困难地区财力补助，对地方一般性转移支付规模增长 9.5%；五是压缩非重点支出，减少对绩效不高项目的预算安排；六是中央部门按不低于 5% 的幅度缩减一般性转移支出，"三公"经费只减不增。

财政部在十二届全国人大五次会议上所做的《关于 2016 年中央和地方预算执行情况与 2017 年中央和地方预算草案的报告》中，概括了 2017 年"更加积极有效"财政政策的主要内容。一是继续为企业减负。进一步完善营改增试点政策，扩大享受减半征收企业所得税优惠的小微企业范围；提高科技型中小企业研发费用加计扣除比例 25 个百分点；延续实施物流企业大宗商品仓储设备税收减免政策；全面清理规范政府性基金，取消或停征中央涉企行政事业性收费 35 项，收费项目减少 50% 以上；适当降低"五险一金"缴费比例。二是赤字率保持不变，适度扩大支出规模，合理安排收入预算，盘活存量财政支出。三是突出重点保障领域。新增财力及腾出的存量资金，优先用于支持推进供给侧结构性改革、适度扩大有效需求，加大对基本民生保障和扶贫、农业、教育、生态文明建设等重点领域的投入，财力进一步向困难地区和基层倾斜。

与前几年相比，2017 年财政政策呈现出两大特征。

1. 特征之一：从"积极"到"积极有效"

2017 年财政政策的最大特点就在于从"积极"转变为更加"积极有效"。更加"积极"，表现在 2017 年财政政策继续实施了减税降费政策，进一步减轻了企业负担，赤字率仍保持在 3% 的水平，赤字规模随国内生产总值增长而相应增长、适度扩大；更加"有效"，表现在 2017 年财政政策更加注重发挥"结构性"优势，突出了保障重点，提高了支出的有效性和精准度。

从"十二五"期间的财政政策看，2011 年强调"紧紧围绕科学发展主题和加快转变经济发展方式主线，继续实施积极的财政政策"；2012 年提出"把握好稳中求进的工作总基调"，"实施积极的财政政策"；2013 年则强调"紧紧围绕主题主线，坚持稳中求进的工作总基调，继续实施积极的财政政策"；2014 年进一步强调"坚持稳中求进、改革创新，继续实施积极的财政政策"；2015 年作为全面推进依法治国的开局之年，以及全面完成"十二五"规划的收官之年，在财政政策方面强调"坚持稳中求进、改革创新，继续实施积极的财政政策并适当加大力度"。

自 2016 年起，我国国民经济和社会发展步入"十三五"时期，作为全面建成小康社会决胜阶段的开局之年，以及推进结构性改革的攻坚之年，2016 年财政政策在 2015 年的基础上继续强调"坚持稳中求进工作总基调"，增加了"实行宏观政策要稳、产业政策要准、微观政策要活、改革政策要实、社会政策要托底的总体思路"，提出"继续实施积极的财政政策并加大力度"，比 2015 年的"适当加大力度"更进一步。

2017 年，作为实施"十三五"规划的重要一年，以及供给侧结构性改革的深化之年，在 2016 年的基础上，进一步提出"坚持以推进供给侧结构性改革为主线，适度扩大总需求，加强预期引导，深化创新驱动"，并特别强调"财政政策要更加积极有效"。这是自 2011 年以来所一直坚持的在积极财政政策的基础上首次提出"有效"。

2. 特征之二：从"需求侧总量"调控到"供给侧结构性"调控

2017 年财政政策已经明显侧重"供给侧"，而从"十二五"时期至今，积极财政政策实际上逐步实现了从侧重"需求侧"到侧重"供给侧"的转变。

"十二五"时期，财政政策的重点是"需求侧"。2011 年积极财政政策强调"提高城乡居民收入，扩大居民消费需求"，以及"调整完善税收政策，促进企业发展和引导居民消费"；2012 年积极财政政策强调"完善结构性减税政策，减轻企业和居民负担"，以及"增加居民收入，提高消费能力"，这些政策都是旨在通过切实提高收入和减税来实现需求侧经济增长动力"三驾马车"中的"消费"这个环节的增长，带有突出的"需求侧"总量特征；2013 年积极财政政策提出"适当增加财政赤字和国债规模，保持必要的支出力度"；2014 年强调"适当扩大财政赤字，保持一定的刺激力度"；2015 年提出"适当扩大财政赤字规模和动用以前年度结转资金，加大支出力度"，以及"加大盘活财政存量资金力度"和"保持一定的政府投资规模"。这些政策都是旨在通过各种途径来切实扩大支出规模，来实现需求侧经济增长动力"三驾马车"中的"投资"这个环节的增长。无论是通过扩大支出规模还是提高资金使用效益，最终目标都是实现扩大投资，以投资这一需求侧总量调控手段来拉动宏观经济增长。

"十二五"期间和2016年的财政政策已经开始逐步向"结构性"转变，其中不乏关于对这两个方面的强调。2011年的财政政策提出"着力优化投资结构，加强经济社会发展的薄弱环节"，这一条虽然看似是关于"三驾马车"中的"投资"环节，但是已经开始显现结构性改革的端倪，意识到应当通过投资结构的优化来加强经济社会发展的薄弱环节。2011年提出"大力支持经济结构调整"，2012年微调为"促进经济结构调整"，再加上2013年"结合税制改革完善结构性减税政策，促进经济结构调整"、2014年"完善有利于结构调整的税收政策，促进经济提质增效升级"和2015年"实行结构性减税和普遍性降费，加强对实体经济的支持"，这些政策都表明"结构性"改革已经开始逐步成为积极财政政策的发力重点。"十二五"时期的减税降费措施到2016年更加明确，首要一条就是"进一步减税降费"，带有典型的供给侧"降成本"特征，而"调整优化支出结构"则带有突出的"结构性"特点。

与2016年"扩大财政赤字规模""加大财政资金统筹使用力度"等仍然带有"需求侧"总量调节特色的政策有所不同，2017年的财政政策明显开启从"需求侧"向"供给侧"的转变。2017年财政政策提出"深入推进财税体制改革"，以及"统筹盘活财政存量资金"，这两条都是典型的"供给侧"政策，注重的是体制机制改革。"大力实施减税降费政策"是为了进一步减轻企业负担，直接回应的就是供给侧结构性改革几大举措当中的"降成本""去杠杆"等方面。"继续调整优化支出结构"则意在保证将有限资金用于重点领域和关键环节，带有非常突出的结构性调整的特征。特别值得注意的是，"积极防范化解财政风险"这一条仍然是"需求侧"总量调节的政策，意在将赤字率控制在合理水平，足见财政政策调整是特别注重供需并进的，不存在偏废一说。

二 2017年中国积极财政政策分类通览

2017 年积极有效的财政政策着重促进落实"供给侧结构性改革",充分体现出财政政策较之货币政策在宏观调控中能够发挥结构性调整的优势,政策涉及领域广泛,重点主要集中在农业、双创、进出口、生态文明建设、政府与社会资本合作、地方政府性债务管理等方面。

1. 农业供给侧结构性改革相关的财政政策

2017 年中央一号文件延续了多年聚焦"三农"的惯例,提出了深入推进农业供给侧结构性改革,加快培育农业农村发展新动能的若干意见,强调"把农业农村作为财政支出的优先保障领域,确保农业农村投入适度增加,着力优化投入结构,创新使用方式,提高支农效能"。鉴于此,2017年支农惠农的财政政策密集出台。2017 年发布的财政政策中,涉及"三农"问题的有 14 条,基本上所有政策都是立足于农村、农业和农民的供给侧结构性改革相关问题。这些政策涉及贫困县涉农资金整合、创建国家现代农业产业园区、加强农业生产发展资金管理、强化全国农业信贷担保工作、电子商务进农村、农业大灾保险、田园综合体建设试点、资产收益扶贫、农业领域 PPP 模式、涉农金融机构减免税、农业全产业链开发创新示范等领域。与以往重视在需求端支农惠农不同,2017 年的财政政策把侧重点转移到供给端,旨在通过优化涉农财政支出,提高农业生产供给端的质量(见表 1 - 1)。

表 1 - 1　2017 年农业供给侧结构性改革相关财政政策

编号	政策文件	主要内容	出台时间
1	关于做好 2017 年贫困县涉农资金整合试点工作的通知	在总结 2016 年整合试点的基础上,将贫困县涉农资金整合试点范围推广到全部国家扶贫开发工作重点县和特困地区县;鼓励地方政府利用各级财政资金自主开展探索;纳入试点的县均应编制 2017 年资金统筹整合使用方案	2017 年 2 月 6 日

续表

编号	政策文件	主要内容	出台时间
2	关于开展国家现代农业产业园创建工作的通知	根据产业园的规划面积、园内农业人口数量、地方财政支持情况等因素，中央财政通过以奖代补方式对批准创建的国家现代农业产业园给予适当支持	2017年3月29日
3	关于印发《农业生产发展资金管理办法》的通知	明确农业生产发展资金支出范围、分配方式和下达时间，要求实行"大专项+任务清单"管理方式，严格资金使用的监督检查与绩效评价	2017年4月28日
4	关于做好全国农业信贷担保工作的通知	坚持全国农业信贷担保体系的政策性定位，明确政策性农业信贷担保业务的财政支持政策，建设省级农业信贷担保体系，发挥国家农担公司的作用，提升省级农担公司能力，对农业信贷担保工作开展绩效考核与过程监督	2017年5月2日
5	关于开展2017年电子商务进农村综合示范工作的通知	2017年在全国培育一批具有示范带动作用的电子商务示范县，并向贫困地区倾斜；中央财政资金以股权投资、PPP模式、以奖代补、贷款贴息等方式予以支持	2017年5月3日
6	关于做好2017年中央财政农业生产发展等项目实施工作的通知	创新财政支农体制机制，有效发挥财政资金引导作用；推动建立以绿色生态为导向的农业补贴制度，优化生态系统补贴政策，建立多元化生态保护补偿机制；统筹资金使用，优化支出结构，建立绩效评价制度；发挥财政资金杠杆作用，通过PPP、政府购买服务等方式，吸引社会资本投入农业建设	2017年5月15日
7	关于在粮食主产省开展农业大灾保险试点的通知	选择13个粮食主产省的200个产粮大县开展农业大灾保险试点；鼓励试点地区实际探索创新保险模式	2017年5月17日
8	关于开展田园综合体建设试点工作的通知	2017年选择18个省份开展田园综合体建设试点，中央财政从部分涉农专项资金中统筹安排，以资金整合、先建后补、以奖代补、PPP模式、政府引导基金等方式支持试点项目建设	2017年5月24日
9	关于做好财政支农资金支持资产收益扶贫工作的通知	脱贫攻坚期内，各地利用中央财政专项扶贫资金和其他涉农资金投入相关领域项目所形成的资产，条件成熟的可用于资产收益扶贫；资产收益权优先分配给贫困村和贫困户，并向丧失劳动力或弱劳动力的贫困户、贫困残疾人户倾斜；鼓励各地探索创新收益分配方式，推广"保底收益+按股分红"等模式	2017年5月31日
10	关于深入推进农业领域政府和社会资本合作的实施意见	探索农业领域推广PPP模式的路径、模式与机制，鼓励社会资本参与农业绿色发展、高标准农田建设、现代农业产业园、田园综合体等领域农业公共产品和服务供给	2017年5月31日

编号	政策文件	主要内容	出台时间
11	关于小额贷款公司有关税收政策的通知	2017年1月1日至2019年12月31日内,对经省级主管部门批准成立的小额贷款公司取得的农户小额贷款利息收入,免征增值税;在计算应纳税所得额时,按90%计入收入总额;对按年末贷款余额的1%计提的贷款损失准备金准予在企业所得税税前扣除	2017年6月9日
12	关于延续支持农村金融发展有关税收政策的通知	自2017年1月1日起三年内,对金融机构农户小额贷款的利息收入免征增值税,并在计算应纳税所得额时,按90%计入收入总额;对保险公司为种植业、养殖业提供保险业务取得的保费收入,在计算应纳税所得额时,按90%计入收入总额	2017年6月9日
13	关于支持农村集体产权制度改革有关税收政策的通知	对农村集体产权制度改革过程中符合条件的土地、房屋权属等免征契税、印花税等	2017年6月22日
14	关于推进农业全产业链开发创新示范工作的通知	优先支持国家现代农业示范区和农业综合开发现代农业园区,重点支持特色优势主导产业;发挥财政的引导作用,吸引社会资本;中央财政资金分配向全产业链开发工作积极性高、成效突出的地区倾斜	2017年7月9日

资料来源:财政部官方网站。

2. 支持"大众创业、万众创新"的财政政策

近年来,我国"大众创业、万众创新"广泛开展,2016年新登记企业增长率达24.5%,各类市场主体每天新增4.5万户,正在形成经济发展的新动能。2017年7月,国务院发布《国务院关于强化实施创新驱动发展战略进一步推进大众创业万众创新深入发展的意见》,强调要"强化政策供给,突破发展瓶颈,充分释放全社会创新创业潜能",在财政政策方面提出了一系列创新性的具体措施:一是财政资金支持形成的科技成果,除涉及国防、国家安全、国家利益、重大社会公共利益外,在合理期限内未能转化的,可由国家依法强制许可实施转化;二是推广专利权质押等知识产权融资模式,鼓励保险公司为科技型中小企业知识产权融资提供保证保险服务,对符合条件的由地方各级人民政府提供风险补偿或保费补贴;三是改革财政资

金、国有资本参与创业投资的投入、管理与退出标准和规则，建立完善与其特点相适应的绩效评价体系；四是适时推广创业投资企业和天使投资个人有关税收试点政策，引导社会资本参与创业投资；五是引导和规范地方各级人民政府设立创业投资引导基金；六是改革和创新科研管理、投入和经费使用方式；七是研究完善适应分享经济特点的税收征管措施。

2016年末、2017年发布的财政政策中，"大众创业、万众创新"支持政策就有12条。这些政策涉及支持科技创新、创业投资企业和天使投资、自主就业退役士兵创业就业、小微企业融资、小微企业增值税、小额贷款公司税收、科技型中小企业研究开发费用税前加计扣除比例、小型微利企业所得税优惠、企业研发费用加计扣除政策落实、技术先进型服务企业所得税政策、科技创新进口税收政策等领域（见表1-2）。

表1-2 2016年末、2017年支持"双创"的相关财政政策

编号	政策文件	主要内容	出台时间
1	关于"十三五"期间支持科技创新进口税收政策的通知	科学研究机构、技术开发机构、学校等单位进口国内不能生产或者性能不能满足需要的科学研究、科技开发和教学用品，免征进口关税和进口环节增值税、消费税；对出版物进口单位为科研院所、学校进口用于科研、教学的图书、资料等，免征进口环节增值税	2016年12月27日
2	关于支持科技创新进口税收政策管理办法的通知	国务院部委、直属机构所属各类科研院所，各省、自治区、直辖市、计划单列市所属各类科研院所，国家承认学历的实施专科及以上高等学历教育的高等学校及其他符合条件的科研机构，进口符合条件的出版物，按海关规定办理有关减免税手续	2017年1月14日
3	关于进一步做好中央财政科研项目资金管理等政策贯彻落实工作的通知	进一步完善科研经费管理制度，细化劳务费和间接费用管理，统筹结余资金使用，规范财务审计	2017年3月3日
4	关于中小企业融资（信用）担保机构有关准备金企业所得税税前扣除政策的通知	对符合条件的中小企业融资（信用）担保机构准备金实行企业所得税税前扣除政策	2017年3月21日

续表

编号	政策文件	主要内容	出台时间
5	关于创业投资企业和天使投资个人有关税收试点政策的通知	对符合条件的创业投资企业和天使投资个人实施企业所得税和个人所得税税收优惠试点	2017 年 4 月 28 日
6	关于提高科技型中小企业研究开发费用税前加计扣除比例的通知	2017 年 1 月 1 日至 2019 年 12 月 31 日期间,科技型中小企业开展研发活动中实际发生的研发费用,未形成无形资产计入损益的,在据实扣除的基础上,再按实际发生额的 75% 在税前加计扣除;形成无形资产的,按照无形资产成本的 175% 在税前摊销	2017 年 5 月 12 日
7	关于扩大小型微利企业所得税优惠政策范围的通知	自 2017 年 1 月 1 日至 2019 年 12 月 31 日,将小型微利企业的年应纳税所得额上限由 30 万元提高至 50 万元,对年应纳税所得额低于 50 万元(含 50 万元)的小型微利企业,其所得减按 50% 计入应纳税所得额,按 20% 的税率缴纳企业所得税	2017 年 6 月 6 日
8	关于继续实施扶持自主就业退役士兵创业就业有关税收政策的通知	对自主就业退役士兵从事个体经营,符合条件的给予相应税收减免;对加工型企业和街道社区具有加工性质的小型企业实体,新增加岗位中当年新招用自主就业退役士兵,符合条件的给予相应的税收减免	2017 年 6 月 12 日
9	关于继续实施支持和促进重点群体创业就业有关税收政策的通知	对持《就业创业证》或《就业失业登记证》的人员从事个体经营的给予一定的税收减免措施;符合条件的加工型企业和街道社区具有加工性质的小型企业实体,在新增加的岗位中,当年新招用登记失业半年以上且持《就业创业证》或《就业失业登记证》(注明"企业吸纳税收政策")人员,按就业人数给予相应的税收减免措施	2017 年 6 月 12 日
10	关于进一步做好企业研发费用加计扣除政策落实工作的通知	通过建立协同工作机制,明确事中异议和事后核查异议项目鉴定要求,建立信息化服务平台等,确保相关政策落实落地	2017 年 7 月 21 日
11	关于延续小微企业增值税政策的通知	自 2018 年 1 月 1 日至 2020 年 12 月 31 日,继续对月销售额 2 万元(含本数)至 3 万元的增值税小规模纳税人,免征增值税	2017 年 10 月 20 日
12	关于将技术先进型服务企业所得税政策推广至全国实施的通知	自 2017 年 1 月 1 日起,对经认定的技术先进型服务企业,减按 15% 的税率征收企业所得税;经认定的技术先进型服务企业发生的职工教育经费支出,不超过工资薪金总额 8% 的部分,准予在计算应纳税所得额时扣除;超过部分,准予在以后纳税年度结转扣除	2017 年 11 月 2 日

资料来源:财政部官方网站。

3. 进出口财政政策

2017年《政府工作报告》提出，要采取多种政策措施促进外贸继续回稳向好，一是完善并落实相关进出口政策，提高进出口产品质量；二是扩大出口信用保险覆盖面，对成套设备出口融资应保尽保，设立服务贸易创新发展引导基金等。2016年末、2017年发布的财政政策中，与进出口相关的政策有11条。这些政策涉及种子种源免税进口计划、享受进口税收优惠政策的中资"方便旗"船舶、重大技术装备进口税收、境外投资者以分配利润直接投资暂不征收预提所得税、完善企业境外所得税收抵免政策、2017年下半年CEPA项下部分货物实施零关税、2018年关税调整方案、调整部分消费品进口关税、给予冈比亚共和国及圣多美和普林西比民主共和国97%税目产品零关税待遇、"十三五"期间在我国海洋开采石油（天然气）进口物资免征进口税收、我国陆上特定地区开采石油（天然气）进口物资税收政策等领域（见表1-3）。

表1-3　2016年末、2017年进出口财政政策

编号	政策文件	主要内容	出台时间
1	关于"十三五"期间在我国海洋开采石油（天然气）进口物资免征进口税收的通知	自2016年1月1日至2020年12月31日，在我国海洋进行石油（天然气）开采作业的项目，进口国内不能生产或性能不能满足要求，并直接用于开采作业的设备、仪器、零附件、专用工具等，在规定的免税进口额度内，免征进口关税和进口环节增值税	2016年12月29日
2	关于"十三五"期间在我国陆上特定地区开采石油（天然气）进口物资税收政策的通知	自2016年1月1日至2020年12月31日，在我国领土内的沙漠、戈壁荒漠进行石油（天然气）开采作业的自营项目，及经国家批准的陆上石油（天然气）中标区块内进行开采作业的中外合作项目，进口国内不能生产或性能不能满足要求，并直接用于开采作业的设备、仪器、零附件、专用工具及物资等，在规定的免税进口额度内，免征进口关税或进口环节增值税	2016年12月29日
3	国务院关税税则委员会关于2017年下半年CEPA项下部分货物实施零关税的通知	对新完成原产地标准磋商的6项香港原产商品和27项澳门原产商品，自2017年7月1日起实施零关税	2017年6月29日

编号	政策文件	主要内容	出台时间
4	关于2017年种子种源免税进口计划的通知	"十三五"期间继续对进口种子(苗)、种畜(禽)、鱼种(苗)和种用野生动植物种源免征进口环节增值税	2017年7月21日
5	关于第二批享受进口税收优惠政策的中资"方便旗"船舶清单的通知	"大中"等28艘中资"方便旗"船舶可享受免征关税和进口环节增值税的优惠	2017年8月1日
6	国务院关税税则委员会关于给予冈比亚共和国、圣多美和普林西比民主共和国97%税目产品零关税待遇的通知	从2017年12月1日起,对原产于冈比亚共和国、圣多美和普林西比民主共和国的97%税目产品实施最不发达国家零关税	2017年10月27日
7	国务院关税税则委员会关于调整部分消费品进口关税的通知	自2017年12月1日起,以暂定税率方式降低部分消费品进口关税	2017年11月22日
8	国务院关税税则委员会关于2018年关税调整方案的通知	自2018年1月1日起,对部分商品的进出口关税进行调整	2017年12月12日
9	关于境外投资者以分配利润直接投资暂不征收预提所得税政策问题的通知	对境外投资者从中国境内居民企业分配的利润,直接投资于鼓励类投资项目,凡符合规定条件的,实行递延纳税政策,暂不征收预提所得税	2017年12月21日
10	关于调整重大技术装备进口税收政策有关目录的通知	对重大技术装备进口税收政策有关目录进行修订	2017年12月22日
11	关于完善企业境外所得税收抵免政策问题的通知	根据《中华人民共和国企业所得税法》及其实施条例和《财政部 国家税务总局关于企业境外所得税收抵免有关问题的通知》(财税〔2009〕125号)的有关规定,完善我国企业境外所得税收抵免政策	2017年12月28日

资料来源:财政部官方网站。

4. 促进生态文明建设的财政政策

2017年5月,国家发改委等11部委联合发布的《关于印发2017年生态文明建设工作要点的通知》中明确了2017年生态文明建设的工作重点：一是深化实施主体功能区战略；二是加快推进产业结构调整；三是促进资源节约集约循环利用；四是大力推进环境污染治理；五是保护修复自然生态系统；六是积极应对气候变化；七是深化生态文明体制改革。

财政部报请全国人大审批的《关于2016年中央和地方预算执行情况与2017年中央和地方预算草案的报告》中，明确了2017年生态环保方面的财政支出政策：一是支持打好大气、水、土壤污染防治三大战役，对重点区域解决燃煤污染等大气污染防治工作实施财政奖补，支持重点流域水污染防治，开展土壤污染详查，强化水、土壤污染防治；二是加大重点生态功能区转移支付力度，适时启动第二批山水林田湖生态保护和修复工程试点；三是深入落实新一轮草原生态保护补助奖励政策，支持新一轮退耕还林还草并扩大规模，实施天然林保护全覆盖政策；四是推进矿产资源权益金制度改革和流域上下游横向生态保护补偿机制建设；五是推动扩大排污权有偿使用和交易试点范围；六是支持国家公园体制试点；七是继续安排新能源汽车补贴，提高技术门槛，完善补贴机制；八是实施节能减排财政政策综合示范；九是支持煤层气、页岩气、农村水电等清洁能源资源开发利用和成品油质量升级；十是调整可再生能源发电补贴机制，促进循环经济发展和清洁生产；十一是进一步支持农村环境突出问题综合治理。2016年末、2017年发布的财政政策中，促进生态文明建设的财政政策共5条。这些政策涉及中央对地方重点生态功能区转移支付、建立流域上下游横向生态保护补偿机制、农业资源及生态保护补助资金管理、新能源汽车推广应用财政补贴政策、矿产资源权益金制度改革等领域（见表1-4）。

表1-4 2016年末、2017年促进生态文明建设财政政策

编号	政策文件	主要内容	出台时间
1	关于加快建立流域上下游横向生态保护补偿机制的指导意见	通过明确补偿基准、科学选择补偿方式、合理确定补偿标准、建立联防共治机制、签订补偿协议等推动形成流域上下游横向生态保护补偿机制；中央财政对达成补偿协议的重点流域给予奖励，对率先达成补偿协议流域优先支持	2016年12月20日

编号	政策文件	主要内容	出台时间
2	关于调整新能源汽车推广应用财政补贴政策的通知	调整完善新能源汽车推广应用补贴政策,落实企业、地方政府与国家有关部门的推广应用主体责任,建立违规骗补的惩罚机制	2016年12月29日
3	国务院关于印发矿产资源权益金制度改革方案的通知	根据维护国家矿产资源权益、落实矿业企业责任、稳定中央和地方财力格局的原则,建立符合我国特点的新型矿产资源权益金制度,在矿业权出让、占有,矿业开采,矿山环境治理恢复等环节,明确矿产资源收入分配比例	2017年4月13日
4	关于印发《中央对地方重点生态功能区转移支付办法》的通知	中央财政设立重点生态功能区转移支付,对重点生态县域、生态文明试点示范和重大生态工程建设地区、选聘建档立卡人员为生态扩林员的地区,按照相关原则分配转移支付资金	2017年8月2日
5	关于印发节能节水和环境保护专用设备企业所得税优惠目录(2017年版)的通知	调整完善节能节水和环境保护专用设备企业所得税优惠目录,明确有关政策	2017年9月6日

资料来源:财政部官方网站。

5. 政府与社会资本合作(PPP)及政府采购相关财政政策

2017年3月,国务院发布的《关于进一步激发社会领域投资活力的意见》强调,坚持"放管服"改革方向,注重调动社会力量,降低制度性交易成本,吸引各类投资进入社会领域,更好满足多层次多样化需求,提出了放宽行业准入标准、扩大投融资渠道、落实土地税费政策、促进融合创新发展、优化监管与服务等措施。2017年9月,国务院发布《关于进一步激发民间有效投资活力促进经济持续健康发展的指导意见》,提出了"鼓励民间资本参与政府和社会资本合作(PPP)项目,促进基础设施和公用事业建设"的具体措施:一是开放基础设施和公用事业领域,为民营企业创造平等竞争机会,支持民间资本股权占比高的社会资本方参与PPP项目;二是采取多种PPP运作方式,规范有序盘活存量资产,丰富民营企业投资机会;三是合理确定基础设施和公用事业价格和收费标准,完善PPP项目价格和收费适时调整机制，通过适当延长合作期限、积极创新运营模式、充分挖掘项目商业价值等，建立 PPP 项目合理回报机制；四是提高民营企业融资能力，有效降低融资成本，推动 PPP 项目资产证券化，鼓励民间资本采取混合所有制、设立基金、组建联合体等多种方式，参与投资规模较大的 PPP 项目。

2016 年末、2017 年发布的财政政策中，涉及政府与社会资本合作（PPP）及政府采购问题的有 6 条。这些政策涉及促进残疾人就业政府采购政策、规范开展政府和社会资本合作项目资产证券化、规范政府和社会资本合作综合信息平台项目库管理、通过政府购买服务支持社会组织培育发展、运用政府和社会资本合作模式支持养老服务业发展、政府购买服务信息平台运行管理等领域（见表 1 - 5）。

表 1 - 5　2016 年末、2017 年政府与社会资本合作（PPP）及政府采购相关财政政策

编号	政策文件	主要内容	出台时间
1	关于通过政府购买服务支持社会组织培育发展的指导意见	通过改善准入环境、加强分类指导与重点支持、强化采购环节管理等措施,支持社会组织培育发展;中央财政继续安排专项资金,有条件的地方可参照安排专项资金	2016 年12 月 1 日
2	关于规范开展政府和社会资本合作项目资产证券化有关事宜的通知	稳妥推动 PPP 项目资产证券化,严格筛选开展资产证券化的 PPP 项目,完善 PPP 项目资产证券化工作程序,强化 PPP 项目资产证券化监督管理	2017 年6 月 7 日
3	关于政府参与的污水、垃圾处理项目全面实施 PPP 模式的通知	支持污水、垃圾处理领域全面实施 PPP 模式工作,未有效落实全面实施 PPP 模式政策的项目,原则上不予安排相关预算支出;以运营补贴作为财政资金投入的主要方式,逐步减少资本金投入和投资补助;涉农资金整合中充分统筹农村污水、垃圾处理相关支持资金,优先支持民营资本参与的项目	2017 年7 月 1 日
4	关于运用政府和社会资本合作模式支持养老服务业发展的实施意见	引导和鼓励社会资本通过 PPP 模式,参与养老机构、社区养老体系建设、医养健融合发展等养老服务供给;建立政府付费、使用者付费和开发性资源补偿相结合的项目回报机制;项目按规定享受现行投资、补贴、税收、土地等优惠政策;推动财政资金支持重点从生产要素环节向终端服务环节转移,从补建设向补运营转变	2017 年8 月 14 日

编号	政策文件	主要内容	出台时间
5	关于促进残疾人就业政府采购政策的通知	发挥政府采购促进残疾人就业的作用,进一步保障残疾人权益,依照《政府采购法》《残疾人保障法》等法律法规及相关规定,进一步明确促进残疾人就业的政府采购政策	2017 年 8 月 22 日
6	关于规范政府和社会资本合作（PPP）综合信息平台项目库管理的通知	深入贯彻落实全国金融工作会议精神,进一步规范政府和社会资本合作（PPP）项目运作,防止 PPP 异化为新的融资平台,坚决遏制隐性债务风险增量	2017 年 11 月 10 日

资料来源：财政部官方网站。

6. 地方政府性债务管理政策

《关于 2016 年中央和地方预算执行情况与 2017 年中央和地方预算草案的报告》提出要加强地方政府性债务管理,有效防范财政风险:一是按照预算法和国务院相关文件要求,强化地方政府债务限额管理与预算管理,加大地方政府债券置换存量债务力度;二是依法界定地方政府债务边界;三是研究将融资平台公司债务、中长期政府支出事项纳入统计监测范围;四是督促省级政府制定本地区地方政府性债务风险事件应急处置预案;五是加大对违法违规举债融资行为的查处与问责力度;六是完善地方政府专项债券管理,按照地方政府性基金收入项目分类发行专项债券。2017 年发布的财政政策中,涉及地方政府性债务管理问题的有 5 条。这些政策涉及制止地方以政府购买服务名义违法违规融资、规范地方政府举债融资行为、试点发展项目收益与融资自求平衡的地方政府专项债券品种、新增地方政府债务限额分配管理、地方政府土地储备专项债券管理等领域（见表 1 - 6）。

表 1 - 6 2017 年地方政府性债务管理相关财政政策

编号	政策文件	主要内容	出台时间
1	关于印发《新增地方政府债务限额分配管理暂行办法》的通知	明确了新增地方政府一般债务限额及新增地方政府专项债务限额的管理方式、分配原则、浮动区间等	2017 年 3 月 23 日

编号	政策文件	主要内容	出台时间
2	关于进一步规范地方政府举债融资行为的通知	2017年7月31日前全面开展地方政府融资担保清理整改工作;融资平台公司在境内外举债融资时,应当向债权人主动书面声明不承担政府融资职能;严禁地方政府利用PPP、政府出资的各类投资基金等方式违法违规变相举债;健全规范的地方政府举债融资机制;建立跨部门联合监测和防控机制;推进信息公开	2017年4月26日
3	关于印发《地方政府土地储备专项债券管理办法(试行)》的通知	明确地方政府为土地储备举借、使用、偿还债务的管理办法,包括额度管理、预算编制、预算执行和决策、监管管理、职责分工等	2017年5月16日
4	关于坚决制止地方以政府购买服务名义违法违规融资的通知	坚持政府购买服务改革的正确方向,严格按照规定范围实施政府购买服务,规范政府购买服务预算管理,严禁利用或虚构政府购买服务合同违法违规融资,做好政府购买服务信息公开	2017年5月28日
5	关于试点发展项目收益与融资自求平衡的地方政府专项债券品种的通知	指导地方按照本地区政府性基金收入项目分类发行专项债券,着力发展实现项目收益与融资自求平衡的专项债券品种,加快建立专项债券与项目资产、收益相对应的制度,打造立足我国国情、从我国实际出发的地方政府"市政项目收益债",防范化解地方政府专项债务风险	2017年6月2日

资料来源:财政部官方网站。

7. 支持重点领域、重点产业发展的结构性财政政策

2017年发布的财政政策中,支持重点领域、重点产业发展的结构性财政政策有10条。这些政策包括北京2022年冬奥会和冬残奥会税收政策、承租集体土地城镇土地使用税、物流企业大宗商品仓储设施用地城镇土地使用税、沪港股票市场交易互联互通机制有关个人所得税、新疆国际大巴扎项目增值税、有线电视收视费增值税、落实高等教育学生资助政策、中央财政支持北方地区冬季清洁取暖试点工作、基本民生支出保障等领域(见表1-7)。

表1-7 2017年支持重点领域、重点产业发展的结构性财政政策

编号	政策名称	主要内容	出台时间
1	关于切实做好2017年基本民生支出保障工作的通知	一般性转移支付优先保障基本民生支出;民生类专项资金合理分配使用;加大对资源能源型困难地区财政支持力度;统筹盘活各类财政资金保障基本民生;压缩一般性支出用于保障基本民生;保障困难群众基本生活;做好"去产能"人员安置工作;全面落实精准扶贫要求等	2017年1月19日
2	关于进一步落实高等教育学生资助政策的通知	全面落实研究生资助政策,预科生按规定享受国家助学金等政策,拓展国家助学贷款业务覆盖范围,完善基层就业学费补偿贷款代偿等政策,民办高校学生与公办高校学生享受同等资助政策等	2017年3月28日
3	关于承租集体土地城镇土地使用税有关政策的通知	在城镇土地使用税征税范围内,承租集体所有建设用地的,由直接从集体经济组织承租土地的单位和个人,缴纳城镇土地使用税	2017年3月31日
4	关于继续实施物流企业大宗商品仓储设施用地城镇土地使用税优惠政策的通知	自2017年1月1日起至2019年12月31日止,对物流企业自有的(包括自用和出租)大宗商品仓储设施用地,减按所属土地等级适用税额标准的50%计征城镇土地使用税	2017年4月26日
5	关于继续执行有线电视收视费增值税政策的通知	2017年1月1日至2019年12月31日,对广播电视运营服务企业收取的有线数字电视基本收视维护费和农村有线电视基本收视费,免征增值税	2017年4月28日
6	关于继续执行新疆国际大巴扎项目增值税政策的通知	自2017年1月1日至2019年12月31日,对新疆国际大巴扎物业服务有限公司和新疆国际大巴扎文化旅游产业有限公司从事与新疆国际大巴扎项目有关的营改增应税行为取得的收入,免征增值税	2017年4月28日
7	关于开展中央财政支持北方地区冬季清洁取暖试点工作的通知	中央财政支持试点城市推进清洁方式取暖替代散煤燃烧取暖,开展建筑节能改造;三年示范期内,中央财政奖补资金标准根据城市规模分档确定;采取自愿申报、竞争性评审方式确定试点城市	2017年5月16日
8	关于降低国家重大水利工程建设基金和大中型水库移民后期扶持基金征收标准的通知	将国家重大水利工程建设基金和大中型水库移民后期扶持基金的征收标准统一降低25%	2017年6月14日

编号	政策名称	主要内容	出台时间
9	关于北京2022年冬奥会和冬残奥会税收政策的通知	对北京2022年冬奥会和冬残奥会组织委员会,国际奥委会、中国奥委会、国际残疾人奥林匹克委员会、中国残奥委会、北京冬奥会测试赛赛事组委会,北京2022年冬奥会、冬残奥会、测试赛参与者实行税收减免政策	2017年7月12日
10	关于继续执行沪港股票市场交易互联互通机制有关个人所得税政策的通知	对内地个人投资者通过沪港通投资香港联交所上市股票取得的转让差价所得,自2017年11月17日起至2019年12月4日止,继续暂免征收个人所得税	2017年11月1日

资料来源:财政部官方网站。

8. 财政体制机制改革的相关政策

《关于2016年中央和地方预算执行情况与2017年中央和地方预算草案的报告》中提出的推进财税体制改革方面的政策措施主要有:完善预算管理制度;加大预决算公开力度;深化预算绩效管理改革;清理整合专项转移支付,继续清理涉企专项资金;完善转移支付分配办法;加大推动中央部门项目库建设力度,进一步细化预算编制;实施支出经济分类科目改革试点、政府财务报告编制试点;推动中央与地方财政事权和支出责任划分改革,制定中央与地方收入划分总体方案;落实和完善全面推开营改增试点政策,简化增值税税率结构,由四档税率简并至三档;深化资源税改革,扩大水资源税改革试点范围等。2017年发布的财政政策中,涉及财政体制机制改革的有13条。这些政策涉及废止《中华人民共和国营业税暂行条例》和修改《中华人民共和国增值税暂行条例》、中央财政县级基本财力保障机制奖补资金管理、广告费和业务宣传费支出税前扣除政策、简并增值税税率、建筑服务等营改增试点政策、加强财政部门和预算单位资金存放管理、加强库款管理工作、完善中央部门项目支出预算管理、取消工业企业结构调整专项资金、全面开展省级地方国库现金管理、压缩财税优惠办理时间改革、租入固定资产进项税额抵扣等增值税政策等领域(见表1-8)。

表1-8 2017年财政体制机制改革的相关政策

编号	政策文件	主要内容	出台时间
1	关于全面开展省级地方国库现金管理的通知	在2014年地方国库现金管理试点的基础上,在全国全面级地方国库现金管理	2017年1月22日
2	关于印发《压缩财税优惠办理时间改革实施方案》的通知	编制财税优惠事项清单并实行动态管理;规范优化办理流程并压缩办理时限;精简申报材料,减少中介服务事项;创新服务方式,探索"告知+承诺"模式;加快推进网上办理,推动信息互通共享	2017年4月28日
3	关于简并增值税税率有关政策的通知	自2017年7月1日起,简并增值税率结构,取消13%的增值税税率	2017年4月28日
4	关于广告费和业务宣传费支出税前扣除政策的通知	对相关制造企业发生的广告费和业务宣传费支出,不超过当年销售收入30%的部分,准予扣除;超过部分,准予在以后纳税年度结转扣除	2017年5月27日
5	关于取消工业企业结构调整专项资金的通知	自2017年7月1日起,取消工业企业结构调整专项资金	2017年6月15日
6	关于进一步完善中央部门项目支出预算管理的通知	完善专用一级项目,增设通用一级项目,整合归并同类支出,规范委托事项管理,加强项目评审、评估与绩效评价	2017年6月21日
7	关于建筑服务等营改增试点政策的通知	补充营改增试点期间建筑服务等税收政策	2017年7月11日
8	关于印发《中央财政县级基本财力保障机制奖补资金管理办法》的通知	明确中央财政县级基本财力保障机制奖补资金的管理职责,补助对象、范围与标准,资金分配与下达,运行监控等	2017年7月21日
9	《国务院关于废止〈中华人民共和国营业税暂行条例〉和修改〈中华人民共和国增值税暂行条例〉的定》中华人民共和国国务院令第691号	废止《中华人民共和国营业税暂行条例》,对《中华人民共和国增值税暂行条例》进行修改	2017年11月19日
10	关于租入固定资产进项税额抵扣等增值税政策的通知	明确租入固定资产进项税额抵扣等增值税政策	2017年12月25日

资料来源:财政部官方网站。

三 2017年积极财政政策效果评估

2017年，财政政策更加"积极有效"，更加注重"供给侧结构性"调控，有效促进了经济社会发展。得益于积极财政政策的实施，2017年我国经济运行整体上好于预期，社会事业稳步发展，人民生活水平持续提升，调结构、降成本、防风险等重点工作取得良好效果。

1. 经济增长平稳且风险不增，经济结构持续优化

2017年积极财政政策致力于促进经济运行保持在合理区间。按照国家统计局2018年2月发布的数据，2017年全年国内生产总值82.71万亿元，按可比价格计算比上年增长6.9%，前两个季度同比增长6.9%，后两个季度同比增长6.8%，四个季度环比分别增长1.4%、1.9%、1.8%、1.6%，经济增长"稳"，是本年度积极有效财政政策效力的最佳体现。另外，2017年财政政策秉承适度扩大财政支出规模的方针，财政赤字率一直控制在3%以内，随着国内生产总值的稳步增长，全国财政赤字由1.2万亿元增加到2.38万亿元，财政支出规模合理扩大，在达成助力稳住经济增长的同时而扎紧了风险的口子，将风险防范的堤坝牢牢守住，没有以提升风险和盲目提升规模作为经济增长的代价。2017年财政政策致力于采用盘活存量资金的形式来支持经济社会发展，适度扩大财政支出规模的同时通过存量资金的盘活实现了可操作空间的扩大，切实实现稳住经济增长而风险不增。

一方面，更加积极有效的财政政策在经济结构调整方面的作用持续显现。2017年，与第一产业3.9%、第二产业6.1%的增长速度相比，第三产业实现了8.0%的增长率，数据相当亮眼；第三产业增加值占国内生产总值的比重达51.6%，与2016年持平，但与2013年相比增加了4.9个百分点。另一方面，全年最终消费支出对国内生产总值增长的贡献率达到58.8%，固定资产投资仅比上年增长7.0%，在投资拉动经济增长动力衰减的情况下，消费已经成为我国经济增长的主要驱动力。第三产业占比的

持续增加，消费对经济增长的贡献度持续加大，意味着我国经济发展的模式在发生着深刻的转变（见图1-1）。

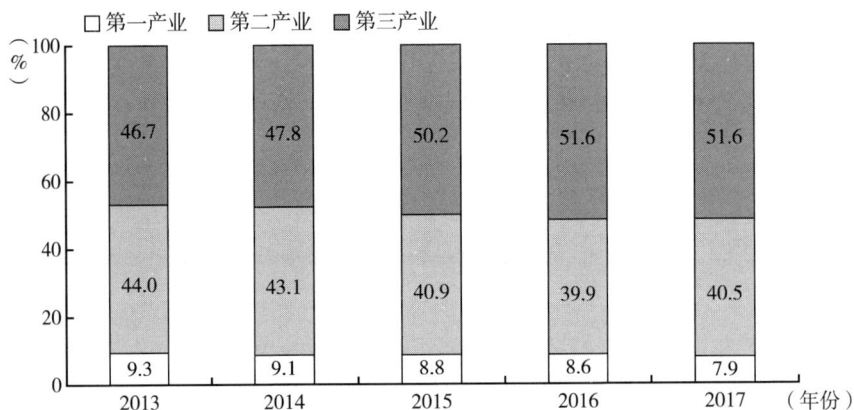

图1-1　2013~2017年我国三次产业增加值占国内生产总值的比重

资料来源：《中华人民共和国2017年国民经济和社会发展统计公报》。

2.经济新动能加快形成，发展质量与效益持续好转

2017年，我国工业增加值比上年增长6.4%，规模以上工业增加值增长6.6%；可喜地是，规模以上工业战略性新兴产业增加值同比增长11.0%，高技术制造业增加值同比增长13.4%，装备制造业增加值同比增长11.3%；高端产业的增速大大超过全部工业增加值的增长速度，这意味着高端产业在全部工业中的占比在持续增加，成为新的经济增长点。反映在高端工业产品上，2017年，我国新能源汽车产量同比增长51.25%，工业机器人产量同比增长81.0%，民用无人机产量同比增长67.0%，这种高速增长的态势意味着，我国工业结构正在发生着巨大的变化，传统工业与现代高端工业的此消彼长将对我国经济发展的动力产生积极的影响。以电子商务为代表的新兴业态也在持续崛起，2017年我国网上零售额同比增长32.2%，占社会消费零售总额的比重达到15.0%，新兴业态的快速发展正在改变着我们的生活和工作方式。经济新动能的加快形成也显著改善了经济发展的质量与效益。2017年，我国规模以上工业企业利润比上年增长21.0%，规模以

上服务业企业营业利润比上年增长 24.5% ，制造业产品质量合格率达到 93.71% 。

3. 深化供给侧结构性改革，助推供求关系实现螺旋上升新均衡

2017 年，财政政策更加注重从"供给侧"发力，通过各项政策深化供给侧结构性改革，全面推进农业供给侧结构性改革，通过落实"三去一降一补"的重点任务切实促进了实体经济的发展，并助力我国经济在迎接新技术浪潮的过程中完成培育壮大新动能的目标，助推我国宏观经济中供求关系在实现螺旋上升的基础上趋于新的动态均衡。2017 年，"三去一降一补"扎实推进。去产能方面，全国工业产能利用率为 77.0% ，创 5 年新高。去库存方面，商品房库存水平持续下降，12 月末商品房待售面积比上年末减少 10616 万平方米。去杠杆方面，工业企业杠杆率不断降低，年末规模以上工业企业资产负债率为 55.55% ，比上年末下降 0.6 个百分点。降成本方面，企业成本继续下降，年末规模以上工业企业每百元主营业务收入中的成本为 84.92 元，比上年同期减少 0.25 元；从调查数据看，对于降低企业税费负担的政策措施，26.4% 的企业认为成效非常好，36.8% 的企业认为成效好，34.8% 的企业认为成效一般，2.1% 的企业认为成效较差，其他方面的降成本措施成效，企业的认可度也都很高。[1] 补短板方面，全年生态保护和环境治理业、水利管理业、农业投资分别比上年增长 23.9% 、16.4% 和 16.4% ，分别快于全部投资 16.7 个、9.2 个和 9.2 个百分点。供给侧结构性改革的持续推进，显著改善了我国的供求关系。2017 年，我国新登记企业达 607.4 万户，同比增长 9.9% ；第三产业增加值对国内生产总值增长的贡献率持续提升，消费成为经济增长的主动力。

4. 民生保障更加有力，社会事业发展成效显著

2017 年，中央部门带头，各级政府坚持过紧日子，却给民生事业做足

---

[1] 中国财政科学研究院 2017 年"降成本"调研组：《实体经济企业经营状况整体向好》，《财政科学》2017 年第 8 期，第 7 页。

了预算，资金用在补民生短板上。全年教育支出 30259 亿元，增长 7.8%；医疗卫生与计划生育支出 14600 亿元，增长 9.3%；社会保障和就业支出 24812 亿元，增长 16%；[①] 全年棚户区改造开工 609 万套，1400 多万住房困难群众改善了住房条件；全国居民人均可支配收入 29574 元，实际增速 7.3%，比人均 GDP 增速快 1 个百分点，城乡居民收入差距继续缩小；全年全国城镇新增就业 1351 万人，再创历史新高，经济增长速度下滑之下就业人数的持续增长显示出我国经济发展向好的一面。2017 年，年末农村贫困人口 3046 万人，比上年末减少 289 万人，贫困发生率为 3.1%，比上年下降 1.4 个百分点。2017 年，1 亿多退休人员基本养老金水平总体上调 5.5% 左右，养老金实现"十三连增"；职工医疗保险、居民医疗保险、失业保险、生育保险等各类社保水平也稳步提高，我国逐步织密世界上覆盖人群最多的社保安全网。[②]

5. 生态文明建设扎实推进，部分领域改善明显

2017 年的积极财政政策在生态文明建设领域尤为积极，全年节能环保支出 5672 亿元，增长 19.8%，增速在各项民生支出中居于前列。2017 年，财政支出重点支持打好大气、水、土壤污染三大战役，重点流域水污染防治，新一轮退耕还林还草等，效果明显。全年二氧化硫、氮氧化物排放量显著下降，均超过了预期目标；完成退耕还林还草 1230 万亩；单位国内生产总值能耗下降 3.7%，比预期目标高 0.3 个百分点。2017 年生态文明建设领域最显著的成果是大气污染防治，全年全国 338 个地级及以上城市 PM_{10} 平均浓度比 2013 年下降 22.7%，其中京津冀地区 $PM_{2.5}$ 平均浓度下降 39.6%，重污染天数下降 28.8%。[③]

---

① 财政部国库司：《2017 年财政收支情况》，财政部网站，2018 年 1 月 25 日，http：//www. mof. gov. cn/mofhome/guokusi/zhengfuxinxi/tongjishuju/201801/t20180125_ 2800116. html。

② 杜海涛、林丽鹂：《民生改善，实打实的获得感——2017 年中国经济回眸之三》，《人民日报》2017 年 12 月 19 日，第 1 版。

③ 王尔德：《生态文明建设多项年度指标超额完成 污染防治攻坚战挑战仍较大》，《21 世纪经济报道》2018 年 3 月 2 日，第 2 版。

参考文献

李克强：《政府工作报告——2017年3月5日在第二十届全国人民代表大会第五次会议上》，《人民日报》2017年3月17日，第1版。

财政部：《关于2016年中央和地方预算执行情况与2017年中央和地方预算草案的报告——2017年3月5日在第十二届全国人民代表大会第五次会议上》，《中国财政》2017年第8期，第4~13页。

武靖州：《防范化解重大风险前提的积极财政政策转型》，《改革》2017年第11期，第79~88页。

刘尚希：《破除积极财政政策的三个认识误区》，《经济日报》2017年7月7日，第13版。

国家统计局：《中华人民共和国2017年国民经济和社会发展统计公报》，《经济日报》2018年3月1日，第5版。

B.2

2018年中国财政政策展望：
面向公共风险管理的财政政策

石英华 *

摘　要： 财政政策是实现国家治理的重要工具，也是宏观管理的重要手段。宏观管理经历了从需求管理到供给侧管理，未来经济社会发展面临的不确定性日益加剧，宏观管理将进入更高层次的公共风险管理。未来财政政策要从侧重宏观调控转向公共风险管理，这也更契合我国从注重经济增速转向注重发展质量的要求。与宏观管理相适应，未来财政政策应以改善就业状态为目标，更加积极主动地应对改善就业状态中的各种不确定性，化解其中的风险。2018年财政政策目标更应侧重促进就业公平。未来财政政策转向公共风险管理，实质上是在经济、社会各个领域注入确定性，以确定性来对冲各类不确定性和风险挑战。

关键词： 财政政策　公共风险　风险管理　就业

　　未来财政政策要从侧重宏观调控转向公共风险管理，首先需要厘清公共风险视角下财政政策的内涵、功能定位、政策目标及其政策本质。本部分基于公共风险管理视角下财政政策的理论分析，展望了2018年的财政政策目标和具体政策内容。

---

* 石英华，财政学博士，中国财政科学研究院研究员，主要研究领域为财政理论与政策、政府预算与政府会计、中长期财政规划、区域经济与地方财政、国际税收等。

一　公共风险管理视角下的财政政策

1. 内涵及功能定位

财政政策是一国政府为实现一定的宏观经济和社会目标而制定的调整财政收支规模、结构和收支平衡的指导原则及其相应的措施。财政政策贯穿于财政活动的全过程，具体体现在收入、支出、预算平衡和债务等各个方面。在现实语境下，财政政策既可指体现一定宏观经济和社会目标的一系列政策组合，按照政策目标、政策工具、传导机制等分析、制定财政政策；也可用来指政府部门出台的、体现具体政策意图的一项具体功能类别的收入或支出政策，如专项资金政策、补贴政策等。

财政是国家治理的基础和重要支柱，国家治理包含政治、经济、社会、文化、生态等诸多方面。财政政策是实现国家治理的重要工具，财政政策不仅仅局限于经济方面，而是有更为丰富的内涵，涉及经济、社会、生态乃至整个国家治理的多个维度。财政政策的功能定位取决于财政本身的定位。现实中财政政策在经济稳定与发展、社会和谐、国家长治久安等方面发挥了重要的功能和作用。

财政政策是宏观管理的重要手段，财政政策的内涵与功能定位与宏观管理的发展变迁紧密关联。从宏观管理三大阶段的历史演进来看，经历了从需求管理到供给侧管理，再到未来更高层次的公共风险管理的变迁。

传统意义上的财政政策更偏向于宏观调控。在凯恩斯理论的分析框架下，作为宏观政策之一的财政政策主要是作为需求管理的一个工具来看待。通过实施扩张性、紧缩性或中性的财政政策，配合货币政策形成"双松""双紧""一紧一松"等政策组合，意在调控管理总需求。我国1998年、2009年先后实施的积极财政政策作为扩张性的财政政策，主要侧重需求管理。

随着我国经济发展进入新常态，供给体系与需求侧面临着严重的结构性失衡，"供需错位"成为阻碍经济持续增长的突出因素，应对经济发展面临的新矛盾和新问题，宏观管理从需求管理转向供给侧管理。适应供给侧结构性改革，我国的积极财政政策逐步转型，从总量性调控转向结构性调整，从需求管理转向供给侧管理。

当前及今后时期，经济社会发展面临的不确定性日益加剧，宏观管理将进入更高层次的公共风险管理。党的十九大报告多次提及风险，提出坚决打好防范化解重大风险的攻坚战。适应宏观管理目标及内容的变化，未来财政政策的目标及着力点应随之调整。

未来财政政策要从侧重宏观调控转向公共风险管理。财政政策具有宏观调控的功能，但宏观调控不是财政政策的唯一功能。在一定程度上说，调控是"马后炮"，是基于经济出现过热或过冷，总需求过旺或不足时采取的相机决策。从本质上看，宏观调控是政府的一种短期的、应急式的公共风险干预，是公共风险管理的一个重要方面，但不是全部，不是内在于政府治理体系的公共风险管理机制。在未来财政政策研究及实施中，应采用宏观管理的概念。

财政政策转向公共风险管理，是现代社会不确定性增强、风险不断增大并日趋复杂的特点使然。公共风险包括经济风险、社会风险、生态风险等多个方面。理论上说，在某一时点上，个体风险与公共风险的边界似乎是清晰的。但动态地看，个体风险与公共风险的边界却是模糊的、不清晰的。开放经济条件下，风险在国别之间、区域之间溢出、蔓延、扩散和传染，难以从边界上完全隔绝。风险之间还是相互转化的。一方面，个体风险和公共风险之间可以相互转化。个体风险本应由社会主体自身承担。但是，当多数社会公众认为个体风险应当由政府出面救助，或者应当由政府承担最基本的支出责任时，个体风险转化成了公共风险。政府对个体风险的救助一旦纳入法律规定，成为约定的制度安排，就成为政府法定的公共责任与义务。在现代社会，个体的贫困、失业都需要政府给予最基本的救助就是典型的例子。另一方面，各种风险之间相互影响、转化。经济风险控制不好，可能影响社会稳定，导致社会风险扩大。社会风险、环境风险也可能转化为经济风险。经济风险、财政风险、金融风险之间相互关联、相互影响、相互转化。公共风险呈现的日益复杂性，导致政府公共责任不断扩大，其构成日益复杂。作为实现国家治理的重要工具，财政政策应适应现代风险社会的管理需求，以公共风险管理为导向。

未来财政政策转向公共风险管理，更契合我国从注重经济增速转向注重发展质量的要求。党的十九大提出，我国经济已由高速增长阶段转向高质量发展阶段，正处在转变发展方式、优化经济结构、转换增长动力的攻关期。实现高质量发展，要求财政政策从注重物质资本转向注重人力资本、从追求增长速度转向追求质量效益、从侧重总量转向侧重结构、从确定性思维转向不确定性思维。

2. 政策目标

财政政策目标是运用财政政策工具所要实现的目的，也是政府实施财政政策所要达到的期望值。政策目标合理与否，决定了财政政策的内容和实施效果的好坏。一般而言，财政政策是在较长时期内或至少在一定时期内发挥作用的，因而，财政政策目标在时间上具有一定的连续性，短期政策在导向上与财政政策的总体目标保持一致，而财政政策的总体目标与一定时期的社会经济发展战略和宏观管理目标相适应。

未来宏观政策以改善就业状态为目标。当前，我国经济发展从追求高速度发展阶段转到追求高质量发展的阶段，党的十九大提出，努力实现更高质量、更有效率、更加公平、更可持续的发展。为此，宏观管理应当寻求新的目标和基准，应以包含质量、效率、公平、可持续发展为目标和基准，应以包含经济与社会发展的、综合性改善为目标和基准，而不是单一以经济增速为基准。

就业既是一个经济问题，也是一个社会问题。就业状态具有综合性，既包含了经济增长的信息，也包含了社会发展和收入分配等方面的信息。将改善就业状态作为宏观政策目标，能够为政府宏观决策提供更加精准可靠的依据。就业状态既包括就业数量、结构分布，也包括就业质量。就业质量主要通过就业稳定度和就业环境体现。就业状态指标综合反映就业数量的充分程度、就业结构分布的合理程度、就业稳定度是否改善，以及就业环境是否更加平等。

就业状态的改善应该是就业数量、结构和质量都得到不同程度的改善，而不仅仅是其中一个方面有所改善。以改善就业状态作为宏观政策目标，能够综合体现经济、社会发展目标，也符合"五位一体"的整体发展观和促进民生福祉的要求，能更好地满足人民日益增长的美好生活需要，也是十九大报告提出的以人民为中心的体现。

近年来实施的积极财政政策，主要着眼于经济增长，财政政策目标主要是保持适度的经济增长。与宏观管理相适应，未来财政政策不应以实现经济稳定增长或适度增长为主要目标，应转向关注就业，以改善就业状态为目标，主动发挥财政在国家治理中的基础和重要支柱作用，增强财政政策的预见性和预防性，更加积极主动地应对改善就业状态中的各种不确定性，化解其中的风险，防患于未然。

2018 年财政政策目标应侧重促进就业公平。从统计数据看，2017 年末全国就业人员 7.76 亿人，其中城镇就业人员 4.25 亿人。2017 年我国城镇新增就业达到 1351 万人，创历史新高。[1] 2017 年底，全国城镇登记失业率为 3.9%，是 2002 年以来的最低水平，城镇登记失业率连续 4 个季度保持在 4% 以内。[2] 重点群体就业表现稳定，2017 届高校毕业生就业水平继续保持在高位，钢铁煤炭行业去产能职工安置平稳有序，600 万建档立卡贫困劳动力实现了就业增收。[3] 2018 年，经济总体向好的趋势将有利于改善就业预期，企业经济结构优化、改革创新红利持续释放，将进一步拓展就业增长的新空间。但是，劳动者的技能水平和岗位需求不匹配的结构性矛盾越来越突出，非正常、非公平的因素破坏了就业市场的公平性，造成了就业"错位"。

就业是民生之本，是经济的"晴雨表"，也是社会的稳定器。十九大报告指出，"要坚持就业优先战略和积极就业政策，实现更高质量和更充分就业。"就业数量增长、就业结构优化、就业质量提升同等重要。没有就业公

---

① 数据来源于《中华人民共和国 2017 年国民经济和社会发展统计公报》。
② 数据来源于中国人力资源和社会保障部网站。
③ 数据来源于中国人力资源和社会保障部网站。

平，就没有高质量就业。因此，改善就业状态，除了进一步做好经济转型升级、解决结构性就业矛盾之外，还需提供完善的公共就业服务，破除影响人才流动的体制机制障碍，促进就业公平。

3. 政策本质

财政可从微观和宏观两个层面审视，微观层面的财政管理关注政府部门或单位个体的资金或资源流动，宏观层面的财政管理则超越了政府部门作为微观个体层面的管理，是基于政府整体视角的管理，是由政府部门作为公共主体来承担或履行相关公共责任的活动。这种公共责任的承担或履行受到可利用的公共资源规模的制约，也与公共责任边界的界定相关。政府承担或履行相关公共责任是为了防范和化解公共风险，同时也可能产生财政风险。未来财政政策转向公共风险管理，实质上是在经济、社会各个领域注入确定性，以确定性来对冲各类不确定性和风险挑战。

建立风险防范体系，强化公共风险管理，是国家治理现代化的要求。要想发挥财政是国家治理的基础和重要支柱的作用，就要跳出传统的宏观调控思维，把财政政策纳入国家公共风险管理体系中，从偏重于当期风险化解转向风险管理，在防范长期性风险和战略性风险的同时化解短期性风险，进而分散、转移、转化和共同分担风险。

财政政策以改善就业状态为目标，须以公共风险管理为首要任务。劳动力就业状态从根本上决定经济发展质量。就业状态包括劳动力的数量、结构分布、质量、平等状况等。当前，我国劳动力可供量下降，就业的结构性矛盾凸显，就业稳定性较差，就业不平等问题仍很突出，这一系列问题加剧了就业风险。

（1）人口老龄化加速与青壮年劳动力大幅减少导致我国劳动力可供量下降。2017年我国60周岁及以上人口2.4亿人，占总人口的17.3%，其中，65周岁及以上人口1.58亿人，占总人口的11.4%，[①] 较2002年上升了4.1个百分点。人口老龄化加速直接影响劳动力可供量。近15年来，我国

———————

① 数据来源于国家统计局。

20～39岁青壮年劳动力大幅减少,直接导致我国劳动力可供量的下降。由于技术进步对就业可能产生的消减作用,劳动力可供量下降,并不意味着就业充分。

(2)就业的结构性矛盾更加凸显。随着第三产业的快速发展,新产业、新业态的出现,增强了经济增长对就业的拉动作用,而传统产业面临转型升级或被淘汰的压力,就业增加困难。在城镇化、工业化进程中,城镇和农村存在不同程度的隐性失业。从劳动力供求关系看,供求结构性矛盾突出,企业招工难、劳动力就业难现象并存。近几年人才市场中,技术工人的求人倍率一直保持在1.5以上,高级技工的求人倍率甚至达到2以上的水平,[1] 供需矛盾非常突出。

(3)劳动力的就业稳定性较差。稳定就业是指建立稳定劳动关系达到一定年限且签订劳动合同、按时缴纳社会保险金。建立稳定劳动关系的具体年限因地而异,原则上不少于1年。当前,我国人力资本积累长期严重不足,劳动力质量优势并未形成。一方面,高素质劳动力缺乏。2017年,我国就业人员达7.76亿人,技术工人1.65亿人,其中高技能人才4700多万人,仅占整个就业人员的6%。[2] 另一方面,低素质劳动力普遍陷入非正规就业、非稳定性就业、低收入就业的状况,这不仅制约了全要素生产率的提高,妨碍了经济质量和效益的提升,也不利于劳动者收入水平的提升。

(4)就业不平等问题依然存在。劳动力和人才资源的有效配置和充分利用依然受传统体制的制约,因城乡户籍、体制内外等身份差异,导致就业的不平等,例如同劳不同酬、同工不同酬,妨害了就业充分性,加剧了就业的结构性矛盾,影响了就业质量的提高,抑制了创业就业的积极性。

改善就业状态,首先需要识别就业状态存在的问题及风险。当前,就业数量、就业结构、就业质量和就业环境中存在的问题,与过去长期以来形成的发展路径依赖密切相关。高速增长掩盖了就业状态背后隐藏的风险,体制

---

[1] 数据来源于新华网,2018年1月26日,http://www.xinhuanet.com/fortune/2018-01/26/c_1122323132.htm。

[2] 数据来源于中国人力资源和社会保障部。

机制改革滞后，导致经济低效、贫富差距大的风险不断显现出来。

财政政策侧重改善就业状态，通过支持经济结构调整，加大对基本公共服务的支持力度，深化科教文卫、社会保障的体制机制改革，化解经济社会领域的不确定性。

二 减少经济运行不确定性的财政政策

就业是经济的"晴雨表"。就业状态如果难以改善甚至恶化，经济低效发展的风险就会不断显现。就业预期能否改善，就业增长是否有新的空间，就业市场的结构性失衡是否能缓解，就业质量是否能提升，直接反映了经济发展质量是否高，是否可持续。未来经济发展中的不确定性因素增多，各种风险隐患不少。经济运行的不确定性可能表现在宏观层面，也可能表现在中观的区域层面、产业层面，还可能表现在微观的企业层面、个人层面。解决就业数量、就业结构、就业质量和就业环境中存在的问题，需要财政政策发挥有效作用，从支持精准实施结构调整，支持深化供给侧结构性改革，激发微观主体创新活力，持续释放改革创新红利，促进经济发展动能转换，促进区域经济协调发展，推动建设现代化经济体系等方面为经济运行注入确定性，促进就业状态改善。

1. 实施重点领域的减税降费政策

继续实施减税降费政策，进一步减轻企业负担，促进公平竞争，激发市场主体活力。综合判断，我国仍有一定减税空间。增值税税率可在2017年简并为三档的基础上，进一步简并为两档，税率适当下调；美国的减税政策，可能引发全球新一轮的所得税减税浪潮。在减少税前抵扣、减少税收优惠、严格税收征管的前提下，我国企业所得税税率也有适当下调的空间；个人所得税改革按照综合与分类相结合，可以适当提高起征点，降低税率，增加专项扣除。与减税相比，我国企业降费的空间更大。在政府职能真正转变、政府机构真正瘦身、简政放权实质推进的基础上，进一步降低制度性交易成本，形成更有利于公平竞争的市场环境。

2. 精准发力支持经济结构调整

在经济由高速增长转向高质量发展的阶段，以供给侧结构性改革为主线，财政政策结合经济结构调整的需要给予定向支持，精准发力，有效引导结构调整，激发企业和社会改革创新的活力，持续不断地为经济发展注入"确定性"，深化供给侧结构性改革，保持社会供给和需求平衡，化解经济运行中的风险，保持经济平稳健康发展。

（1）支持制造业优化升级。支持发展高端装备制造、智能制造，提升制造业的核心竞争力；支持传统制造业优化升级，引导实体经济转型升级。

（2）促进新动能持续快速成长，引导中高端消费、创新引领、绿色低碳、共享经济、现代供应链、人力资本服务等领域培育新增长点、形成新动能，推动新旧动能转换和结构转型升级。

（3）支持创新驱动。支持提升科技创新能力，深化财政科技管理改革，加速科技成果向现实生产力转化。在税制不断完善的基础上，继续实施支持重点群体的创业就业、支持中小企业提高科技创新能力、支持强化实施创新驱动的税收政策。通过税收、基金、补贴等政策手段建立有效激励机制，支持科技创新，支持个人创业，加大力度扶持小微企业的发展，促进创业创新。

3. 支持推动城乡区域协调发展

城乡之间、区域之间协调发展，有利于优化现代化经济体系的空间布局，推动建设现代化经济体系，也有利于优化就业环境，提升就业质量，改善就业状况。

（1）财政政策支持实施乡村振兴战略，加大对农业农村投入，完善农业支持保护制度，深入推进农业供给侧结构性改革，加快发展现代农业，深化农村综合改革，促进城乡融合发展。

（2）支持实施区域协调发展战略，支持加快实施"一带一路"建设，支持推动京津冀协同发展和长江经济带发展，支持粤港澳大湾区发展的协调推进。

（3）支持革命老区、民族地区、边疆地区、贫困地区加快发展，支持多中心、网络化、开放式的区域开发格局构建。同时，结合财税体制改革，财政政策引导促进区域之间基本公共服务均等化，引导促进区域之间基础设施通达程度均衡化。

4. 避免财政政策过于依赖赤字扩张

上述财政政策的实施，有利于促进更高质量、更有效率、更加公平、可持续地发展。在保持适度总需求的同时，重在进行结构性调整。在化解经济风险，避免经济不确定性的同时，应避免财政风险的过度扩大。初步判断，2018年一般公共预算赤字规模与2017年大体持平，赤字率约为2.6%。坚持宏观管理有度，避免财政政策过于依赖赤字扩张。同时，调整优化财政支出结构，提高财政资金使用效率，提高财政政策实施的精准度。

三　减少社会发展不确定性的财政政策

就业是社会的稳定器。就业状态如果难以改善甚至恶化，社会稳定可能难以维持，社会发展的风险就会不断显现。就业是最大的民生。就业岗位是否充足，就业结构是否优化，就业质量是否提升，就业环境是否改善，就业稳定性是否增强，直接反映了社会发展是否高质量，是否可持续。社会发展面临的不确定性源于人口年龄分布结构变化、人口的城乡区域分布结构变化、人口的受教育程度的结构变化、人口的就业结构变化、人口的收入结构变化等，这些因素的发展变化趋势直接影响社会的公共服务需求，影响公众对美好生活的预期。减少社会发展的不确定性，财政政策应着力化解因老龄人口增加、应对未来超老龄化社会的挑战、城镇化带来的人口流动、贫困、生态环境恶化等带来的社会运行中的风险，保持社会和谐稳定。

1. 支持提高民生保障和改善民生水平

财政政策支持提高民生保障和改善民生水平，通过提供公共服务，促进劳动者素质提高；通过基本公共服务的提供，促进人力资本的积累，并为落实创新驱动发展战略夯实基础。通过提高基本公共服务均等化水平，改善就业环境，促进就业平等。

（1）加大教育投入，结合人口城乡区域结构、年龄结构、受教育程度的结构等变化规律优化教育支出政策，支持教育发展。

（2）加大社会保障和就业、医疗卫生等投入，完善养老保险、医疗保险的制度设计，明确保险属性，优化社会保障和就业、医疗卫生等支出政策，加强就业和社会保障工作，支持实施健康中国战略。此外，支持加强基本住房保障，支持推动文化繁荣兴盛等。提升基本公共服务水平，提高公共消费水平，在幼有所育、学有所教、劳有所得、病有所医、老有所养、住有所居、弱有所扶方面持续取得新进展，提高民生保障和改善民生水平。

当然，提高民生保障和改善民生水平，一方面要全面落实以人民为中心的发展思想，突出财政的公共性、公平性，另一方面要坚持兜底线、保基本的原则。财政政策重在建机制，注重可持续性，避免脱离经济发展和财力可能的实际，盲目提高公共服务水平，陷入福利陷阱，带来更大的不确定性。

2. 支持绿色发展，矫正生态脆弱性

生态环境领域的风险，可能转化为经济风险，也可能转化为社会风险。生态环境领域的风险如果未能及时防范和化解，可能影响就业空间的拓展和就业质量的提升。财政政策支持绿色发展，就是在生态环境领域注入确定性。

（1）构建绿色财政收入和支出政策体系。"十一五"以来，为支持环境保护、节能减排、生态保护与补偿，国家出台了增值税、所得税、消费税、资源税等多方面的税收优惠政策以及减免费的政策，同时，国家及地方各级政府出台了相关的专项资金支持政策，此外，还有相关的政府基金支持。这些政策林林总总，分散在不同部门、不同领域，政策之间、资金之间统筹性、协同性不够，碎片化特征明显。今后，应整合环境保护、节能减排、生态保护与补偿等方面的税费及支出政策，构建绿色财政收入和支出政策体系，明确政策导向，提高政策间的协同度。

（2）加大生态文明建设领域投入。支持加快生态文明体制改革，着力支持解决突出的环境问题，提供更多优质生态产品，支持改善生态环境，提高资源环境承载能力，矫正生态脆弱性。

3. 加大扶贫投入，重在提升人的能力和动力

加大扶贫投入，支持脱贫攻坚。重点是向深度贫困地区聚焦发力，瞄准特殊贫困人口精准帮扶，强化财政扶贫资金管理，改善支出绩效。同时，扶贫中坚持"输血"与"造血"相结合，重在培养造血机能。坚持扶贫与扶智相结合，重在提升人的能力和动力，形成激励机制，改善贫困地区人口的就业状态和生活状况，避免扶贫这种化解经济社会风险的措施衍生出新的经济风险、社会风险和财政风险。

四 减少改革不确定性的财政政策

如前所述，财政政策目标应转向改善就业状态，财政政策的本质是公共风险管理。基于此，财政政策不仅应着眼于一定时期内经济、社会不确定性的化解，而且应着眼于公共风险化解、防范、分担的长效机制的构建，通过改革财政制度，建立政府与市场、政府与社会、中央与地方之间的风险分担机制，充分发挥财税制度的自动稳定效应，化解经济社会领域改革的不确定性。

1. 完善财税制度，充分发挥财税制度的自动稳定效应

完善的个人所得税制度、最低生活保障制度等财税制度安排，具有自动稳定效应，能够自动调节社会供给与需求，实现宏观管理的目标，为经济社会领域改革注入确定性。因此，避免财政政策过度依赖赤字和债务，应完善财税制度，充分发挥财税制度的自动稳定效应。建立综合与分类相结合的个人所得税制度，优化税率结构，保持合理的税率累进级距，完善税前扣除，规范税基，加强税收征管，实行代扣代缴和自行申报相结合的征管制度，加快完善个人所得税征管配套措施，建立健全个人收入和财产信息系统，充分发挥个人所得税自动调节功能。完善最低生活保障制度，完善个人收入和财产评估制度，完善信息系统，确保最需要保障者能够享有保障。

2. 深化财政体制改革，建立中央与地方间风险分担机制

权责清晰、财力协调、区域均衡的中央和地方财政关系，也是中央与地方之间合理的风险分担机制。应按照风险分布范围、风险与能力匹配等原则科学界定中央与地方之间清晰的财政事权和支出责任划分，特别是共同财政事权与支出责任划分。在完善税制的基础上，完善中央和地方收入划分体系，完善共享税划分，健全地方税。突破东中西的自然地理范围，按照各地财力状况形成的财政地理范围完善中央对地方的转移支付制度，增强财政困难地区兜底能力，改善区域间基本公共服务均等化程度。

3. 完善预算管理，建立政府与市场、政府与社会之间的风险分担机制

政府拥有的资源流量以及政府行为的可预见性有助于财政风险与公共风险的识别、确认和管理，因此，政府预算信息的全面规范透明，政府预算制度的标准科学、约束有力，预算绩效管理的全面实施，能够为政府和市场，政府和社会、政府内部横纵向主体之间基于风险管理的良性互动提供基础，全面规范透明、标准科学、约束有力的预算制度也是政府与市场、政府与社会、政府内部横纵向主体之间的风险分担机制。完善预算支出标准体系，加强年度预算与中期财政规划的衔接，推进预算编制的科学化和规范化。全面实施绩效管理，提升预算绩效管理水平。

4. 深化税制改革，建立政府与市场、政府与社会之间的风险分担机制

统一的税法、公平的税负、合理有度的税收调节，能够为市场主体提供平等参与竞争的良好制度环境，有利于增强社会和市场主体的预期，激发市场主体创业创新活力。因此，税法统一、税负公平、调节有度的税收制度体系也是政府与市场、政府与社会的风险分担机制，通过风险分担机制的建立，能够为科技教育管理体制改革等与人力资本相关的改革、要素市场机制改革创造稳定的基础，化解相关改革的不确定性。税制改革的主要内容包括：完善个人所得税制和企业所得税制，逐步提高直接税比重；建立规范的现代增值税制度，拓展地方税的范围，逐步扩大水资源费改税改革试点，改革完善城市维护建设税，健全间接税体系；推进政府非税收入改革，加快非税收入立法进程；全面落实税收法定原则。

参考文献

刘尚希：《财政风险及其防范问题研究》，经济科学出版社，2004。

刘尚希：《破除积极财政政策的三个认识误区》，《经济日报》2017年7月16日。

刘尚希在"全球经济展望与经济风险形势分析研讨会"上的发言，中国财政科学研究院、世界银行主办，2018年2月5日。

刘尚希、李成威：《宏观政策今后应以改善"就业状态"为目标》，《财政研究简报》2017年第35期，2017年12月25日。

刘尚希、樊轶侠：《宏观经济政策应以结构性改革为主》，《中国金融》2012年10月。

刘尚希、石英华、武靖州：《制度主义公共债务管理模式的失灵——基于公共风险视角的反思》，《管理世界》2017年第1期。

肖捷：《加快建立现代财政制度》，《人民日报》2017年12月20日。

王石川：《以公平托起更高质量就业》，《人民日报》2017年11月8日。

Hana Polackova Brixi，马骏：《财政风险管理：新理念与国际经验》，中国财政经济出版社，2003。

中国财政科学研究院"2017年地方财政经济运行"调研组：《高度警惕风险变形，提高驾驭风险能力——"2017年地方财政经济运行"调研总报告》，《财政研究》2018年第3期。

财政与宏观经济篇

Public Finance and Macroeconomics

B.3

2017年中国经济社会及财政运行特点分析

王志刚[*]

摘　要： 2017年中国经济社会及财政运行总体呈现"稳中有进"的发展态势，供给侧结构性改革成效显著，新旧动能转换加快体现在诸多方面，经济增长质量得到改善。从行业、区域、微观等方面看，中国经济上行动力开始快于下行压力，结构型增长表现良好，中国经济在"L"型底部逐步企稳。就业好于预期，第二、第三产业就业容纳度高；人口老龄化有所加快，人口流动有所放缓；城乡居民收入分配差距有所缩小，非农行业收入增长较快；技术进步带动就业增长；社会性支

* 王志刚，经济学博士，中国财政科学研究院宏观经济研究中心副主任，研究员，主要研究领域为宏观经济、财税政策评估、政府债务、应用计量经济学等。

出不断增长，财政收入质量有所改善，税收结构体现出经济结构调整的特征，区域财政收入平衡度增加。未来的一些风险隐患同样不容小觑，需要政府给予适当的重视。

关键词： 财政 经济形势 社会形势 供给侧结构性改革

2017年是实施供给侧结构性改革的第三年，是"十三五"规划的第二年，在各种不确定性挑战下，中国经济的韧性和稳定性进一步显现，经济总体表现好于预期。从总量看，2017年国内生产总值827122亿元，继续保持世界第二的地位；从增量看，2017年比2016年GDP增加83537亿元，这相当于澳大利亚或俄罗斯2015年的经济总量；从经济增速看，2017年经济增速为6.9%，比2016年多了0.2个百分点；中国经济稳中有进，表现良好。

"三去一降一补"的供给侧改革成效明显。在去产能上，钢铁、煤炭年度去产能任务圆满完成，2017年钢铁去产能超额完成全年5000万吨的目标任务，1.4亿吨"地条钢"得以出清，煤炭去产能超额完成1.5亿吨的年度目标任务；全国工业产能利用率为77.0%，创5年新高。在去库存上，商品房库存水平持续下降，12月末商品房待售面积比2016年末减少10616万平方米。在去杠杆上，从微观杠杆率看工业企业杠杆率不断降低，11月末规模以上工业企业资产负债率为55.8%，比上年同期下降0.5个百分点；从宏观杠杆率看M2与GDP比值稳中有降，GDP实际增长6.9%，如果考虑到缩减指数，名义增长11%左右；2017年末M2同比增长8.2%，M2和GDP比较，分母大了、分子小了，杠杆率平稳下降了；金融业去杠杆成效显现，2017年底全国广义货币（M2）同比增长8.2%，比上年同期降低3.1个百分点；其中，金融机构持有的M2增长7.2%，比整体M2增速低1个百分点，而住户和企事业单位持有的M2增速则高于整体M2增速，资金在金融业内部过度循环明显减少。在降成本上，在2016年减税降费等一万亿元的基础上，2017年预计减少一万亿元企业成本负担；企业成本继续下降，1~11月规模以上工业企业每百元主营业务收入中的成本为85.26元，比上年同期减少0.28元。在补短板上，农业、水利、生态环保、社会事业等薄弱环节得到加强，短板领域投资加快，2017年生态保护和环境治理业、水利管理业、农业投资分别比上年增长23.9%、16.4%和16.4%，分别快于全部投资16.7个、9.2个和9.2个百分点。

一 2017年经济运行特征：稳中有进

（一）经济增长好于预期，经济质量表现良好

2017年《政府工作报告》提出的年度经济增长目标是6.5%，在积极财政政策和稳健货币政策作用下，中国经济增长保持了较好的增长态势，四个季度经济增长分别为6.9%、6.9%、6.8%、6.8%，全年经济增速为6.9%，超过年初提出的增长目标。分产业看，第一产业增加值65468亿元，比上年增长3.9%；第二产业增加值334623亿元，比上年增长6.1%；第三产业增加值427032亿元，比上年增长8.0%，第三产业占比持续增加，占GDP的51.6%，与上年持平（见图3-1）。

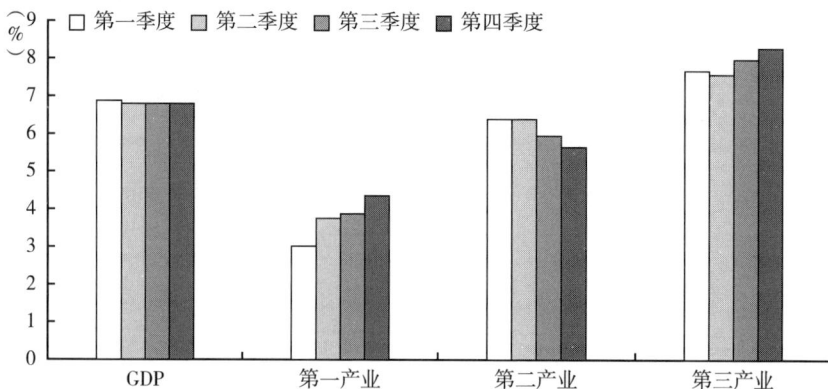

图3-1 2017年分季度GDP与一、二、三产业同比增速

资料来源：Wind数据库。

2017年的经济增长来之不易，更加不易的是经济质量更高，这体现在一些主要指标上。在新发展理念带动下新旧动能转换加快，经济结构持续优化升级。前三季度基本完成全年新增就业目标，就业目标全年将超额完成。居民收入实际增速持续超过经济增速，前三季度全国居民人均可支配收入19342元，扣除价格因素实际增速为7.5%，高于经济增速（6.8%），其中农村居民人均可支配收入9778元，扣除价格因素实际增速为7.5%；城乡人均可支配收入差距进一步缩小到2.8∶1。2017年全年CPI上涨1.6%，涨幅比上年回落0.4个百分点；就业良好带动收入增长，收入增长带动消费者信心提升；全球知名绩效管理公司尼尔森发布的《2017年第三季度中国消费者信心指数报告》显示，第三季度中国消费者信心指数比第二季度增长2个点，达114点，再创近四年历史新高。PPI环比上涨0.8%，同比上涨4.9%。2017年全年PPI上涨6.3%，结束了自2012年以来连续5年的下降态势，这也带来了工业利润和财政收入的超预期增长。

（二）投资、消费、出口结构不断优化

在创新发展理念引领下，消费模式、投资模式、开放发展模式都有了新的变化，新动能为"旧马车"装上了新引擎，增长动力更加强劲，更具可持续性，主要体现在投资、消费、出口结构的优化升级上。

1.投资结构优化升级

随着供给侧结构性改革的推进，中国的投资领域也在发生着深刻变化，落后产能和高能耗高污染行业投资日趋萎缩，新发展理念引领下的新兴行业投资正在加快。据统计，2017年高技术制造业、装备制造业投资比上年分别增长17.0%和8.6%，分别加快2.8个和4.2个百分点；高耗能制造业投资比上年下降1.8%。此外，消费升级带动了通信、文化体育娱乐和教育等领域的投资较快增长。2017年前三季度，计算机、通信和其他电子设备制造业投资同比增长25.3%，增速比上年同期加快13.5个百分点；文化、体育和娱乐业投资增长14.8%，加快3.0个百分点；教育投资仍保持在20%以上的较高水平。

2. 消费升级速度加快，新兴消费热度不减

从 2014 年开始，最终消费对经济增长的拉动作用就超过了投资，占最终消费 70% 的居民消费更是消费增长的主要驱动力。2017 年居民消费呈现两大特征：一是与消费升级相关商品继续保持较快增长。2017 年 11 月，受电商平台促销力度加大等因素拉动，限额以上单位通信器材、文化办公和化妆品类商品销售额增速分别比上月加快 31.8 个、3.1 个和 5.3 个百分点；体育娱乐用品类商品销售额仍保持 15% 以上的较快增长。二是便捷高效的网络零售增速有所加快，2017 年 1～11 月，全国网上零售额为 64306.5 亿元，同比增长 32.4%。其中，实物商品网上零售额 49143.7 亿元，增长 27.6%，增速比社会消费品零售总额增速高 17.3 个百分点。分商品类别看，在实物商品网上零售额中，吃、穿和用类商品分别增长 29.4%、18.0% 和 31.1%。据最新统计，2017 年天猫"双 11"总交易额达到 1682 亿元，再创单日交易额新纪录，网络消费热度持续升温。

3. 对外贸易质量不断提高

在"一带一路"倡议以及各地自贸区试点的开放引领带动下，中国对外贸易质量不断提高，贸易结构持续改善。从贸易方式看，2017 年一般贸易进出口增长 16.8%，占进出口总值的比重为 56.4%，比上年提高 1.3 个百分点，一般贸易已成为贸易主导方式。从商品贸易结构看，机电产品出口增长 12.1%，占出口总额的 58.4%，比上年提高 0.7 个百分点。从服务贸易结构看，2017 年 1～11 月，我国服务进出口总额有所增长，与上年同期相比增长 8.2%，其中，电信、计算机和信息服务进出口额与上年同期相比增长 23.6%；服务业实际使用外资金额占外资总额的比重达 72.5%，同比增长 13.5%，其中高技术服务业实际使用外资比去年同期翻了一番，同比增长高达 100.9%。总体上看，对外贸易中服务业贸易与高附加值贸易所占的比重不断增加，逐渐成为我国出口的新动能。①

---

① 资料来源：《服务业稳定较快增长 质量效益提升》，2018 年 1 月 22 日，http：//www. zgxxb. com. cn/xwzx/201801 220002. shtml。

（三）新旧动能接续转换加快

为了充分反映经济新动能的发展态势，国家统计局从 2014 年就开始编制经济新动能发展指数，包括经济活力指数、数字经济指数、转型升级指数、知识能力指数、创新驱动指数。新动能集中体现在"新产业、新业态、新模式"（即"三新"①）上。以下是对中国的新旧动能转换特征和具体表现的分析。

1. 新旧动能转换特征

中国的新旧动能转换有别于其他国家，主要有两大显著特征：一是非危机式转换。国外的新旧动能转换一般发生在危机时刻，不得不转，而且韧性不好，对经济的破坏性大。相比之下，中国的新旧动能转换是非危机式，除了企业自身的努力外，政府会提前做出长远规划和政策安排，避免了公共危机爆发时被动转换的风险。这种非危机式新旧动能转换充满韧性，保证了中国经济的平稳增长，防止经济出现大起大落的不利局面。二是政府与市场协同发挥作用，共促新旧动能转换。中国的政府与市场关系是中国改革开放实践中一个独特的现象，和西方的政府与市场二元对立不同，中国的政府与市场关系更加和谐，市场发挥对资源配置的决定性作用不排斥政府要更好地发挥作用；政府通过体制机制创新来为新旧动能转换提供良好的外部环境，而不断完善的市场机制让新旧动能转换更加顺畅、高效。

2. 新旧动能转换带来结构性增长

中国经济的结构性收缩开始停止，中国经济开始转向结构性增长。结构性收缩是经济结构不合理导致的经济下行，例如产能过剩带来的经济收缩；结构性增长指的供给侧结构性改革推动和国际外部环境改善两种力量推动下

---

① 2017 年国家统计局对"三新"经济活动发展规模、结构和质量进行全面的统计监测，覆盖范围包括新兴现代农业、战略性新兴产业、新产品、新服务、高技术产业、科技企业孵化器、企业创新、互联网平台、电子商务、互联网金融、城市商业综合体、开发园区等 12 类。

出现的经济增长，其实质是新旧动能转换对经济结构改善所致的可持续增长。结构性增长态势已经由 2017 年的经济数据所验证。

一是以"三新"为代表的新兴产业增长加快。"三新"经济背后是经济新动能，集中体现在产业结构优化上。2017 年战略性新兴产业、高技术产业等新兴行业继续保持较高增长，新兴行业对经济增长的拉动力不断提高，体现在以下几个方面：第一，新动能带动制造业质量进一步改善。2017 年，制造业技改投资 93973 亿元，增长 16%，增速比 2016 年分别提高 1.7 个和 4.5 个百分点，比全部制造业投资高 11.2 个百分点；技改投资占全部制造业投资的比重为 48.5%，比 2016 年提高 4.6 个百分点。高技术产业和装备制造业增加值分别比 2016 年增长 13.4% 和 11.3%，增速分别比规模以上工业快 6.8 个和 4.7 个百分点。第二，新兴服务业保持快速增长势头。[①] 2017 年 1~11 月，战略性新兴服务业同比增长 18.0%、生产性服务业同比增长 15.0%、科技服务业同比增长 15.1%。2017 年，以互联网和相关服务为代表的现代新兴服务业发展迅速，四个季度分别拉动服务业增长 2.8 个、3.0 个、3.2 个和 3.3 个百分点。在第三产业中，信息传输、软件和信息技术服务业，科学研究和技术服务业，租赁和商务服务业三大门类的增加值占比上升，达到 15.4%，同比增加 0.8 个百分点；占 GDP 的比重为 8.0%，同比增加 0.5 个百分点，对国民经济增长的贡献率为 17.2%，拉动全国 GDP 增长 1.2 个百分点。

此外，由财新智库、数联铭品公司（BBD）和北京大学国家发展研究院联合发布的新经济指数（New Economy Index，NEI）[②]，是国际首个反映新经济变化的统计指数，基于大数据挖掘，构建劳动力、资本、科技投入为基

---

① 资料来源：《服务业稳定较快增长 质量效益提升》，2018 年 1 月 22 日，http：//www.zgxxb.com.cn/xwzx/201801220002.shtml。

② 一级指标：高端劳动投入（40%）、资本投入（35%）、科技创新（25%）。二级指标：高端劳动投入（新经济行业人员薪酬、新经济行业岗位占比、铁路人口流入速度、航班人口流入速度）；资本投入（新经济行业风险投资比例、新经济领域招标比例、申请新三板新经济企业注册资本比例、新经济行业新增公司注册资本比例）；科技创新（科学家与工程师、专利数、专利转化率）。

础的生产函数，汇总成一个反映新经济比重的比例指数，涵盖了九大类行业①111个细分行业的11个指标。2017年这一指标从9月开始向上回升，12月达到了31.4%（见图3-2）。

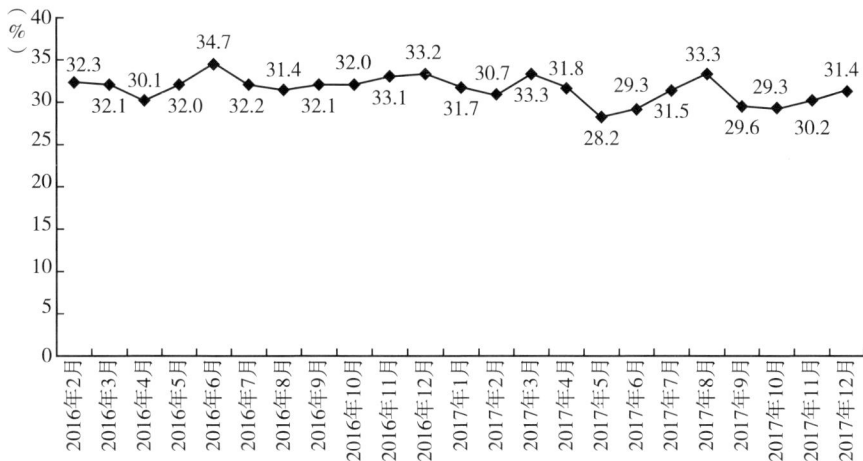

图3-2 2016年2月至2017年12月中国新经济指数

资料来源：《万事达卡财新BBD中国新经济指数报告》，http://index.caixin.com/nei。

二是行业分化加剧，但是经济下行力量开始逐步让位于上行力量。和前面以"三新"为代表的新兴行业发展态势不同，传统的落后产业受到了抑制，一增一减带来了整个供给体系质量的提升。从投资看，2017年，五大高耗能制造业投资下降1.8%，降幅比2016年扩大0.9个百分点；占全部制造业投资的比重为21.9%，比2016年下降1.4个百分点。其中，产能过剩严重的钢铁、有色行业投资在2017年12个月中均为负增长。从增加值看，2017年采矿业增加值下降1.5%；装备制造业和高技术产业增加值分别比上年增长11.3%和13.4%。

三是区域分化依旧，但更多的省份正跃入更高收入阶段。中国各地的地

---

① 九大类行业包括节能与环保业、新一代信息技术与信息服务业、生物医药产业、高端装备制造产业、新能源产业、新材料产业、新能源汽车产业、高新技术服务与研发业、金融服务与法律服务等。

理禀赋、人力资本、发展理念和政策等诸多差异造成各地经济分化，尽管有中央的转移支付来平衡地方收入差距，但是有些因素在短期内仍然难以克服。2017 年中国区域经济出现分化加快态势，既有东北传统老工业的艰难转型，又有中西部资源大省对培育发展新动力的不懈努力，更有东部地区率先进行产业转型后经济恢复性增长。从投资看，2017 年，东部地区、中部地区、西部地区的投资增长率分别为 8.3%、6.9%、8.5%，东北地区投资增长 2.8%，增速继 11 月份由负转正后继续稳步回升。从 GDP 看，2017 年前三季度，GDP 累计值排在前十位的分别是广东、江苏、山东、浙江、河南、四川、河北、湖北、湖南、上海，东部和中部各占一半（见图 3 - 3）。总的来说，在区域分化背景下，各省份向上跃升的比例不断增多，这种趋势在 2018 年仍然会延续。

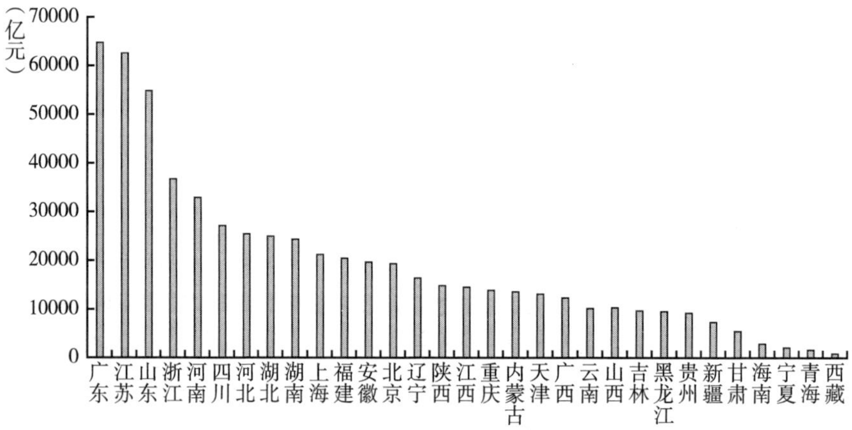

图 3 - 3 2017 年前三季度各省份 GDP 累计值

资料来源：各省市统计局。

四是微观层面的业绩趋势向好。在供给侧结构性改革的持续推动下，2016年中国企业经营效益出现好转，这体现在不同行业的业绩上：一是工业企业利润改善，杠杆率下降。2017 年全国工业产能利用率为 77.0%，为近五年来新高；1～11 月，全国规模以上工业企业实现利润 68750.1 亿元，同比增长21.9%；11 月末，规模以上工业企业资产负债率为 55.8%，同比下降 0.5 个百分点。二是服务业企业收入保持较高增速。[①] 2017 年 1 ~ 11 月，规模以上服务业实现营业利润 21618.0 亿元，同比增长 30.4%，与 2016 年同期相比提高了 28.2 个百分点。在相关的 10 个行业门类中，营业利润达到两位数增长的行业有 9 个；扣除投资收益以后，规模以上服务业企业的经营性利润同比增长 41.2%。三是上游企业业绩改善更加明显。从产业链看，随着去产能的加快，煤炭、石油、铁矿石、有色金属等上游产品价格开始上涨，逐步传导到中游的钢铁、化工、建材、电力、机械、造纸等行业，最终汇集到下游的地产、基建、进出口、消费品等行业。因此 2017 年上半年上游行业和中游行业的企业盈利改善，并且行业集中度不断提升，一些企业主动补库存和扩产能，未来在严格的环保督察以及各部门防范金融风险政策频出的背景下，最终需求能否可持续将直接影响企业经营业绩走势变化。

（四）工业品出厂价格指数（PPI）对2017年工业经济贡献明显

自 2016 年 10 月起，PPI 在结束了 54 个月的负增长之后开始上升，2017 年 1 ~ 11 月持续处于 5% 以上；相比之下，CPI 表现温和，除了在 2017 年 1 月达到 2.5% 外，基本上都在 1.7% 以内，全年居民消费价格上涨 1.6%，涨幅比 2016 年回落 0.4 个百分点。为何 PPI 超预期增长？这对经济又意味着什么？下面我们分别进行分析。

造成 PPI 较快增长的原因有三：一是供给侧结构性改革和环保政策带来的供给减少效应。根据 PPI 的行业门类构成，影响 PPI 变化的主要为煤炭、石油、黑色金属、有色金属、化工这五大行业，这些行业恰好是供给侧结构性改革的重点领域。2017 年从中央到地方各级政府出台了层层加码的"去产能"政策，使得各地"去产能"目标任务提前完成。《政府工作报告》提出的钢铁去产能 5000 万吨左右、煤炭去产能 1.5 亿吨以上，煤电去产能 5000 千瓦的任务已经完成。大气污染治理带来的限产、环保督察等政策同

[①] 资料来源：《服务业稳定较快增长 质量效益提升》，2018 年 1 月 22 日，http：//www.zgxxb.com.cn/xwzx/201801220002.shtml。

样遏制行业供给。① 二是库存需求增长。市场预期变化带来企业补库存行为，2016 年 11 月工业产成品存货累计同比开始正增长，2017 年 4 月一度达到 10.4% 的高点。在价格上升阶段，价格超预期的上升带来的利润增长会诱导企业加快补库存，刺激库存需求增加，库存增长本身就是最终需求的增长。三是大宗商品价格上升。国内外经济好转带来大宗商品需求上升，无论是国外因素通过进口传递还是中国因素所致，大宗商品价格从 2016 年初开始大幅上涨，能源、矿产、钢铁、有色等大宗商品价格在 2015 年底至 2016 年初基本见底（见图 3 - 4）。

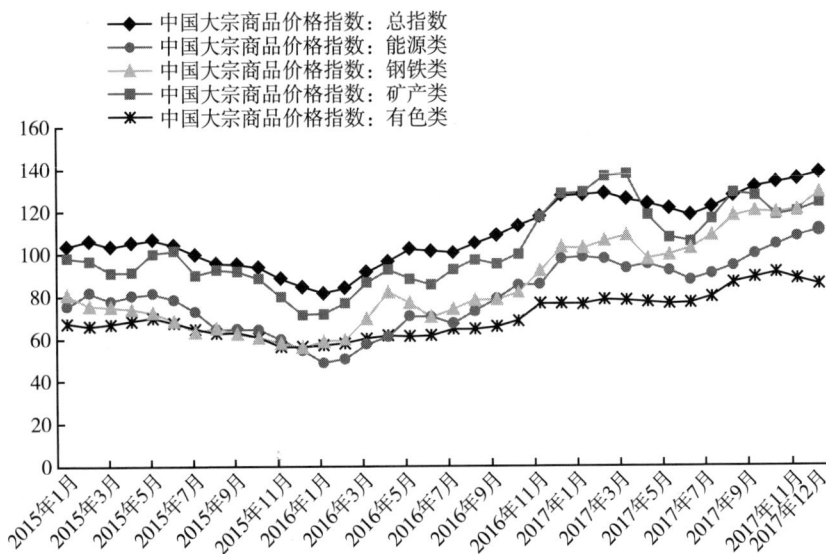

图 3 - 4 2015 年 1 月至 2017 年 12 月商务部中国大宗商品价格指数

资料来源：Wind 数据库。

---

① 2017 年 2 月，环保部牵头、4 部委 6 省市联合印发《京津冀及周边地区 2017 年大气污染防治工作方案》，京津冀大气污染传输通道包括北京市，天津市，河北省石家庄、唐山、廊坊、保定、沧州、衡水、邢台、邯郸市，山西省太原、阳泉、长治、晋城市，山东省济南、淄博、济宁、德州、聊城、滨州、菏泽市，河南省郑州、开封、安阳、鹤壁、新乡、焦作、濮阳市（以下简称"2 +26"城市）。其中要求，"2 +26"城市要提前完成化解钢铁过剩产能任务；采暖季钢铁产能限产 50%，以高炉生产能力计，采用企业实际用电量核实；各地采暖季电解铝厂限产 30% 以上，以停产的电解槽数量计；氧化铝企业限产 30% 左右，以生产线计；炭素企业达不到特别排放限值的，全部停产，达到特别排放限值的，限产 50% 以上，以生产线计。

PPI大幅增长的主要后果有两个方面：一是企业利润好转，尤其是中上游企业利润改善明显。从图3-5可以看出，上游产业例如采矿业（煤炭开采和洗选业、有色金属矿采选业）出现大幅的利润增长；即使中上游价格上升会传导到下游的成本上升上，但下游的消费品制造业利润基本上都是正增长。

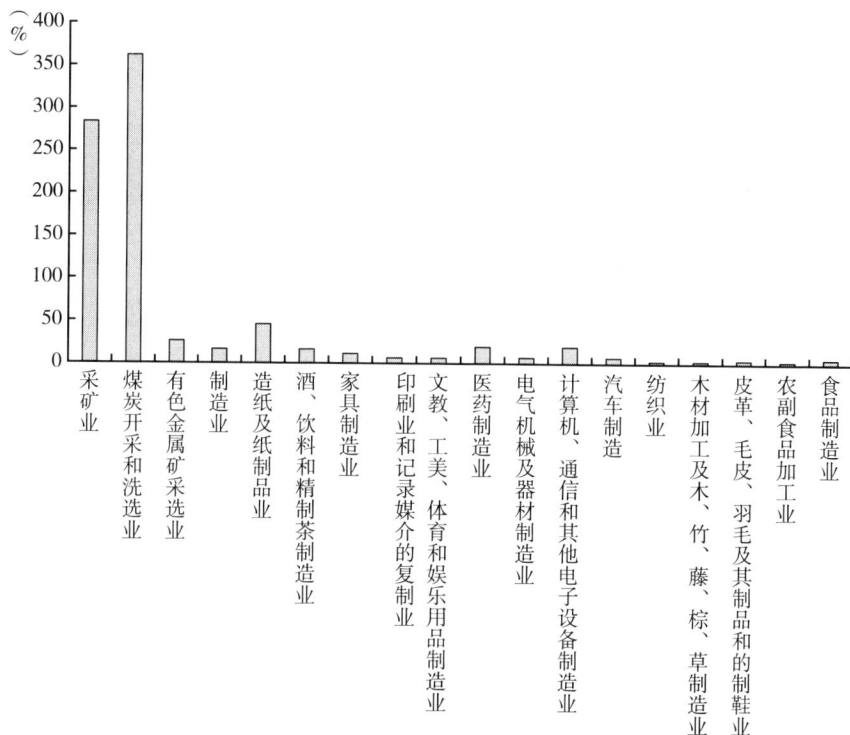

图3-5　2017年1~11月不同行业利润累计同比增速

资料来源：Wind数据库。

二是PPI大幅上升带来财政收入增长超预期。据财政部最新发布数据，2017年，全年PPI由上年下降1.4%，转为上涨6.3%，带动了以现价计算的税收快速增长；同时，因出厂价格上涨带来的企业主营业务收入增加大于因购进价格上涨带来的企业主营业务成本增加，相应带来企业利润和企业所得税的增长。在经济发展质量和效益提升的情况下，受工业品价格快速上涨等因素带动，全年国内增值税、企业所得税分别增长8%和11.3%。从总收入增速看，2017 年，中央一般公共预算收入 81119 亿元，同比增长 7.1%；地方一般公共预算本级收入 91448 亿元，同比增长 7.7%；无论是中央还是地方均出现超预期增长，无疑，PPI 是重要影响因素（见图 3 - 6）。

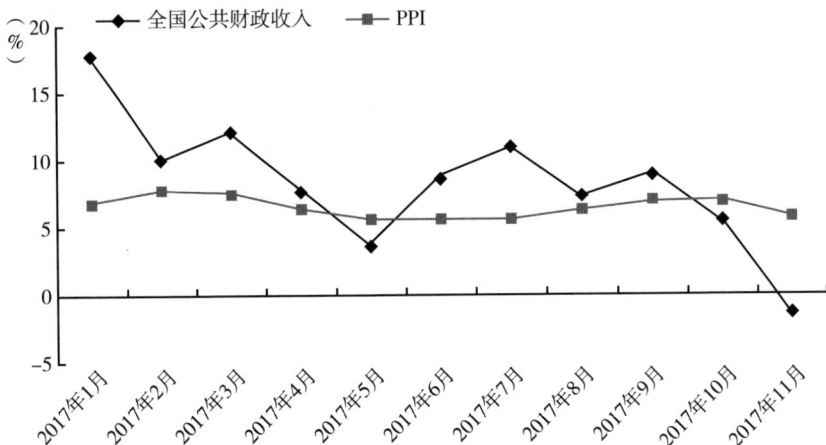

图 3 - 6　2017 年 1 ~ 11 月全国公共财政收入和 PPI 同比增速

资料来源：Wind 数据库。

二　2017 年社会运行特点分析

2017 年中国社会运行总体平稳，就业状态良好。2017 年末全国就业人员 77640 万人，其中城镇就业人员 42462 万人，城镇新增就业超过 1300 万人，2017 年 12 月末城镇调查失业率低于 5%，为 4.98%。以下内容是对各种结构性指标进一步的分析，可加深对中国劳动力市场变化特征的认识。

（一）人口结构变化

2017 年中国人口结构变化主要呈现三个特征：一是老龄化加速，劳动人口占比下降较快。二是城镇人口保持快速上升态势，东部发达地区城市人口密度较高。三是人口流动速度进一步放缓。

1. 年龄结构分析

中国人口年龄结构近年来表现出劳动人口比例持续下降，但劳动人口仍然占绝对比例的特点，人口数量红利仍然有一定的空间（见图3-7）。据统计，2017年16~59周岁的劳动年龄人口为90199万人，占总人口的64.9%。另外，老龄化社会特征明显。据统计，2017年末，60周岁及以上人口24090万人，占总人口的17.3%，其中65周岁及以上人口15831万人，占总人口的11.4%，老年抚养比上升到15.9%。[1] 老龄化社会到来对一个国家意味着什么？老龄人口太多则会降低储蓄率，还会降低一个社会的创新活力，老年人口抚养比越高，缴费的人数所承担的养老支出就越大，养老保险金失衡的缺口就越大。相比之下，美国人均GDP达到24458美元时65岁及以上老龄人口占比才开始超过10%，2017年中国人均GDP预计在9000美元左右，"未富先老"现象突出。尽管2015年开始放开了"二孩"政策，新生儿比例有所上升，但是城市高企的生活成本、育儿服务的不足、女性工作压力等因素会降低许多家庭的生育意愿。2017年出生人口1723万人，人口出生率为12.43‰，出生数量低于2023.2万人的预测值。[2]

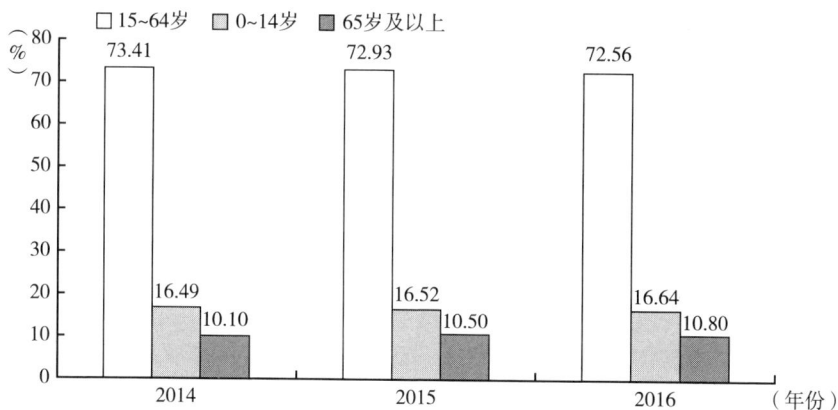

图3-7 2014~2016年中国人口年龄结构概况

资料来源：Wind数据库。

---

① 本部分内容如无特别说明，数据均来自Wind数据库和国家统计局。
② 王培安：《实施全面两孩政策人口变动测算研究》，中国人口出版社，2016。

2. 人口的城乡与区域分布

从城乡结构看，城镇常住人口81347万人，比上年末增加2049万人；乡村常住人口57661万人，比上年减少1312万人；城镇人口占总人口的比重（城镇化率）为58.52%，比上年末提高1.17个百分点。

从全国各地区看，城镇人口密度高的地方仍然是胡焕庸线①以东的东部发达地区，这些地方有完善的基础设施和较高的公共服务水平，城镇化处于一个较高的水平。同样，如果看各省常住人口城镇化率，从2016年的数据可以看出，东部地区仍然是高城镇化率地区，前七位依次是上海市、北京市、天津市、广东省、江苏省、辽宁省、浙江省、福建省，城镇化率均在63%以上（见图3-8）。

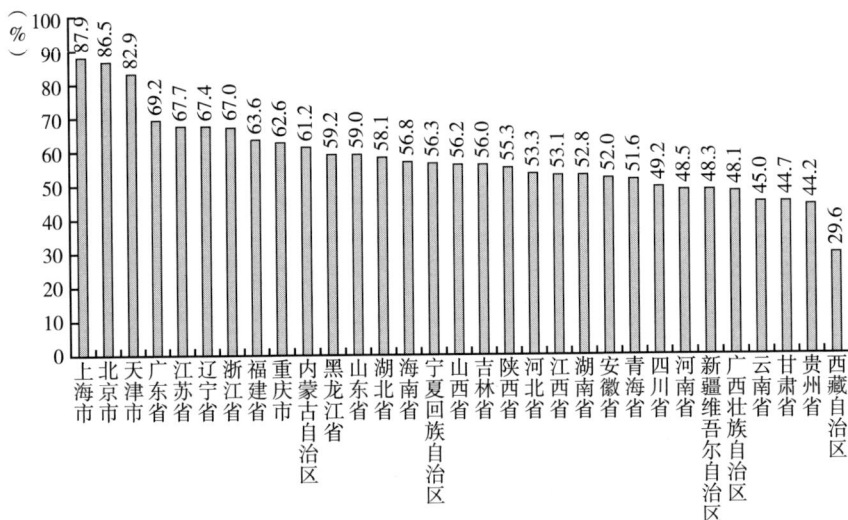

图3-8 2016年全国各省（区、市）常住人口城镇化率

资料来源：Wind数据库。

---

① 中国地理学家胡焕庸（1901~1998）在1935年提出的划分我国人口密度的对比线，最初称"瑷珲—腾冲一线"，后因地名变迁，先后改称"爱辉—腾冲一线""黑河—腾冲线"。根据2000年第五次全国人口普查资料，利用ArcGIS进行的精确计算表明，按胡焕庸线计算而得的东南半壁占全国国土面积的43.8%，总人口占94.1%。

3. 人口流动

国家卫计委发布的《中国流动人口发展报告（2017）》显示，2016年我国流动人口规模为2.45亿人，比上年末减少171万人，流动人口连续第二年下降，主要是由于户籍制度改革，使得部分流动人口在流入地落户转化为新市民。近6年来，我国人口流动以跨省为主，但比例开始缓慢下降，省内跨市流动的比例缓慢上升，市内跨县流动则变动较小，这说明人口流动的稳定性增强。6年来我国流动人口平均年龄从2011年的27.3岁持续上升至2016年的29.8岁。16~59岁的劳动年龄流动人口中，"80后"（出生于1980~1989年）流动人口比重由2011年的不足50%上升至2016年的56.5%；"90后"（出生于1990~1999年）流动人口的比重由2013年的14.5%上升至2016年的18.7%，呈现稳步增长的趋势。

据国家统计局最新统计，2017年，全国人户分离人口①2.91亿人，比上年末减少98万人；其中流动人口2.44亿人，比上年末减少82万人，连续三年下降。在流动人口中，农民工是一个重要群体，2017年前三季度农民外出务工人数分别为17253万人、17873万人、17969万人（见图3-9）。

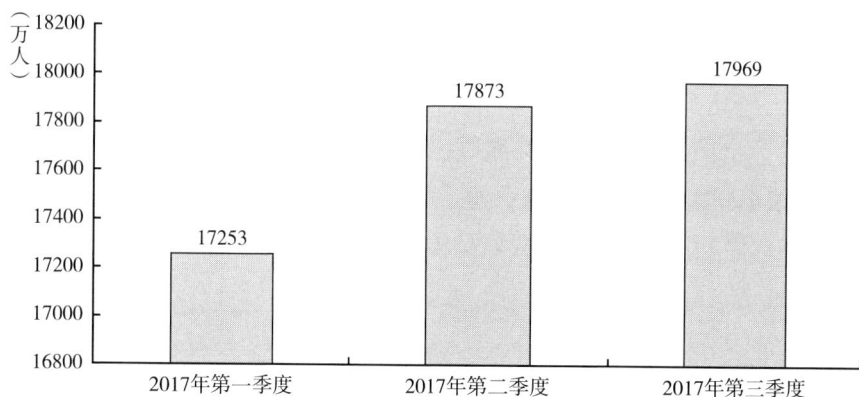

图3-9 2017年前三季度全国农民外出务工人数

资料来源：国家统计局。

---

① 即居住地和户口登记地不在同一个乡镇街道且离开户口登记地半年以上的人口。

（二）收入分配结构变化

2017 年中国居民收入分配持续改善，表现在四个方面：一是国民收入分配中企业和居民收入比例有所上升，政府收入占比有所下降。二是不同收入组群组的差距在近三年有所增加。三是农村居民收入增速持续高于城镇居民收入增速，城乡收入差距持续缩小。四是非农行业收入水平较高。

1. 国民收入分配结构变化

居民收入持续快于经济增速。2017 年，全国居民人均可支配收入 25974 元，扣除价格因素影响，实际增速为 7.3%，增速比 GDP 和人均 GDP 增长率分别高 0.4 个和 1.0 个百分点。这一增速同样高于财政收入增速，[①] 财政收入增速和 GDP 增速相差不多。2017 年 1～11 月，规模以上工业企业利润同比增长 21.9%，同期 PPI 累计增速为 6.4%，即使扣除价格因素，企业利润增速仍高于居民收入增速和经济增速、财政收入增速。也就是说，在国民收入分配中，企业收入占比将会增加，其次是居民收入占比，政府收入占比会有所下降，部分原因是 2017 年的大规模减税降费政策以及各类结构性改革政策带来的效应。

2. 不同收入组的收入差距

2017 年全国居民人均可支配收入中位数 22408 元，比上年名义增长 7.3%。按全国居民五等份收入分组，低收入组、中等偏下收入组、中等收入组、中等偏上收入组、高收入组的人均可支配收入分别为 5958 元、13843 元、22495 元、34547 元、64934 元（见图 3-10）。

一是静态分析。2017 年最高收入组人均可支配收入是最低收入组人均可支配收入的 10.9 倍。

二是动态分析。从 2013 年到 2017 年，五等分组中最高收入组与最低收

---

① 国家统计局公布的 2017 年全国居民消费价格上涨 1.6%，根据中国社会科学院发布的 2018 年《经济蓝皮书》预测，2017 年财政收入增速为 8.5%，扣除通胀后实际增速为 6.9%；如果按照财政部统计，2017 年 1～11 月财政收入增速为 8.4%，全年增收应该不会高于这一数字太多。

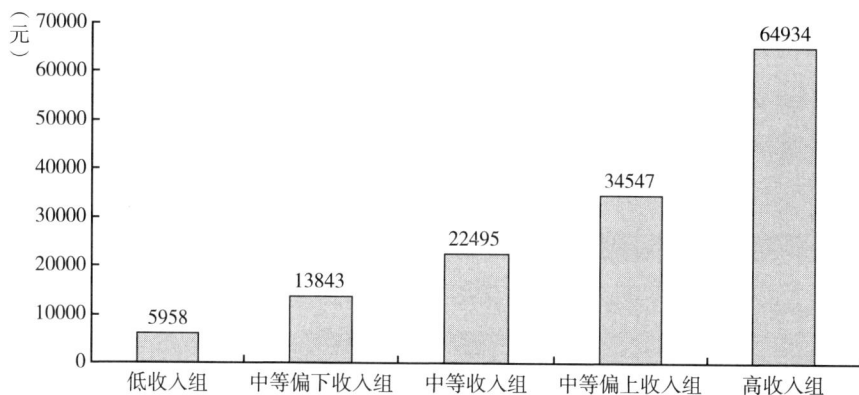

图3-10　2017年全国居民收入五等分组的人均可支配收入

资料来源：Wind 数据库。

入组收入比倍数从 2013 年的 10.78 下降到 2015 年的 10.45，之后开始上升，2017 年为 10.90（见图 3-11）。

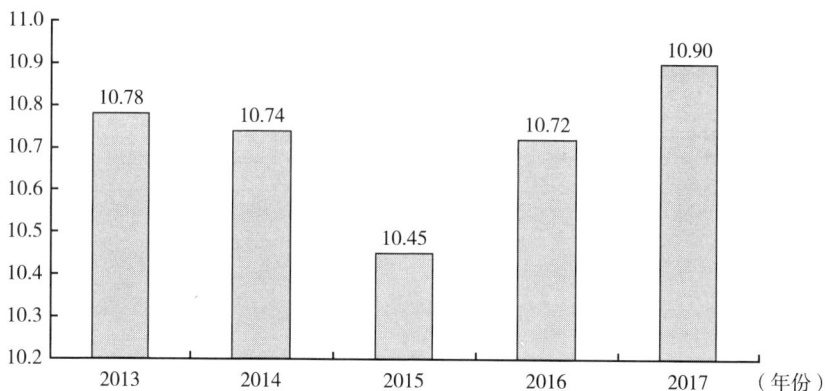

图3-11　2013~2017年全国居民五等分组最高收入组与最低收入组收入之比

资料来源：Wind 数据库。

3. 城乡居民收入差距

2017 年，城镇居民人均可支配收入 36396 元，增长 8.3%，扣除价格因素，实际增长 6.5%；农村居民人均可支配收入 13432 元，增长 8.6%，扣除价格因素，实际增长 7.3%。农村居民收入增速持续快于城镇居民，使得城乡居民人均收入倍差延续近五年来的下降趋势（见图 3 – 12），持续缩减到 2.71，比上年缩小 0.01，主要原因是农村居民人均可支配收入增速持续超过城镇居民人均可支配收入增速（见图 3 – 13）。

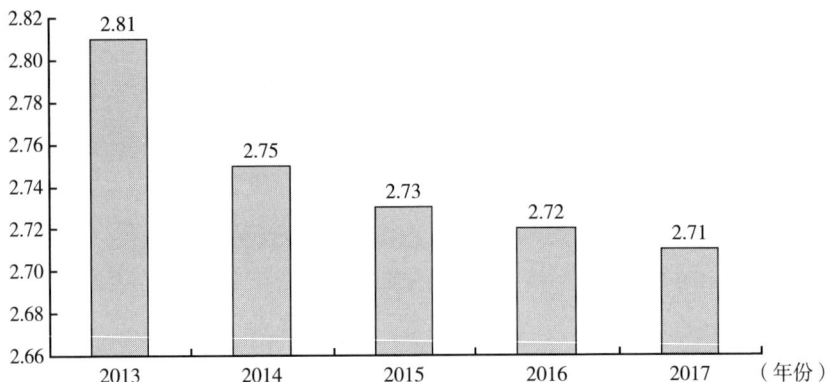

图 3 – 12　2013 ~ 2017 年全国城乡居民人均可支配收入倍数

资料来源：Wind 数据库。

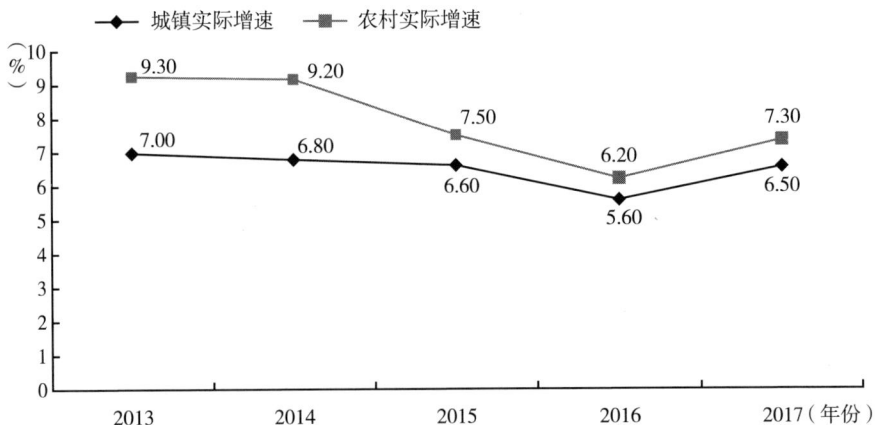

图 3 – 13　2013 ~ 2017 年全国城乡居民人均可支配收入实际增速

资料来源：Wind 数据库。

从另一个反映收入差距①的指标看，城镇居民人均可支配收入中位数33834元，增长7.2%，是平均数的93.0%，高于全国水平（86.3%），也就是说，城镇居民内部收入差距平均来说低于全国；农村居民人均可支配收入中位数11969元，增长7.4%，是平均数的89.1%，略高于全国水平（86.3%），即农村居民内部收入差距平均来说低于全国，但是高于城镇居民收入差距。

4. 不同行业工资收入差距

据国家统计局住户调查办公室统计，2017年前三季度，全国居民人均工资性收入11019元，同比名义增长8.8%，增速比2016年同期加快0.9个百分点，比上半年加快0.2个百分点。其中，城镇居民人均工资性收入16635元，增长7.6%，增速比上年同期加快0.6个百分点。多数行业工资增长情况明显好转，其中，采矿业、制造业、建筑业、批发和零售业、租赁和商务服务业、居民服务业等行业人员工资增速明显加快。

智联招聘发布的《2017年秋季中国雇主需求与白领人才供给报告》显示，招聘薪酬水平排名前十的行业中，专业服务、咨询（财会、法律、人力资源等）行业以10187元的平均月薪继续保持第一，绝对值较上一季度继续小幅上升。基金、证券、期货、投资业行业的平均薪酬也有所增长，以9703元的平均月薪继续排名第二位。学术科研行业的平均薪酬上升至9336元，跃升至第三位（见图3-14）。

（三）劳动力市场变化

1. 总体就业平稳

就业是民生之本，是宏观调控的首要目标，只有就业才能带动收入增长和消费增长，有就业就有社会的和谐稳定。2017年前三季度全国就业目标基本完成，2017年末全国就业人员77640万人，其中城镇就业人员42462

---

① 中位数可以衡量某地区普通民众的收入水平，与人均收入指标相比，收入中位数更贴近普通民众的实际生活水平，因为某地区的人均收入因贫富的差距可远大于收入中位数，而收入中位数则可以将这种差距反映出来。平均收入占中位数比例越高，则差距越小。

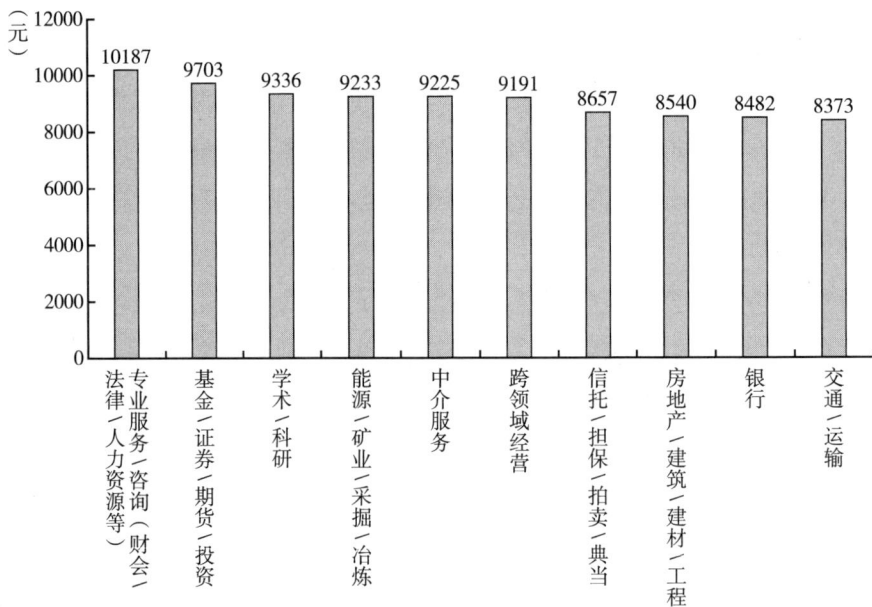

图 3 – 14 2017 年秋季求职期全国十大高薪行业

资料来源：智联招聘。

万人。城镇新增就业人数超过 1300 万人，12 月末城镇调查失业率为 4.98%。这些成绩的取得来之不易，主要原因是大众创业、万众创新，以及各级政府"放管服"改革等，极大地调动了市场主体的创业热情，2017 年日均新登记企业 1.66 万户，创业带动了就业的快速增长。

2017 年第三季度，中国人力资源市场信息监测中心针对 97 个城市的公共就业服务机构市场供求信息进行调查，结果表明就业市场需求略大于供给。用人单位利用公共就业服务机构招聘各类人员约 498 万人，进入市场的求职者约 429.4 万人，岗位空缺与求职人数的比率约为 1.16，比 2016 年同期上升 0.06，比上季度上升 0.05，市场需求略大于供给。2016 年第二季度以来，岗位空缺与求职人数比率出现明显上升态势，并保持在一个较高水平上。如果结合经济增速变化，可以发现，2016 年第二季度经济增速开始加快，两者基本上是正相关关系，只不过在 2017 年第三季度出现了分化，部分原因可能是经济结构中就业容纳多的第三产业增长所致，第三季度一、二、三产业增加值同比增速分别为3.9%、6%、8%（见图3-15）。

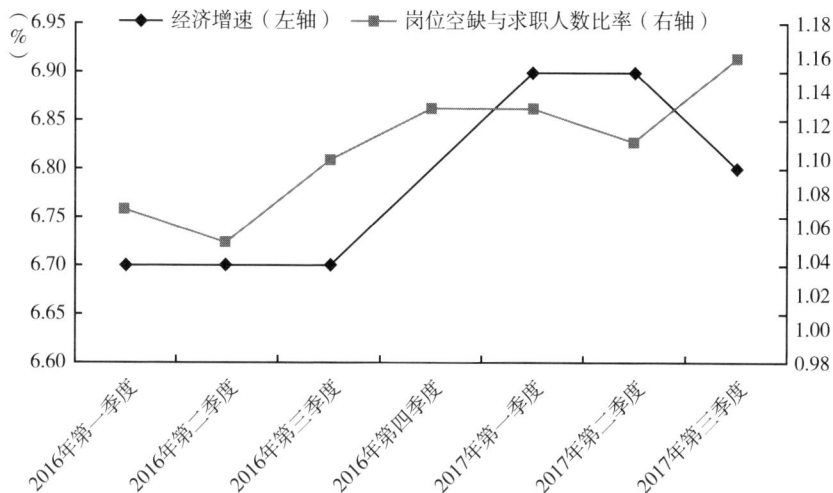

图3-15　2016年第一季度至2017年第三季度全国经济增速、岗位空缺与求职人数比率

资料来源：中国人力资源市场信息监测中心。

2. 新增就业的行业需求分布

根据中国人力资源市场信息监测中心对97个城市的公共就业服务机构市场供求信息统计，从行业需求看，与2016年同期相比，除电力煤气及水的生产和供应业、金融业、教育、文化体育和娱乐业等行业外，其他各行业的用人需求均有所增长。数据表明，非农产业的需求仍然是第一位的，83.1%的企业用人需求集中在制造业（34%）、批发和零售业（13.4%）、住宿和餐饮业（10.2%）、居民服务和其他服务业（9.5%）、租赁和商务服务业（7%）、信息传输计算机服务和软件业（4.7%）、建筑业（4.3%）等行业，这基本上符合目前的产业结构现状。

3. 技术进步对就业的影响

中国当前正处在一个快速的互联网发展时期，互联网相关的技术进步，到底给就业带来了什么？技术进步到底是创造了新的就业，还是减少了就业？腾讯研究院发布的《中国互联网＋数字经济（2017）》报告显示，数字经济的发展不仅能够带动当地 GDP 的增长，还能够促进各个相关产业的发展，从而降低地区整体失业率。数字经济发展程度高的地区，失业率会显著低于其他地区。通过测算，数字经济发展使得 31 个省份城镇登记失业率平均下降大约 0.10%，数字经济在 2016 年大致带来 280.17 万个就业岗位，由数字经济带来的就业占全国新增就业的 21.32%。①

据联合国最近发布的《新技术革命对劳动力市场和收入分配的影响》②，新技术创造就业机会有四种方式：（1）自动化产生新工作岗位，对掌握新技术的劳动力需求扩大。近几十年来，在知识密集型行业，这种影响已经使得对执行非常规、认知性工作的工人的需求持续增加。（2）技术创新推动新兴行业发展，有助于开发新产品，满足以前无法满足的人类需求，同时创造额外的就业机会。（3）技术创新和自动化有助于提高生产率，进而降低成本和价格，这会增加需求，从而增加生产和就业。（4）生产率增长带来经济增长和收入增长，从而导致消费者对新旧产品和服务产生更大的需求。报告认为，技术创新不会导致总体失业和普遍失业，而是以兼职或副业的形式出现，导致更高水平的不充分就业。

据国家统计局统计，2016 年中国互联网上网人数达到了 7.3 亿人、网站数 482.39 万个、域名 4227.57 万个（见表 3－1），中国具有庞大的互联网经济发展潜力。2017 年 1 月 26 日国务院印发的《"十三五"促进就业规划》指出："积极培育新的就业增长点。大力发展新兴产业新兴业态，不断拓展新兴就业领域。……健全就业、劳动保障等相关制度，支持发展就业新形态。""扩大创业带动就业效应。……完善新兴产业和现代服务业发展政

---

① 腾讯研究院：《中国互联网＋指数 2017 发布》，2017 年 4 月 20 日，http：//www.tisi.org/4868。

② UN, 2017, "The Impact of the Technological Revolution on Labour Markets and Income Distribution." https://www.un.org/development/desa/dpad/publication/frontier-issues-artificial-intelligence-and-other-technologies-will-define-the-future-of-jobs-and-incomes/.

策，鼓励大型互联网企业、行业领军企业通过网络平台向各类创业创新主体开放技术、开发、营销、推广等资源，打通科技和经济结合的通道，加强创业创新资源共享与合作，切实将人才优势和科技优势转化为产业优势和经济优势。鼓励发展'互联网＋创业'，支持'自组织、自激励、自就业'的创业模式，强化创业带动就业、促进增收效应。"无疑，随着这些政策的不断落地，"互联网＋"的就业乘数效应还会进一步显现。要发挥"互联网＋"的就业带动效应，需要一批高人力资本劳动者，从表3－1可以看出，近年来大学及以上毕业生占城镇新增就业人数的比例在不断上升，2016年达到62.19%，这些有利于实现技术进步的就业互补而非替代效应。

表3－1 2007～2016年全国互联网经济主要指标

年份	互联网上网人数（万人）	域名数（万个）	网站数（万个）	大学及以上毕业生占城镇新增就业比例（%）
2007	21000	1193.1	150.4	46.07
2008	29800	1682.6	287.8	51.78
2009	38400	1681.8	323.2	56.67
2010	45730	865.6	190.8	56.29
2011	51310	774.85	229.56	55.62
2012	56400	1341.21	268.07	55.32
2013	61758	1843.65	320.16	55.35
2014	64875	2059.55	334.89	57.00
2015	68826	3101.4	422.9	59.05
2016	73125	4227.57	482.39	62.19

资料来源：国家统计局；大学及以上毕业生就业数据来自 Wind 资讯。

三 2017年财政运行特点分析

（一）2017年中国财政收支总体特征

2017年以来，中国经济稳中有进，经济指标的改善带来了财政收入的平稳增长，财政收支运行出现了一些显著特征：一是财政收入和税收增速开始加快。2017 年一般公共预算收入同比增长 7.4%，① 其中税收收入同比增长 10.7%，比上年分别加快 2.9 个和 6.3 个百分点，改变了近年来一般公共预算收入和税收收入增速逐年放缓的态势。二是地方财政收入和支出增长均高于全国和中央。其中，地方一般公共预算本级收入 91448 亿元，同比增长 7.7%，高于中央（7.1%）；② 地方政府性基金预算本级收入 57637 亿元，同比增长 37.3%，远高于中央（6.4%）；地方国有资本经营预算本级收入 1335 亿元，同比增长 13.2%，中央为 - 13%。地方一般公共预算支出 173471 亿元，同比增长 7.7%，高于中央（7.7%）；地方政府性基金预算相关支出 58016 亿元，同比增长 34.2%，远高于中央（6.7%）；地方国有资本经营预算支出 1245 亿元，同比增长 2.1%，中央为 - 18.2%。三是三本账户收支平衡度不一。一般公共预算支出（203330 亿元）大于收入（172567 亿元），政府性基金收入（61462 亿元）大于支出（60700 亿元），国有资本经营预算收入（2579 亿元）大于支出（2011 亿元）（见图 3 - 16）。

（二）财政收支结构分析

从结构看，一是政府社会性支出的高速增长，反映出国家财政在快速转型，也折射出我国改革开放新阶段的政府治理的理念、发展的导向在快速更新和调整，以人为本的发展观已经从"口号"变成了实际的行动。二是税收结构和经济结构调整基本一致，持续优化。三是区域财政收入均衡性得到进一步改善。

---

① 为推进财政资金统筹使用，2017 年 1 月 1 日起将新增建设用地土地有偿使用费、南水北调工程基金、烟草企业上缴专项收入 3 项政府性基金调整转列一般公共预算。相关文件 2017 年 3 月印发，4 月起在 2016 年基数中考虑 3 项政府性基金转列一般公共预算的影响，并以此为基础计算同比增减额和增减幅，下同。

② 与全国人大批准的预算口径一致，即对 2016 年 1 ~ 6 月收入执行数，按营改增后新体制分别计算中央、地方分享收入，以此作为 2017 年 1 ~ 6 月中央、地方收入的基数，并相应计算同比增减额与增减幅，下同。

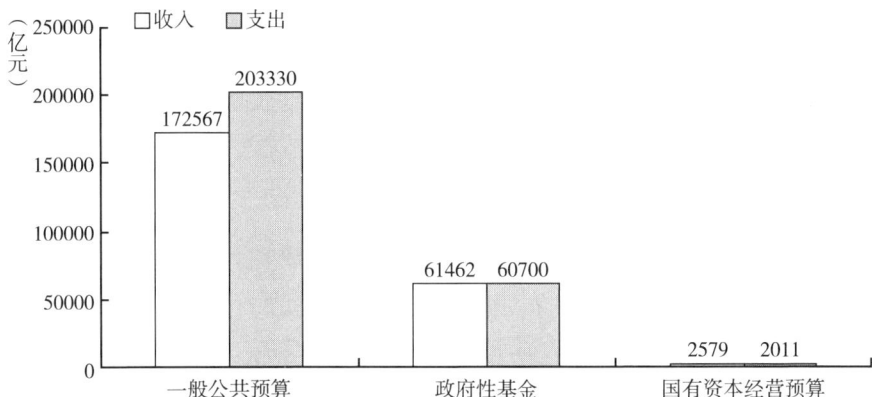

图 3 - 16　2017 年一般公共预算、政府性基金预算、国有资本经营预算收支

资料来源：财政部。

1. 社会性支出变化

从大类来说，财政支出有经济性支出和社会性支出。在一定时期内，财政支出向不同类别倾斜，反映出一定时期的公共政策导向。[①] 社会性支出与民生有直接的关联。财政支出向社会性支出重点倾斜，这说明当前的财政政策"人本"色彩越来越浓。教育、医疗、就业、社保等，无一不是老百姓最为关心，也最为担心的问题，减轻老百姓在这些方面的负担，是"仁政"，更是责任，是政府应尽的职责。解决民生问题，为公众平等地提供基本公共服务是公平与正义的要求。经济的发展最终是为了人自身的发展。经济发展的成果要让大多数人分享，就需要一种以人为本的财政政策。教育、医疗、社保等社会性支出的快速增长就是这样一种政策的体现。从 2017 年的数据来看，教育支出 30259 亿元，增长 7.8%；文化体育与传媒支出 3367 亿元，增长 6.4%；社会保障和就业支出 24812 亿元，增长 16%；医疗卫生与计划生育支出 14600 亿元，增长 9.3%。除了文化传媒外，社会保障和就业、医疗卫生和计划生育、教育支出增速均高于一般公共预算支出增速。这

---

① 刘尚希：《社会性支出的高增长说明了什么？》，中华人民共和国财政部网站，2007 年 3 月 5 日，http：//www.mof.gov.cn/zhuantihuigu/2007ysbg/zjjd/200805/t20080519_ 25812.html。

几类主要社会性支出占总的一般公共预算支出的比例为35.9%，比2016年高0.8个百分点，延续了增长态势。社会性支出的高增长不只是支出结构的变化，也是财政政策从经济型政策（主要为经济增长服务）向公共型政策（为全面、协调、可持续发展服务）转变的重要标志。

2. 税收结构特征

一是税收收入和主要税种收入占比回升，财政收入质量提高。2017年以来，随着宏观经济稳中向好，重要税种收入和税收总收入均出现较快增长，从高到低依次是进口环节增值税和消费税（24.9%）、个人所得税（18.6%）、关税（15.1%）、企业所得税（11.3%）均高于税收总收入增速（10.7%）；非税收入受全面清理涉企收费、取消或减免部分行政事业性收费等因素影响，同比增速为 -6.9%（见图3-17）。相应地，2017年全国财政收入中的税收收入占比和主要税种收入占比，分别达到83.7%、75.1%，较上年分别提高2个、1.9个百分点。

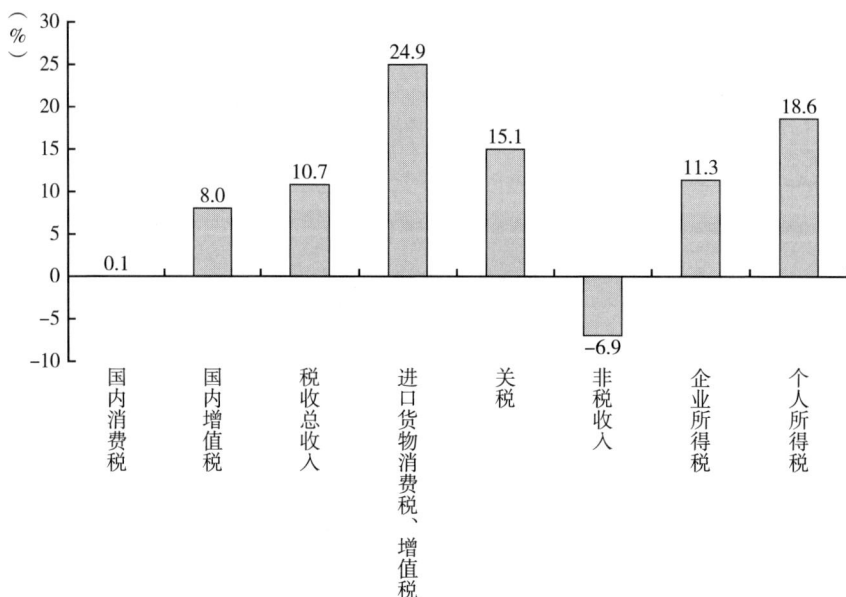

图3-17 2017年全国税收总收入、非税收入、主要税种收入增速

资料来源：中华人民共和国财政部。

二是新旧动能转换和结构调整在税收结构上表现明显。随着《中国制造2025》战略深入实施，装备制造业和高技术产业保持较快发展势头，通用设备制造业、专用设备制造业、计算机通信和其他电子设备制造业税收分别增长23.5%、20.9%、21.6%；新旧动能转换加快，减税降费政策激发了市场主体活力，同时居民文化、旅游、信息等新兴消费需求旺盛，这些带动了文化体育和娱乐业、互联网和相关服务业、软件和信息技术服务业税收分别增长17.4%、55.1%、36%。

三是实体经济向好带动工商业税收增长。据统计，2017年，随着工业生产逐步回暖、商业经营不断改善，工业税收增速回升至15.9%，批发零售业税收增速回升至20.3%，带动工商业对总税收增收贡献率显著提高。相应地，2017年第二产业、第三产业税收对全部税收增收的贡献率分别为48.4%、51.7%。

四是地方对土地收入的依赖度有所提高。如果按照土地出让收入占政府性基金收入比例，以及房地产相关五税（契税、耕地占用税、房产税、土地增值税、城镇土地使用税）与土地出让收入总和占一般公共预算收入和政府性基金收入比例来看地方财政对土地收入的依赖程度，2017年这两个占比分别为45.9%、90.3%，2016年这两个占比分别为40.5%、88.3%，地方财政对房地产市场的依赖程度在提高。

3. 区域财政收支特征

中西部地区增收贡献率明显提高，区域间财政收入增长的均衡性进一步提高。据财政部统计，2017年东、中、西部地区财政收入分别增长7.7%、9.5%和5.3%，对地方财政收入的增收贡献率分别为56%、30.3%、13.7%。其中，中西部地区增收贡献率达到44%，比2015年、2016年分别提高4.5个和24.8个百分点。东部依然是最主要的财政收入贡献者，但是中西部的贡献度在提升。

四　2018年需关注的风险

根据各方面情况综合分析，2018年宏观经济应当是稳中向好。但天有不测风云，并非没有风险。风险难以预测，但有迹象可寻。风险往往是从点而发，可能会连接成线甚至扩大成面，对此，不可掉以轻心。以风险思维来分析，我们认为，下面几点值得关注和警惕。

（一）工业品出厂价格指数（PPI）大起大落的风险

2017 年 10 月起，PPI 在结束了 54 个月负增长之后开始上升，持续处于 5% 以上，影响 PPI 变化的主要为煤炭、石油、黑色金属、有色金属、化工这五大行业。在去产能、环保限产、基建投资、国际经济复苏等因素的共同推动下，PPI 由负转正，并快速上升。但两大不确定性因素将会影响 2018 年 PPI 走势：一是价格上涨预期、发展路径依赖可能导致传统产能反弹。2017 年 PPI 价格上涨可能会诱发扩产能行为，例如西部一些资源性地区已经形成了对资源性收入的路径依赖，一些地方把"去产能"操作成"去产量"，价格一旦上升，会使得落后产能死灰复燃，出现反弹。二是上下游行业创新转型步伐不一致，可能导致上游产业供给过剩再度出现。下游行业接近消费，供给响应相对灵敏，创新转型相对要快，且容易一些；而上游行业有滞后性，而且转型难度更大，转型慢，产业变化不同步可能导致供给过剩。这两大因素使得 PPI 这个关键指标可能有大起大落的风险。

（二）居民消费疲软的风险

随着供给侧结构性改革推进以及收入分配政策实施，居民收入不断增长，然而其消费支出增长却未能与之匹配。据统计，2017 年开始城镇居民消费需求增长和收入增长偏离度有扩大趋势，从第一季度相差 1 个百分点，到第三季度相差 2.1 个百分点。这种消费疲态在网购新模式中亦有所反映，一度火热的网购社会零售品销售增速自 2017 年 8 月起亦呈现逐月下降态势。导致这些现象的原因在于消费生态环境不佳，消费品质量不足以满足居民的多元化、高质量需求。

（三）房地产价格仍有较强上涨预期带来的风险

中国房地产价格上涨预期为何能够长期存在，原因有以下五个：一是传统调控手段多为行政手段，而且多限制购买需求，因此短期有效但是不解决根本问题。二是与人口和土地供应有关。与快速人口流入带来的刚性购房需求相比，一、二线等热点城市的土地供给不足，三、四线城市则相反，这就导致一、二线城市较强的上涨预期，此种观点影响面极为广泛。三是与供给侧结构性改革政策相关。一些地方尤其是三、四线城市多通过货币化安置等手段来进行，房地产去库存效果显著。四是与房地产金融化有关。房地产承担了太多投资品的角色，大量过剩的储蓄绕开低投资回报率的实体经济，直接或间接进入房地产市场，房地产已成为一种新型的金融工具。五是与房地产长效机制建设滞后有关。中央经济工作会议明确了2018年要完善促进长效机制建设，将会涉及土地制度、户籍制度、税收制度、金融制度、租赁制度等诸多制度，但是短期内还难以有实质性推进。正是这五个方面的原因导致了房地产价格上涨的预期难以在短期内扭转，政府要实现"房子是用来住的，不是用来炒的"目标将面临严峻挑战，一旦处理不好就会有损政府的公信力。

（四）经济、金融、财政风险的转移与叠加风险

一是经济、金融、财政风险的转移。经济风险传导到财政是一种常见现象，金融风险同样会传导到财政。在当前经济金融化背景下，财政支出的金融化方式，如PPP、政府引导基金等，都是政府可用的金融化手段。但是不能PPP、政府基金满天飞，一哄而上，甚至政府与民争利并挤出民间资本，带来经济下行风险，脱离金融监管能力搞政府融资"创新"会产生财政风险金融化。财政风险转移到金融风险最为显著的例子是地方政府债务违约导致的系统性金融风险。

二是经济、金融、财政风险的叠加。当一个社会同时出现经济、金融、财政风险时候，如同一个病人的多种并发症一齐发生，这就会带来经济体系

的崩溃，产生公共危机。在某些地方，例如东北，已经形成了所谓的"收缩型"社会，就会面临这三类风险的叠加。

参考文献

刘尚希：《公共风险视角下的公共财政》，经济科学出版社，2010。

王培安：《实施全面两孩政策人口变动测算研究》，中国人口出版社，2016。

李平主编《经济蓝皮书：2018年中国经济形势分析与预测》，社会科学文献出版社，2017。

B.4
2018年中国经济社会形势及财政收支预测

王宏利[*]

摘　要： 2017年，我国经济稳中向好，GDP增速高于预期，经济结构不断优化，服务业对经济增长的拉动作用日益凸显，消费对GDP增长的贡献率不断上升，质量效益持续提升。本文在分析2017年经济形势和更早年份相关数据基础上，构建ARIMA模型，对2018年经济社会形势进行预测。预测结果显示：2018年GDP增长率将小幅回落至6.6%；投资仍然保持中高速增长，其中民间投资增速较低需要引起高度重视；最终消费支出增速11.74%，网上消费增速强劲；货物和服务净出口波动较大；CPI温和上涨；PPI上涨幅度小幅回落。使用ARIMA方法预测显示，2018年我国财政收入仍然保持较高速度增长，财政收入质量进一步提高，税收收入增长较快，非税收入将进一步规范。具体地，国内消费税、企业所得税、个人所得税、资源税都将实现高速增长。近几年，财政支出对于GDP的拉动率趋于稳定，积极财政政策的政策乘数相比过去出现下降。考虑到2018年仍然实行积极财政政策，2020全面建成小康社会的客观要求等因素影响，2018年财政支出将保持中速增长，财政支出结构将进一步优化，重点支出将进一步得到有效保障。预测显示：2018年社会保障

---

[*] 王宏利，博士，中国财政科学研究院，主要研究领域为宏观经济、财政理论、数量经济、PPP政策与实务等。

支出增速达到 15.5%；科技支出和农林水事务支出将继续保持中高速增长态势；教育支出、财政医疗卫生支出缓慢增长，但二者基数已经达到一个较高的水平；2018 年交通运输支出与 2017 年基本持平。

关键词： 经济形势　ARIMA　财政收入　财政支出

一　2018 年全国经济社会形势预测

（一）GDP 预测

GDP 衡量一定时期内一个国家或地区经济活动所产出的全部最终产品和劳务的价值，是反映经济增长、经济规模的基础性指标，对宏观经济政策的制定具有重要的作用。对于 GDP 的预测，可以更加清楚地了解到未来经济的走势和发展状态，本文基于时间序列理论，以实际增长率数据为基础，通过 Eviews 6.0 软件进行拟合分析，建立模型，预测 2018 年实际 GDP 增长率。

目前已知 1999～2016 年实际 GDP 增长率，首先，对 2017 年实际 GDP 增长率进行估计。2017 年以来，在以习近平同志为核心的党中央坚强领导下，各地区各部门深入贯彻落实新发展理念，坚持稳中求进，以供给侧结构性改革为主线，适度扩大总需求，深化改革创新，振兴实体经济，防范化解风险，强化预期引导，前三季度国民经济运行总体平稳，结构不断优化，新兴动能加快成长，质量效益明显提高，稳中向好态势持续发展。2017 年前三季度国内生产总值 593288 亿元，按可比价格计算，同比增长 6.9%，其中，前三季度增长率分别为 6.9%、6.9%、6.8%，[①] 从更长时间看，我国

---

① 本文引用 GDP 数据来自国家统计局网站，http：//data.stats.gov.cn/search.htm？s = GDP。

经济连续 9 个季度运行在 6.7% ~ 6.9% 的区间，保持中高速增长。我们预计，第四季度 GDP 增长率将保持这一态势，全年增长率在 6.8% ~ 6.9% 之间，取值为 6.9% 代入模型。

对 1999 ~ 2017 年实际 GDP 增长率数据进行 ADF 平稳性检验，发现原始数据是非平稳的，通过一阶差分，得到置信度 99% 水平上的平稳时间序列。建立时间序列模型，考虑到序列相关性，提高模型的预测精度，通过修正序列相关，对多个模型进行对比，最终得到以下模型，回归结果参见附录表 4 – 1。

$$rgdp1_t = -0.5342 + 0.4723rgdp1_{t-1} + u_t - 0.9427u_{t-2} \qquad (4.1)$$
$$(-2.18) \qquad (2.47) \qquad (-20.61)$$

公式中，$rgdp1_t$ 表示在第 t 年实际 GDP 增长率一阶差分后的数据，$rgdp_{t-1}$ 表示在第 $t-1$ 年实际 GDP 增长率一阶差分后的数据，u_t 是 t 期随机误差项，u_{t-2} 是 $t-2$ 期随机误差项。所有括号内均为 t 值，下同，不再赘述。

该模型通过了平稳性检验和残差序列独立性检验，对 2018 年数据预测，得到 2018 年 $rgdp1$ 为 -0.3140，最终得到 2018 年实际 GDP 增速为 6.59%。

预测显示，2018 年实际 GDP 增速将会小幅滑落到 6.59% 左右（见图 4 – 1）。

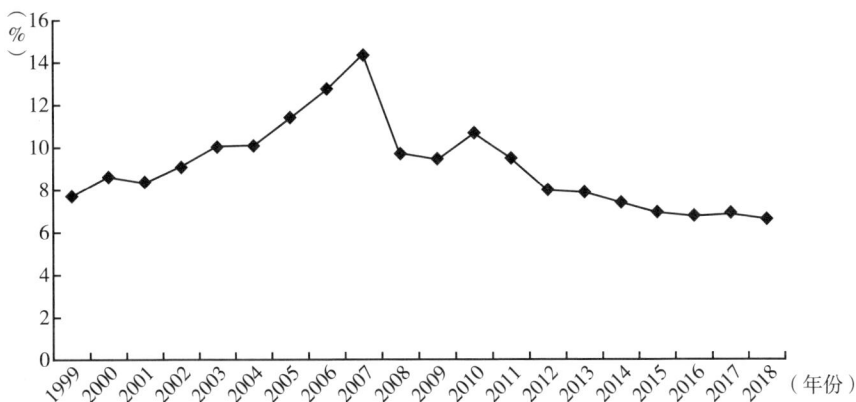

图 4 – 1　1999 ~ 2018 年中国实际 GDP 增长率

注：1999 ~ 2016 年实际 GDP 增长率为真实值，2017 年、2018 年为预测值。

除了对 GDP 增速数量的预测，我们认为，更重要的是对 GDP 增速质量的分析。2017 年前三季度，国民经济稳中有进、稳中向好的态势持续发展，具体表现在经济运行在合理区间、经济结构调整优化、新旧动能加快转换、质量效益明显提升等四个特点。从国际大环境看，温和复苏仍然是不变的大主题，从国内看，供给侧结构性改革不断深入等因素继续发挥重要影响，支撑经济保持中高速增长和迈向中高端水平的有利条件不断积累增多，会使得 2018 年经济增长质量更高，对我国经济的长远、可持续发展起到十分重要的作用。

我们认为，2018 年经济将呈现一些特点，具体表现在：新旧动能加快转换、结构更加优化、质量效益不断提升、产业升级步伐加快、消费对经济的拉动作用更加明显。近年来，以信息传输、软件等为代表的新兴服务业对经济的拉动作用明显提升，高新装备制造业等高科技产业快速发展，这些"新动能"将逐步代替以基建投资为代表的旧动能，经济结构更加优化；从产业结构看，服务业已经成为拉动增长的新引擎，将在推动我国经济质量提高方面发挥更加重要的作用；从国民收入按照支出法核算的三大方面看，消费对 GDP 增长的贡献率已经明显上升，2016 年达到 64.6%，随着居民消费升级态势的继续加快，这一比重还将持续上升。总之，2018 年，我国 GDP 将实现更有"质量"的增长。

（二）投资预测

为了更全面反映投资的总量情况和结构情况，选择国民收入核算中的资本形成总额、民间固定投资完成额两项指标分别进行预测。

1. 资本形成总额预测

GDP 核算中的资本形成总额包括两部分，固定资本形成总额和存货增加。从增速看，以资本形成总额为口径的投资增速，在 2007 ~ 2011 年保持了超过 17% 的高速增长，在经济进入新常态后，投资增速总体呈现不断放缓的趋势，2015 年投资增速仅为 3.34%，随着新旧动能加快接续转换以及经济结构的不断优化，2016 年，投资增速略有回升，达到 5.4%；2017 年前三季度，国民经济稳中向好，稳中求进的态势持续发展。在此背景下，2017年上半年基础设施投资对全部固定资产投资的贡献率约46%，民间投资增速在调整后回升，较上年同期提高4.4个百分点。[①] 从结构上看，随着供给侧结构性改革的不断深化，短板领域的投资快速增长，为关键领域和薄弱环节补短板工作发挥了积极作用。

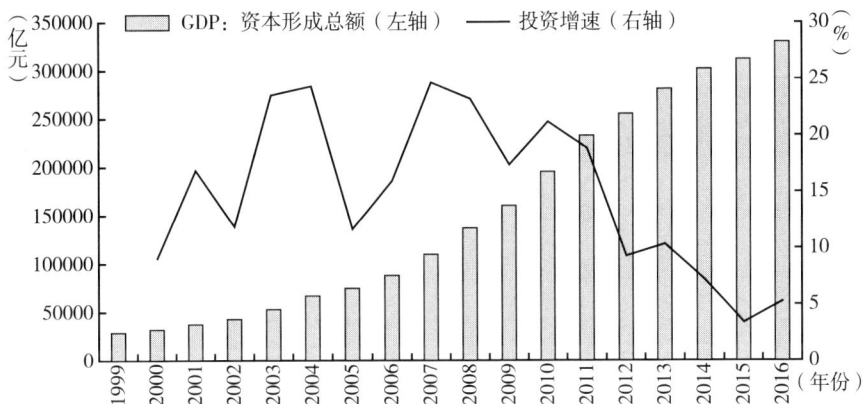

图4-2 1999~2016年资本形成总额情况

资料来源：Wind数据库。

以1999~2016年资本形成总额[②]为基础，通过取对数消除量纲，建立时间序列模型，考虑序列相关性，不做差分可实现在95%的显著性水平下的平稳，最终得到ARMA回归结果（参见附录表4-2），得到模型为：

$$\ln inv_t = 14.3562 + 0.9540 \ln inv_{t-1} + u_t + 0.8702 u_{t-4} \qquad (4.2)$$

$$(8.90) \qquad (34.10) \qquad (11.00)$$

公式中，$\ln inv_t$表示第t年资本形成总额取对数后的值，$\ln inv_{t-1}$表示第$t-1$年资本形成总额取对数后的值。

[①] 杜飞轮：《稳在夯实 进将延续》，中国经济网，2017年7月19日，http://paper.ce.cn/jjrb/html/2017-07/19/content_ 339372. htm。

[②] 资料来源：Wind数据库。

根据模型预测，2017 年资本形成总额 310820.23 亿元，2018 年资本形成总额 336216.31 亿元，2018 年增速为 8.17%。从 2017 年 1~11 月的情况看，基础设施投资 126720 亿元，增长 20.1%；高新服务业投资高速增长，制造业投资增速企稳，结构优化质量提升；西部地区投资增长加快，东北地区投资增速由负转正。考虑到这些积极因素的影响，模型预测数据略偏保守。

2. 民间固定投资完成额预测

观察 2017 年 1~11 月民间固定资产投资完成额累计值数据（见图 4-3），发现数据呈现明显的线性特征，通过 OLS 回归，得到 2017 年 1~12 月民间固定资产投资完成额累计值（以下简称"民间投资累计值"）。

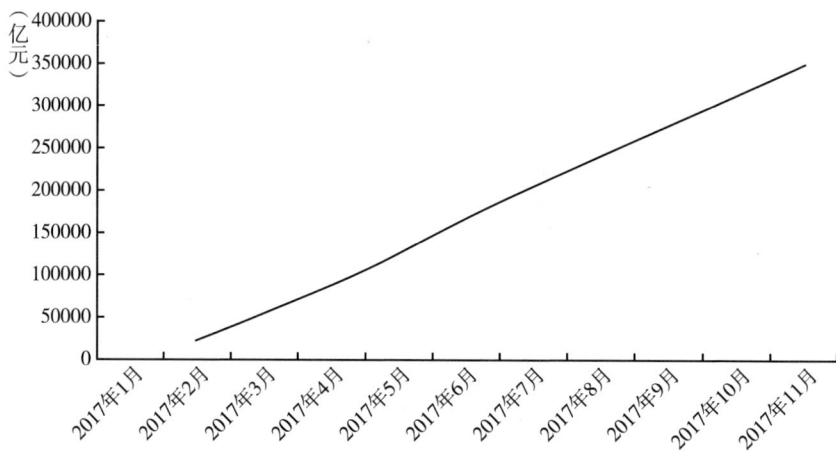

图 4-3　2017 年 1~11 月民间固定投资完成额累计值

以月份（记为 m）为自变量，2017 年截至第 m 个月民间投资累计值（记为 $priinv_m$）为因变量，得到回归方程：

$$priinv_m = -52721.2102 + 36543.2142m \qquad (4.3)$$
$$(-18.77) \qquad (92.44)$$

模型拟合效果较好，可决系数达到 0.9991，得到 2017 年全年民间投资累计值为 385797.36 亿元。

需要说明的是，民间投资累计值口径为扣除国有及国有控股企业，"三资"企业中外商独资企业及控股企业后的数据。由于国家统计局正式发布民间投资累计值数据开始时间为 2012 年 1~3 月，因此，选择 2012~2017 年数据作为样本，预测 2018 年民间投资累计值。

考虑固定资产投资价格指数的影响，将各年数据除以相应年份的固定资产投资价格指数，由于目前只知道 2017 年前三季度固定资产投资价格指数数据，将第三季度价格指数累计数据作为 2017 年度固定资产投资价格指数。

2015~2017 年三年修正后的民间投资累计值基本持平，反映出促使民间投资增速回升的长期性和艰巨性（见表 4-1）。

表 4-1　2012~2017 年民间固定资产投资完成额累计值及修正值

单位：亿元

	2012 年	2013 年	2014 年	2015 年	2016 年	2017 年
民间投资累计值	223982	274794	321576	354006.69	365219.42	385797.36
固定资产价格指数	101.10	100.30	100.50	98.20	99.40	105.20
修正过后的民间投资累计值	2215.45	2739.72	3199.76	3604.96	3674.24	3667.28

注：2017 年民间投资累计值为预测值，固定资产价格指数以 2017 年前三季度数据近似代替。

资料来源：2012~2016 年民间投资累计值、2012~2017 固定资产价格指数相关数据来自 Wind 数据库。

结合中国财政科学研究院"降成本"调研成果发布暨研讨会内容，就民间投资增速放缓原因进行梳理。从成本的角度考虑，目前，实体经济的各项成本呈现以下特征：原材料成本近年来上升较快；用工成本依然刚性上升；用地、租房成本持续上涨；用能成本有所上涨但涨幅不大；物流成本呈现上升态势，其中人工成本是上涨主因；在企业融资方面，受货币信贷宏观稳中偏紧的影响，2016 年以来，企业融资增速放缓；对于企业的税负，样本企业"纳税总额占企业综合负担的比重"呈现下降的趋势。

从调研结果看，降成本政策在降低企业税费、融资、用能、物流、制度性交易成本等方面取得了良好成效,但也要清楚地认识到降成本政策的有限性。成本不断上升的趋势如此,通过降成本来减缓这种趋势,难度显而易见。尤其是对于人力成本而言,人力成本持续上升是影响民间投资意愿的主要因素,而人力成本的上升具有刚性。以农民工为例,2010年,中国外出农民工人均月收入1690元,至2016年增至3572元,[①] 六年累计增加111.4%,而同期名义GDP只增加了80.9%(见图4-4)。此外,由于中国劳动年龄人口从2012年开始减少,迄今减少了1800万劳动年龄人口,使得人力成本的上升刚性更加明显。

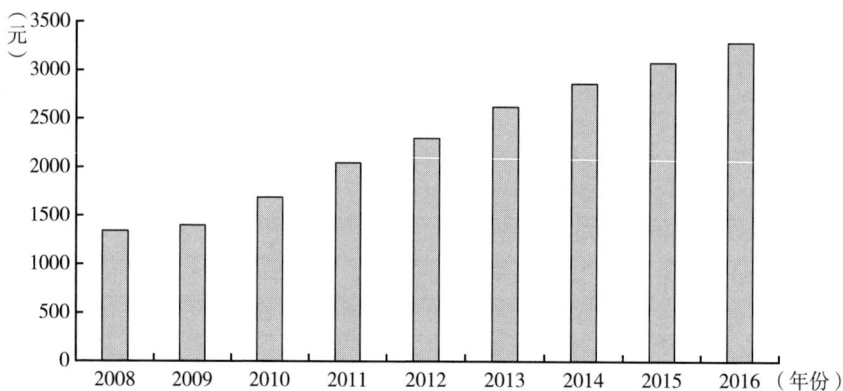

图4-4 2008~2016年农民工月平均收入

资料来源:Wind数据库。

因此,必须深化对降成本、民间投资回落对于经济结构优化重要性的认识,树立正确的方法论。一方面,不能孤立地降成本,不能为降成本而降成本,应当加强对降成本的科学认识,科学把握各项成本的规律,把降成本同生态文明建设、居民收入水平不断提高的趋势结合起来,不能让政策性降成本妨碍市场竞争;另一方面,加强民间投资对于经济结构优化重要性的认识,相比非民间投资而言,2015年之前,尽管中国的民间投资增速在回落,但仍高于非民间投资增速,表明民间资本对投资增量的贡献为正,在固定资产投资总额中

---

① 资料来源:Wind数据库。

的占比是上升的，到了 2016 年，国企投资增速达到 19%，民间投资增速只有 3.2%，2017 年 1~10 月，国企投资增速仍达 10.9%，但民间投资增速只有 5.8%。再比如，2016 年 1~12 月民间固定资产投资增长率 3.2%，2017 年 1~2 月为 6.7%，增长了一倍多，但反映在全国固定资产投资增速中，只是由 8.1% 上升至 8.9%，不到 1 个百分点，这种"国进民退"式的投资反差，从长期而言不利于经济结构的改善，必须加以重视（见图 4-5）。

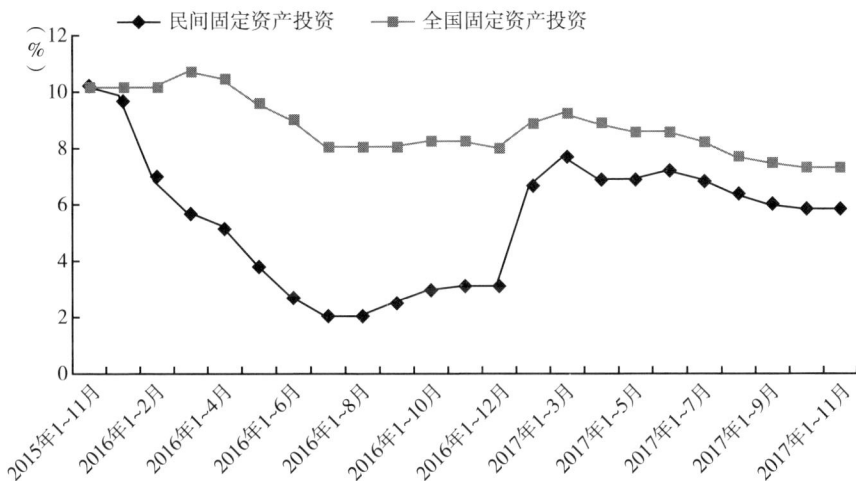

图 4-5　2005 年以来民间固定投资和全国固定资产投资增速

资料来源：Wind 数据库。

综上所述，随着降成本措施的进一步深化和前期降成本政策发挥效力，初步判断 2018 年民间投资累计值和近三年数据相比会有所上升，但不会出现较大幅度涨幅。

（三）消费预测

根据 GDP 支出法核算的最终消费数据①，1999~2016 年，我国消费支出增速一直保持较快增长的势头，绝大多数年份都保持两位数以上的高增

_____

① 　如无特别说明，本文相关消费数据均来自 Wind 数据库。

长，消费对 GDP 增长的贡献率也在不断上升。2015 年，消费支出增速为 10.34%，贡献率为 59.70%；2016 年，消费支出增速为 10.46%，贡献率达到 64.6%；2017 年前三季度，消费继续保持第一驱动力的作用，最终消费支出对经济增长贡献率达到 64.5%，比上年同期高 2.8 个百分点，比资本形成的贡献率高 31.7 个百分点（见图 4 - 6）。

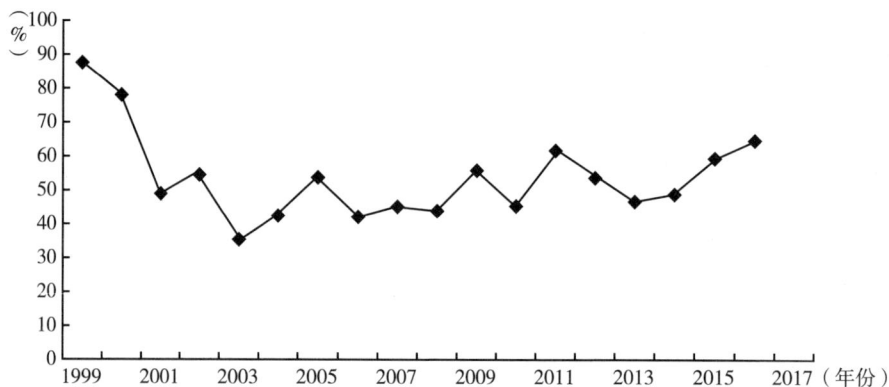

图 4 - 6 1999 ~ 2016 年最终消费支出对 GDP 增长的贡献率

资料来源：Wind 数据库。

使用 1999 ~ 2016 年数据建立时间序列预测模型，考虑序列相关性，提高模型的预测的精度，通过二阶差分、取对数的方式修正序列相关，得到模型为：

$$lnconsumption\ 2_t = u_t - 0.7625u_{t-2} \qquad (4.4)$$
$$(-3.66)$$

公式中，$lnconsumption\ 2_t$ 表示第 t 年最终消费支出数据通过取对数，再进行二阶差分最终得到的结果。

预测显示，2017 年全年最终消费支出为 43583.74 亿元，同比增长 8.92%；2018 年最终消费支出为 487011.98 亿元，同比增长 11.74%，在我国人均 GDP 已经达到一个较高的水平背景下，仍将保持高速增长势头。

除了消费总量的预测，此外，我们估计消费仍然将延续 2017 年市场销售继续较快增长，网上零售增势强劲的特征。2017 年前三季度，社会消费品零售总额 263178 亿元，同比增长 10.4%，[①] 我们预计 2018 年仍将延续高速增长的势头；此外，近年来我国网上零售额增长十分迅速，根据国家统计局数据，2016 年，全国网上零售额 51556 亿元，比 2015 年增长 26.2%，其中，实物商品网上零售额 41944 亿元，增长 25.6%，2017 年前三季度，全国网上零售额 48787 亿元，同比增长 34.2%，其中，实物商品网上零售额 36826 亿元，增长 29.1%。我们预计 2018 年网上零售额增势仍然强劲。

（四）货物和服务净出口预测

从 1999~2016 年货物和服务净出口数据看，呈现波动明显且长期持续、增速上涨的年份和呈现负增长的年份交替出现的特征。2000~2001 年呈现负增长的态势，2002 年转为正的高速增长，增长率为 33.10%，之后 2003 年又出现负增长的情况，2004~2008 年，连续 5 年保持正增长，之后由于金融危机的蔓延，2009 年增速转为负值，高达 -37.93%，对经济增长呈现负的拉动作用（见图 4-7）。近年来，波动仍然持续，2014 年、2015 年增长率分别为 10.99%、48.64%，2016 年又转为 -31.64%。

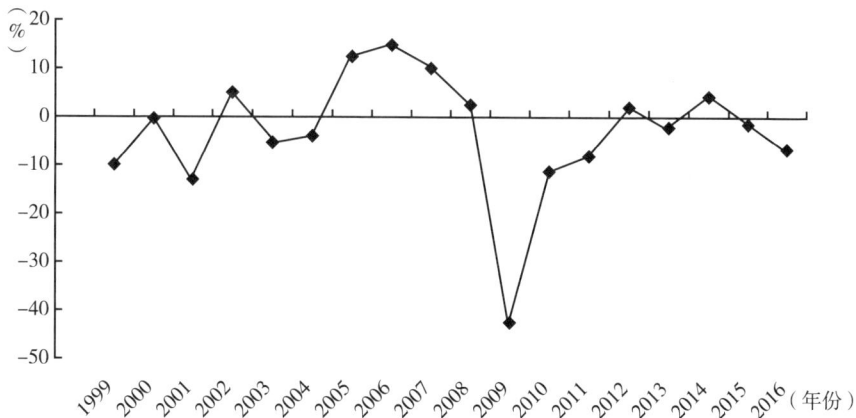

图 4-7　1999~2016 年货物和服务净出口对 GDP 增长的贡献率

资料来源：Wind 数据库。

---

① 《前三季度国民经济稳中向好态势持续发展》，国家统计局，2017 年 10 月 19 日，http：//www. stats. gov. cn/tjsj/zxfb/201710/t20171019_ 1543751. html。

2017 年前三季度，得益于全球经济复苏拉动的出口上升，货物和服务净出口由上年同期下降转为增长，对经济增长的贡献率由负转正。前三季度，货物和服务净出口对经济增长的贡献率为 2.7%，而 2016 年同期为 −4.8%。

以 1999~2016 年货物和服务净出口数据为基础，建立时间序列模型，考虑到序列相关性，进行二阶差分处理，提高模型的预测精度，通过修正序列相关，得到模型为：

$$\ln net2_t = -0.0241 - 0.4325\ln net2_{t-1} - 0.7014\ln net2_{t-4} - 0.3786\ln net2_{t-6}$$
$$(-0.92) \quad (-1.19) \quad (-4.48) \quad (-1.98)$$
$$+ u_t - 1.2929u_{t-1} + 0.3407u_{t-4} \tag{4.5}$$
$$(1.79) \quad (0.44)$$

公式中，$\ln net2_t$ 表示第 t 年货物和服务净出口数据通过取对数，再进行二阶差分得到的结果。

动态预测结果为，2017 年货物和服务净出口对数的二阶差分预测值为 0.386335，即 2017 年货物和服务净出口为 11108.07 亿元，2018 年预测值为 4947.87 亿元。我们认为 2018 年数据预测出现了较大偏差，这主要是由于模型没有充分反映出世界经济温和复苏的情况导致。

考虑到世界经济温和复苏的大背景、国内供给侧结构性改革和转型升级在稳步推进，2018 年货物和服务净出口实际情况将比预测结果更加乐观。同时，更重要的是应当科学应对货物和服务净出口的波动。

第一，从进口和出口两方面看货物和服务净出口波动，近两年，我国对外贸易出现下滑，但进口却表现出比出口更为强劲的增长势头。根据海关的统计，按照人民币计算，2016 年我国货物贸易进出口总值比 2015 年下降 0.9%，其中，出口下降 2%，进口却逆势增长 0.6%；2017 年前三季度，我国货物贸易进出口总值比 2016 年同期增长 16.6%，其中，出口增长 12.4%，进口增长 22.3%，进口增速高于出口。

第二，考虑我国需求结构的变化。我国需求结构在改革开放后的几十年中发生了巨大变化：改革开放初期，我国经济总量小，基础设施落后，对外开放程度低，三大需求结构对经济增长拉动作用波动较大，需求结构很不稳定；随着经济实力提高、融资方式多样化、对外开放程度提高和加入世界贸易组织，投资和净出口对于经济拉动作用明显提升；近年来，内需对经济增长的拉动作用显著增强，尤其是在应对金融危机冲击中，内需的强劲增长有效弥补了外需的不足，对经济实现平稳较快发展起到了极为关键的作用，以2016年为例，最终消费支出对GDP增长贡献率为64.6%，而货物和服务净出口为－6.80%，但实际GDP仍然取得了6.7%的中高速增长。

近年来，国际贸易保护主义思潮抬头，对经济全球化造成了一定阻碍，中国秉持"共商共建共享"的原则，用实际行动让全世界分享中国经济发展的巨大市场机遇，促进"一带一路"建设，打造人类命运共同体。因此，我们认为，货物和服务净出口的变化，也是中国对外贸易更加平衡、更加成熟的表现。

（五）通货膨胀率预测

本文通过CPI来衡量通货膨胀率的变化。居民消费价格指数（CPI）反映的是一定时期内人们购买一组代表性商品和劳务总花费的变化情况，是国民经济核算统计的核心指标之一。如果用CPI来衡量价格水平，则通货膨胀率就是不同时期的CPI变动的百分比，因此CPI也是度量通货膨胀程度的重要指标，因此，本文通过CPI当月同比数据来衡量通货膨胀率的变化。

建立时间序列预测模型，考虑到序列相关性，CPI的一阶差分为平稳时间序列（记为 $cpi1$），提高模型的预测精度，通过修正序列相关，回归结果如下所示，得到模型为：

$$cpi1_t = 0.0062 + 0.0643cpi1_{t-3} + 0.1449cpi1_{t-4} - 0.2833cpi1_{t-12} \qquad (4.6)$$

$$(0.44) \qquad (0.97) \qquad (2.18) \qquad (-3.29)$$

$$+ u_t + 0.0501u_{t-1} - 0.6104u_{t-12}$$

$$(0.87) \qquad (-8.33)$$

公式中，$cpi1_t$ 表示第 t 年 cpi 数据取一阶差分后的结果，$cpi1_{t-3}$ 表示第 $t-3$ 年 cpi 数据取一阶差分后的结果，以此类推。

根据模型预测 2017 年 12 月份和 2018 年各月 CPI 值（取两位小数）见表 4 - 2。

表 4 - 2　2017 年 12 月和 2018 年 1 ~ 12 月 CPI 当月同比预测值

单位：%

月份	2017 年 12 月	2018 年 1 月	2018 年 2 月	2018 年 3 月	2018 年 4 月
CPI 当月同比	101.71	101.71	101.72	101.72	101.73
月份	2018 年 5 月	2018 年 6 月	2018 年 7 月	2018 年 8 月	2018 年 9 月
CPI 当月同比	101.74	101.74	101.75	101.76	101.76
月份	2018 年 10 月	2018 年 11 月	2018 年 12 月		
CPI 当月同比	101.77	101.77	101.78		

预测显示，2018 年 CPI 将保持温和上涨，结合 2017 年情况考虑：2017 年拉低 CPI 增速的主要因素为菜价和畜肉类价格，以 2017 年 11 月数据为例，鲜菜价格下降 9.5%，拉低 CPI 下降约 0.25 个百分点，畜肉类价格下降 4.8%，影响 CPI 下降约 0.23 个百分点，其中猪肉价格是主要原因。[①] 导致 2017 年这种现象发生的原因在于 2016 年基数过高，预计 2018 年基数效应将显著下降；此外，2018 年粮食等因素也对价格上涨形成支撑。

（六）PPI 预测

PPI 是衡量工业企业产品出厂价格变动趋势和变动程度的指数，是反映某一时期生产领域价格变动情况的重要经济指标，也是制定有关经济政策的重要依据。根据价格传导规律，PPI 对 CPI 有一定影响。PPI 反映生产环节价格水平，CPI 反映消费环节价格水平。整体价格水平的波动一般是出现在生产领域，然后通过产业链向下游企业扩散。同时，PPI 也是观察通货膨胀

① 《2017 年 11 月份居民消费价格同比上涨 1.7%》，国家统计局，2017 年 12 月 9 日，http://www.stats.gov.cn/tjsj/zxfb/201712/t20171209_ 1561902.html。

水平的重要指标。

基于 2000 年 1 月到 2017 年 11 月 PPI 当月同比（全部工业品）数据，建立时间序列预测模型，考虑到序列相关性，进行一阶差分处理，提高模型的预测精度，通过修正序列相关，在多个模型中对比，得到最终模型：

$$ppi1_t = -0.0098 - 0.1626ppi1_{t-1} + 0.4350ppi1_{t-2} + 0.3796ppi1_{t-3} + u_t$$
$$(-0.42) \quad (-1.83) \quad (6.50) \quad (4.64)$$
$$+ 1.2855u_{t-1} + 0.4079u_{t-2} - 0.6249u_{t-3} - 0.8079u_{t-4} - 0.5362u_{t-5}$$
$$(17.49) \quad (4.60) \quad (-8.48) \quad (-9.50) \quad (-7.89)$$
$$+ 0.2443u_{t-7} - 0.3702u_{t-9} - 0.4641u_{t-10} \qquad (4.7)$$
$$(5.36) \quad (-6.06) \quad (-8.88)$$

根据模型预测，2017 年 12 月和 2018 年各月 PPI 当月同比数据见表 4-3。

表 4-3　2017 年 12 月和 2018 年 1~12 月 PPI 当月同比预测值

单位：%

月份	2017 年 12 月	2018 年 1 月	2018 年 2 月	2018 年 3 月	2018 年 4 月
PPI 当月同比	5.79	5.78	5.77	5.76	5.75
月份	2018 年 5 月	2018 年 6 月	2018 年 7 月	2018 年 8 月	2018 年 9 月
PPI 当月同比	5.74	5.73	5.72	5.71	5.70
月份	2018 年 10 月	2018 年 11 月	2018 年 12 月		
PPI 当月同比	5.69	5.68	5.67		

根据模型预测，2018 年全年 PPI 上涨幅度将总体保持小幅度回落的态势。2017 年 PPI 指数扭转了 2012 年以来连续 5 年下降的趋势，出现了较大幅度上涨，呈现出明显的恢复性上涨特征；我们预计，2018 年 PPI 上涨动力较 2017 年趋弱，涨幅将有所回落。2017 年 PPI 大幅上涨的原因主要在于需求旺盛、生产成本提高。根据国家统计局数据，2017 年前三季度全国规模以上工业增加值同比实际增长 6.7%，增速比上年同期加快 0.7 个百分点；此外，全国货物贸易出口值同比大幅增长也推动了需求上涨。特别注意的是，大宗商品价格的大幅度上涨给 2017 年 PPI 上涨提供

了强劲支撑，我们预计 2018 年大宗商品价格涨幅将有所回落。此外，考虑到 2017 年基数较大，也将为 2018 年 PPI 涨幅小幅回落提供支持。

二　2018年财政收入及重点税收预测

（一）财政收入的预测

财政收入受税收、国内生产总值、全社会固定资产投资、就业人数四项的影响。以财政收入 Y 作为因变量，税收收入 X_1、国内生产总值 X_2、全社会固定资产投资 X_3、就业人数 X_4，这四项作为自变量。

通过取对数，对数据进行预处理，建立多元函数：

$$\ln Y = C + C_1 \ln X_1 + C_2 \ln X_2 + C_3 \ln X_3 + C_4 \ln X_4 + u \tag{4.8}$$

通过最小二乘参数估计，得到：

$$\ln Y = -16.27 + 0.71 \ln X_1 + 0.39 \ln X_2 - 0.02 \ln X_3 + 1.33 \ln X_4 \tag{4.9}$$
$$(-1.73) \quad (8.93) \quad (2.89) \quad (-0.35) \quad (1.61)$$

其中：所有方程括号内均为 t 值，$R_2 = 0.9999$。

无论临界概率是 1%、5%，还是 10%，$\ln X_3$、$\ln X_4$ 都没有通过相应 t 检验，说明存在多重共线性。考虑四项自变量，税收收入是财政收入最主要的来源，在很大程度上决定着财政收入的充裕程度，税收和财政收入是正相关关系，系数应为正；经济决定财政，通常来说，国内生产总值越高，财政收入也相应越高，该项很好地通过了检验，予以保留；全社会固定资产投资的系数为负，这与经济理论相悖，全社会固定资产投资会通过促进 GDP 增长，间接影响财政收入增长，我们考虑，引起这一项的原因在于多重共线性的存在，全社会固定资产投资和其余三项之间存在很强的关联性；就业人数越多，仅从税收角度考虑，意味着税基越大，相应的税收收入也越多，但考虑到在各显著性水平上都没有通过检验，说明和其余三项自变量之间关联性很高。

所以，剔除全社会固定资产投资、就业人数两项自变量，对于税收收入这一项来说，考虑到税收收入对于财政收入的重要性和 X_3、X_4 对其的影响，予以保留。将回归模型剔除全社会固定资产投资、就业人数两项自变量后，得到新的方程如下：

$$\ln Y = -1.39 + 0.81\ln X1 + 0.28\ln X2 \tag{4.10}$$
$$(-6.97) \qquad (16.96) \qquad (4.96)$$

模型拟合效果较好，可决系数达到 0.9999。同时，税收收入、国内生产总值系数都为正，且前者系数远大于后者系数，这与税收收入是财政收入最主要来源相匹配，模型经济学解释较好。

（二）模型主要指标的预测

1. 税收收入的整体预测

观察税收收入（X_1）和年份（t）之间的关系图（见图 4-8）可以看出，二者之间存在着某种线性关系。

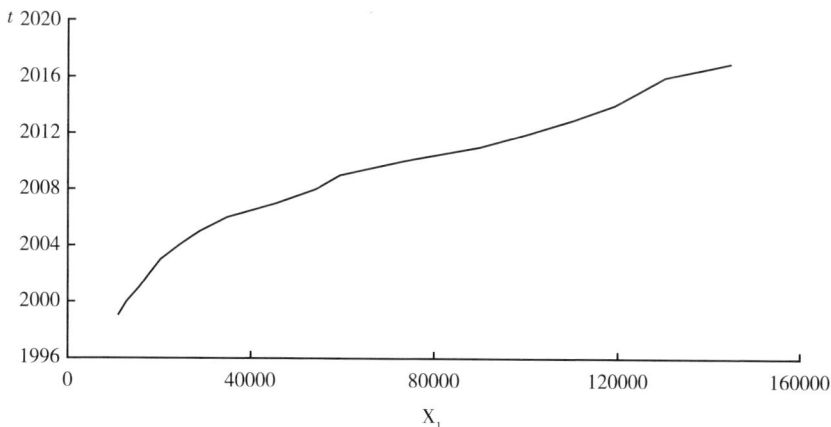

图 4-8　税收收入和年份之间的关系

资料来源：国家统计局。

2017 年前 11 个月累计税收收入 136072 亿元，同比增长 11.2%。[①] 比较 2012~2016 年 11 月和 12 月税收数据，二者基本持平，所以用 2017 年 11 月数据近似替代 12 月税收收入。得到，2017 年全年税收收入 144851 亿元。

得到模型：

$$X_1 = -19320271 + 9653.256t + u_t + 2.7180u_{t-1} + 2.5131u_{t-2} + 0.7902u_{t-3} \quad (4.11)$$
$$(-15.39) \quad (15.46) \quad (18.02) \quad (8.40) \quad (5.17)$$

根据模型预测，2018 年税收收入为 159998 亿元，比 2017 年税收收入增幅 6.42%，依旧保持中高速增长的态势。

2. 国内生产总值的预测

根据第一部分预测结果，2018 年我国实际 GDP 增长率为 6.6%。考虑到实际 GDP 和名义 GDP 之间的关系，将实际 GDP 增长率换算成名义 GDP 增长率，最终得到名义 GDP 数值。GDP 平减指数是名义 GDP 和实际 GDP 之间的商，由于缺乏 2017 年 GDP 平减指数的数据，用 2016 年 GDP 平减指数代替，并用 2016 年 GDP 平减指数计算 2017 年名义 GDP 数额。2016 年 GDP 平减指数为 1.021，换算得到 2017 年名义 GDP 增长率为 8.2%，即 805097 亿元。同理，得到 2018 年名义 GDP 增长率 8.84%，即 876257 亿元。

3. 财政收入的预测

将上述税收收入和国内生产总值的值代入方程（4.10），得到 2018 年全国一般公共预算收入为 196088 亿元。

（二）国内增值税收入预测

从近年来情况看，2016 年国内增值税实现收入 40712 亿元，同比增长 30.9%，[②] 主要原因在于全面推开营改增试点。为充分考虑营改增的影响，

---

① 《2017 年 11 月财政收支情况》，财政部国库司网站，2017 年 12 月 11 日，http://gks.mof.gov.cn/zhengfuxinxi/tongjishuju/201712/t20171211_2771156.html。

② 资料来源：人民网，2017 年 1 月 24 日，http://finance.people.com.cn/n1/2017/0124/c1004-2945361.html。

利用六大增值税应税行业年度增加值,① 通过线性回归估计 2018 年各行业增加值,再加总这几个行业增加值,得到 2018 年增长率。模型前提是税率没有发生改变和不考虑抵扣率,在这个前提下,增值税收入增长率将取决于增值税应税行业增值额增长率,行业增加值近似于增值额。具体预测如下:

1. 工业

由于以下两个原因的影响,工业增加值 2012 年之前数据和 2012 年之后数据存在较大差异,选择 2012～2016 年样本进行回归。一是 2011 年起,规模以上工业企业起点标准由原来的年主营业务收入 500 万元提高到年主营业务收入 2000 万元。二是 2012 年国家统计局执行新的国民经济行业分类标准,工业行业大类进行调整。

选取 2012～2016 年第四季度工业增加值数据预测 2017 年第四季度工业增加值,回归结果为:

$$industry_t = -5666785.64 + 2844.94t \qquad (4.12)$$
$$(-5.70) \qquad (5.76)$$

公式中,$industry_t$ 代表第 t 年第四季度工业增加值数据,t 代表年份。

模型预测效果较好,可决系数达到 0.9172,调整后可决系数达到 0.8896。

预测得到,2017 年第四季度工业增加值为 71458.34 亿元。数据显示,2017 年前三季度工业增加值累计 201736.4 亿元,加总得到 2017 年全年工业增加值累计 273194.74 亿元。通过 2012～2017 年工业增加值预测 2018 年工业增加值,回归结果如下所示:

$$industryall_t = -22823913.17 + 11447.52t \qquad (4.13)$$
$$(-7.76) \qquad (7.85)$$

公式中,$industryall_t$ 代表第 t 年全年工业增加值累计数据。

---

① 如无特殊说明,六大增值税应税行业年度增加值数据均来源于国家统计局网站,http://data. stats. gov. cn/easyquery. htm? cn = B01&zb = A0101&sj = 2017D。

预测显示，2018 年工业增加值为 277176.43 亿元。考虑到我国工业增速虽然处于弱增长区间，但稳中向好的迹象明显，工业生产结构持续优化，预测数据偏向保守。

2. 批发零售业

该行业是传统增值税应税行业，使用 2012 ~ 2016 年第四季度批发零售业增加值来预测 2017 年第四季度批发和零售业增加值。回归结果如下所示：

$$pflsQ4_t = -2982972.18 + 1489.57t \qquad (4.14)$$
$$(-20.93) \qquad (21.05)$$

公式中，$pflsQ4_t$ 代表第 t 年第四季度批发零售业增加值。

模型拟合效果较好，可决系数达到 0.9933。

预测结果为：2017 年第四季度批发和零售业增加值为 21490.51 亿元。2017 年前三季度批发和零售业增加值累计为 55820.2 亿元，汇总得到 2017 年全年批发和零售业增加值为 77310.71 亿元。

通过 2004 ~ 2017 年增加值数据回归预测 2018 年增加值，回归结果为：

$$pfls_t = 5340.41t - 10695333.03 \qquad (4.15)$$
$$(30.93) \qquad (-30.81)$$

公式中，$pfls_t$ 代表第 t 年全年批发零售业增加值。

拟合效果较好，可决系数达到 0.9876。预测显示，2018 年增加值为 81614.26 亿元。

3. 交通运输、仓储与邮政业

自 2012 年 1 月 1 日起，国家在上海市交通运输业和部分现代服务业开展"营改增"试点，目前，交通运输、仓储与邮政业已经全部纳入增值税的范围。通过 2004 ~ 2014 年第四季度交通运输、仓储和邮政业增加值数据进行回归预测，得到：

$$transportQ4_t = -1075189.65 + 537.560t \qquad (4.16)$$
$$(-24.49) \qquad (21.62)$$

公式中，$transportQ4_t$ 表示第 t 年第四季度交通运输、仓储与邮政业增加值数据。模型拟合效果较好，可决系数达到 0.9822。

2017 年第四季度预测结果为 9141.80 亿元，全年交通运输、仓储与邮政业增加值为 36309.3 亿元。利用 2014～2017 年增加值数据预测，回归方程和拟合结果如下所示：

$$transport_t = -4113346.48 + 2056.55t \qquad (4.17)$$
$$(-31.17) \qquad (31.33)$$

公式中，$transport_t$ 表示第 t 年全年交通运输、仓储与邮政业增加值数据。拟合效果较好，可决系数达到 0.988。在此基础上，得到 2018 年增加值为 36726.77 亿元。

4. 信息传输、计算机服务和软件业

该行业属于现代服务业中科技含量高以及国家鼓励的新兴产业，我国在 2011 年 11 月 17 日公布的营改增试点方案中将其纳入试点，目前，该行业已经纳入增值税征收范围。由于缺乏原始统计数据，我们选择根据 2010～2015 年信息传输、计算机服务和软件业税收收入进行回归预测，并给出利用 2010～2013 年的增加值数据预测结果。

该行业税收收入回归结果如下：

$$computertax_t = -480757.89 + 239.78t \qquad (4.18)$$
$$(-10.86) \qquad (10.90)$$

公式中，$computertax_t$ 表示第 t 年信息传输、计算机服务和软件业税收收入。模型可决系数为 0.9674，拟合效果较好。预测结果显示，2018 年信息传输、计算机服务和软件业税收收入为 3112.38 亿元。

同理，得到增加值预测方程：

$$computer_t = -3089426 + 1541.41t \qquad (4.19)$$
$$(-18.27) \qquad (18.33)$$

公式中，$computer_t$ 表示第 t 年信息传输、计算机服务和软件业增加值。

模型拟合效果较好，可决系数达到 0.9941，预测得到，2017 年、2018 年该行业增加值分别为 19598.08 亿元、21139.49 亿元。

5. 科学研究、技术服务和地质勘查业

该行业包括研究开发、技术转移、检验检测、创业孵化等内容，基本已经纳入增值税征收范围。我国科学研究、技术服务和地质勘查业总量虽小，但增长速度较快，增加值收入占 GDP 比重总体呈现不断增加的态势。2004 年，该行业增加值为 1759.46 亿元，占 GDP 比重为 1.1%；仅仅经过 11 年的发展，2015 年增加值为 13479.60 亿元，占 GDP 比重上升为 1.96%，快速增长的特点十分明显，对国民经济的贡献也越来越突出。考虑到 2011 年增长率远远高于之前年度，为模型预测的可靠性，选取 2010 ~ 2015 年增加值数据进行回归预测，得到回归结果如下所示：

$$sci_t = -3062631.54 + 1526.76t \qquad (4.20)$$
$$(-17.82) \qquad (17.87)$$

公式中，sci 表示该行业第 t 年增加值。模型拟合效果较好，可决系数达到 0.9876。预测显示，2017 年、2018 年科学研究、技术服务和地质勘查业增加值分别为 16840.50、18367.26 亿元。

6. 租赁和商务服务业

我国租赁和商务服务业增加值长期保持着高速增长的态势，近年来，虽然增速有所放缓，但大体仍保持两位数增长。该行业包括有形动产租赁、法律服务、信息咨询等内容，基本纳入了增值税征收范围。使用 2010 ~ 2015 年该行业增加值数据进行回归预测，得到：

$$rent_t = -3882489.01 + 1935.307t \qquad (4.21)$$
$$(-115.87) \qquad (116.24)$$

公式中，$rent_t$ 表示第 t 年租赁和商务服务业增加值。模型可决系数达到 0.9997，拟合效果较好。预测得到，2018 年租赁和商务服务业增加值为 22960.80 亿元。

得到 2018 年增值税增长率为 3.11%（见表 4 - 4）。

表4-4　2018年六大增值税应税行业增加值及总体增长率预测

单位：亿元，%

工业	277176.43
批发零售业	81614.26
交通运输、仓储与邮政业	36726.77
信息传输、计算机服务和软件业	21139.49
科学研究、技术服务和地质勘查业	18367.26
租赁和商务服务业	22960.80
增加值合计	457985.01
增长率预测	3.11

（三）企业所得税预测

企业所得税在税收收入中占据重要比重，企业所得税增速近年来也发生了较大变化。在我国经济从高速增长换挡为中高速增长，工资、原材料等生产要素成本持续多年增长的背景下，企业盈利水平有所下降，受此影响，在2008~2011年企业所得税收入增速明显下降，2011年后企业所得税增速连年下挫。2016年，由于减税降费等降成本措施的实施，企业所得税增速仅为6.3%，比2015年10.1%的增速低3.8个百分点。2017年1~9月，企业所得税收入27334亿元，同比增长13.1%，[①] 其中，由于工业企业利润快速增长，工业企业所得税增长21.3%。从全年看，2017年企业所得税收入比2016年将会有一个较大幅度增长。

考虑到12月份企业所得税收入数据占全年比例很小，用历年12月份企业所得税数据进行最小二乘估计，得：

$$CIT12_t = -567313.9 + 281.60t \tag{4.22}$$

$$(-1.77) \qquad (1.76)$$

---

① 如无特殊说明，本文企业所得税收入相关数据来源于财政部网站。引用数据截止日期为2017年11月28日。

公式中，$CIT\,12_t$ 表示第 t 年 12 月份企业所得税收入。模型可决系数为 50.94。估计 2017 年 12 月份企业所得税收入为 667.3 亿元，考虑到退税等原因的影响，实际值和预测值之间会有一定波动。2017 年前 11 个月企业所得税收入 31946.96 亿元，加总得到全年企业所得税收入 32614.26 亿元。

建立时间序列预测模型，考虑序列相关性，提高模型的预测精度，通过修正序列相关，一阶 ARMA 回归结果如附录表 4 - 8 所示，得到模型为：

$$\ln cit_t = 1.0183 cit_{t-1} + u_t - 0.5935 u_{t-1} \qquad (4.23)$$
$$(197.57) \qquad\qquad (2.94)$$

公式中，$\ln cit_t$ 表示第 t 年企业所得税收入数据取对数后的结果。根据模型预测，2018 年企业所得税收入为 39328.56 亿元（见图 4 - 9）。

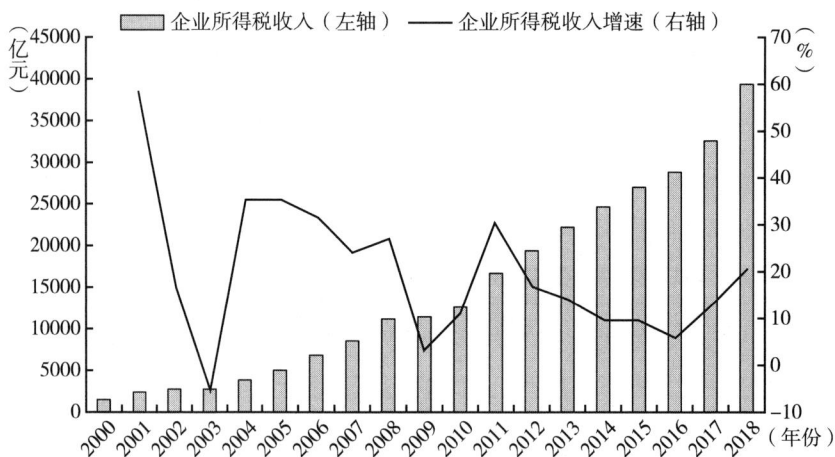

图 4 - 9　2000~2016 年企业所得税收入情况及 2017 年、2018 年预测

注：2000~2016 年企业所得税收入数据为实际值，2017 年、2018 年两年为预测值。

值得注意的是，由于减税降费等政策的进一步实施和特朗普政府减税措施的落实，我国 2018 年企业所得税收入实际值与本文预测值会出现一定程度的偏差。

（四）国内消费税收入预测

从收入规模看，我国消费税收入从 1995 年的 541 亿元增加到 2016 年的 10217 亿元，年均增长率高达 16%。[①] 1999 ~ 2015 年消费税大幅度增长，一方面得益于居民收入水平的提高和消费结构的加快升级，使得消费税应税产品销售额和销售量的快速增长，另一方面是由于消费税政策调整，具体体现在税额、计税价格、税基扩围等方面。2016 年，国内消费税收入 10217 亿元，同比下降 3.1%，主要原因在于受卷烟、成品油产销量下滑。2017 年 1 ~ 11 月国内消费税收入 9929 亿元，同比增长 3.6%，主要受消费税改革引导合理消费所带来红利的影响。考虑到 12 月份企业所得税收入数据占全年比例很小，用 2006 ~ 2016 年 12 月份国内消费税数据进行最小二乘估计，得：

$$consumptiontax12_t = -130876.1 + 65.30t \qquad (4.24)$$
$$(-8.94) \qquad (8.97)$$

公式中，$consumptiontax12_t$ 表示第 t 年 12 月份国内消费税收入。经过检验，模型效果较好，可决系数达 0.8994，通过模型得到 2017 年 12 月份数据为 824.49 亿元，在此基础上，2017 年总的国内消费税收入为 10753.49 亿元，同比增长 5.25%。

建立时间序列预测模型，考虑序列相关性，提高模型的预测精度，通过修正序列相关，一阶 AR 回归结果参见附录表 4 - 9，得到模型为：

$$lnconsumptiontax_t = 1.02 lnconsumptiontax_{t-1} + u_t \qquad (4.25)$$
$$(248.24)$$

公式中，$lnconsumptiontax_t$ 表示第 t 年国内消费税收入取对数后的结果。模型显示，2018 年我国国内消费税收入为 12637.89 亿元，比 2017 年增长 17.52%（见图 4 - 10）。

[①] 如无特殊说明，本文引用的国内消费税收入相关数据来源于财政部网站。引用数据截止日期为 2017 年 11 月 28 日。

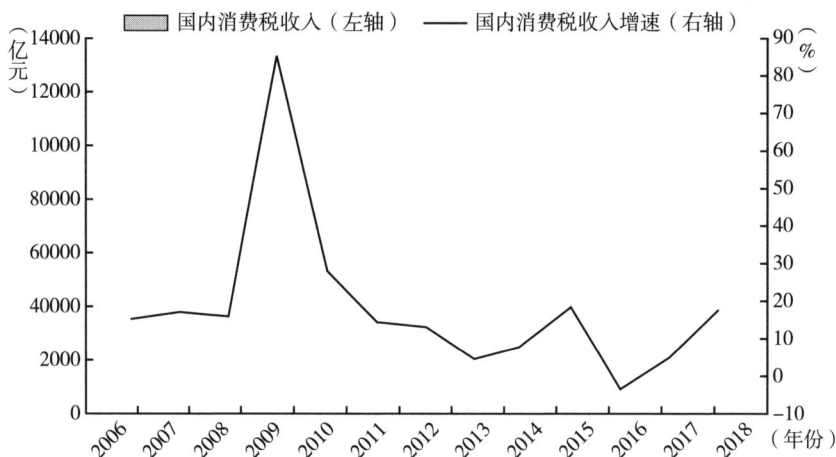

图4-10 2006～2016年国内消费税情况以及2017年、2018年预测

注：2000～2016年国内消费税收入数据为实际值，2017年、2018年两年为预测值。

（五）进口货物增值税，消费税收入预测

随着我国对外贸易的高速发展，进口货物增值税、消费税（以下简称"进口两税"）收入也迎来了长期的快速增长，从2002年的1886亿元，到2014年的14425亿元，仅仅用了12年的时间。[①] 长期高速增长的原因，一是外贸进口额的快速增长，尤其是一般贸易进口总额的快速增长。二是"进口两税"政策性调整因素带来的增收，如提高部分矿产品增值税税率等措施使得"进口两税"收入增加。三是海关得力的综合治税措施。2014年以后，受国际大宗商品价格低迷、加工贸易进口需求减少、国内经济结构调整等多方面因素作用，"进口两税"收入较2014年出现一定下滑，2016年收入为12785亿元，比2014年减少1640亿元。2017年1～11月累计"进口两税"收入14551亿元，同比增长27.6%，主要是由于部分大宗商品进口量价齐升，带动一般贸易进口快速增长（见图4-11）。

———————————

① 如无特殊说明，本文"进口两税"税收收入相关数据来源于财政部网站。引用数据截止日期为2017年11月28日。

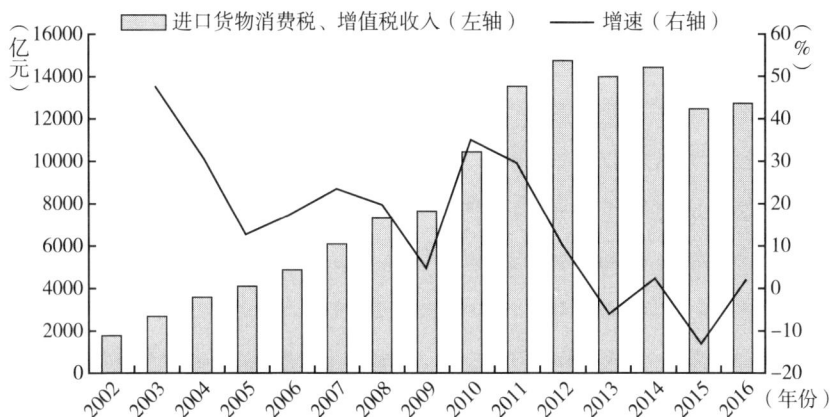

图4-11 2002～2016年进口货物消费税、增值税收入情况

资料来源：财政部网站。

经比较，2012～2016年12月份数据较更早年度呈现明显的线性特征，使用OLS估计，得到方程：

$$importtax_{12} = 57768.57 - 27.97t \qquad (4.26)$$
$$(1.69) \qquad (-1.64)$$

公式中，$importtax_{12}$ 表示第 t 年12月份"进口两税"收入数据。预测得，2017年12月份数据为1351.06亿元，加总得到2017年全年数据为15902.06亿元，同比增长24.38%。

使用2004～2017年数据，建立时间序列预测模型，考虑到序列相关性，提高模型的预测精度，通过修正序列相关，一阶AR回归结果参见附录表4-10，得到的模型为：

$$\ln importtax_t = 9.9700 + 08739\ln importtax_{t-1} + u_t \qquad (4.27)$$
$$(18.31) \qquad (12.87)$$

公式中，$\ln importtax_t$ 表示第 t 年"进口两税"收入取对数后的结果。经过模型预测2018年进口货物增值税、消费税收入为16388.31亿元，呈现缓慢增长的趋势。

（六）资源税收入预测

资源税开征于 1984 年，对我国境内从事原油、天然气、煤炭等矿产资源开采单位和个人征收。1994 年，国务院颁布了《资源税暂行条例》，确定了普遍征收、从量定额计征的方法。自 2010 年，经国务院批准，先后实施了原油、天然气、煤炭、稀土、钨、钼 6 个品目从价计征改革，并清理相关收费基金。[①] 受此影响，2010～2012 年资源税收入出现大幅度上涨，同比上涨幅度分别为 23.45%、42.70%、51.77%。2014 年来，我国资源税收入逐年减少，主要受产能过剩、需求放缓、减税降费等因素的影响。2016 年资源税收入 951 亿元，同比下降 8.1%，[②] 主要受原油、煤炭等价格同比下降的影响。2017 年 1～9 月，资源税收入 1031 亿元，同比增长 54%，主要原因是部分矿产品价格上涨，以及 2016 年 7 月 1 日起全面推开资源税改革、对绝大多数矿产品实行从价计征带来翘尾增收（见图 4－12）。

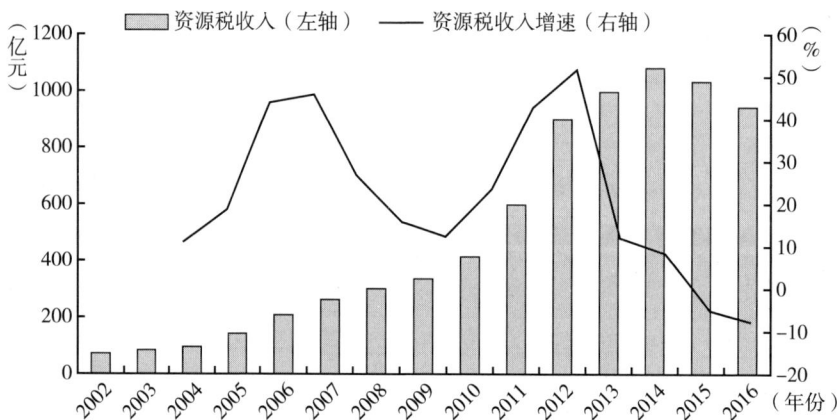

图 4－12　2012～2016 年资源税收入情况

资料来源：财政部网站。

---

① 《财政部答记者问：为什么要全面推进资源税改革》，新华网，2016 年 5 月 10 日，http://www.xinhuanet.com/2016－05/10/c_ 128974134. htm。

② 如无特殊说明，本文资源税收入相关数据来源于财政部网站。引用数据截止日期为 2017 年 11 月 28 日。

考虑到政策调整的影响，选择 2012～2016 年 12 月份数据，通过最小二乘法预测 2017 年 12 月份资源税收入数据，得到结果为 105.22 亿元。2017 年 1～11 月资源税收入 1248 亿元，全年资源税收入 1353.22 亿元。

$$restax12_t = -7442.39 + 3.74t \qquad (4.28)$$
$$(-0.77) \qquad (0.78)$$

公式中，$restax12_t$ 代表第 t 年 12 月份资源税税收收入数据。

建立时间序列预测模型，考虑到序列相关性，提高模型的预测精度，通过修正序列相关，一阶 ARMA 回归结果参见附录图 4-11，得到模型为：

$$\ln restax_t = 1.0327\ln restax_{t-1} + u_t - 0.8807u_{t-1} \qquad (4.29)$$
$$(93.67) \qquad (6.19)$$

公式中，$\ln restax_t$ 代表第 t 年资源税税收收入取对数后得到的结果。根据模型预测 2018 年资源税收入达到 1976.28 亿元，同比增长 45.83%。从政策方面分析，在全面推进资源税改革的情况下，我国 2018 年资源税收入相比 2017 年仍将有一个较大的增长。此外，煤炭原油价格变化等因素的影响会带来实际资源税收入的一定波动。

（七）个人所得税收入预测

从趋势看，我国个人所得税在 2002～2016 年都保持着快速增长的势头，只有 2012 年出现了小幅度下滑，2012 年后个人所得税增速保持 12% 以上的增速。2012 年个人所得税收入 5820.28 亿元，与 2011 年的 6054.11 亿元相比，增长率为 -3.86%，主要受提高个人所得税工薪所得减除费用标准，调整工薪所得和个体工商户经营所得的税率结构等减税政策的影响。2017 年 1～11 月个人所得税收入 11096 亿元，同比增长 19%。主要原因在于居民收入增加以及监管的加强（见图 4-13）。

运用 OLS 估计方法，通过 2012～2016 年 12 月份个人所得税收入数据估测 2017 年 12 月份数据，得到模型：

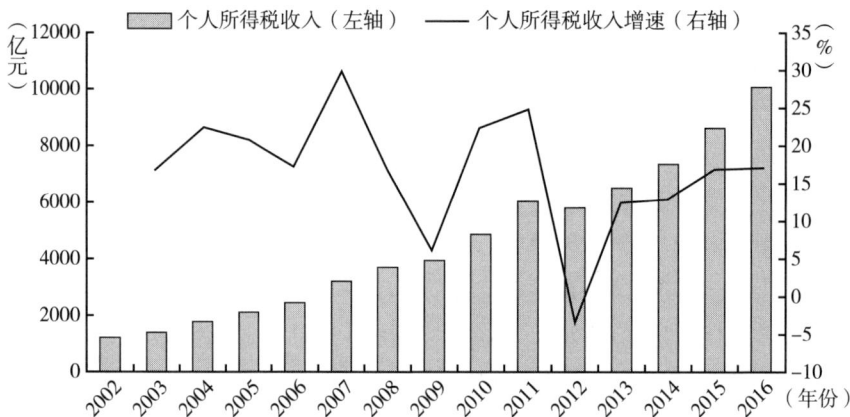

图 4 - 13 2002 ~ 2016 年个人所得税收入情况

资料来源：财政部网站。

$$IIT12_t = -155977.68 + 77.76t \qquad (4.30)$$
$$(-18.04) \qquad (18.11)$$

公式中，$IIT12_t$ 表示第 t 年 12 月份个人所得税收入数据。模型可决系数达到 0.99，拟合效果较好。预测得出 2017 年 12 月份个人所得税收入为 854.15 亿元，故 2017 年全年个人所得税收入为 11950.15 亿元。

建立时间序列预测模型，考虑到序列相关性，提高模型的预测精度，通过修正序列相关，一阶 AR 回归结果参见附录表 4 - 12，得到模型：

$$\ln IIT_t = 12.7717 + 0.9663\ln IIT_{t-1} + u_t \qquad (4.31)$$
$$(3.35) \qquad (34.43)$$

公式中，$\ln IIT_t$ 表示第 t 年个人所得税收入数据取对数后的结果。根据模型预测 2018 年个人所得税收入为 13288.35 亿元。

（八）政府性基金收入

政府性基金收入是财政收入的重要组成部分，2016 年，政府性基金收入 46643.31 亿元,[1] 同比增长 10.17%，2017 年 1 ～ 11 月累计，全国政府性基金预算收入 49307 亿元，同比增长 30.1%。[2] 分中央和地方看 2017 年数据，中央政府性基金预算收入 3457 亿元，同比增长 4.9%；地方政府性基金预算本级收入 45850 亿元，同比增长 32.5%，其中国有土地使用权出让收入 41390 亿元，同比增长 35.3%。我们对国有土地使用权出让金收入及部分政府性基金收入进行预测。

1. 国有土地使用权出让金收入预测

长期以来，国有土地使用权出让金收入占政府性基金收入的比重都保持在 70% 以上，其中，2016 年占比 76.41%，较 2015 年 72.71% 的比重略有上升，而其他近 60 项政府性基金收入加总占比在 30% 以下。鉴于国有土地使用权出让收入的重要性，重点对国有土地使用权出让金收入进行预测。

根据 2006 年《国有土地使用权出让收支管理办法》，土地出让收支全额纳入地方政府性基金预算管理。在缺少 2017 年 12 月份数据的情况下，通过预测 12 月份地方本级政府性基金收入中国有土地使用权出让收入累计值，得到 2017 年全年地方本级政府性基金收入中国有土地使用权出让收入，再进行处理，得到 2017 年国有土地使用权出让金。

2017 年 2 ～ 11 月份地方本级政府性基金收入中国有土地使用权出让收入累计值呈现出明显的线性特征，采用回归预测 12 月份数据，回归方程为：

$$locgov12_t = -2914.18 + 3869.98t \qquad (4.32)$$
$$(-3.23) \qquad (30.45)$$

公式中，$locgov12_t$ 表示第 t 年 12 月份地方本级政府性基金收入中国有土地使用权出让收入累计值。模型拟合效果较好，可决系数达 0.9914，预测得到，2017 年 12 月份累计值为 43525.60 亿元。

---

① 资料来源：Wind 数据库。

② 《2017 年 11 月财政收支情况》，财政部官网，http://gks.mof.gov.cn/zhengfuxinxi/tongjishuju/201712/t20171211_ 2771156.html。如无特殊说明，本文政府性基金收入相关数据来源于财政部网站。引用数据截止日期为 2017 年 11 月 28 日。

由于全国政府性基金收入中的国有土地使用权出让金和地方本级政府性基金收入中的国有土地使用权出让收入累计值之间存在略微差异，对比 2012 ～ 2016 年数据，前者比后者分别小 1864.6 亿元、2177.01 亿元、2220.14 亿元、1763.2 亿元、1817.31 亿元，我们得到 5 年平均差额为 1968.45 亿元，处理得到，2017 年全国政府性基金中的国有土地使用权出让金为 41557.15 亿元。

从 2015 年开始我国 GDP 增长率都在 7% 以下，保持相对稳定的态势。基于 2018 年经济增长率和 2017 年经济增长率基本持平，2016 年、2017 年国有土地使用权出让金收入增速基本相等的考虑，我们取两年国有土地使用权出让金收入增速的平均值作为 2018 年国有土地使用权出让金收入增速。2016 年增速为 15.77%，2017 年增速为 16.60%，两年平均值为 16.19%。2018 年国有土地使用权出让金收入为 48285.25 亿元。由于原始数据有限，无法利用更为细致的模型做出预测，考虑到供给侧改革的不断深化，国土资源保护、开发、整治，区域规划等因素的影响，实际数据会有所波动。

2. 部分政府性基金收入预测

政府性基金收入种类繁多，这里只对铁路建设基金收入、民航发展基金收入、港口建设费收入、彩票公益金收入、城市基础设施配套费收入、车辆通行费收入、可再生能源电价附加收入、城市公用事业附加收入进行预测。

①铁路建设基金收入：

$$railway_t = 83836.41 - 41.37107t \qquad (4.33)$$

②民航发展基金收入：

$$ciav_t = -50054.1661 + 24.9946t \qquad (4.34)$$

③港口建设费收入：

$$port_t = -27898.0332 + 13.9446t \qquad (4.35)$$

④彩票公益金收入：

$$lottery_t = -199849.3678 + 99.6936t \qquad (4.36)$$

⑤城市基础设施配套费收入：

$$cityinfra_t = -246155.0146 + 122.8189t \qquad (4.37)$$

⑥城市公用事业附加收入：

$$citypub_t = 238.784 - 0.2823citypub_{t-1} \qquad (4.38)$$

⑦车辆通行费收入：

$$car_t = -177976.5496 + 89.0639t \qquad (4.39)$$

⑧可再生能源电价附加收入：

$$energyele_t = -225208.854 + 112.035t \qquad (4.40)$$

上述公式中，t 代表年份，等式左边分别代表第 t 年相应政府性基金收入值，如 $railway_t$ 代表第 t 年铁路建设基金收入。特别地，在城市公用事业附加收入一式中，$citypub_{t-1}$ 代表第 $t-1$ 年城市公用事业附加收入数据，$citypub_t$ 代表在第 t 年城市公用事业附加收入数据。

得到 2017 年和 2018 年预测结果（见表 4-5）

表 4-5　2017~2018 年部分政府性基金收入预测

单位：亿元

部分政府性基金收入	2017 年	2018 年
铁路建设基金收入	391.0	349.6
民航发展基金收入	153.1	165.2
港口建设费收入	228.3	242.3
彩票公益金收入	1232.6	1332.3
城市基础设施配套费收入	1570.8	1693.6
城市公用事业附加收入	238.8	238.8
车辆通行费收入	1665.4	1754.5
可再生能源电价附加收入	765.7	877.8

（九）关于财政收入的几点思考

1. 对财政收入的总体分析

经济决定财政，对国民经济基本态势的判断是财政收入预测的基础。

2017 年，在以习近平同志为党中央的坚强领导下，各地区各部门贯彻落实新发展理念，坚持稳中求进总基调，以供给侧结构性改革为主线，适度扩大总需求，深化改革创新，振兴实体经济，防范化解风险，强化预期引导，国民经济运行总体平稳，结构不断优化，新兴动能加快成长，质量效益明显提高。

经济稳中有进、稳中向好为财政收入的增收提供了有力支撑，2017 年前 11 个月财政收入实现了较快增长。1～11 月累计，全国一般公共预算收入 161748 亿元，同比增长 8.4%。其中，中央一般公共预算收入 77390 亿元，同比增长 8.1%；地方一般公共预算本级收入 84358 亿元，同比增长 8.7%。全国一般公共预算收入中的税收收入 136072 亿元，同比增长 11.2%；非税收入 25676 亿元，同比下降 4.5%。[①]

对于 2018 年，根据预测结果，我们认为，基本面没有发生变化，我国 GDP 增速仍将处于 6.5%～7% 的合理区间内，经济结构进一步优化，新动能不断壮大，相应地，财政收入增速仍然将保持较高速度增长。

从质量和结构看，2018 年，财政收入的质量和结构将进一步优化，预测数据也能够支持这一判断。2018 年税收收入仍然将保持较快增长的态势，非税收入将得到进一步的清理规范，政策红利的积极效应仍将延续。

此外，落实各项减税降费政策措施、部分财政收入项目基数提高等因素会对财政收入产生影响。

2. 对财政收入的具体分析

对财政收入的结构进行预测，有助于把握未来税源、税收收入的变动趋势，进而采取针对性的政策措施。上文对于财政收入的总体结构进行了预测，在此基础上，我们对国内增值税、企业所得税、国内消费税、进口货物增值税、消费税、资源税、个人所得税等重点税种进行预测。

（1）国内增值税。预测得出 2018 年国内增值税增速为 3.1%，大幅度

---

① 《2017 年 11 月财政收支情况》，中国政府网，2017 年 12 月 11 日，http://www.gov.cn/xinwen/2017－12/11/content_5245871.htm。

偏离预期。我们认为主要是工业增值税出现较大幅度变化导致。从 2017 年前三季度看，国内增值税收入 42274 亿元，同比上涨 7.2%，主要原因在于工业增值税、商业增值税收入超过 20% 的高速增长。受部分产品价格上涨、相关行业销售收入快速增长的影响，2017 年前三季度工业增值税、商业增值税收入分别增长 20.5%、27.5%，而 2018 年工业增加值预测中并没有充分考虑到 2017 年工业增加值高速上涨的延续态势，反映在税收收入中，即税收收入增速大幅度被拉低。

从基本面看，我国 GDP 同比增速波动较小，经济韧性较强，在这个大前提下企业利润将继续增长，产业转型升级持续加快，新旧动能转换也将有序推进，特别是党的十九大，为工业发展增添了信心，此外，综合考虑全面推开营改增等政策性减收因素，经过调整，2018 年国内增值税增速将保持 6% 以上中高速增长，中高速增长的基本趋势不变。

（2）企业所得税。2017 年前 11 个月企业所得税收入 31946 亿元，同比增长 12%；模型预测 2018 年企业所得税收入增速仍将保持高速增长，达到 20.59%。企业纳税能力的高低取决于两个因素：创造附加值能力和成本控制能力。近年来企业所得税收入增长缓慢，在于企业成本的不断上升和创造附加值能力的相对下降，尤其表现在原材料和人力成本的不断增长上，挤压了企业的盈利空间。在政府一系列降成本、鼓励创新创业的政策支持下，企业利润持续增长，企业家信心指数不断增强。从数据看，企业家信心指数已经从 2016 年第一季度的 107.9 大幅提高到了 2017 年第三季度的 123.6。[①]我们判断，随着政府一系列措施积极效应的不断显现，企业发展将继续得到有力支撑，企业所得税 2018 年快速增长势头不变。

（3）国内消费税。预测显示，国内消费税收入增速较快，增长幅度将达到 17.5%。增速较快的原因主要是考虑消费税改革的影响。我们认为，不仅要重视消费税的具体增速，更要重视消费税在税制改革中的作用，不能就消费税论消费税，应该站在更高的位置、更广的视角看问题。随着我国经

---

① 原始数据来源：Wind 数据库。

济社会情况的发展变化，消费税征收范围偏窄、税基偏小、税率结构不尽合理、调节力度不够充分等问题逐渐显现，需要对消费税制度进行改革完善。根据十八届三中全会的部署，消费税改革的思路是"调整消费税征收范围、环节、税率，把高耗能、高污染产品及部分高档消费品纳入征收范围"。2017 年成品油消费税的上调就体现着这一思路，随着我国消费税改革的不断深入，消费税征收范围、税基都会进行一定程度的扩大，税率结构也会更加合理，对消费的引导和调节作用更加突出，由此带来国内消费税收入的快速增长。

此外，消费税改革还应充分考虑中央与地方，消费税与环保税、资源税之间的关系。

（4）进口货物增值税、消费税。预测显示，2018 年进口货物增值税、消费税将缓慢增长，增速为 3.06%。结合 2017 年数据发现，模型主要考虑了英国脱欧、贸易保护主义抬头等国际不确定因素的影响，没有包括国际大宗商品价格的影响。从 2017 年 1~11 月数据看，部分大宗商品进口量价齐升带动一般进口贸易大幅增长，使得 2017 年前 11 个月进口货物增值税、消费税大幅度增长，增速高达 27.6%。因此，我们的预测结果偏保守，在国内进口需求增大、大宗商品价格提升情况下，进口货物增值税、消费税收入增速将高于预测值。

（5）资源税。预测显示，2018 年我国资源税收入将高速增长，增长率达到 46.04%，资源税高速增长的主要原因在于相关税收政策的调整。2017 年 1~9 月，得益于全面推开资源税改革、矿产品价格上涨因素的影响，2016 年下半年资源税收入增长 54%；2017 年 12 月 1 日，北京等九省市也将纳入水资源税改革试点。我们认为随着国家能源战略的调整、资源税改革的不断推进，资源税将发挥更大的积极作用。

（6）个人所得税。模型预测我国 2018 年个人所得税将保持中高速增长的态势，增速达到 11.2%。2016 年个人所得税收入 10089 亿元，首次突破万亿，同比增长 17.1%；2017 年 1~11 月，个人所得税收入 11096 亿元，同比增长 19%，主要受加强监管和居民收入增加的影响。随着国民经济稳中向好、稳中有进态势的持续发展，居民收入的不断增加将为个人所得税提供有力的支撑。

（7）国有土地使用权出让收入。模型显示，2018年国有土地使用权出让收入增速达到16.19%。由于原始数据不足，无法进行更准确的预测，但可以明确，一线二线城市土地市场的具体情况将对该项收入产生重大影响。土地出让金迅速攀升的原因很多，主要有两点：第一，土地市场供不应求，这点在一线二线城市尤为明显，一线二线城市人口净流入过快，对土地的需求旺盛，相对于需求，供给相对不足助长了地价攀升；第二，流动性比较充足也助长了一线二线城市房价和地价持续上涨。习近平主席提出坚持"房子是用来住的、不是用来炒的"定位，可以预测，加快建立多主体供给、多渠道保障、租购并举的住房制度将会对房价、国有土地使用权出让收入产生重要影响。

三　2018年财政支出及重点项目支出预测

（一）近期财政支出现状与效益

1.2017年前11个月公共财政支出状况

2017年1～11月累计，全国财政支出179560亿元同比增长7.8%。分中央和地方看，中央一般公共预算本级支出25670亿元，同比增长7.1%，为年初预算的86.7%，和上年同期相比进度加快0.3个百分点；地方一般公共预算支出153890亿元，同比增长7.9%，为年初代编预算的93.4%，和上年同期相比进度加快0.4个百分点。[1]

财政支出进度加快。2017年财政支出进度明显快于往年，预算支出前期落实增多，后期支出量相应减少。11月份，全国一般公共预算支出（16566亿

---

[1]　如无特殊说明，本文财政支出相关数据来源于财政部网站，引用数据截止日期为2017年11月28日。

元）同比下降 9.1%。其中，中央一般公共预算本级支出 2489 亿元，同比增长 8.7%；地方一般公共预算支出 14077 亿元，同比下降 11.6%。

民生等重点支出得到有效保障。从 2017 年 1～11 月主要支出项目情况看：教育支出 26625 亿元，增长 8.1%；科学技术支出 5836 亿元，增长 11%；文化体育与传媒支出 2631 亿元，增长 10.3%；社会保障和就业支出 22751 亿元，增长 15.7%；医疗卫生与计划生育支出 13329 亿元，增长 9.5%；节能环保支出 4506 亿元，增长 16.7%；城乡社区支出 20294 亿元，增长 4.1%；农林水支出 15214 亿元，增长 5.9%；债务付息支出 5726 亿元，增长 27%。

2. 2017 年前 11 个月政府性基金支出情况

2017 年 1～11 月累计，全国政府性基金预算支出 46188 亿元，同比增长 31.2%。分中央和地方看，中央政府性基金预算本级支出 2276 亿元，同比增长 24.3%；地方政府性基金预算相关支出 43912 亿元，同比增长 31.6%，其中国有土地使用权出让收入相关支出 39168 亿元，同比增长 33.6%。

3. 财政支出效益

政府预算体系进一步完善，预算管理水平进一步提高。一方面，为推进统筹财政资金统筹使用，我国近年来不断加大政府性基金预算、国有资本经营预算、一般公共预算的统筹力度。2017 年 1 月 1 日起将新增建设用地土地有偿使用费、南水北调工程基金、烟草企业上缴专项收入 3 项政府性基金调整转列一般公共预算；[①] 另一方面，财政支出不断加快，地方支出执行率达到 93%，中央支出执行率也保持比较高的水平，到 12 月份突击花钱的情况得到了很大改善。

财政支出结构进一步优化，对民生等重点支出的保障进一步加强。我国坚持在发展中保障和改善民生，民生福利性支出不断提高。增进民生福祉是发展的目的，教育、社会保障和就业、医疗卫生与计划生育、城乡社区等和

---

① 资料来源：《财政部 中国人民银行关于修订 2017 年政府收支分类科目的通知》（财预〔2017〕28 号）。

民生紧紧相关的领域中财政支出占比不断提高，基本保持两位数的高速增长态势。针对部分地区受经济结构不合理、新旧动能转换慢的影响造成的基层财政困难问题，中央高度重视，切实加大了对基层保工资、保运转、保民生的支持力度，仅2017年上半年已经下达县级基本财力保障机制奖补资金2239亿元、老少边穷转移支付1833亿元、阶段性财力补助300亿元，分别比上年增长9.5%、19%、50%。2017年11月，财政部发布通知，提前下达33个省（自治区、直辖市、计划单列市）2018年县级基本财力保障机制奖补资金1567.23亿元，切实保障民生。

财政扶贫资金大幅增长。习近平总书记在十九大上指出，"从现在到2020年，是全面建成小康社会决胜期"，要实现全面建成小康社会，必须坚决打赢脱贫攻坚战，让贫困人口和贫困地区同全国一道进入全面小康社会。在党中央、国务院的决策部署下，各级财政积极调整和优化财政支出结构，切实把脱贫攻坚作为优先保障重点，加大扶贫资金投入。据初步统计，2017年中央和地方财政专项扶贫资金规模超过1400亿元。其中，中央财政安排补助地方专项扶贫基金860.95亿元，比上年增加200亿元，增长30.3%；有扶贫任务的28个省（自治区、直辖市）省级财政专项扶贫基金规模约540亿元。资金总量方面，贵州、云南、广东、河北、内蒙古、四川、广西等省（区、市）均超过30亿元，江西、甘肃、山东等省份也超过20亿元。年度增幅方面，内蒙古、河北、浙江、广西、江西、甘肃等省（区、市）超过50%，云南、黑龙江等省份也超过30%，高于中央财政专项扶贫资金增幅。

（二）财政支出对 GDP 的拉动作用研究

财政支出通过刺激消费和增加投资两条途径来刺激 GDP 增长，在不同时期，由于经济形势的不同，所采取的财政政策随之发生变化，具体体现在投向和力度上。由于自2009年至今，我国采用积极的财政政策，因此对2009年至今的情况进行说明。

2008年上半年，我国发生了罕见的低温雨雪冰冻和汶川特大地震等重大自然灾害。国际上，由美国次贷危机引发的金融危机在2008年底开始席卷全球，世界经济开始衰退,并成为影响我国的最大外部因素。金融危机对我国经济的主要影响集中在出口大幅下降、以美元计价的资产大幅度缩水、中国经济结构调整压力增大三个方面,GDP 增速下降,就业压力加大,经济形势严峻。

2008 年 11 月 5 日,国务院召开常务会议,明确提出要"实行积极的财政政策和适度宽松的货币政策",这是国家经济政策在宏观层面上的方向性转变,我国财政政策由稳健的财政政策开始转为积极的财政政策。具体措施包括以下几个方面:加大投资力度,优化投资结构;推进税制改革,减轻企业和居民负担,促进企业投资和居民消费;调整国民收入分配格局,增加财政补助规模,促进提高农民收入和城乡低收入群体收入;进一步调整优化财政支出结构,推进社会事业加快发展,促进保障和改善民生以及支持科技创新和节能减排,推进经济结构优化。

值得注意的是,和 1998~2014 年积极财政政策相比,这一时期财政支出对于 GDP 的拉动效果并不显著,甚至出现了下降。2009 年财政支出拉动 GDP 增长 2.05 个百分点,2016 年仅拉动 1.69 个百分点,相差 0.36 个百分点。财政支出对于 GDP 的贡献率总体上虽然保持不断上升的态势,但近年来有小幅回落。2015 年财政支出对于 GDP 的贡献为 25.5%,2016 年小幅回落至 25.2%,相差 0.3 个百分点(见图 4-14)。

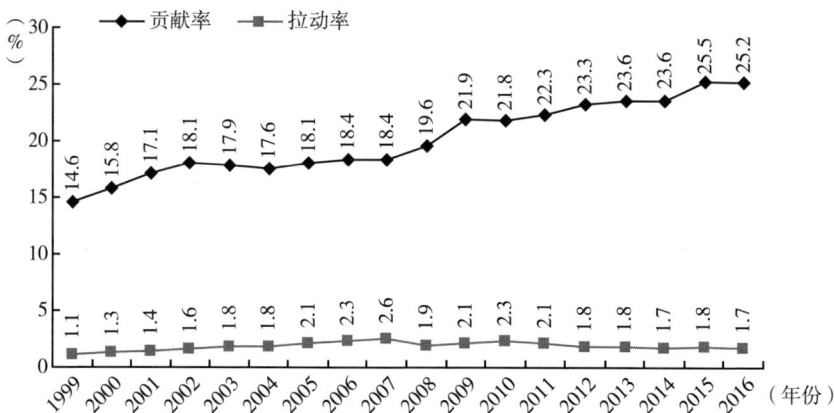

图 4-14 财政支出对 GDP 的拉动率和贡献率

这也说明了国内经济形势发生了新变化，积极财政政策的政策乘数相比过去出现了下降，不能再像以前采取以基础设施为主的刺激模式，而是应该多管齐下，考虑民生、创新、国内结构调整、消费等，充分发挥财政资金"四两拨千斤"的作用，调动民间闲置资金充分参与社会主义建设。此外，我国财政支出对 GDP 贡献率不断上升的趋势和长期以投资拉动，尤其是政府投资拉动的模式是相吻合的，而财政支出中很大一部分就是政府投资。因此，虽然近年来消费的拉动作用越来越突出，但民间投资长期难以提振的情况也应得到足够重视。

需要说明的是，财政支出选用口径为公共财政支出，为小口径。

（三）财政支出总量预测

我国财政支出总量总体保持中高速增长的势头。2016 年，各级财政部门积极发挥职能作用，有效实施积极财政政策，着力推动"三去一降一补"，扎实推进民生事业建设，切实加强支出预算执行管理，在收入增长放缓的情况下，较好地保障了各项重点支出的需要，1～12 月累计，全国一般公共预算支出 187841 亿元，比上年增长 6.4%。分中央和地方看，中央一般公共预算本级支出 27404 亿元，同比增长 7.3%；地方财政用地方本级收入、中央税收返还和转移支付资金等安排的支出 160437 亿元，同比增长 6.2%。2017 年 1～11 月，各级部门秉持"早干事、快干事、早见效"的原则，严格预算管理，加强支出进度，持续推动积极财政政策措施落地生效。1～11 月累计，全国一般公共预算支出 179560 亿元，同比增长 7.8%，从中央和地方看，进度较上年同期都有所加快。

基于 1999～2016 年数据，建立时间序列模型，考虑序列相关性，取对数并进行二阶差分，提高模型的预测精度，通过修正序列相关，得到模型：

$$\ln exp2_t = -0.02 - 0.69\ln exp2_{t-1} - 0.46\ln exp2_{t-2} + 0.79\ln exp_{t-4}$$
$$\quad(-2.77) \quad\quad (-2.68) \quad\quad (-1.22) \quad\quad (2.57)$$
$$+ u_t - 0.086u_{t-4} - 0.90u_{t-5} \quad\quad\quad (4.41)$$
$$\quad\quad (-0.47) \quad\quad (-5.14)$$

公式中，$\ln exp2_t$ 表示第 t 年全国一般公共预算支出数据，先取对数后进行二阶差分得到的结果。

预测显示，2017 年财政支出总量为 188249.45 亿元，2018 年全年财政支出总量为 191585.63 亿元。2017 年前 11 个月累计，全国一般公共预算支出 179560 亿元，因此 2017 年数据拟合程度较好。考虑到"两个一百年"奋斗目标的实现，在接下来几年中全面建成小康社会、改善民生要求财政支出切实保障的因素，2018 年预测数据偏保守。

（四）财政主要支出项目预测

1. 教育支出的预测

改革开放 40 年来，政府采取了一系列重大措施加快教育的发展。如全面实现了城乡免费义务教育，建立健全家庭困难学生资助政策体系，高等教育进入大众化阶段。近年来我国教育支出也在不断增加，并取得了一系列里程碑式的成绩：2016 年国家财政性教育经费达到 3.14 万亿元，首次突破 3 万亿元，占 GDP 的比重连续五年保持在 4% 以上；财政性教育经费使用有三个"一半以上"，充分体现了"保基本、守底线、补短板、促公平"的原则，从各级教育分布看，一半以上用于义务教育，从地区之间分布看，一半以上用于中西部，从支出项目分布看，一半以上用于教师工资和学生资助；学生资助呈现四个持续增长，充分体现了教育公平保障水平不断提升，资助学生数量、金额、财政投入、学校和社会投入持续增长。

2017 年 1～11 月累计，教育支出 26625 亿元，增长 8.1%，高速增长势头不减。2012～2016 年全国教育经费总投入（包括财政性教育经费和非财政性教育经费）累计接近 17 万亿元，年均增长 7.9%，高于 GDP 增长速度，充分体现了我国对教育的高度重视（见图 4-15）。

基于 2003～2016 年数据，建立时间序列预测模型，考虑到序列相关性，进行二阶差分，提高模型的预测精度，通过修正序列相关，得到最终模型：

$$\ln edu2_t = -0.0192 - 0.1011\ln edu2_{t-2} + u_t - 0.9950u_{t-2} \qquad (4.42)$$
$$(-2.67) \qquad (-0.48) \qquad (-12.06)$$

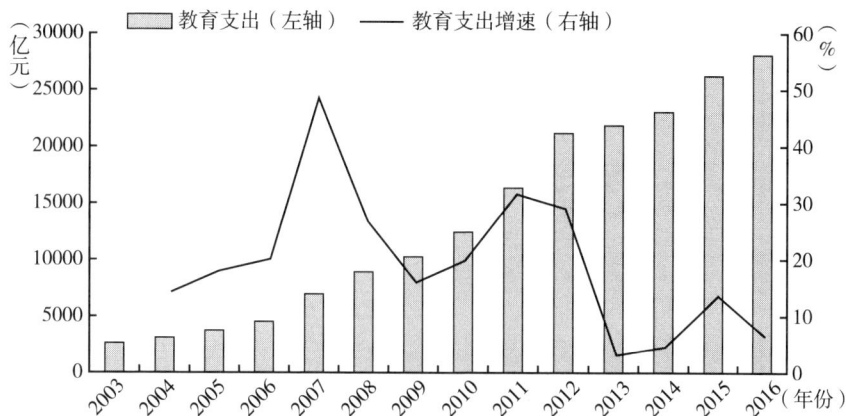

图 4 - 15　2003 ~ 2016 年财政教育支出情况

公式中，lnedu2$_t$ 代表第 t 年财政教育支出先取对数，后进行二阶差分后的结果。预测得到，2017 年教育支出为 29427. 42 亿元，2018 年教育支出为 30261. 66 亿元。

2. 财政医疗卫生与计划生育支出预测

目前我国财政在医疗卫生方面的支出主要包括两个方面：公共卫生支出和财政医保支出。公共卫生支出分为公共卫生服务经费和公费医疗经费。2017 年 1 ~ 11 月，医疗卫生与计划生育支出 13329 亿元，增长 9. 5%，主要是对城乡居民基本医疗保险基金的补助及公共卫生支出的增加。2017 年安排全国财政医疗卫生支出预算 14044 亿元，是医改启动前 2008 年的 4. 4 倍，比 2016 年同口经支出增长 5. 1%（见图4 - 16）。

基于 2003 ~ 2016 年数据，建立时间序列模型，考虑到序列相关性，取对数并进行二阶差分（第 t 年二阶差分数据记为 lnhealth2$_t$），提高模型预测精度，通过修正序列相关，得到模型：

$$\text{lnhealth2}_t = -0.0299 - 0.0480\text{lnhealth2}_{t-1}$$
$$(-9.60)\qquad\quad (-0.13)$$
$$+ u_t - 1.9146u_{t-1} + 0.9461u_{t-2} \qquad (4.43)$$
$$(-36.10)\quad\ (17.82)$$

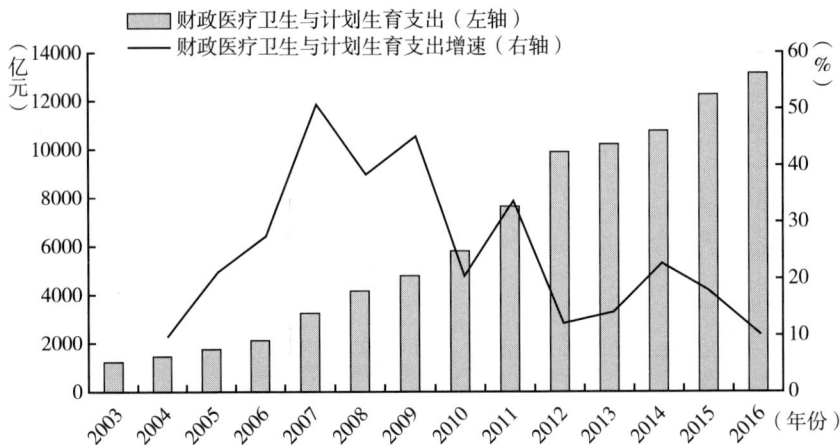

图 4 - 16 2003 ~ 2016 年财政医疗卫生与计划生育支出情况

预测得到，2017 年财政医疗卫生支出为 14059.64 亿元，同比增长 6.85%，2018 年为 14580.08 亿元，同比增长 3.70%。

3. 财政社会保障支出预测

我国财政社会保障支出的统计口径一般包括原政府收支分类科目中的抚恤和社会福利救济费、社会保障补助支出和行政事业单位离退休费三大类。近年来，随着我国逐步进入老龄化社会，加之扶贫、救济等民生要求，社会保障支出持续快速增长，已经保持近 10 年两位数高速增长的记录（2007 ~ 2016 年）。2017 年 1 ~ 11 月累计，社会保障和就业支出 22751 亿元，增长 15.7%（见图 4 - 17）。此外，为了充实社保基金，缓解基本养老保险基金支付压力，国务院 2017 年 11 月发布通知，划转企业国有股权的 10% 充实社保基金。①

基于 2007 ~ 2016 年数据，建立时间序列模型，考虑到序列相关性，取对数并进行一阶差分（第 t 年一阶差分数据记为 $lnsoc_t$），提高模型预测精度，通过修正序列相关，得到模型：

---

① 《企业国有股权的 10% 划转充实社保基金 养老保险有了国资后盾》，中国政府网，2017 年 11 月 19 日，http：//www.gov.cn/zhengce/2017 - 11/19/content_ 5240779. htm。

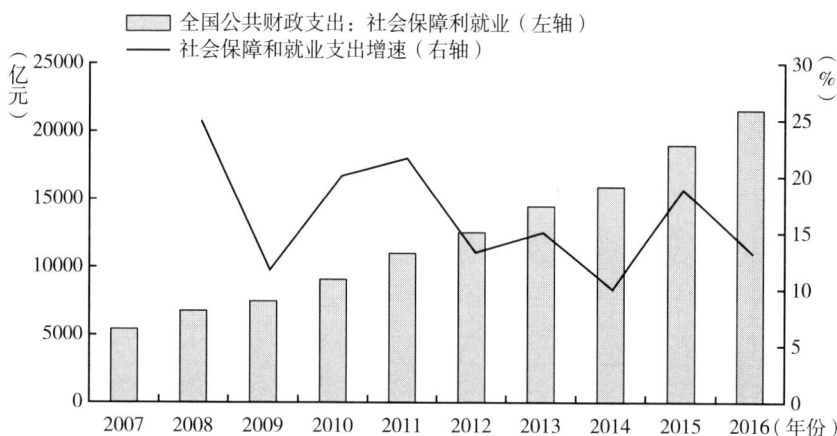

图4-17 2007~2016年财政社会保障支出情况

$$\ln soc_t = 0.1442 + u_t - 0.9974u_{t-1} \tag{4.44}$$

$$(34.64) \qquad (-3.02)$$

预测得到，2017年财政社会保障支出为24939.98亿元，2018年为28807.80亿元，增长率分别为15.51%、15.51%，高速增长势头不减。

4. 财政交通运输支出预测

交通运输作为基础设施建设的重要组成部分，在一国经济发展中起着十分重要的作用。发达的交通运输可以缩短商品流通时间，降低成本，有助于发展区域经济；同时，交通运输业也具有劳动力密集和投资密集的特点。我国长期以来都十分重视基础设施建设，注重发挥交通运输业的基础性作用，财政交通运输支出在2015年之前都保持着逐年递增，2015年达到12356.27亿元；随着我国基础设施建设趋于完善和交通运输供给侧结构性改革的推进，2016年财政交通运输支出出现下滑，达到10498.71亿元。2017年1~9月累计，交通运输支出8005亿元，增长3%。

基于2007~2016年数据，建立时间序列模型，考虑到序列相关性，取对数（第t年数据记为$\ln trans_t$），提高模型预测精度，通过修正序列相关，得到模型为：

115

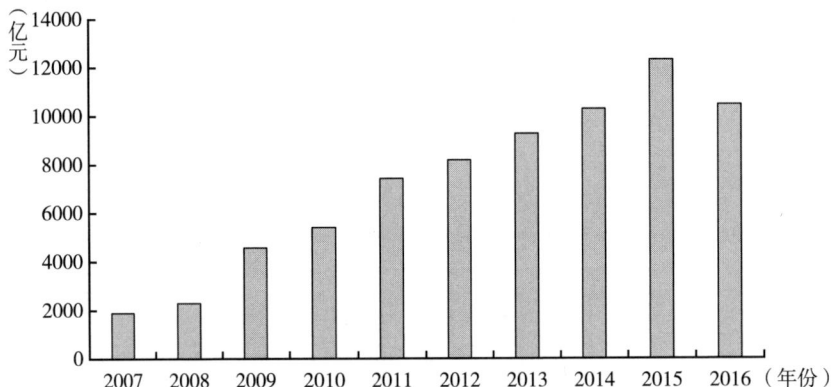

图 4 – 18　2007 ~ 2016 财政交通运输支出情况

$$\ln trans_t = 9.4639 + 0.7587 \ln trans_{t-1} \qquad (4.45)$$
$$\qquad\quad (24.90) \qquad (8.25)$$

预测得到，2017 年财政交通运输支出为 11423.72 亿元，2018 年为 11760.72 亿元，2018 年与 2017 年基本持平。

5. 财政科技支出预测

"科技是第一生产力"，随着经济社会的逐渐发展，科学技术的作用越来越重要。财政科技支出在全社会科技支出中占有一定比例，是促进科技进步的重要推动力之一。与由企业主导的科技支出不同，财政科技支出主要投向于支持 R&D 活动、社会公益和技术基础性的科技服务等活动。

2003 ~ 2016 年，财政科技支出逐步上升，基本保持年均两位数的高速增长。2017 年 1 ~ 11 月累计，科学技术支出 5836 亿元，增长 11%。

基于 2003 ~ 2016 年数据，建立时间序列模型，考虑到序列相关性，取对数并进行二阶差分（第 t 年二阶差分后数据记为 $\ln tech2$），提高模型预测精度，通过修正序列相关，得到模型：

$$\ln tech2_t = -0.0261 + u_t - 0.9998 u_{t-1} \qquad (4.46)$$
$$\qquad\quad (-1.10) \qquad (-4.54)$$

预测得到，2017 年财政科技支出为 7157.11 亿元，2018 年为 7599.81 亿元，增速 6.19%。

6. 农林水事务支出预测

农业是一个国家的基础性产业，是其他部门得以独立和发展的基础。在我国工业化进程中，虽然农业占 GDP 的比值是不断减小的，但其绝对量却是增加的。当前农业农村发展的环境发生了大的变化，出现了许多新矛盾，矛盾的主要方面是供给侧，突出的是结构性、体制性问题。因此，2017 年中央一号文件中提出了农业供给侧结构性改革，追求绿色生态可持续，更加注重农业的供给质量，实现农业增效、农民增收、农村增绿。

国家财政支农资金主要包括支援农业生产和农村水利气象等部门的事业经费、农业基本建设支出、农村科技三项费用、农村救济费支出等。2010 年之前，我国财政农林水事务支出增速基本保持在 20% 以上，2010 年支出额达到 8129.58 亿元。近年来，虽然相比 2010 年之前增速有所放缓，但仍然保持 10% 以上的高速增长，且绝对额是连年递增的，2016 年农林水事务支出达到 18587.36 亿元，较 2010 年增加 10457.78 亿元。2017 年 1～11 月累计农林水支出 15214 亿元，增长 5.9%（见图 4－19）。

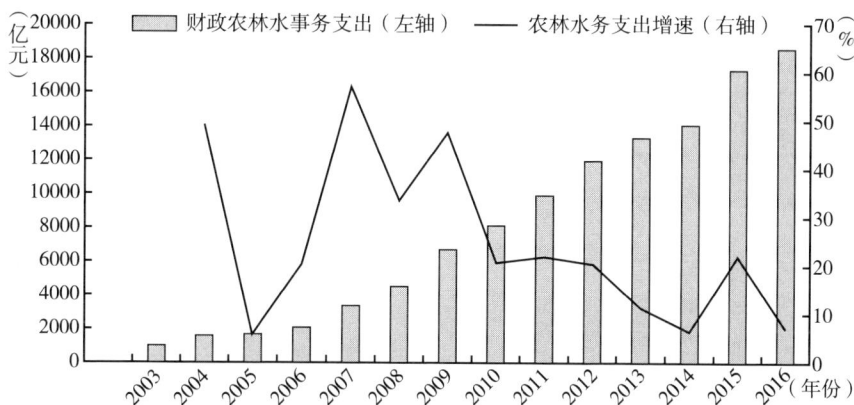

图 4－19　2003～2016 年财政农林水事务支出情况

117

基于 2003 ~ 2016 年数据，建立时间序列模型，考虑到序列相关性，取对数并进行二阶差分，提高模型预测精度，通过修正序列相关，得到模型为：

$$\ln argi2_t = -0.0213 - 0.7062\ln argi2_{t-1} - 0.1884\ln argi2_{t-2}$$
$$(-0.73) \qquad (-2.02) \qquad (-0.57)$$
$$+ u_t + 0.9179u_{t-2} \qquad\qquad (4.47)$$
$$(22.54)$$

公式中，$\ln argi2_t$ 表示第 t 年财政农林水事务支出先求对数后进行二阶差分后的结果。

预测得到，2017 年财政农林水事务支出为 19460.08 亿元，增长 4.70%；2018 年为 19944.13 亿元，增长 2.49%。考虑到从现在到 2020 年是全面建成小康社会的决胜期，对"三农"的财政支持力度加大，预测数据偏向保守。

附录

附录表 4 - 1　实际 GDP 增速预测结果

Variable	Coefficient	Std. Error	T-Statistic	Prob.
C	- 0.534243	0.244603	- 2.184122	0.0479
AR(1)	0.472300	0.191010	2.472649	0.0280
MA(2)	- 0.943703	0.045796	- 20.60680	0.0000
R - squared	0.406891	Mean dependent var		- 0.087500
Adjusted R - squared	0.315644	. D. dependent var		1.483633
S. E. of regression	1.227348	Akaike info criterion		3.414949
Sum squared resid	19.58298	Schwarz criterion		3.559809
Log likelihood	- 24.31959	Hannan - Quinn criter.		3.422367
F - statistic	4.459200	Durbin - Watson stat		2.349051
Prob(F - statistic)	0.033525			

附录表 4 – 2　资本形成总额预测结果

Variable	Coefficient	Std. Error	t-Statistic	Prob.
C	14. 35615	1. 613441	8. 897847	0. 0000
AR(1)	0. 954049	0. 027981	34. 09596	0. 0000
MA(4)	0. 870172	0. 079120	10. 99809	0. 0000
R-squared	0. 996754	Mean dependent var		11. 73552
Adjusted R-squared	0. 996291	S. D. dependent var		0. 779585
S. E. of regression	0. 047481	Akaike info criterion		– 3. 098208
Sum squared resid	0. 031562	Schwarz criterion		– 2. 951170
Log likelihood	29. 33477	Hannan-Quinn criter.		– 3. 083592
F-statistic	2149. 680	Durbin-Watson stat		0. 911300
Prob(F-statistic)	0. 000000			

附录表 4 – 3　最终消费支出预测结果

Variable	Coefficient	Std. Error	t-Statistic	Prob.
MA(2)	– 0. 762450	0. 208069	– 3. 664405	0. 0023
R – squared	. 968048	Mean dependent var		. 963451
R – squared	0. 294050	Mean dependent var		– 0. 001110
Adjusted R – squared	0. 294050	S. D. dependent var		– 0. 377222
S. E. of regression	0. 031274	Akaike info criterion		– 4. 031602
Sum squared resid	0. 014671	Schwarz criterion		– 3. 983316
Log likelihood	33. 25282	Hannan-Quinn criter.		– 4. 239230
Durbin-Watson stat	2. 373228			

附录表 4 – 4　货物和服务净出口预测结果

Variable	Coefficient	Std. Error	t-Statistic	Prob.
C	– 0. 024109	0. 026325	– 0. 915849	0. 4116
AR(1)	– 0. 432471	0. 362962	– 1. 191505	0. 2993
AR(4)	– 0. 701387	0. 156513	– 4. 481333	0. 0110
AR(6)	– 0. 378630	0. 190587	– 1. 983839	0. 1183
MA(1)	– 1. 292945	0. 721256	– 1. 792629	0. 1475
MA(4)	0. 340693	0. 772078	0. 441268	0. 6818

续表

R – squared	0. 942315	Mean dependent var	− 0. 086975
Adjusted R – squared	0. 870208	S. D. dependent var	0. 418669
S. E. of regression	0. 150832	Akaike info criterion	− 0. 661587
Sum squared resid	0. 091002	Schwarz criterion	− 0. 480036
Log likelihood	9. 307937	Hannan – Quinn criter.	− 0. 860748
F – statistic	13. 06839	Durbin – Watson stat	2. 757175
Prob(F – statistic)	0. 013728		

附录表 4 − 5　通货膨胀预测结果

Variable ulu	Coefficient	Std. Error	t-Statistic	Prob.
C	0. 006200	0. 014233	0. 435623	0. 6636
AR(3)	0. 064303	0. 066248	0. 970649	0. 3329
AR(4)	0. 144927	0. 066401	2. 182608	0. 0303
AR(12)	− 0. 283310	0. 086075	− 3. 291425	0. 0012
MA(1)	0. 050115	0. 057673	0. 868943	0. 3859
MA(12)	− 0. 610427	0. 073310	− 8. 326694	0. 0000
R – squared	0. 458106	Mean dependent var		0. 002475
Adjusted R – squared	0. 444282	S. D. dependent var		0. 616710
S. E. of regression	0. 459736	Akaike info criterion		1. 312923
Sum squared resid	41. 42596	Schwarz criterion		1. 411188
Log likelihood	− 126. 6052	Hannan – Quinn criter.		1. 352681
F – statistic	33. 13882	Durbin – Watson stat		1. 943288
Prob(F – statistic)	0. 00000			

附录表 4 − 6　PPI 当月同比预测结果

Variable	Coefficient	Std. Error	t-Statistic	Prob.
C	− 0. 009818	0. 023431	− 0. 419001	0. 6757
AR(1)	− 0. 162616	0. 089049	− 1. 826148	0. 0693
AR(2)	0. 435030	0. 066960	6. 496831	0. 0000
AR(3)	0. 379586	0. 081833	4. 638548	0. 0000

Variable	Coefficient	Std. Error	t-Statistic	Prob.
MA(1)	1. 285476	0. 073506	17. 48814	0. 0000
MA(2)	0. 407891	0. 088626	4. 602376	0. 0000
MA(3)	− 0. 624936	0. 074602	− 8. 376893	0. 0000
MA(4)	− 0. 807885	0. 091676	− 9. 499594	0. 0000
MA(5)	− 0. 536252	0. 067968	− 7. 889758	0. 0000
MA(7)	0. 244324	0. 045617	5. 356004	0. 0000
MA(9)	− 0. 370225	0. 061139	− 6. 055430	0. 0000
MA(10)	− 0. 464148	0. 052284	− 8. 877445	0. 0000
R − squared	0. 696479	Mean dependent var		0. 015213
Adjusted R − squared	0. 679701	S. D. dependent var		0. 947035
S. E. of regression	0. 535974	Akaike info criterion		1. 645728
Sum squared resid	57. 16635	Schwarz criterion		1. 836355
Log likelihood	− 161. 6244	Hannan − Quinn criter.		1. 722784
F − statistic	41. 51254	Durbin − Watson stat		2. 024426
Prob(F − statistic)	0. 00000			

附录表 4 - 7 税收收入整体预测结果

Variable	Coefficient	Std. Error	t-Statistic	Prob.
C	− 19320271	1255167.	− 15. 39259	0. 0000
T	9653. 255	624. 3320	15. 46174	0. 0000
MA(1)	2. 718025	0. 150816	18. 02217	0. 0000
MA(2)	2. 513059	0. 299245	8. 397992	0. 0000
MA(3)	0. 790221	0. 152762	5. 172881	0. 0001
R − squared	0. 997802	Mean dependent var		64038. 87
Adjusted R − squared	0. 997174	S. D. dependent var		45961. 79
S. E. of regression	2443. 244	Akaike info criterion		18. 66098
Sum squared resid	83572175	Schwarz criterion		18. 90951
Log likelihood	− 172. 2793	Hannan − Quinn criter.		18. 70304
F − statistic	1588. 976	Durbin − Watson stat		1. 685757
Prob(F − statistic)	0. 000000			

附录表 4 - 8　国内企业所得税收入预测结果

Variable	Coefficient	Std. Error	t-Statistic	Prob.
AR(1)	1. 018326	0. 005154	197. 5657	0. 0000
MA(1)	0. 593501	0. 202037	2. 937582	0. 0102
R - squared	0. 980669	Mean dependent var		9. 261429
Adjusted R - squared	0. 979380	S. D. dependent var		0. 859975
S. E. of regression	0. 123490	Akaike info criterion		- 1. 235185
Sum squared resid	0. 228746	Schwarz criterion		- 1. 137160
Log likelihood	12. 49907	Hannan - Quinn criter.		- 1. 225441
Durbin - Watson stat	2. 229310			

附录表 4 - 9　国内消费税收入预测结果

Variable	Coefficient	Std. Error	t-Statistic	Prob.
AR(1)	1. 017394	0. 004098	248. 2369	. 0000
R - squared	0. 977985	Mean dependent var		8. 128211
Adjusted R - squared	0. 977985	S. D. dependent var		0. 942072
S. E. of regression	0. 139779	Akaike info criterion		- 1. 043553
Sum squared resid	0. 332150	Schwarz criterion		- 0. 994088
Log likelihood	10. 39197	Hannan - Quinn criter.		- 1. 036732
Durbin - Watson stat	1. 458462			

附录表 4 - 10　国内进口货物增值税、消费税收入预测结果

Variable	Coefficient	Std. Error	t-Statistic	Prob.
C	9. 970011	0. 544462	18. 31169	0. 0000
AR(1)	0. 873889	0. 067909	12. 86857	0. 0000
R - squared	0. 937712	Mean dependent var		9. 192836
Adjusted R - squared	0. 932050	S. D. dependent var		0. 451956
S. E. of regression	0. 117812	Akaike info criterion		- 1. 298809
Sum squared resid	0. 152677	Schwarz criterion		- 1. 211894
Log likelihood	10. 44226	Hannan - Quinn criter.		- 1. 316674
F - statistic	165. 6002	Durbin - Watson stat		1. 458374
Prob(F - statistic)	0. 000000			

附录表 4 - 11　资源税收入预测结果

Variable	Coefficient	Std. Error	t-Statistic	Prob.
AR(1)	1.032727	0.011025	93.67487	0.0000
MA(1)	0.887807	0.143346	6.193467	0.0000
R - squared	0.980163	Mean dependent var		6.036503
Adjusted R - squared	0.978637	S. D. dependent var		0.925342
S. E. of regression	0.135249	Akaike info criterion		- 1.039836
Sum squared resid	0.237799	Schwarz criterion		- 0.945430
Log likelihood	9.798772	Hannan - Quinn criter.		- 1.040842
Durbin - Watson stat	1.922063			

附录表 4 - 12　个人所得税收入预测结果

Variable	Coefficient	Std. Error	t-Statistic	Prob.
C	12.77165	3.807480	3.354358	0.0052
AR(1)	0.966295	0.028063	34.43248	0.0000
R - squared	0.989154	Mean dependent var		8.397386
Adjusted R - squared	0.988320	S. D. dependent var		0.650910
S. E. of regression	0.070347	Akaike info criterion		- 2.347174
Sum squared resid	0.064334	Schwarz criterion		- 2.252768
Log likelihood	19.60381	Hannan - Quinn criter.		- 2.348180
F - statistic	1185.596	Durbin - Watson stat		2.263543
Prob(F - statistic)	0.000000			

附录表 4 - 13　财政支出预测

Variable	Coefficient	Std. Error	t-Statistic	Prob.
C	- 0.020036	0.007238	- 2.767944	0.0325
AR(1)	- 0.689608	0.257330	- 2.679860	0.0365
AR(2)	- 0.463989	0.379623	- 1.222235	0.2675
AR(4)	0.786306	0.305635	2.572699	0.0422
MA(4)	- 0.082866	0.176100	- 0.470561	0.6546
MA(5)	- 0.904885	0.176101	- 5.138454	0.0021

续表

R – squared	0. 876294	Mean dependent var	– 0. 006610
Adjusted R – squared	0. 773205	S. D. dependent var	0. 043898
S. E. of regression	0. 020905	Akaike info criterion	– 4. 590764
Sum squared resid	0. 002622	Schwarz criterion	– 4. 348311
Log likelihood	33. 54458	Hannan – Quinn criter.	– 4. 680529
F – statistic	8. 500409	Durbin – Watson stat	1. 971653
Prob(F – statistic)	0. 010738		

附录表 4 – 14　财政教育支出预测

Variable	Coefficient	Std. Error	t-Statistic	Prob.
C	– 0. 019173	0. 007174	– 2. 672602	0. 0319
AR(2)	– 0. 101075	0. 211074	– 0. 478859	0. 6466
MA(2)	– 0. 994986	0. 082530	– 12. 05604	0. 0000
R – squared	0. 841353	Mean dependent var		– 0. 011824
Adjusted R – squared	0. 796026	S. D. dependent var		0. 128098
S. E. of regression	0. 057853	Akaike info criterion		– 2. 618483
Sum squared resid	0. 023429	Schwarz criterion		– 2. 527707
Log likelihood	16. 09241	Hannan – Quinn criter.		– 2. 718063
F – statistic	18. 56159	Durbin – Watson stat		2. 254729
Prob(F – statistic)	0. 001590			

附录表 4 – 15　财政医疗卫生与计划生育支出预测结果

Variable	Coefficient	Std. Error	t-Statistic	Prob.
C	– 0. 029872	0. 003113	– 9. 596063	0. 0000
AR(1)	– 0. 047969	0. 366469	– 0. 130894	0. 8995
MA(1)	– 1. 914577	0. 053033	– 36. 10177	0. 0000
MA(2)	0. 946120	0. 053103	17. 81682	0. 0000
R – squared	0. 812126	Mean dependent var		– 0. 008830
Adjusted R – squared	0. 731608	S. D. dependent var		0. 112413
S. E. of regression	0. 058237	Akaike info criterion		– 2. 573302
Sum squared resid	0. 023741	Schwarz criterion		– 2. 428612
Log likelihood	18. 15316	Hannan – Quinn criter.		– 2. 664508
F – statistic	10. 08631	Durbin – Watson stat		1. 461989
Prob(F – statistic)	0. 006183			

附录表 4 – 16　财政社会保障支出预测

Variable	Coefficient	Std. Error	t-Statistic	Prob.
C	0. 144174	0. 004162	34. 63681	0. 0000
MA(1)	– 0. 997365	0. 330100	– 3. 021402	0. 0193
R – squared	0. 492624	Mean dependent var		0. 153023
Adjusted R – squared	0. 420141	S. D. dependent var		0. 042585
S. E. of regression	0. 032428	Akaike info criterion		– 3. 826459
Sum squared resid	0. 007361	Schwarz criterion		– 3. 782631
Log likelihood	19. 21907	Hannan – Quinn criter.		– 3. 921039
F – statistic	6. 796462	Durbin – Watson stat		1. 237343
Prob(F – statistic)	0. 035066			

附录表 4 – 17　财政交通运输支出预测

Variable	Coefficient	Std. Error	t-Statistic	Prob.
C	9. 463940	0. 380060	24. 90116	0. 0000
AR(1)	0. 758713	0. 092005	8. 246461	0. 0001
R – squared	0. 906672	Mean dependent var		8. 869522
Adjusted R – squared	0. 893339	S. D. dependent var		0. 520770
S. E. of regression	0. 170078	Akaike info criterion		– 0. 511989
Sum squared resid	0. 202486	Schwarz criterion		– 0. 468162
Log likelihood	4. 303952	Hannan – Quinn criter.		– 0. 606569
F – statistic	68. 00411	Durbin – Watson stat		2. 724935
Prob(F – statistic)	0. 000075			

附录表 4 – 18　财政科技支出预测

Variable	Coefficient	Std. Error	t-Statistic	Prob.
C	– 0. 026104	0. 023761	– 1. 098608	0. 2977
MA(1)	– 0. 999798	0. 220380	– 4. 536690	0. 0011
R – squared	0. 570370	Mean dependent var		0. 000210
Adjusted R – squared	0. 527407	S. D. dependent var		0. 475550
S. E. of regression	0. 326919	Akaike info criterion		0. 752802
Sum squared resid	1. 068759	Schwarz criterion		0. 833619

Log likelihood	− 2. 516809	Hannan − Quinn criter.	0. 722880
F − statistic	13. 27582	Durbin − Watson stat	2. 332167
Prob(F − statistic)	0. 004510		

附录表 4 − 19　　财政农林水事务支出预测

Variable	Coefficient	Std. Error	t-Statistic	Prob.
C	− 0. 021312	0. 029032	− 0. 734113	0. 4906
AR(1)	− 0. 706220	0. 348888	− 2. 024202	0. 0894
AR(2)	− 0. 188405	0. 328868	− 0. 572888	0. 5875
MA(2)	0. 917887	0. 040720	22. 54135	0. 0000

R − squared	0. 761308	Mean dependent var	− 0. 012004
Adjusted R − squared	0. 641963	S. D. dependent var	0. 147796
S. E. of regression	0. 088436	Akaike info criterion	− 1. 723906
Sum squared resid	0. 046925	Schwarz criterion	− 1. 602872
Log likelihood	12. 61953	Hannan − Quinn criter.	− 1. 856680
F − statistic	6. 379013	Durbin − Watson stat	2. 411861
Prob(F − statistic)	0. 026944		

政策评估篇

Policy Evalution

B.5

中国的政府投资效果分析

潘旭亮*

摘　要： 政府投资效果影响广泛而深远，本文采用经济效率、社会公
平以及生态环境等综合性指标加以衡量，并得出效果分析结
果。整体经济效果层面：政府投资对民间投资的挤入效应明显；
经济活跃度、均衡宏观经济、优化经济结构趋势向好。宏观经济
层面：GDP 增加，财政收入增加，居民收入结构优化；增量资本
产出比显示投资效率先增后降；投资拉动就业效果呈快速下降趋
势。微观经济层面：消费和支出增加且结构优化；社会消费品零
售额占 GDP 比例增大；能源产出正向效益明显；能源投资产出
和科技投资产出增长。社会效果层面：人员素质提高且人力资本
增长明显；城镇化率逐年增长减缓；卫生支出提高且城市提高幅

---

* 潘旭亮，工学博士，中国财政科学研究院博士后，主要研究领域为宏观经济和 PPP 模式。

度大于农村；人口平均预期寿命增长；文物业整体向好且产出效率明显；社会治安良好；旅游收入增长。生态环境效果层面：造林总面积趋势性增长；自然保护总体稳定；环境治理效果增长明显。最后，本文提出了政府投资的政策建议，包括：政府投资大小、方向与比例要依据地区经济发展水平进行有差别的计划与实施；政府应适当降低投资比例，产业政策干预逐渐过渡到市场公共信息平台的建设；政府的公共主体属性使投资应更多集中于公共服务领域等。

关键词：　财政支出　政府投资　经济效率　社会公平　生态环境

政府投资是政府购买性支出的市场行为，目的是实现政府职能，满足社会公共需要，实现经济、社会及生态发展战略目标。尤其在社会结构的调整滞后于经济结构的变化时，政府投资显得非常重要和必要。政府投资会对全社会产生多方面的影响：在经济方面，从供给侧和需求侧两端均会直接或间接影响国民经济的运行。在社会方面，社会结构如何匹配经济结构使得社会更加稳定、文明、和谐。在生态环境方面，维护良好的生物圈共生自然环境。所以，政府投资效果的分析也应涵盖整个社会构成，采用经济效率、社会公平以及生态环境综合指标来衡量并给出指导性的政府投资建议，更好地发挥政府投资的调节功能，形成竞争有序的市场环境、文明、和谐的社会环境以及和谐共生的自然生态环境。缓冲分配制度中的阻力冲击，减小地区差距，减小贫富差距，实现共同富裕。

一　政府投资的界定范围

（一）政府投资统计口径与说明

1. 投资分类

投资可以分为政府投资和民间投资，政府投资是相对民间投资而言，通常由资金的来源以及投资主体不同加以界定，基于公共需求原则。民间投资是指具有集体、私营、个人性质的内资企事业单位以及由其控股（包括绝对控股和相对控股）的企业单位在中国境内建造或购置固定资产的投资。

2. 政府投资统计口径说明

（1）国有全社会固定资产投资

全社会固定资产投资是以货币表现的建造和购置固定资产的工作量，它是反映固定资产规模、速度、比例关系和使用方向的综合性指标。而其中的国有全社会固定资产投资有政府投资属性，由于政府投资规模在统计数据中没有明显区分，数据精确度欠缺或不足。按登记注册类型分，在全社会固定资产投资中，国有全社会固定资产投资与政府投资相近。但是，国有全社会固定资产投资不仅包括政府投资，还包括事业单位和国有企业的投资，所以，国有全社会固定资产投资口径要大于政府投资。

（2）国家预算内资金

全社会固定资产本年资金来源中，只有国家预算内资金与政府投资较为相近。差别在于国家预算内资金没有统计中央政府各部门以及地方省、市、县政府的自筹资金，特别是包括土地收益在内的预算外资金的规模越来越大，不将这部分资金计算在内，政府投资规模将被低估。因为预算外资金也有部分用于基本建设支出、城市维护费支出，具有政府投资的性质。

但国家预算内资金也有部分通过直接投资或补贴方式给了国有企业和社会其他主体，这部分不具有政府投资性质，政府投资的统计需要把这部分扣除。国家预算内资金真正用于政府投资领域的资金大约占国家预算内资金的80%，[①] 而且这一比例保持相对稳定。

政府投资没有考虑自筹资金和预算外资金的部分有低估的可能，但直接采用国家预算内资金又有增大的可能。再加上预算财务拨款额和工程完成额之间有明显的滞后性和跨期性，增加了政府投资统计的不确定性。但是把国家预算内资金作为政府投资的折中方法在序数排列上是可行的，有其合理

---

① 刘立峰：《政府投资规模的统计分析》，《宏观经济管理》2012 年第 3 期，第 53~54 页。

性。所以本文把国家预算内资金作为政府投资，而民间投资则是在按资金来源分的全社会固定资产投资中，扣除国家预算内资金和外资的资金。

（3）财政支出中的政府投资

财政支出也称公共财政支出，是指在市场经济条件下，政府为提供公共产品和服务，满足社会共同需要而进行的财政资金的支付，以满足经济建设和各项事业的需要。财政支出包含消耗性支出和转移性支出两部分。

消耗性支出又分为消费性支出和投资性支出，消费性支出和投资性支出同属购买性支出，消费性支出是指政府直接在市场上购买并消耗商品和服务所形成的支出，是非生产性的消耗性支出，并不形成任何资产。投资性支出是指政府或其授权单位以投资者身份进入投资市场所发生的支出，是生产性的消耗性支出，并形成一定资产。

转移性支出是非购买性支出，分为补助支出、捐赠支出和债务利息支出三类。指政府无偿向居民和企业、事业以及其他单位供给财政资金。主要由社会保障支出和财政补贴构成，是政府的非市场型再分配活动，财政补贴主要包括价格补贴和企业亏损补贴两大类。

$$计算公式:财政支出 = 消耗性支出 + 转移性支出 \qquad (5.1)$$
$$其中:消耗性支出 = 政府消费 + 政府投资; \qquad (5.2)$$
$$转移性支出 = 社会保障支出 + 财政补贴 \qquad (5.3)$$
$$得出:政府投资 = 财政支出 - 政府消费 - 转移性支出 \qquad (5.4)$$
$$政府投资 = 财政支出 - 政府消费 - 社会保障支出 - 财政补贴 \qquad (5.5)$$

3. 国有全社会固定资产投资趋势

根据表5-1可知，国有全社会固定资产投资由2006年的32963亿元增长到2016年的129038亿元，平均每年增长14.622%；2016年比2015年下降10673亿元，下降了7.639%，增幅比2015年下降了19.404个百分点。民间全社会固定资产投资由2006年的66177亿元增长到2016年的451358亿元，平均每年增长21.166%；2016年比2015年增长51746亿元，上升了12.949%，增幅比2015年上升了3.174个百分点。

表 5 - 1　2006～2016 年以国有全社会固定资产投资口径计算的政府投资

年份	内资企业全社会固定资产投资(亿元)	国有全社会固定资产投资(亿元)	民间全社会固定资产投资(亿元)	政府投资/民间投资
2006	99140	32963	66177	0.498
2007	123970	38706	85264	0.454
2008	157421	48705	108717	0.448
2009	209111	69693	139419	0.500
2010	260914	83317	177598	0.469
2011	292768	82495	210274	0.392
2012	353872	96220	257651	0.373
2013	424136	109850	314286	0.350
2014	489034	125005	364028	0.343
2015	539323	139711	399612	0.350
2016	580396	129038	451358	0.286

资料来源：历年《中国统计年鉴》。

4. 国家预算内资金投资趋势

根据表 5 - 2 可知，全社会固定资产投资中国家预算内资金由 2006 年的 4672 亿元增长到 2016 年的 36212 亿元，平均每年增长 22.725%；2016 年比 2015 年增长 5288 亿元，上升了 17.098%，增幅比 2015 年上升了 1.473 个百分点。民间全社会固定资产投资由 2006 年的 94468 亿元增长到 2016 年的 544184 亿元，平均每年增长 19.137%；2016 年比 2015 年增长 35785 亿元，上升了 7.039%，增幅比 2015 年下降了 2.936 个百分点。

表 5 - 2　2006～2016 年以国家预算内资金口径计算的政府投资

年份	内资企业全社会固定资产投资(亿元)	全社会固定资产投资中国家预算内资金(亿元)	民间全社会固定资产投资(亿元)	政府投资/民间投资
2006	99140	4672	94468	0.049
2007	123970	5857	118113	0.050
2008	157421	7955	149467	0.053
2009	209111	12686	196425	0.065
2010	260914	13013	247902	0.052

续表

年份	内资企业全社会固定资产投资(亿元)	全社会固定资产投资中国家预算内资金(亿元)	民间全社会固定资产投资(亿元)	政府投资/民间投资
2011	292768	14843	277925	0.053
2012	353872	18959	334913	0.057
2013	424136	22305	401831	0.056
2014	489034	26745	462288	0.058
2015	539323	30924	508399	0.061
2016	580396	36212	544184	0.067

资料来源:历年《中国统计年鉴》。

5. 财政支出中的政府投资

(1)财政支出中的政府投资趋势

根据上述 5.5 计算公式,由于财政补贴没有全面统计数据,而且所占比例不大,暂不考虑财政补贴。经计算,得出表 5-3 数据,财政支出中的政府投资由 2003 年的 464 亿元增长到 2016 年的 33353 亿元,平均每年增长 25.229%;2016 年比 2015 年减少 7250 亿元,减少 17.858%,增幅比 2015 年下降 40.861 个百分点。如果考虑财政补贴,政府投资的实际数额将更小。

表 5-3　1997~2016 年财政支出中的政府投资

单位:亿元

年份	国家财政支出	政府消费	社会保险基金支出	政府投资
1997	9234	10882	1339	0
1998	10798	12639	1637	0
1999	13188	14707	2108	0
2000	15887	16680	2386	0
2001	18903	17838	2748	0
2002	22053	18992	3472	0
2003	24650	20169	4016	464
2004	28487	22499	4627	1360
2005	33930	26215	5401	2314

年份	国家财政支出	政府消费	社会保险基金支出	政府投资
2006	40423	30610	6477	3336
2007	49781	36436	7888	5457
2008	62593	42128	9925	10540
2009	76300	46067	12303	17930
2010	89874	52941	15019	21915
2011	109248	64490	18653	26105
2012	125953	72576	23331	30046
2013	140212	80575	27916	31721
2014	151786	85773	33003	33010
2015	175878	96286	38988	40603
2016	187755	107514	46888	33353

资料来源：历年《中国统计年鉴》。

（2）财政一般公共服务支出和支出结构

为了更好地分析政府投资效果，有必要对财政支出总量及结构进行统计和分析，因为消费性支出与投资性支出手段不同。前者是非市场的再分配，后者是市场化的资本增值，但均能产生相同的经济、社会及生态效果。国家财政一般公共服务支出包括教育、科学技术、文体与传媒、社会保障和就业、医疗卫生、环境保护等支出。

①国家财政一般公共服务支出

根据表5-4可知，国家财政一般公共服务支出由 2007 年的 8514 亿元增长到 2016 年的 14791 亿元，平均每年增长 6.328%；2016 年比 2015 年增长 1243 亿元，增长 9.173%，增幅比 2015 年上升 7.060 个百分点。中央财政一般公共服务支出由 2007 年的 2160 亿元下降到 2016 年的 1209 亿元，平均每年下降 6.244%；2016 年比 2015 年增长 154 亿元，增长 14.579%，增幅比 2015 年上升 14.115 个百分点。地方财政一般公共服务支出由 2007 年的 6354 亿元增长到 2016 年的 13581 亿元，平均每年增长 8.806%；2016 年比 2015 年增长 1089 亿元，增长 8.716%，增幅比 2015 年上升 6.462 个百分点。

表5－4 2007～2016年国家财政一般公共服务支出

单位：亿元，%

年份	国家财政支出	国家财政一般公共服务支出	国家财政一般公共服务支出占比	中央财政支出	中央财政一般公共服务支出	中央一般公共服务支出占比	地方财政一般公共预算支出	地方财政一般公共服务支出	地方一般公共服务支出占比
2007	49781	8514	17.1	11442	2160	18.9	38339	6354	16.6
2008	62593	9796	15.7	13344	2345	17.6	49248	7451	15.1
2009	76300	9164	12.0	15256	1084	7.1	61044	8080	13.2
2010	89874	9337	10.4	15990	837	5.2	73884	8500	11.5
2011	109248	10988	10.1	16514	903	5.5	92734	10085	10.9
2012	125953	12700	10.1	18765	998	5.3	107188	11702	10.9
2013	140212	13755	9.8	20472	1001	4.9	119740	12754	10.7
2014	151786	13268	8.7	22570	1050	4.7	129215	12217	9.5
2015	175878	13548	7.7	25542	1055	4.1	150336	12492	8.3
2016	187755	14791	7.9	27404	1209	4.4	160351	13581	8.5

注：与以往年份相比，2007年财政收支科目实施了较大改革，特别是财政支出项目口径变化很大，与往年数据不可比。2007年起财政支出采用新的分类指标。

资料来源：历年《中国统计年鉴》。

②支出结构

根据图5－1可知，国家财政一般公共服务支出占国家财政支出比例由2007年的17.1%下降到2016年的7.9%，2016年有所增长。中央财政一般公共服务支出占比由2007年的18.9%下降到2016年的4.4%，2016年有所增长。地方财政一般公共服务支出占比由2007年的16.6%下降到2016年8.5%，2016年有所增长。中央财政一般公共服务支出占比在2007～2008年高于地方财政一般公共服务支出占比，2009年以后均小于地方财政一般公共服务支出占比。地方财政在公共服务支出方面的作用越来越大。

根据表5－5可知，2016年一般公共服务支出结构中，中央低于地方，差值为4.1个百分点；外交支出和国防支出完全由中央财政承担；公共安全支出中央高于地方，差值为0.6个百分点；教育支出中央低于地方，差值为11.3个百分点；科学技术支出中央高于地方，差值为7.4个百分点；文化体育与传媒支出中央低于地方，差值为0.9个百分点；社会保障和就业支出中央低于地方，差值为9.7个百分点；医疗卫生支出中央低于地方，差值为

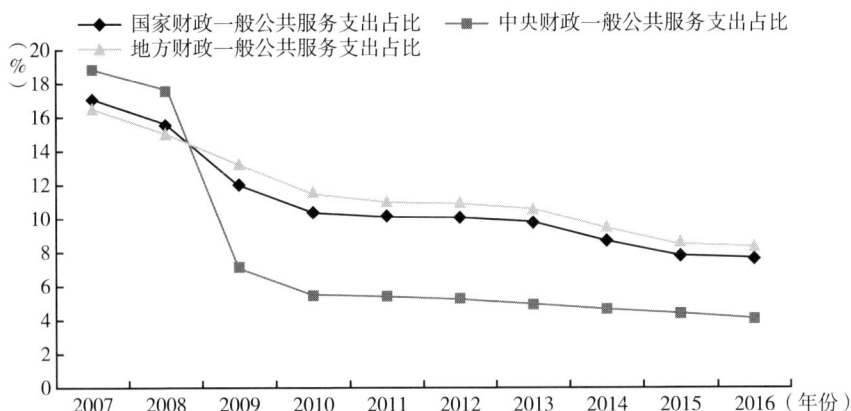

图 5-1　财政一般公共财服务支出占比

资料来源：历年《中国统计年鉴》。

7.8 个百分点；环境保护支出中央低于地方，差值为 1.7 个百分点；城乡社区事务支出中央低于地方，差值为 11.4 个百分点；农林水事务支出中央低于地方，差值为 8.3 个百分点；交通运输支出中央低于地方，差值为 3.1 个百分点。中央财政在外交支出、国防支出、公共安全支出、科学技术支出比例高于地方支出，其余均低于地方支出。在支出数量上，地方财政一般预算支出相比中央财政一般预算支出由 2007 年的 3.35 倍上升到 2016 年的 5.85 倍，地方财政承担了更大的负担。

表 5-5　2016 年中央与地方财政支出结构

单位：%

分类	一般公共服务支出	外交支出	国防支出	公共安全支出	教育支出	科学技术支出	文化体育与传媒支出
中央	4.4	1.8	34.8	6.4	5.3	9.8	0.9
地方	8.5	0.0	0.1	5.8	16.6	2.4	1.8
差值	-4.1	1.7	34.7	0.6	-11.3	7.4	-0.9

分类	社会保障和就业支出	医疗卫生支出	环境保护支出	城乡社区事务支出	农林水事务支出	交通运输支出	
中央	3.2	0.3	1.1	0.1	2.8	3.0	
地方	12.9	8.1	2.8	11.5	11.1	6.0	
差值	-9.7	-7.8	-1.7	-11.4	-8.3	-3.1	

资料来源：历年《中国统计年鉴》。

（二）政府投资效果评价说明

政府投资效果评价是一个不确定性的多重效果评价，很难有一个较科学的效果评价。何况经济性、社会性和生态环境边界交叉重叠，无法定量给出与政府投资对应的经济效率、社会公平或者生态和人文环境的效果。政府投资除了考虑财政支出中的政府投资或者国家预算内资金以外，还应考虑政府自筹资金和预算外资金投资，但后者相当部分形成了政府债务。而政府债务也没有一个完整的、较为确切的统计，其中含有多少投资的成分或类似投资属性的成分无法甄别。政府债务的统计是政府投资能精确统计的前提条件，在没有这些数据之前，采用国家预算内资金作为政府投资或财政支出中政府投资较为合理。由于在投资额和投资效率上都无法精确计算，加上国家统计数据中的经济、社会、生态效果是综合效果，并不全部是政府投资的效果，所以，政府投资效果确切地评价较难，但政府投资效果与综合效果呈正的相关性，综合效果指标能间接反映政府投资的效果和态势。

综合效果由两部分组成。一是财政支出非市场的消耗性支出和转移性支出效果，主要为了提供公共服务的支出；二是投资的效果。投资引起的效果则是综合效果的一部分，而政府投资效果又是投资效果中的一部分。在计算中，投资引起的乘数效应又是一个争论的系数，因为消费倾向涉及居民消费心理和收入预期，一个不确定性经济行为。而且效率的差别又导致了政府和民间投资的乘数不同。政府投资的引导示范作用或溢出效应恰好说明了政府投资的市场非主体性，而且政府投资的方向更多偏向于公共服务项目和高风险的创新型高科技项目。主体性质的不同产生的效果也难以与市场投资产生的效果来比较。但政府投资会带动一系列的经济效率、社会结构和生态环境的正向效益，这一点是毋庸置疑的。

基于政府投资的额度和比例、总的投资乘数以及政府和民间投资乘数的不确定性，要精确计算政府投资的效果显得过于复杂，而且误差的叠加可能导致评估效果与实际相差较大。但定量计算的技术路线可供参考。三个计算因素是关键：一是政府投资和民间投资量的确定，可以按不同口径统计量进行估算，假定投资效率一定，投资额占比可视为效果的贡献程度；二是投资效率简化计算，可以采用国有企业和民间企业的利润率来进行估算；三是总的投资乘数简化估算，乘数效应的主要影响因素是消费倾向，有两个指标可采用：（1）就业率，就业率越高，挤入效果越小，乘数效应越小，反之亦然；（2）居民财富增长率或预期的固定收入增长率，① 因为财富和固定收入增加会引起消费倾向上升，乘数效应增大，反之亦然。但这两个指标与消费倾向之间的相关性也有待于进一步研究。

所以，本文的政府投资效果评价只对综合效果进行了评价，并不直接反映政府投资的效果，而是间接反映政府投资的效果。

二　政府投资效果评价

（一）经济效果

1. 整体经济效果

（1）市场经济活跃度

市场经济的活跃度可采用民间投资与政府投资的比例来衡量，民间投资占比越高，经济就越活跃，市场化程度就越高。尤其是 PPP 模式的大力发展，民间投资进入封闭的公共产品的提供领域，在一定程度上拓宽了民间资本的市场范围，缩小了政府的投资范围，使政府和市场的边界重新界定。市场化范围的扩大使得市场竞争有了分化，在企业规模一定条件下，市场扩大减缓了竞争但有利于企业结构的调整。从整个社会视角来看，倾向于市场边界的变化使得潜在外部利润的增加，也会对社会资本的企业规模发生影响，增加了社会资本对利润的分割激励和动力。从潜在外部利润的获取看，有效率的企业经济组织的管理也要做出适当的调整，管理方式、战略规划、人力

---

① 根据费雪的利息理论：财富等于收入除以利率，收入为预期的年金收入，而弗里德曼的消费函数中的收入为预期的固定或永久收入。两者均认为消费是按财富或预期的固定收入来决定。

资本配备都会发生深刻变化。同时，也促使政府市场化的管理体制发生相应的转变。政府和市场的职能更加清晰和专业化。

①以国有全社会固定资产投资为口径的市场活跃度

政府投资以国有全社会固定资产投资为口径。民间投资为内资企业全社会固定资产投资减去国有全社会固定资产投资。根据图 5 - 2 可知，政府投资与民间投资的比值由 2006 年的 0.498 下降到 2016 年的 0.286。政府投资的比重除个别年份外，总体趋势逐渐降低，市场活跃度逐年上升（见图 5 - 2）。

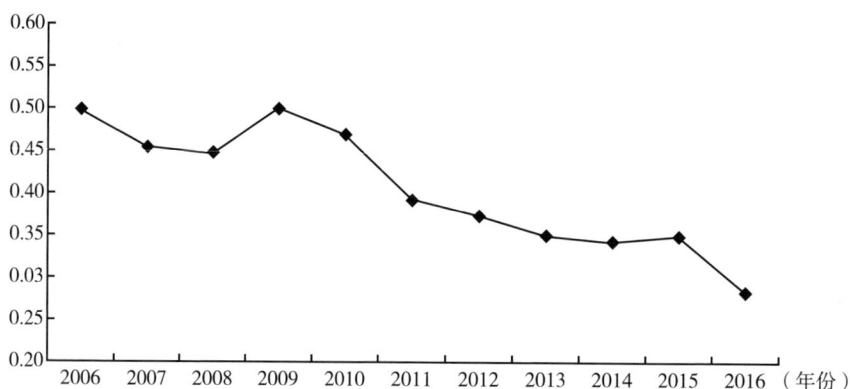

图 5 - 2 2006~2016 年以国有全社会固定资产投资为口径的市场活跃度

资料来源：历年《中国统计年鉴》。

②以国家预算内资金为口径的市场经济活跃度

政府投资以民间投资为内资企业全社会固定资产投资减去全社会固定资产投资中国家预算内资金。全社会固定资产投资中国家预算内资金为口径。根据表 5 - 2 可知，政府投资与民间投资的比值由 2006 年的 0.049 上升到 2016 年的 0.067，政府投资的比重虽有微升，但民间投资仍占绝对地位，市场经济活跃度强烈。

市场经济活跃度并不否定政府投资的作用。相反，政府在公共领域进行投资应加快民间投资的挤入效应和均衡作用。尤其是在西部欠发达的地区，需要更多主动性的政府投资。民间资本应注重具体项目的分析，选择市场化程度较高的项目，注重信息搜集，把握投资机会，做出最佳的投资选择。

（2）宏观经济均衡调节——政府投资增长与通货膨胀率的逆周期调节

政府应对公共资源进行优化配置，对宏观经济特别是投资需求进行必要干预，以实现社会效益最大化为目标与宗旨，弥补市场失灵的缺陷以稳定经济。政府投资的均衡作用主要表现在对投资总量的调节上。在市场经济条件下，尽管政府投资量不占据主要地位，但对社会投资总量的均衡能起到调节作用。

均衡调节主要表现政府投资增长与通货膨胀率的逆周期调节。当社会投资量呈扩张势头、通货膨胀趋势严重时，政府投资主体通过减少投资量，缓解投资膨胀；当经济不景气，社会投资低迷时，政府投资主体采取增加投资量的途径，扩大社会需求，推动经济发展。

均衡条件采用政府投资增长率与 CPI 变化率的逆周期性，如图 5 - 3 所示。政府投资的变化率与 CPI 变化率呈负相关关系，对 CPI 的调节政府投资起到调节和均衡的作用。数据表明：2007 ~ 2009 年，CPI 变化率呈下降趋势，从 4.8% 下降到 0.7%；政府投资变化率呈上升趋势，从 17.422% 上升到 43.091%。2009 ~ 2011 年，CPI 变化率呈上升趋势，从 0，7% 上升到 5.4%；政府投资变化率呈下降趋势，从 43.091% 下降到 0.986%。2011 ~ 2012 年，CPI 变化率呈下降趋势，从 5.4% 下降到 2.6%；政府投资变化率呈上升趋势，从 0.986% 上升到 16.638%。2012 ~ 2015 年，CPI 变化率呈下降趋势，从 2.6% 下降到 1.4%；政府投资变化率呈下降趋势，但增速为正，政府投资仍在增加，从 16.638% 下降到 11.764%。2015 ~ 2016 年，CPI 变化率呈上升趋势，从 1.4% 上升到 2.0%；政府投资变化率呈下降趋势，从 11.764% 下降到 7.639%。

（3）优化投资结构与带动就业

①优化投资结构

优化投资结构主要表现在政府投资变化率与三次产业投资比例关系。后工业文明或向第三产业倾斜合理性，通常采用产业的投资增长额和增长率指标来衡量。

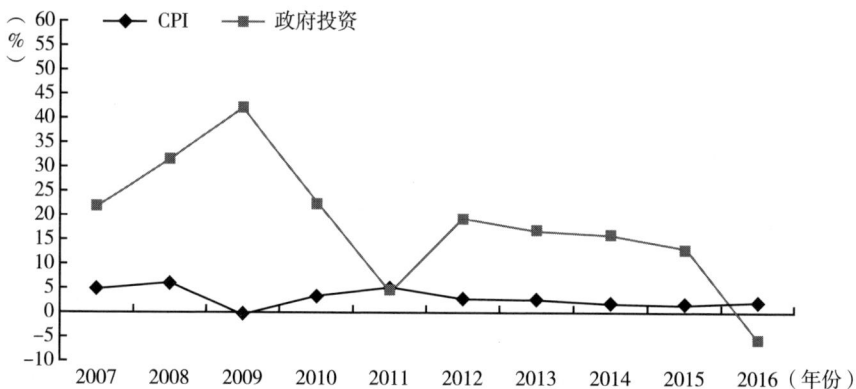

图 5 - 3　2007 ~ 2016 年政府投资增长率与 CPI 变化率

资料来源：历年《中国统计年鉴》。

第一产业投资为农、林、牧、渔业全社会固定资产投资；第二产业投资为采矿业、制造业、建筑业全社会固定资产投资之和，不含房地产业全社会固定资产投资，因为房地产投资以民间资本投资为主；第三产业投资为电力、燃气及水的生产和供应业全社会固定资产投资，交通运输、仓储和邮政业全社会固定资产投资，信息传输计算机服务和软件业全社会固定资产投资，批发和零售业全社会固定资产投资，住宿和餐饮业全社会固定资产投资，金融业全社会固定资产投资，租赁和商务服务业全社会固定资产投资，科学研究、技术服务和地质勘查业全社会固定资产投资，水利、环境和公共设施管理业全社会固定资产投资，居民服务和其他服务业全社会固定资产投资，卫生、社会保障和社会福利业全社会固定资产投资，文化、体育和娱乐业全社会固定资产投资，公共管理和社会组织全社会固定资产投资等 13 项投资之和。

根据表 5 - 6、图 5 - 4 可知，第一产业投资由 2003 年的 1652 亿元增长到 2016 年的 24853 亿元，平均每年增长 23.186%；2016 年比 2015 年增长 3810 亿元，上升了 18.108%，增幅比 2015 年下降了 8.855 个百分点。第二产业投资由 2003 年的 17389 亿元增长到 2016 年的 202897 亿元，平均每年增长 20.803%；2016 年比 2015 年增长 4600 亿元，上升了 2.32%，增幅比

2015 年下降了 4.47 个百分点。第三产业投资由 2003 年的 23379 亿元增长到 2016 年的 236356 亿元，平均每年增长 15.66%；2016 年比 2015 年增长 27981 亿元，上升了 13.428%，增幅比 2015 年下降了 3.368 个百分点。

表 5-6　2003~2016 年按产业划分的投资结构和增长率

单位：亿元，%

年份	第一产业累加	第二产业累加	第三产业累加	第一产业投资增长率	第二产业投资增长率	第三产业投资增长率
2003	1652	17389	23379			
2004	1891	22945	28961	14.4	32.0	23.9
2005	2324	31282	35662	22.9	36.3	23.1
2006	2750	39893	42830	18.3	27.5	20.1
2007	3404	51686	49795	23.8	29.6	16.3
2008	5064	65964	61358	48.8	27.6	23.2
2009	6895	81816	86529	36.1	24.0	41.0
2010	7923	102422	102899	14.9	25.2	18.9
2011	8758	117817	103224	10.5	15.0	0.3
2012	10996	141590	122949	25.6	20.2	19.1
2013	13479	166025	147980	22.6	17.3	20.4
2014	16574	185690	178409	23.0	11.8	20.6
2015	21043	198298	208375	27.0	6.8	16.8
2016	24853	202897	236356	18.1	2.3	13.4

注：第二产业不含房地产全社会固定资产投资。
资料来源：历年《中国统计年鉴》。

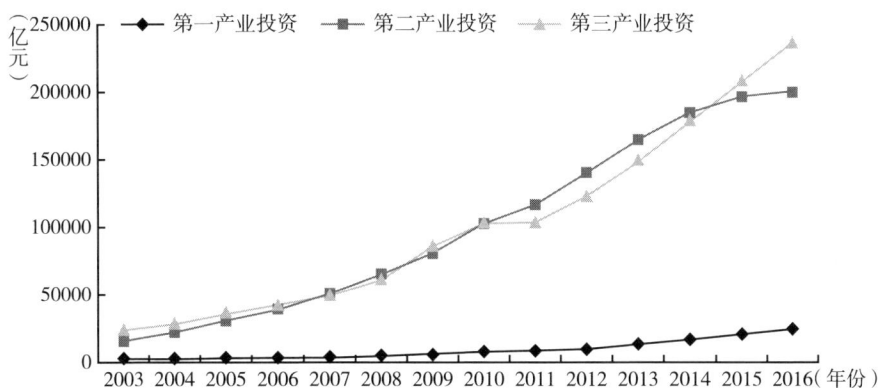

图 5-4　2003~2016 年的产业投资结构

资料来源：历年《中国统计年鉴》。

②投资带动就业

根据图 5 - 5 可知，第三产业就业人员数呈上升趋势，从 1997 年的 18432 万人增长到 2016 年的 33757 万人。第一产业就业人员数呈下降趋势，从 1997 年的 34840 万人下降到 2016 年的 21496 万人。第二产业就业人员数呈上升趋势，从 1997 年的 16547 万人上升到 2016 年的 22350 万人。2012 年开始第三产业就业人员数超过第一产业就业人员数，并与第二产业就业人员数差距逐年增加，成为就业人员最多的产业，从趋势看呈继续上升的态势。

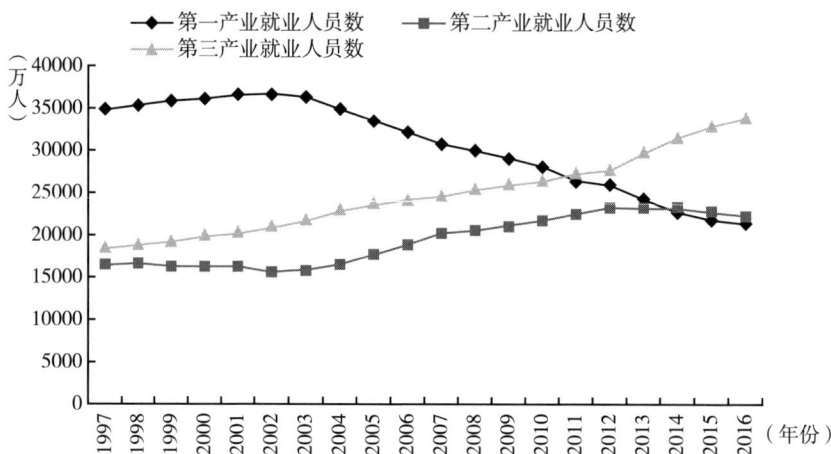

图 5 - 5　1997～2016 年全国三次产业就业人员数

资料来源：历年《中国统计年鉴》。

从年度产业投资额、增长率来看，全社会固定资产投资倾向于第三产业投资。从拉动产业就业效果来看，第三产业效果上升明显，第二产业效果趋缓，第一产业效果下降。对优化投资结构起到了引导的作用，同时也对国家就业水平起到了稳定的作用。

（4）政府投资与民间投资关系

政府投资可能会挤入或挤出民间投资。挤入效应是指政府投资的增加可以导致民间投资增加的情况，挤出效应是指政府投资增加所引起的私人消费或民间投资降低。但有时政府投资会把甲项产出转到乙项去，导致挤入效应不明显，仅仅为投资主体的替代，没有乘数效应或者乘数效应较小。通常情况下，失业率越高，挤入效应越大，反之亦然。当政府投资投向公共基础设施建设领域，如道路、能源、城市运行基础设施等。在这种情况下，可以为民间投资创造更好的经济环境，挤入效应明显，可以吸引更多的民间投资。

①以国有全社会固定资产投资为政府投资口径

根据表5-7、图5-6可知，政府投资的增加均会带来民间投资的增加，民间投资由2007年增加19087亿元到2016年增加51746亿元。民间投资变化率均为正，除2009年和2015年以外，民间投资变化率均大于政府投资变化率，表明政府的投资挤入效应明显。

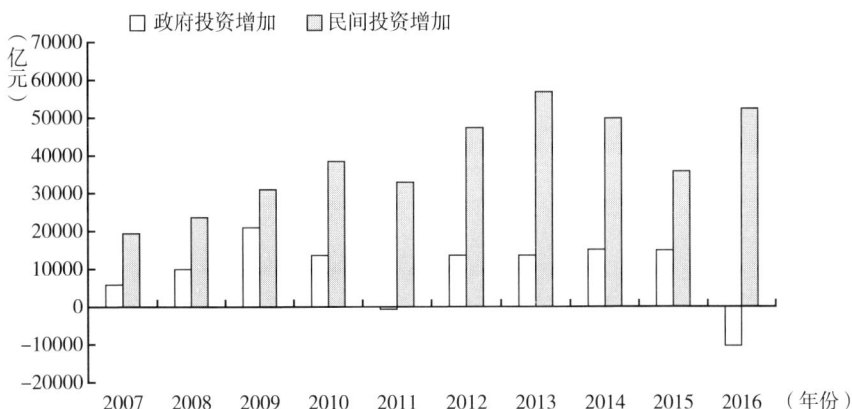

图5-6 2007~2016年以国有投资为口径计算的政府投资挤入效应

资料来源：历年《中国统计年鉴》。

表5-7 2007~2016年以国有全社会固定资产投资为口径计算的政府投资挤入效应

单位：亿元，%

年份	政府投资增加	民间投资增加	政府投资变化率	民间投资变化率
2007	5743	19087	17.422	28.843
2008	9999	23453	25.832	27.506
2009	20988	30702	43.091	28.240
2010	13624	38179	19.549	27.385
2011	-822	32676	-0.986	18.399
2012	13725	47378	16.638	22.532

续表

年份	政府投资增加	民间投资增加	政府投资变化率	民间投资变化率
2013	13630	56635	14.165	21.981
2014	15155	49742	13.796	15.827
2015	14706	35583	11.764	9.775
2016	-10673	51746	-7.639	12.949

资料来源：历年《中国统计年鉴》。

②以国家预算内资金为政府投资口径

根据表5-8、图5-7可知，以国家预算内资金为政府投资口径计算表明政府投资的挤入效应明显。民间投资由2007年增加23645亿元到2016年增加35786亿元，每年的民间投资变化率均为正，政府的投资带来不同程度民间投资的增加。

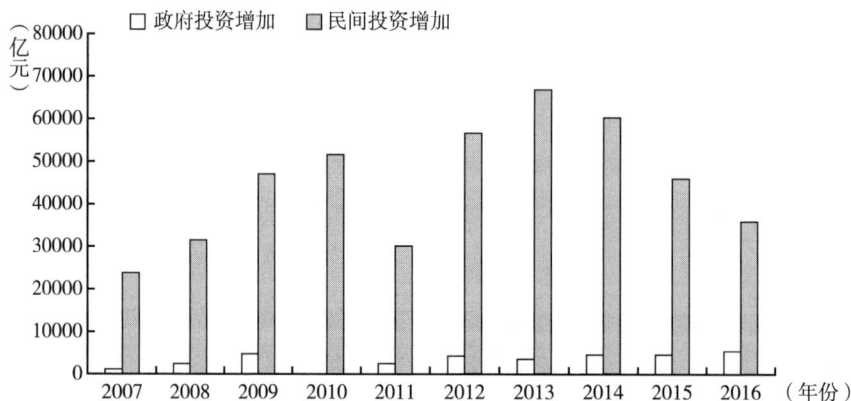

图 5-7　2007～2016年以国家预算内为口径计算的政府投资挤入效应

资料来源：历年《中国统计年鉴》。

表 5-8　2007～2016年以国家预算内资金为口径计算的政府投资挤入效应

单位：亿元，%

年份	政府投资增加	民间投资增加	政府投资变化率	民间投资变化率
2007	1185	23645	25.365	25.030
2008	2098	31354	35.815	26.545
2009	4731	46959	59.474	31.417

年份	政府投资增加	民间投资增加	政府投资变化率	民间投资变化率
2010	327	51476	2.578	26.207
2011	1831	30023	14.067	12.111
2012	4115	56988	27.725	20.505
2013	3347	66918	17.652	19.981
2014	4440	60457	19.906	15.045
2015	4179	46111	15.625	9.974
2016	5287	35786	17.098	7.039

资料来源：历年《中国统计年鉴》。

2. 宏观经济效果

（1）GDP 基本情况和投资效率

GDP 基本情况采用 GDP 的增加额、增长率指标来衡量。投资效率采用增量资本产出比①来衡量，增量资本产出比越大，表明投资效率越低。

根据表 5 - 9 可知，GDP 由 2006 年的 219439 亿元增长到 2016 年的 743586 亿元，平均每年增长 12.988%；2016 年比 2015 年增长 54534 亿元，上升了 7.993%，增幅比 2015 年上升了 0.993 个百分点。2017 年 GDP 为 827122 亿元，按可比价格计算同比增长 6.9%，表明中国经济运行处于合理区间，好于预期，这也离不开政府投资的拉动。

根据表 5 - 9、图 5 - 8 可知，增量资本产出比 1998 ~ 2007 年除个别年份以外呈下降态势，由 1998 年的 5.546 下降到 2007 年的 2.206，表明投资效率提高；2007 ~ 2016 年除个别年份外呈上升态势，由 2007 年的 2.206 上升到 2016 年的 6.036，表明投资效率降低。应对政府投资进行绩效评价和监督管理，提升政府投资的效率，也不排除政府投资效率的降低是溢出效应的结果。

---

① 增量资本产出比（ICOR）即资本存量变动与产出增量（ΔGDP）的比率，当不考虑固定资产折旧时，资本存量的变动等于投资流量 I，即资本形成总额，所以，$ICOR = I/\Delta GDP$。

表 5 – 9　1998 ~ 2017 年 GDP 增加额和增量资本产出比

年份	资本形成总额 I(亿元)	GDP(亿元)	ΔGDP(亿元)	ICOR = I/ΔGDP
1998	30397	85196	5481	5.546
1999	31666	90564	5369	5.898
2000	34526	100280	9716	3.554
2001	40379	110863	10583	3.815
2002	45130	121717	10854	4.158
2003	55837	137422	15705	3.555
2004	69421	161840	24418	2.843
2005	77534	187319	25479	3.043
2006	89823	219439	32120	2.797
2007	112047	270232	50794	2.206
2008	138243	319516	49283	2.805
2009	162118	349081	29566	5.483
2010	196653	413030	63949	3.075
2011	233327	489301	76270	3.059
2012	255240	540367	51067	4.998
2013	282073	595244	54877	5.140
2014	302718	643974	48730	6.212
2015	312836	689052	45078	6.940
2016	329138	743586	54533	6.036
2017		827122		

资料来源：历年《中国统计年鉴》。

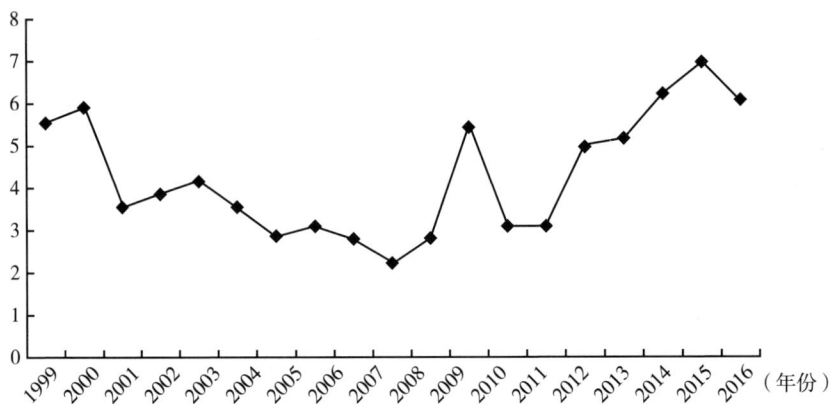

图 5 – 8　1999 ~ 2017 年增量资本产出比

资料来源：历年《中国统计年鉴》。

（2）财政收入逐年增长、税收结构更趋合理

政府投资调动市场的积极性，维护投资环境，微观层面为经济结构性的调整、生产要素的优化配置，经济运行的结果也反映在财政收入上。财政收入的结构反映了经济结构，也是政府投资的间接效果。

根据表5-10可知，财政收入由2007年的51322亿元增长到2016年的159605亿元，平均每年增长13.436%，2016年比2015年增长7336亿元，财政收入增速4.5%，增幅比2015年下降了1.3个百分点。财政支出由2007年的49781亿元增长到2016年的187755亿元，平均每年增长15.893%，2016年比2015年增长11877亿元，财政支出增速6.3%，增幅比2015年下降了6.9个百分点。

表5-10　2007~2016年全国财政收入与支出统计

单位：亿元，%

年份	财政收入	财政支出	财政收入增速	财政支出增速
2007	51322	49781	32.4	23.2
2008	61330	62593	19.5	25.7
2009	68518	76300	11.7	21.9
2010	83102	89874	21.3	17.8
2011	103874	109248	25	21.6
2012	117254	125953	12.9	15.3
2013	129210	140212	10.2	11.3
2014	140370	151786	8.6	8.3
2015	152269	175878	5.8	13.2
2016	159605	187755	4.5	6.3

注：与以往年份相比，2007年财政收支科目实施了较大改革，特别是财政支出项目口径变化很大，与往年数据不可比。2007年起财政支出采用新的分类指标。

资料来源：历年《中国统计年鉴》。

根据图5-9、表5-11可知，从税收结构对比来看，由于2016年实行营改增，税收结构采用2007年、2015年和2016年三年的税收结构进行对比，结果有明显不同。国内增值税比例从2007年的33.910%降低到2015年

的 24.903%，下降 9.007 个百分点，2016 年比 2015 年又增加了 6.327 个百分点；营业税比例从 2007 年的 14.428% 到 2015 年的 15.460%，增加 1.032 个百分点，2016 年营改增后营业税比例大幅降低，降低了 6.637 个百分点；国内消费税比例从 2007 年的 4.837% 增加到 2015 年的 8.439%，增加 3.602 个百分点，2016 年降低了 0.601 个百分点；个人所得税比例 2015 年比 2007 年降低 0.085 个百分点，2016 年比 2015 年又增加 0.841 个百分点；企业所得税比例 2015 年比 2007 年增加 2.478 个百分点，2016 年比 2015 年又增加 0.411 个百分点；关税呈下降态势，2016 年比 2007 年降低了 1.143 个百分点。从变化来看，2016 年增值税比例比 2015 年增加，避免重复征税；营业税的降低利于减轻企业负担；个人所得税和企业所得税比 2015 年增加减少了民间资本利得，降低了民间投资的激励，提升了政府投资充盈度，同时保证社会保障制度实施，使社会结构更匹配经济结构，长期驱动经济增长。从税收结构来看，税制更合理，降低了偷税漏税的违法可能性，营造良好的税收环境和公平竞争的市场环境，有利于经济发展。

2007年税收结构

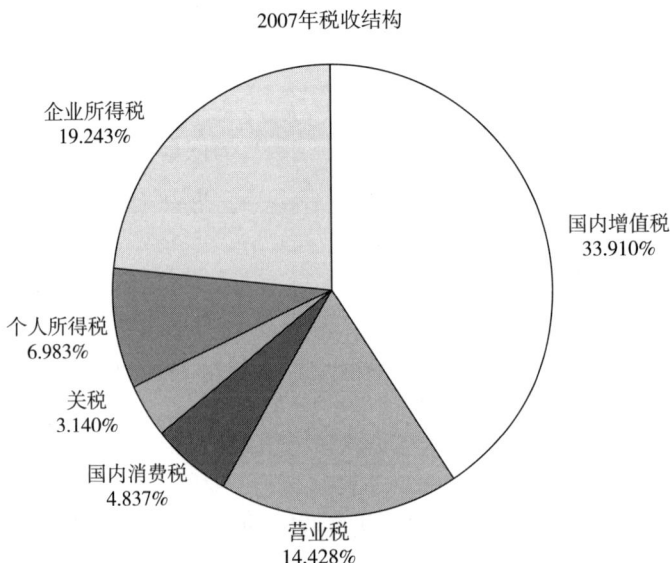

2015年税收结构

企业所得税
21.721%

国内增值税
24.903%

个人所得税
6.898%

关税
2.050%

国内消费税
8.439%

营业税
15.460%

2016年税收结构

企业所得税
22.132%

国内增值税
31.230%

个人所得税
7.739%

关税
1.997%

国内消费税
7.838%

营业税
8.823%

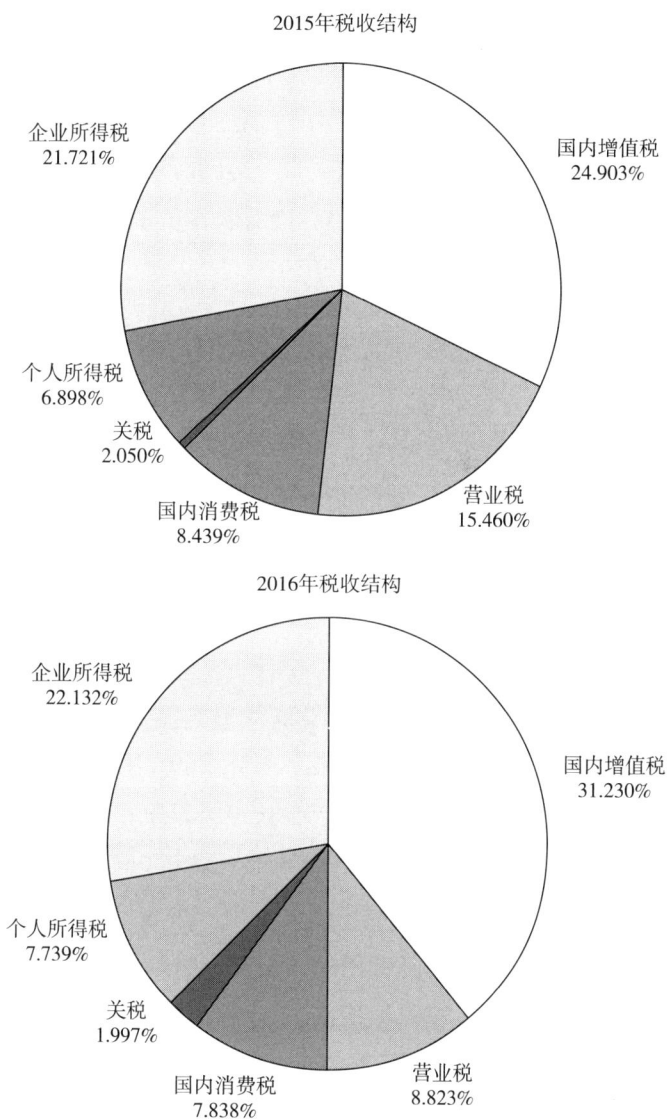

图 5 - 9　2007 年、2015 年、2016 年全国税收结构对比

资料来源：历年《中国统计年鉴》。

表5-11 2007年、2015年、2016年全国税收结构对比

单位：亿元

年份	国内增值税	营业税	国内消费税	关税	个人所得税	企业所得税
2007	15470.23	6582.17	2206.83	1432.57	3185.58	8779.25
2015	31109.47	19312.84	10542.16	560.84	8617.27	27133.87
2016	40712.08	11501.88	10217.23	2603.75	10088.98	28851.36

资料来源：历年《中国统计年鉴》。

（3）投资拉动就业情况

投资拉动就业情况采用就业人员、就业率、单位投资新增就业率、单位投资拉动就业人员来衡量。其中单位投资拉动就业人员包括城镇单位投资就业人员和乡村单位投资就业人员。就业率采用就业人员占年末总人口比例计算；单位投资新增就业率采用新增就业人数除以总投资计算公式来计算；单位投资拉动就业人员采用固定资产投资除以相应的就业人员计算公式来计算。

经计算，就业人员、就业率以及单位投资新增就业率计算结果如图5-10、图5-11、表5-12所示。就业人员由2001年的72797万人增长到2016年的77603万人，平均每年增长0.427%；2016年就业人员77603万人，增长0.196%，增幅比2015年下降0.06个百分点。就业人员呈每年增长态势，但增长幅度越来越低。就业率由2001年的57.0%下降到2016年的56.1%，有所降低但总体变化不大较为稳定。单位投资新增就业率由2001年的191.328人/亿元下降到2016年的2.506人/亿元，投资拉动的就业呈衰减趋势。所以在总人口不断增加以及投资拉动就业衰减等不利情况下，增加全社会固定资产投资对保就业仍为主要途径，政府投资更应在公共领域发挥引领作用，挤入民间投资，发挥乘数效应，既保证市场竞争又维持社会稳定。

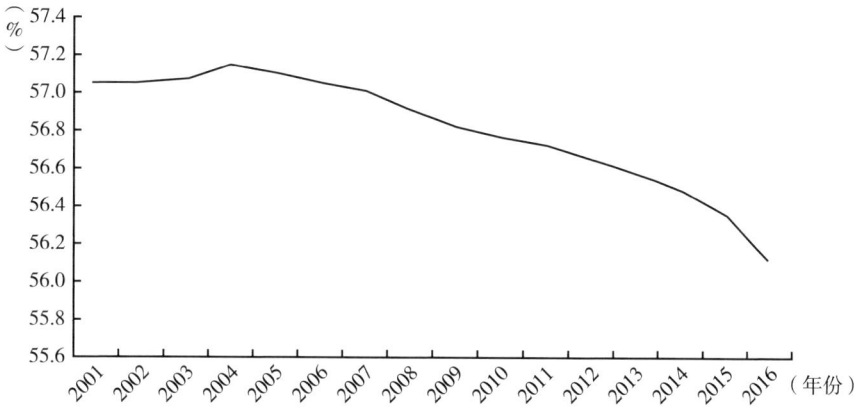

图 5－10　2001～2016 年全国就业人员占总人口的比例

资料来源：历年《中国统计年鉴》。

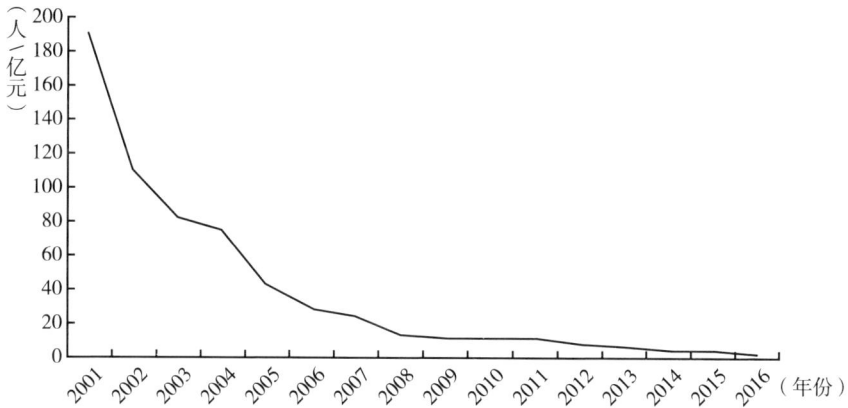

图 5－11　2001～2016 年全国单位投资新增就业率

资料来源：历年《中国统计年鉴》。

表 5－12　2001～2016 年全国就业人员与单位投资新增就业率

年份	年末总人口 （万人）	就业人员 （万人）	就业率 （%）	全社会固定资产 投资（亿元）	单位投资新增就业 率（人/亿元）
2001	127627	72797	57.0	37213	191.328
2002	128453	73280	57.0	43500	111.035
2003	129227	73736	57.1	55567	82.064
2004	129988	74264	57.1	70477	74.918
2005	130756	74647	57.1	88774	43.143
2006	131448	74978	57.0	109998	30.091
2007	132129	75321	57.0	137324	24.977

续表

年份	年末总人口 （万人）	就业人员 （万人）	就业率 （％）	全社会固定资产 投资（亿元）	单位投资新增就业 率（人/亿元）
2008	132802	75564	56.9	172828	14.060
2009	133450	75828	56.8	224599	11.754
2010	134091	76105	56.8	251684	11.006
2011	134735	76420	56.7	311485	10.113
2012	135404	76704	56.6	374695	7.580
2013	136072	76977	56.6	446294	6.117
2014	136782	77253	56.5	512021	5.390
2015	137462	77451	56.3	562000	3.523
2016	138271	77603	56.1	606466	2.506

资料来源：历年《中国统计年鉴》。

经计算，单位投资就业人员计算结果如图5-12、表5-13所示。单位投资就业人员由1997年的27994人/亿元减少到2016年的1280人/亿元，平均每年减少14.988%；2016年比2015年减少98人/亿元，减少7.112%，增幅比2015年上升1.569个百分点。城镇单位投资就业人员由1997年的10827人/亿元减少到2016年的695人/亿元，平均每年减少13.456%；2016年比2015年减少38人/亿元，减少5.184%，增幅比2015年上升1.321个百分点。乡村单位投资就业人员由1997年的85331人/亿元减少到

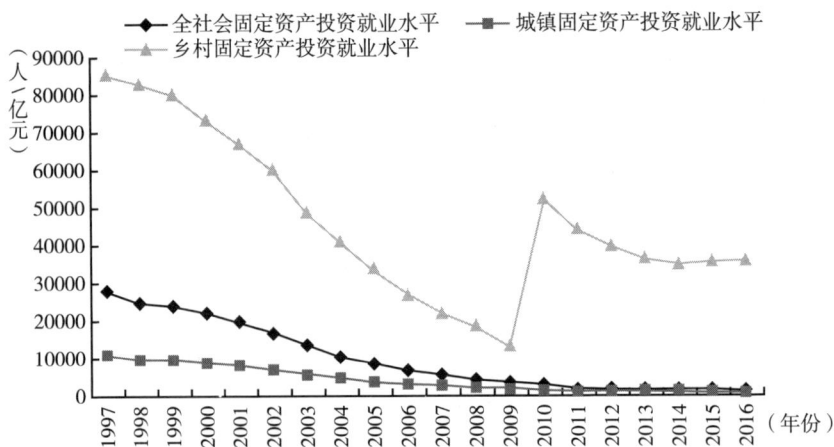

图5-12　1997～2016年投资拉动就业衰减

资料来源：历年《中国统计年鉴》。

2016 年的 36302 人/亿元，平均每年减少 4.399 %；2016 年比 2015 年减少 719 人/亿元，减少 2.021%，增幅比 2015 年上升 1.153 个百分点。

表 5 – 13　1997～2016 年投资拉动就业人员的基本情况

年份	就业人员(万人)	城镇就业人员(万人)	乡村就业人员(万人)	全社会固定资产投资(亿元)	城镇固定资产投资(亿元)	乡村固定资产投资(亿元)	单位全社会投资就业人员(人/亿元)	单位城镇投资就业人员(人/亿元)	单位乡村投资就业人员(人/亿元)
1997	69820	20781	49039	24941	19194	5747	27994	10827	85331
1998	70637	21616	49021	28406	22491	5915	24867	9611	82879
1999	71394	22412	48982	29855	23732	6123	23914	9444	80001
2000	72085	23151	48934	32918	26222	6696	21899	8829	73081
2001	72797	24123	48674	37213	30001	7212	19562	8041	67488
2002	73280	25159	48121	43500	35489	8011	16846	7089	60068
2003	73736	26230	47506	55567	45812	9755	13270	5726	48700
2004	74264	27293	46971	70477	59028	11449	10537	4624	41025
2005	74647	28389	46258	88774	75095	13679	8409	3780	33818
2006	74978	29630	45348	109998	93369	16629	6816	3173	27270
2007	75321	30953	44368	137324	117464	19859	5485	2635	22341
2008	75564	32103	43461	172828	148738	24090	4372	2158	18041
2009	75828	33322	42506	224599	193920	30678	3376	1718	13855
2010	76105	34687	41418	251684	243798	7886	3024	1423	52521
2011	76420	35914	40506	311485	302396	9089	2453	1188	44566
2012	76704	37102	39602	374695	364854	9841	2047	1017	40244
2013	76977	38240	38737	446294	435747	10547	1725	878	36729
2014	77253	39310	37943	512021	501265	10756	1509	784	35277
2015	77451	40410	37041	562000	551590	10410	1378	733	35583
2016	77603	41428	36175	606466	596501	9965	1280	695	36302

资料来源：历年《中国统计年鉴》。

　　乡村和城镇的单位投资拉动人员差别原因主要在于产业不同。城镇产业以第二产业和第三产业为主，乡村以第一产业和部分第二产业中以农业为基础的初级加工行业为主。产业的机械化、自动化以及智能化更新和换代对劳动力替代性增强，科技的作用快速衰减了投资拉动就业人员。政府投资对工业和重工业的设备和技术改良的效率的提升是投资带来的直接效果。乡村就业受乡村投资影响较大，投资方向更多地是对农户的机械农具的政策性补贴或减免来减轻农户的购置负担，提升农业的生产率，加快了机器替代劳力的步伐，虽然 2010 年乡村就业有一个向上的突变，但随后呈下降态势，乡村就业人员总的趋势是减少。

3. 微观经济效果

（1）消费基本情况

①政府消费和居民消费

消费是政府投资效果评估的重要指标。消费基本情况采用支出法国内生产总值中最终消费，包含政府消费和居民消费，而居民消费可分为城镇居民消费和乡村居民消费。最终消费指常住单位在一定时期内对于货物和服务的全部最终消费支出，也就是常住单位为满足物质、文化和精神生活的需要，从国内和国外购买的货物和服务的支出，但不包括非常住单位在国内的消费支出。

根据表 5-14 可知，最终消费由 1997 年的 47509 亿元增长到 2016 年的 400176 亿元，增长 352667 亿元，平均每年增长 11.869%；2016 年比 2015 年增长 37909 亿元，增长 10.464%，增幅比 2015 年上升了 0.122 个百分点。政府消费由 1997 年的 10882 亿元增长到 2016 年的 107514 亿元，增长 96632 亿元，平均每年增长 12.812 %；2016 年比 2015 年增长 11228 亿元，增长 11.661%，增幅比 2015 年下降了 0.596 个百分点。居民消费由 1997 年的 36626 亿元增长到 2016 年的 292661 亿元，增长 256035 亿元，平均每年增长 11.559%；2016 年比 2015 年增长 26681 亿元，增长 10.031 %，增幅比 2015 年上升了 0.367 个百分点。农村居民消费由 1997 年的 14961 亿元增长到 2016 年的 64145 亿元，增长 49184 亿元，平均每年增长 7.963 %；2016 年比 2015 年增长 5002 亿元，增长 8.458%，增幅比 2015 年下降了 0.329 个百分点。城镇居民消费由 1997 年的 21665 亿元增长到 2016 年的 228517 亿元，增长 206852 亿元，平均每年增长 13.201%；2016 年比 2015 年增长 21680 亿元，增长 10.482 %，增幅比 2015 年上升了 0.564 个百分点。最终消费和结构性消费均逐年增长，但增长速度有所变化。

表 5 – 14　1997～2016 年政府消费和居民消费结构

单位：亿元

年份	支出法生产总值	最终消费	政府消费	居民消费	农村居民消费	城镇居民消费
1997	80025	47509	10882	36626	14961	21665
1998	85486	51460	12639	38822	14875	23947
1999	90824	56622	14707	41915	14811	27104
2000	100577	63668	16680	46988	15612	31376
2001	111250	68547	17838	50709	16298	34411
2002	122292	74068	18992	55076	17017	38060
2003	138315	79513	20169	59344	17775	41569
2004	162742	89086	22499	66587	19233	47354
2005	189190	101448	26215	75232	20912	54320
2006	221207	114729	30610	84119	22640	61480
2007	271699	136229	36436	99793	25589	74205
2008	319936	157466	42128	115338	28841	86498
2009	349883	172728	46067	126661	30666	95995
2010	410708	198998	52941	146058	33610	112447
2011	486038	241022	64490	176532	41075	135457
2012	540989	271113	72576	198537	45223	153314
2013	596963	300338	80575	219763	49432	170330
2014	647182	328313	85773	242540	54366	188174
2015	699109	362267	96286	265980	59143	206837
2016	746315	400176	107514	292661	64145	228517

资料来源：历年《中国统计年鉴》。

②政府消费水平和居民消费水平

消费水平可以分为政府消费水平和居民消费水平。政府消费水平是指政府消费每年的变化率，通常用政府最终消费占 GDP 的比重表示。居民消费水平是指居民在物质产品和劳务的消费过程中，对满足人们生存、发展和享受需要方面所达到的程度，通过消费的物质产品和劳务的数量和质量反映出来。居民消费水平通常采用支出法国内生产总值中的人均居民消费，即支出法国内生产总值中的居民消费除以居民人口来表示。居民消费水平又分为城镇和农村的居民消费水平。

根据图 5 - 13 可知，总体上政府消费水平较为稳定，处于 12.89% 和 16.584% 之间，中间微幅波动。主要可分为三个阶段：1997 年至 2000 年由 13.599% 上升到 16.584%，2000 年至 2010 年由 16.584% 下降到 12.890%，2010 年至 2016 年由 12.890% 上升到 14.406%，没有到达 2000 年的最高点。其原因可能混合所有制度创新使政府和市场职能重新划分偏向于市场。

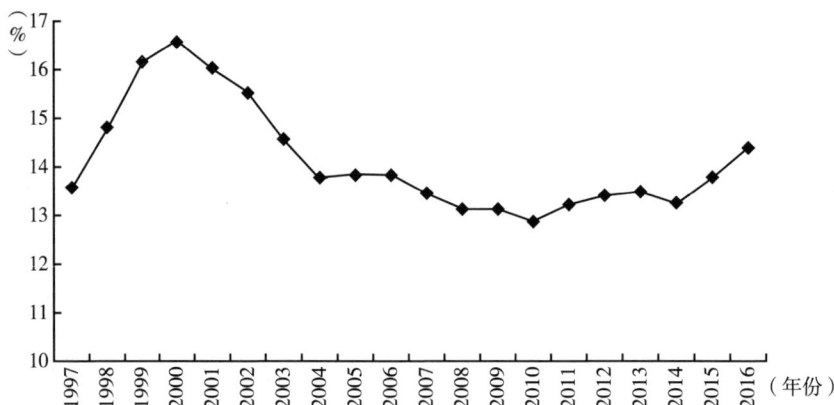

图 5 - 13　1997～2016 年政府消费水平

根据表 5 - 15 可知，居民消费水平呈上升趋势，农村居民消费水平增长率大于城镇居民消费水平，结构性的居民消费水平差距有所收窄。具体表现为：居民消费水平由 1997 年的 2978 元增长到 2016 年的 21228 元，增长 18250 元，平均每年增长 10.890%；2016 年比 2015 年增长 1831 元，增长 9.440%，增幅比 2015 年上升了 0.333 个百分点。农村居民消费水平由 1997 年的 1768 元增长到 2016 年的 10752 元，增长 8984 元，平均每年增长 9.967 %；2016 年比 2015 年增长 1073 元，增长 11.086 %，增幅比 2015 年下降了 0.027 个百分点。城镇居民消费水平由 1997 年的 5645 元增长到 2016 年的 29219 元，增长 23574 元，平均每年增长 9.038 %；2016 年比 2015 年增长 2009 元，增长 7.383 %，增幅比 2015 年上升了 0.358 个百分点。城镇与农村居民消费差额由 1997 年的 3877 元增长到 2016 年的 18467 元，平均每年增长 8.562%；2016 年比 2015 年差额增长了 936 元，增长了 5.339%，增幅比 2015 年上升 0.445 个百分点。

表 5-15 1997~2016 年政府消费水平和居民消费水平

年份	政府消费水平（%）	居民消费水平（元）	农村居民消费水平（元）	城镇居民消费水平（元）	农村和城镇居民消费水平差额（元）	居民消费水平指数（上年=100）	农村居民消费水平指数（上年=100）	城镇居民消费水平指数（上年=100）
1997	13.599	2978	1768	5645	3877	104.6	104	101.8
1998	14.784	3126	1778	5909	4131	105.6	101.4	105.6
1999	16.193	3346	1793	6351	4558	108.3	102.2	109.2
2000	16.584	3721	1917	6999	5082	110.6	106.6	109.7
2001	16.034	3987	2032	7324	5292	106.1	104.6	103.8
2002	15.530	4301	2157	7745	5588	108.4	106.6	106.3
2003	14.582	4606	2292	8104	5812	105.8	104.6	103.5
2004	13.825	5138	2521	8880	6359	107.2	103.9	106
2005	13.857	5771	2784	9832	7048	109.7	106.8	108.5
2006	13.838	6416	3066	10739	7673	108.4	107.3	106.6
2007	13.410	7572	3538	12480	8942	112.8	108.7	111.6
2008	13.168	8707	4065	14061	9996	108.3	107	106.5
2009	13.167	9514	4402	15127	10725	109.8	109.3	108
2010	12.890	10919	4941	17104	12163	109.6	107.4	107.9
2011	13.269	13134	6187	19912	13725	111	112.9	108.2
2012	13.415	14699	6964	21861	14897	109.1	108.9	107.2
2013	13.498	16190	7773	23609	15836	107.3	108.6	105.3
2014	13.253	17778	8711	25424	16713	107.7	109.9	105.6
2015	13.773	19397	9679	27210	17531	107.5	109.5	105.4
2016	14.406	21228	10752	29219	18467	107.3	109.1	105.2

资料来源：历年《中国统计年鉴》。

从居民消费水平指数来看，虽然农村和城镇居民消费差额有所扩大，但农村居民消费水平增长快于城镇居民，可以认为两者的实际消费水平预期将收窄，尤其是城镇化导致的城乡人口频繁流动和城乡融合发展也将缩小农村居民和城镇居民的消费水平。

（2）居民人均收支增长与结构优化

①居民人均可支配收入与消费支出

政府投资带动经济增长，从而增加国民收入，提高居民生活水平，指标采用居民人均可支配收入和居民人均消费支出指标来衡量，居民人均可支配收入与消费支出分为城镇居民和农村居民。

根据表5-16、表5-17可知，居民人均可支配收入逐年增长，但增速减缓。农村居民人均可支配收入增速高于城镇居民。居民人均消费支出逐年增长，但增速减缓。农村居民人均消费支出增速高于城镇居民。

表5-16 2013～2016年居民人均可支配收入情况

单位：元，%

年份	居民人均可支配收入	居民人均可支配收入增长率	城镇居民人均可支配收入	城镇居民人均可支配收入增长率	农村居民人均可支配收入	农村居民人均可支配收入增长率
2013	18310.76		26467.00		9429.59	
2014	20167.12	10.1	28843.85	9.0	10488.88	11.2
2015	21966.19	8.9	31194.83	8.2	11421.71	8.9
2016	23820.98	8.4	33616.25	7.8	12363.41	8.2

表5-17 2013～2016年居民人均消费支出情况

单位：元，%

年份	居民人均消费支出	居民人均消费支出增长率	城镇居民人均消费支出	城镇居民人均消费支出比增长率	农村居民人均消费支出	农村居民人均消费支出增长率
2013	13220.42		18487.54		7485.10	
2014	14491.40	9.6	19968.08	8.0	8382.57	12.0
2015	15712.41	8.4	21392.36	7.1	9222.59	10.0
2016	17110.74	8.9	23078.9	7.9	10129.78	9.8

注：从2013年起，国家统计局开展了城乡一体化住户收支与生活状况调查，2013年及以后数据来源于此项调查。与2013年前的分城镇和农村住户调查的调查范围、调查方法、指标口径有所不同。

资料来源：历年《中国统计年鉴》。

②城镇居民人均可支配收入和人均消费支出结构

根据表 5-18 可知，城镇居民人均可支配收入逐年增长，但增长率有所减缓且减缓幅度增大。城镇居民人均可支配收入由 2013 年的 26467 元增长到 2016 年的 33616 元，平均每年增长 8.296%；2016 年比 2015 年增长 2421元，增长 7.761%，增幅比 2015 年下降 0.390 个百分点。在结构上，工资性收入所占比例最大，2016 年所占比例 61.474%，收入为 20665 元，比 2015年增长 1328 元，增长 6.868%，增幅比 2015 年下降 0.937 个百分点。转移净收入所占比例最小，2016 年所占比例 17.581%，收入为 5910 元，比 2015年增长 570 元，增长 10.674%，增幅比 2015 年下降 0.206 个百分点。

表 5-18　2013~2016 年城镇居民人均可支配收入结构

单位：元

年份	城镇居民人均可支配收入	城镇居民人均可支配工资性收入	城镇居民人均可支配经营净收入	城镇居民人均可支配财产净收入	城镇居民人均可支配转移净收入
2013	26467	16617	2975	2552	4323
2014	28844	17937	3279	2812	4816
2015	31195	19337	3476	3042	5340
2016	33616	20665	3770	3271	5910

资料来源：历年《中国统计年鉴》。

根据表 5-19 可知，城镇居民人均消费支出逐年增长，但增长率先减后增。城镇居民人均消费支出由 2013 年的 18488 元增长到 2016 年的 23079 元，平均每年增长 7.674%；2016 年比 2015 年增长 1687 元，增长 7.886%，增幅比 2015 年上升 0.755 个百分点。在结构上，食品烟酒消费支出所占比例最大，2016 年所占比例 29.299%，消费为 6762 元，比 2015 年增长 402 元，增长 6.321%，增幅比 2015 年上升 0.321 个百分点。其次为居住消费支出，增长速率逐年增大。2016 年所占比例 22.159%，消费为 5114 元，比 2015 年增长 388元，增长 8.210%，增幅比 2015 年上升 2.954 个百分点。

表5-19 2013~2016年城镇居民人均消费支出结构

单位：元

年份	城镇居民人均消费支出	食品烟酒消费支出	衣着消费支出	居住消费支出	生活用品及服务消费支出	交通和通信消费支出	教育、文化和娱乐消费支出	医疗保健消费支出	其他用品及服务消费支出
2013	18488	5571	1554	4301	1129	2318	1988	1136	490
2014	19968	6000	1627	4490	1233	2637	2142	1306	533
2015	21392	6360	1701	4726	1306	2895	2383	1443	578
2016	23079	6762	1739	5114	1427	3174	2638	1631	595

资料来源：历年《中国统计年鉴》。

③农村居民人均可支配收入和消费支出结构

根据表5-20可知，农村居民人均可支配收入逐年增长，但增长率有所减缓且减缓幅度增大。农村居民人均可支配收入由2013年的9430元增长到2016年的12363元，平均每年增长9.447%；2016年比2015年增长941元，增长8.238%，增幅比2015年下降0.657个百分点。在结构上，工资性收入所占比例最大，2016年所占比例40.621%，收入为5022元，比2015年增长422元，增长9.174%，增幅比2015年下降1.616个百分点。财产净收入所占比例最小，2016年所占比例2.2%，收入为272元，比2015年增长20元，增长7.937%，增幅比2015年下降5.577个百分点。

表5-20 2013~2016年农村居民人均可支配收入结构

单位：元

年份	农村居民人均可支配收入	农村居民人均可支配工资性收入	农村居民人均可支配经营净收入	农村居民人均可支配财产净收入	农村居民人均可支配转移净收入
2013	9430	3653	3935	195	1648
2014	10489	4152	4237	222	1877
2015	11422	4600	4504	252	2066
2016	12363	5022	4741	272	2328

资料来源：历年《中国统计年鉴》。

根据表 5-21 可知，农村居民人均消费支出逐年增长，但增长率逐年减缓。农村居民人均消费支出由 2013 年的 7485 元增长到 2016 年的 10130 元，平均每年增长 10.613%；2016 年比 2015 年增长 907 元，增长 9.834%，增幅比 2015 年下降 0.186 个百分点。在结构上，食品烟酒消费支出所占比例最大，2016 年所占比例 32.241%，消费为 3266 元，比 2015 年增长 218 元，增长 7.152%，增幅比 2015 年下降 1.163 个百分点。其次为居住消费支出，增长速率逐年增大。2016 年所占比例 21.194%，消费为 2147 元，比 2015 年增长 221 元，增长 11.475%，增幅比 2015 年上升 2.229 个百分点。

表 5-21　2013~2016 年农村居民人均消费支出结构

单位：元

年份	农村居民人均消费支出	食品烟酒消费支出	衣着消费支出	居住消费支出	生活用品及服务消费支出	交通和通信消费支出	教育、文化和娱乐消费支出	医疗保健消费支出	其他用品及服务消费支出
2013	7485	2554	454	1580	455	875	755	668	144
2014	8383	2814	510	1763	506	1013	860	754	163
2015	9223	3048	550	1926	546	1163	969	846	174
2016	10130	3266	575	2147	596	1360	1070	929	186

资料来源：历年《中国统计年鉴》。

④城镇与农村居民人均可支配收入和消费结构对比

从城镇与农村居民人均可支配收入结构对比分析（见表 5-22），城镇和农村居民人均可支配收入均以工资性收入为主，城镇居民人均可支配收入占比 61.474%，农村居民人均可支配收入占比 40.621%，两者相差 20.853 个百分点。经营净收入所占比例城镇远小于农村，城镇人均可支配经营净收入占比 11.215%，农村人均可支配经营净收入占比 38.348%，两者相差 27.133 个百分点，前者远小于后者。人均可支配财产净收入城镇居民多于农村居民，人均可支配转移净收入城镇居民多于农村居民。

表 5 - 22　2016 年城镇居民与农村居民人均可支配收入结构对比

分类	人均可支配工资性收入（元）	人均可支配工资性收入占比（%）	人均可支配经营净收入（元）	人均可支配经营净收入占比（%）	人均可支配财产净收入（元）	人均可支配财产净收入占比（%）	人均可支配转移净收入（元）	人均可支配转移净收入占比（%）
城镇居民	20665	61.474	3370	11.215	3271	9.730	5910	17.581
农村居民	5022	40.621	4741	38.348	272	2.200	2328	18.830
差距（个百分点）		20.853		-27.133		7.530		-1.249

资料来源：历年《中国统计年鉴》。

　　城镇与农村居民人均可支配收入结构对比分析，如表 5 - 23 所示。城镇和农村居民人均消费支出结构比例较为相似，差距不超过 3 个百分点。消费支出均以食品烟酒消费支出和居住消费为主，食品烟酒消费支出所占比例城镇居民小于农村居民。居住消费支出占比城镇居民大于农村居民。除食品烟酒消费和居住消费以外，所占比例较大的是交通和通信消费以及教育、文化和娱乐消费，所占比例均超过 10%。

表 5 - 23　2016 年城镇居民和农村居民人均消费支出结构对比

分类	食品烟酒消费支出（元）	食品烟酒消费支出占比（%）	衣着消费支出（元）	衣着消费支出占比（%）	居住消费支出（元）	居住消费支出占比（%）	生活用品及服务消费支出（元）	生活用品及服务消费支出占比（%）
城镇居民	6742	29.299	1739	7.535	5114	22.159	1427	6.183
农村居民	3266	32.241	575	5.676	2147	21.194	596	5.884
差距（个百分点）		-2.942		1.859		0.964		0.300

分类	交通和通信消费支出（元）	交通和通信消费支出占比（%）	教育、文化和娱乐消费支出（元）	教育、文化和娱乐消费支出占比（%）	医疗保健消费支出（元）	医疗保健消费支出占比（%）	其他用品及服务消费支出（元）	其他用品及服务消费支出占比（%）
城镇居民	3174	13.753	2638	11.430	1631	7.067	595	2.578
农村居民	1360	13.425	1070	10.563	929	9.171	186	1.836
差距（个百分点）		0.327		0.868		-2.104		0.742

资料来源：历年《中国统计年鉴》。

（3）社会消费品零售额比重增长趋缓

通过社会消费品零售额占 GDP 的比例高低衡量居民生活水平，间接反映政府投资效果的指标，如图 5-14 所示。社会消费品零售额占 GDP 的比例总体呈先降后增态势，主要分两个阶段，1997~2007 年总体呈下降态势偶有上升，由 1997 年的 39.2% 下降到 2007 年的 34.6%；2007~2016 年呈上升态势，由 2007 年的 34.6% 上升到 2016 年的 44.7%。下降的速率小于上升速率，但 2016 年相对于 2015 年增长趋缓。

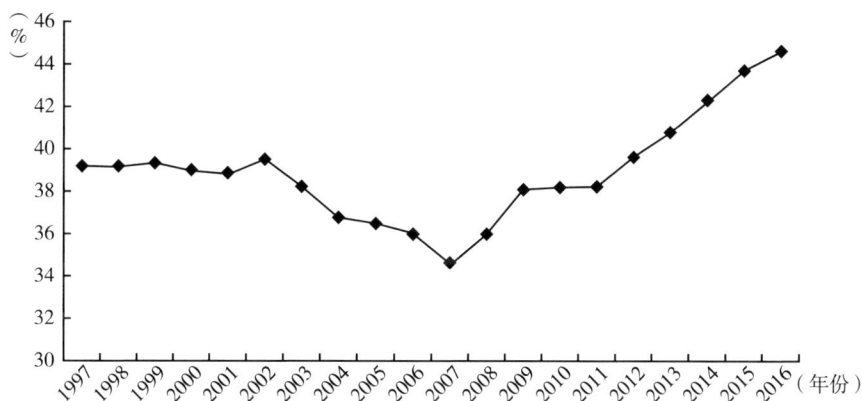

图 5-14　1997~2016 年全国社会消费品零售占 GDP 比例

（4）能源投资与产出效果

能源投资采用能源工业投资和国有经济能源工业固定资产投资指标衡量。产出效果采用能源生产总量、城市天然气供气总量及城市天然气用气人口指标衡量。

根据表 5-23，能源工业投资由 2000 年的 3991.48 亿元增长到 2016 年的 32837.36 亿元，平均每年增长 14.078%；2016 年比 2015 年增长 275.23 亿元，增长 0.845%，增幅比 2015 年下降了 2.478 个百分点。国有经济能源工业固定资产投资由 2000 年的 2839.59 亿元增长到 2015 年的 15419 亿元，平均每年增长 11.940%；2015 年比 2014 年减少 6.19 亿元，减少 0.040%，增幅比 2014 年下降了 10.134 个百分点。能源生产总量由 2000 年的 138569.7 万吨标准煤增长到 2016 年的 346000 万吨标准煤，平均每年增长 5.886%；

2016 年比 2015 年减少 15476 万吨标准煤，下降 4.281%，增幅比 2015 年下降了 4.174 个百分点。城市天然气供气总量由 2000 年的 82.1 亿立方米增长到 2016 年的 1171.72 亿立方米，平均每年增长 18.074%；2016 年比 2015 年增长 130.93 亿立方米，增长 12.580%，增幅比 2015 年上升了 4.657 个百分点。城市天然气用气人口由 2000 年的 2580.98 万人增长到 2016 年的 30855.57 万人，平均每年增长 16.774%；2016 年比 2015 年增长 2294.1 万人，增长 8.032%，增幅比 2015 年下降了 1.934 个百分点。

表 5 – 23　2000 ~ 2016 年能源投资和能源产品供应

年份	能源工业投资（亿元）	国有经济能源工业固定资产投资（亿元）	能源生产总量（万吨标准煤）	城市天然气供气总量（亿立方米）	城市天然气用气人口（万人）
2000	3991.48	2839.59	138569.7	82.1	2580.98
2001	3818.18	2621.6	147424.99	105.52	3239.87
2002	4261.94	2626.17	156277.01	125.93	3686
2003	5508.36	2876.44	178298.78	141.64	4320.24
2004	7504.8	3643.01	206107.73	169.34	5627.55
2005	10205.63	4766.08	229036.72	210.5	7104.4
2006	11826.3	5686.6	244762.87	244.77	8319.4
2007	13698.62	6715.04	264172.55	308.64	10189.8
2008	16345.54	7940.4	277419.41	368.04	12167.09
2009	19477.95	10003.17	286092.22	405.1	14543.68
2010	21627.1	11219.45	312124.75	487.58	17021.22
2011	23045.59	11468	340177.51	678.8	19027.8
2012	25499.8	12402.32	351040.75	795.04	21207.53
2013	29008.91	14011	358783.76	900.99	23783.44
2014	31514.89	15425.19	361866	964.38	25972.94
2015	32562.13	15419	361476	1040.79	28561.47
2016	32837.36		346000	1171.72	30855.57

资料来源：历年《中国统计年鉴》。

（5）科技投资与产出效果

科技投资采用研究与试验发展经费支出和国家财政科学技术支出指标衡量。产出效果采用高技术产业企业数、高技术产业主营业务收入、高技术产业出口交货值及高技术产业利润额指标衡量。

根据表 5 - 24 可知,研究与试验发展经费支出由 2008 年的 4616.02 亿元增长到 2016 年的 15676.75 亿元,平均每年增长 16.513%;2016 年比 2015 年增长 1506.87 亿元,增长 10.634%,增幅比 2015 年上升了 1.766 个百分点。国家财政科学技术支出由 2008 年的 2611 亿元增长到 2016 年的 6563.96 亿元,平均每年增长 12.213%;2016 年比 2015 年增长 701.39 亿元,增长 11.964%,增幅比 2015 年上升了 1.651 个百分点。高技术产业企业数由 2008 年的 25817 个增长到 2016 年的 30798 个,平均每年增长 2.230%;2016 年比 2015 年增长 1167 个,增长 3.938%,增幅比 2015 年下降了 2.118 个百分点。高技术产业主营业务收入由 2008 年的 55728.91 亿元增长到 2016 年的 153796.33 亿元,平均每年增长 13.529%;2016 年比 2015 年增长 13827.68 亿元,增长 9.879%,增幅比 2015 年下降了 0.014 个百分点。高技术产业利润额由 2008 年 2725.10 亿元增长到 2016 年 10301.80 亿元,平均每年增长 18.084%,2016 年比 2015 年增长 1315.4 亿元,增长 14.639%,增幅比 2015 年下降了 3.631 个百分点。

表 5 - 24 2008 ~ 2016 年研究试验经费和高技术发展基本情况

年份	研究与试验发展经费支出(亿元)	国家财政科学技术支出(亿元)	高技术产业企业数(个)	高技术产业主营业务收入(亿元)	高技术产业出口交货值(亿元)	高技术产业利润额(亿元)
2008	4616.02	2611	25817	55728.91	31503.94	2725.10
2009	5802.11	3276.8	27218	59566.69	29435.30	3278.53
2010	7063	4196.7	28189	74482.80	37001.60	4879.70
2011	8687	3828.02	21682	87527.20	40600.33	5244.94
2012	10298.41	4452.63	24636	102284.04	46701.09	6186.34
2013	11846.6	5084.3	26894	116048.90	49285.09	7233.75
2014	13015.63	5314.5	27939	127367.67	50765.20	8095.21
2015	14169.88	5862.57	29631	139968.65	50923.13	8986.33
2016	15676.75	6563.96	30798	153796.33	52444.61	10301.80

资料来源:历年《中国统计年鉴》。

（二）社会效果

1. 教育投资与产出效果

（1）教育投资

教育投资分为国家财政性教育经费和非财政性教育经费，国家财政性教育经费增长和占教育经费的比例高低衡量国家对教育的投资力度和对教育的重视程度。国家财政性教育经费是政府投资的主要部分，其效果主要表现为国家人员素质的提升和特殊人群受教育覆盖率上。

根据图5-15、表5-25可知，教育经费由1997年的2531.7326亿元增长到2015年的36129.1927亿元，平均每年增长15.914%；2015年比2014年增长3322.7318亿元，增长10.128%，增幅比2014年上升了2.087个百分点。国家财政性教育经费由1997年的1862.5416亿元增长到2015年的29221.4511亿元，平均每年增长16.526%；2015年比2014年增长2800.8691亿元，增长10.601%，增幅比2014年上升2.710个百分点。国家财政性教育经费占教育经费的比例由1997年的73.568%上升到2015年的80.880%；中间经过两个阶段，前一阶段的下降阶段和后一阶段的上升阶段：1997~2005年，所占比例由1997年的73.568%下降到2005年的61.304%；2005~2015年，所占比例由2005年的61.304%上升到2015年的80.880%。近几年来，政府不断加大对教育经费的投入。

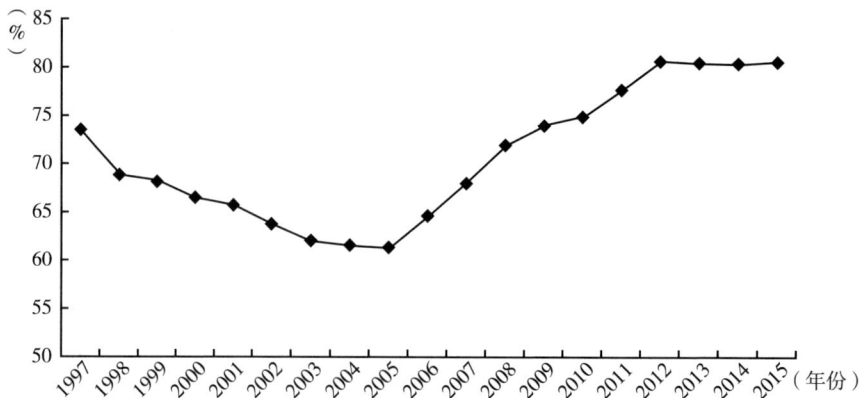

图5-15　1997~2015年国家财政性教育经费占教育经费的比例

表 5 – 25　1997～2015 年教育经费和财政性教育经费

单位：亿元，%

年份	教育经费	国家财政性教育经费	国家财政性教育经费/教育经费
1997	2531.7326	1862.5416	73.568
1998	2949.0592	2032.4526	68.919
1999	3349.0416	2287.1756	68.293
2000	3849.0806	2562.6056	66.577
2001	4637.6626	3057.0100	65.917
2002	5480.0278	3491.4048	63.711
2003	6208.2653	3850.6237	62.024
2004	7242.5989	4465.8575	61.661
2005	8418.8391	5161.0759	61.304
2006	9815.3087	6348.3648	64.678
2007	12148.0663	8280.2142	68.161
2008	14500.7374	10449.6296	72.063
2009	16502.7065	12231.0935	74.116
2010	19561.8471	14670.0670	74.993
2011	23869.2936	18586.7009	77.869
2012	28655.3052	23147.5698	80.779
2013	30364.7182	24488.2177	80.647
2014	32806.4609	26420.5820	80.535
2015	36129.1927	29221.4511	80.880

资料来源：历年《中国统计年鉴》。

（2）教育投资的产出效应

教育投资的产出采用高等学校招生人数、毕业生人数、毕业生人数占就业人员的比例以及平均受教育程度等指标来衡量。平均受教育程度采用从业人员中大专及以上学历人数除以从业人数总数计算公式计算。

根据表 5 – 26 可知，在学校招生人数方面。特殊教育招生数由 2004 年的 5.1 万人增长到 2016 年的 9.152 万人，平均每年增长 4.994%；2016 年比 2015 年增长 0.821 万人，增长 9.851%，增幅比 2015 年下降了 7.969 个百分点。专科及以上学历招生数由 2004 年的 479.929 万人增长到 2016 年的 815.317 万人，平均每年增长 4.515%；2016 年比 2015 年增长 12.962 万人，增长 1.616%，增幅比 2015 年下降了 0.787 个百分点。

在毕业生人数方面。特殊教育毕业生数由 2004 年的 4.7 万人增长到 2016 年的 5.916 万人，平均每年增长 1.937%；2016 年比 2015 年增长 0.626 万人，增长 11.834%，增幅比 2015 年上升了 3.941 个百分点。专科及以上学历毕业生数由 2004 年的 254.178 万人增长到 2016 年的 760.574 万人，平均每年增长 9.564%；2016 年比 2015 年增长 24.535 万人，增长 3.333%，增幅比 2015 年上升了 0.095 个百分点。专科及以上学历毕业生累加数从 2004 年的 1071.547 万人增长到 2016 年的 8231.979 万人，增长了 668.233%，专科及以上学历毕业生累加数占就业人员比例由 2004 年的 1.443% 增长到 2016 年的 10.608%。人力素质的提升，给科技创新提供了基础性条件，并带动了知识产权的产业转化，增加了市场竞争机制和活力，创造了新的产值和就业条件。同时增加了国家税收和政府再投资的良性循环。

表 5－26 教育招生毕业生人数和平均受教育程度

单位：万人，%

年份	特殊教育招生数	专科及以上学历招生数	就业人员	特殊教育毕业生数	专科及以上学历毕业生	专科及以上学历毕业生数累加	专科及以上学历毕业生累加/就业人员
2004	5.1	479.929	74264	4.7	254.178	1071.547	1.443
2005	4.93	540.943	74647	4.32	325.773	1397.320	1.872
2006	5	585.893	74978	4.5	403.090	1800.410	2.401
2007	6.3	607.781	75321	5.03	478.974	2279.384	3.026
2008	6.24	652.302	75564	5.2	546.433	2825.817	3.740
2009	6.4	690.585	75828	5.74	568.227	3394.044	4.476
2010	6.49	715.578	76105	5.89	613.780	4007.824	5.266
2011	6.41	737.517	76420	4.42	651.159	4658.984	6.097
2012	6.6	747.797	76704	4.9	673.346	5332.329	6.952
2013	6.598	760.971	76977	5.074	690.084	6022.413	7.824
2014	7.071	783.531	77253	4.903	712.953	6735.366	8.719
2015	8.331	802.355	77451	5.290	736.039	7471.405	9.647
2016	9.152	815.317	77603	5.916	760.574	8231.979	10.608

资料来源：历年《中国统计年鉴》。

2. 公共设施投资带动城镇化提速

基建投资指标采用水利、环境和公共设施管理业全社会固定资产投资指

标。根据表 5 - 27 可知，水利、环境和公共设施管理业全社会固定资产投资
由 2003 年的 4365.82 亿元增长到 2016 年的 68647.57 亿元，平均每年增长
23.607%；2016 年比 2015 年增长 12968.01 亿元，增长 23.290%，增幅比
2015 年上升 2.837 个百分点。

表 5 - 27 2003～2016 年水利、环境和公共设施管理业全社会固定资产投资与城镇化

单位：亿元，%

年份	水利、环境和公共设施管理业 全社会固定资产投资	城镇化率	城镇化增长率
2003	4365.82	40.5	3.68
2004	5071.74	41.8	3.03
2005	6274.29	43.0	2.95
2006	8152.67	44.3	3.15
2007	10154.31	45.9	3.49
2008	13534.32	47.0	2.40
2009	19874.36	48.3	2.88
2010	24827.59	49.9	3.33
2011	24523.15	51.3	2.64
2012	29621.56	52.6	2.54
2013	37663.86	53.7	2.21
2014	46225.04	54.8	1.94
2015	55679.56	56.1	2.43
2016	68647.57	57.3	2.23

资料来源：历年《中国统计年鉴》。

根据图 5 - 16、图 5 - 17 可知，对应的中国城镇化水平由 2003 年的
40.5% 增长到 2016 年的 57.3%，平均每年增长 2.705%，每年增长幅度在
1.94% ～3.68%，总体增长趋势呈下降态势，投资对城镇化速度的拉动作用
趋于减缓，但城镇化水平仍处于增长过程中。

3. 卫生费用及基本情况和人口平均预期寿命

卫生费用及基本情况采用城市和农村每万人拥有卫生技术人员数、卫生
总费用和政府卫生支出占比以及人均卫生费用指标来衡量国家的卫生状况，体
现居民生活质量水平指标。卫生支出的产出指标采用人口平均预期寿命指标。

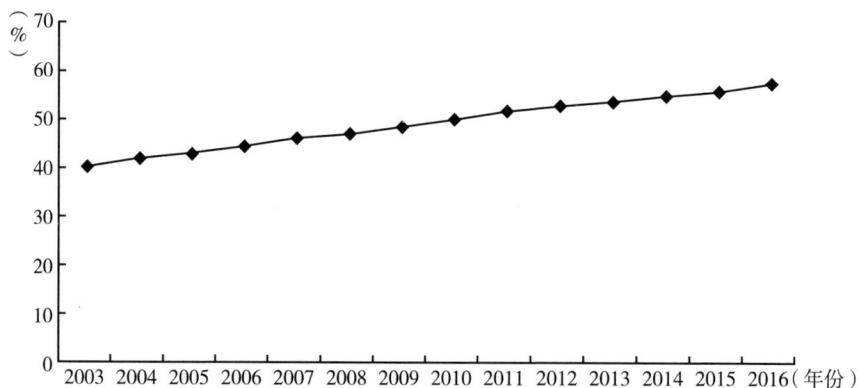

图 5 - 16　2003～2016 年中国城镇化率

资料来源：历年《中国统计年鉴》。

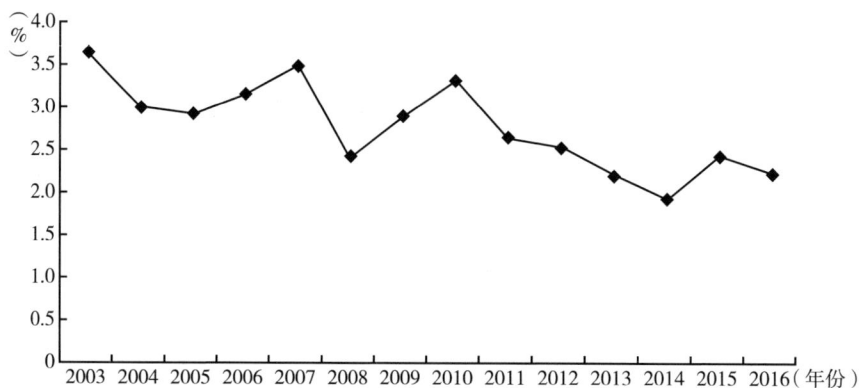

图 5 - 17　2003～2016 年城镇化率每年增长率

资料来源：历年《中国统计年鉴》。

根据表 5 - 28 可知，卫生总费用由 1998 年的 3678.72 亿元增长到 2016 年的 46344.88 亿元，平均每年增长 15.114%；2016 年比 2015 年增长 5370.24 亿元，增长 13.106%，增幅比 2015 年下降 2.928 个百分点。政府卫生支出由 1998 年的 590.06 亿元增长到 2016 年的 13910.31 亿元，平均每年增长 19.192%；2016 年比 2015 年增长 1435.03 亿元，增长 11.503%，增幅比 2015 年下降 6.419 个百分点。人均卫生费用由 1998 年的 294.86 元增长到 2016 年的 3351.74 元，平均每年增长 14.458%；2016 年比 2015 年增长 370.94 元，增长

12.444%，增幅比 2015 年下降 3.016 个百分点，导致卫生技术人员和每万人拥有卫生技术人员数不断增加。卫生人员数由 1998 年的 686.33 万人增长到 2016 年的 1117.29 万人，增长了 430.96 万人，平均每年增长 2.744%；2016 年比 2015 年增长 47.9 万人，增长 4.479%，增幅比 2015 年下降 0.013 个百分点。卫生技术人员数由 1998 年的 442.37 万人增长到 2016 年的 845.44 万人，增长了 403.07 万人，平均每年增长 3.664%；2016 年比 2015 年增长 44.69 万人，增长 5.581%，增幅比 2015 年上升 0.078 个百分点。每万人拥有卫生技术人员数也逐年增长，城市由 1998 年的 53 人增长到 2016 年的 108 人，增长了 55 人，平均每年增长 4.034%；农村由 1998 年的 24 人增长到 2016 年的 40 人，增长了 16 人，平均每年增长 2.879%，其中城市比农村增速要快。为了缩小城市和农村的卫生差距，应加大对农村的卫生支出。

表 5-28　1998~2016 年卫生支出和卫生人员数

年份	卫生总费用（亿元）	政府卫生支出（亿元）	人均卫生费用（元）	卫生人员数（万人）	卫生技术人员数（万人）	每万人拥有卫生技术人员数（人）	每万人拥有城市卫生技术人员数（人）	每万人拥有农村卫生技术人员数（人）
1998	3678.72	590.06	294.86	686.33	442.37	36	53	24
1999	4047.5	640.96	321.78	689.5	445.87	36	52	24
2000	4586.63	709.52	361.88	691.04	449.08	36	52	24
2001	5025.93	800.61	393.8	687.45	450.77	36	52	24
2002	5790.03	908.51	450.75	652.87	426.98	34	0	0
2003	6584.1	1116.94	509.5	621.7	438.09	35	49	23
2004	7590.29	1293.58	583.92	633.27	448.6	35	50	22
2005	8659.91	1552.53	662.3	644.72	456.41	35	58	27
2006	9843.34	1778.86	748.84	668.12	472.84	36	61	27
2007	11573.97	2581.58	875.96	696.44	491.32	37	64	27
2008	14535.4	3593.94	1094.52	725.18	517.45	39	67	28
2009	17541.92	4816.26	1314.26	778.14	553.51	42	72	29
2010	19980.39	5732.49	1490.06	820.75	587.62	44	76	30
2011	24345.91	7464.18	1806.95	861.6	620.29	46	79	32

续表

年份	卫生总费用（亿元）	政府卫生支出（亿元）	人均卫生费用（元）	卫生人员数（万人）	卫生技术人员数（万人）	每万人拥有卫生技术人员数（人）	每万人拥有城市卫生技术人员数（人）	每万人拥有农村卫生技术人员数（人）
2012	28119	8431.98	2076.67	911.57	667.55	49	85	34
2013	31668.95	9545.81	2327.37	979.05	721.06	53	92	36
2014	35312.4	10579.23	2581.66	1023.42	758.98	56	97	38
2015	40974.64	12475.28	2980.8	1069.39	800.75	58	102	39
2016	46344.88	13910.31	3351.74	1117.29	845.44	61	108	40

资料来源：历年《中国统计年鉴》。

根据表 5-29 可知，随着卫生支出的增加，人口平均预期寿命不断提高。人口平均预期寿命由 2000 年的 71.4 岁增长到 2015 年的 76.34 岁，增长了 6.919%，其中男性平均预期寿命由 2000 年的 69.63 岁增长到 2015 年的 73.64 岁，增长了 5.759%，女性平均预期寿命由 2000 年的 73.33 岁增长到 2015 年的 79.43 岁，增长了 8.319%。女性比男性的平均预期寿命更长，差值从 2000 年的 3.7 岁扩大到 2015 年的 5.79 岁。

表 5-29　2000~2015 年人口平均预期寿命

单位：岁

年份	平均预期寿命	男性平均预期寿命	女性平均预期寿命
2000	71.40	69.63	73.33
2005	72.95	70.83	75.25
2010	74.83	72.38	77.37
2015	76.34	73.64	79.43

资料来源：历年《中国统计年鉴》。

4. 文化支出与产出效应

文化支出采用文物业支出指标来衡量。文化产出采用文物业收入、文物业资产、文物业从业人员数、公共图书馆业机构数、群众文化服务业机构数、群众文化服务业从业人员数等指标来衡量。

根据表 5 - 30 可知，文物业支出由 2011 年的 216.6745 亿元增长到 2016 年的 436.9026 亿元，平均每年增长 15.058%；2016 年比 2015 年增长 23.6325 亿元，增长 5.718%，增幅比 2015 年下降 7.707 个百分点。文物业收入由 2011 的 236.3064 亿元增长到 2016 年的 471.4830 亿元，平均每年增长 14.815%；2016 年比 2015 年增长 46.8549 亿元，增长 11.034%，增幅比 2015 年上升 2.882 个百分点。

文物业资产由 2011 年的 462.7565 亿元增长到 2016 年的 1368.4977 亿元，平均每年增长 24.216%，2016 年比 2015 年增长 237.1162 亿元，增长 20.958%，增幅比 2015 年上升 9.796 个百分点。文物业从业人员数由 2011 年的 111338 人增长到 2016 年的 151430 人，平均每年增长 6.344%；2016 年比 2015 年增长 5332 人，增长 3.650%，增幅比 2015 年上升 4.998 个百分点。文化文物机构数由 2011 年的 310091 个增长到 2016 年的 310641 个，平均每年增长 0.035%；2016 年比 2015 年增长 11492 个，增长 3.842%，增幅比 2015 年下降 0.262 个百分点。公共图书馆业机构数由 2011 年的 2952 个增长到 2016 年的 3153 个，平均每年增长 1.326%；2016 年比 2015 年增长 14 个，增长 0.446%，增幅比 2015 年下降 0.260 个百分点。群众文化服务业机构数由 2011 年的 43675 个增长到 2016 年的 44497 个，平均每年增长 0.374%；2016 年比 2015 年增长 206 个，增长 0.465%，增幅比 2015 年上升 0.762 个百分点。群众文化服务业从业人员数由 2011 年的 147732 人增长到 2016 年的 182030 人，平均每年增长 4.264%；2016 年比 2015 年增长 8531 人，增长 4.917%，增幅比 2015 年上升 3.038 个百分点。

表 5 - 30　2011 ~ 2016 年文物业基本情况

年份	文物业支出（亿元）	文物业收入（亿元）	文物业资产（亿元）	文物业从业人员数（人）	文化文物机构数（个）	公共图书馆业机构数（个）	群众文化服务业机构数（个）	群众文化服务业从业人员数（人）
2011	216.6745	236.3064	462.7565	111338	310091	2952	43675	147732
2012	260.9311	295.9894	597.1229	125155	305927	3076	43876	156228

续表

年份	文物业支出（亿元）	文物业收入（亿元）	文物业资产（亿元）	文物业从业人员数（人）	文化文物机构数（个）	公共图书馆业机构数（个）	群众文化服务业机构数（个）	群众文化服务业从业人员数（人）
2013	341.5825	364.5841	767.4904	137173	292884	3112	44260	164355
2014	364.3551	392.6216	1017.7757	148095	287356	3117	44423	170299
2015	413.2701	424.6281	1131.3815	146098	299149	3139	44291	173499
2016	436.9026	471.4830	1368.4977	151430	310641	3153	44497	182030

资料来源：历年《中国统计年鉴》。

5. 社会治安和犯罪率

社会治安的维护和犯罪率的控制支出以国家财政公共安全支出为统计数据。根据表 5 – 31 可知，国家财政公共安全支出由 2007 年的 3486.16 亿元增长到 2016 年的 11031.98 亿元，平均每年增长 13.655%；2016 年增长1652.02 亿元，增长 17.612%，增幅比 2015 年上升 5.375 个百分点。

社会治安采用公安机关受理治安案件合计数和查处治安案件合计数指标衡量，社会犯罪率采用每万人口受理案件合计数指标衡量。

表 5 – 31　2006 ~ 2016 年国家财政公共安全支出与公安机关治安案件基本情况

年份	国家财政公共安全支出（亿元）	公安机关受理治安案件数合计（起）	每万人口受理案件数合计（起/万人）	公安机关查处治安案件数合计（起）	查处率（%）
2006		7197200	56.3	6153699	85.501
2007	3486.16	8709398	67.4	7649785	87.834
2008	4059.76	9411956	71.2	8772299	93.204
2009	4744.09	11752475	88.2	11053468	94.052
2010	5517.7	12757660	94.8	12122138	95.019
2011	6304.27	13165583	97.1	12563823	95.429
2012	7111.6	13889480	102.3	13310741	95.833
2013	7786.78	13307501	97.3	12746493	95.784
2014	8357.23	11878456	86.3	11202216	94.307
2015	9379.96	11795124	85.7	10971620	93.018
2016	11031.98	11517195	83.4	10652132	92.489

资料来源：历年《中国统计年鉴》。

根据图 5-18、图 5-19、表 5-31 可知，公安机关受理治安案件合计数由 2006 年的 7197200 起增长到 2016 年的 11517195 起，平均每年增长 4.814%；2016 年比 2015 年下降 277929 起，下降 2.356%，增幅比 2015 年下降 1.655 个百分点。每万人口受理案件合计数呈先增后减的态势，由 2006 年的每万人 56.3 起增长到 2016 年的每万人 83.4 起，但当达到 2012 年最高 102.3 起/万人后逐渐下降到 2016 年的 83.4 起/万人。公安机关查处治安案件合计数由 2006 年的 6153699 起增长到 2016 年的 10652132 起，平均每年增长 5.640%；2016 年比 2015 年下降 319488 起，下降 2.912%，增幅比 2015 年下降 0.853 个百分点。查处率则采用当年查处的治安案件数与当年受理治安案件数的比值计算，经计算，查处率由 2011 年的 85.501% 上升到 2016 年的 92.489%，总体而言呈上升态势，过程经过先增后减的两个阶段：第一阶段，2006~2012 年由 85.501% 增长到 95.833%，第二阶段，2012~2016 年由 95.833% 下降到 92.489%；查处率上升的主要原因是治安技术设备投资以及人员的配备，近几年下降的主要原因是受理案件增多以及疑难案件不断积累，但总体上，治安案件查处率处于较高水平。

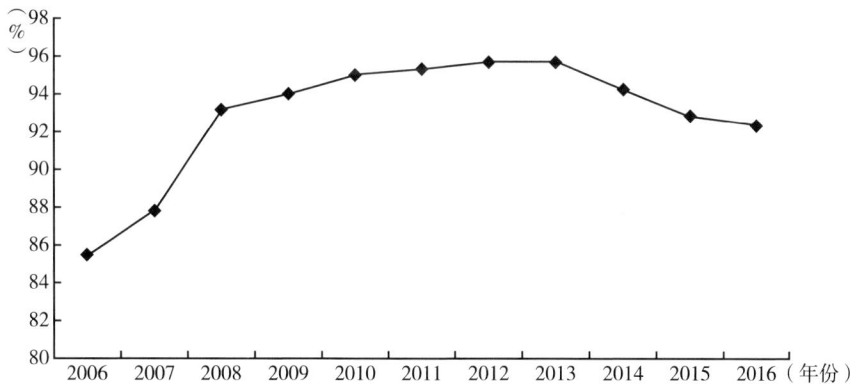

图 5-18　公安机关案件查处率

资料来源：历年《中国统计年鉴》。

6. 旅游业发展情况

政府对生态环境维护和治理的投资间接促进了旅游业的发展。根据

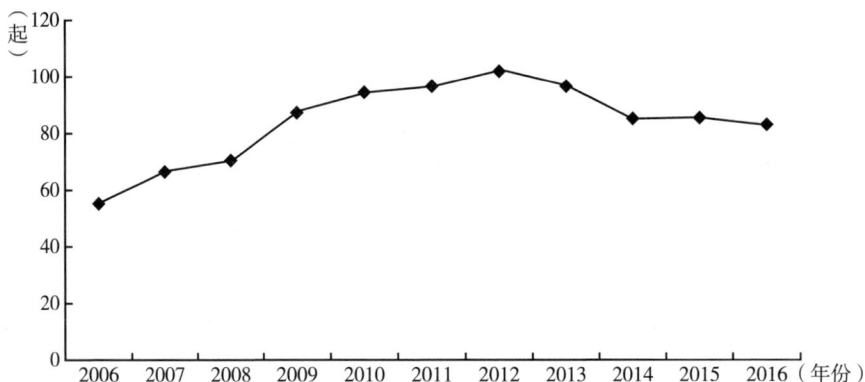

图 5 - 19 每万人口受理案件数合计

资料来源：历年《中国统计年鉴》。

表 5 - 32 可知，国内游客由 1997 年的 6.44 亿人次增长到 2016 年的 44.4 亿人次，平均每年增长 10.696%；2016 年比 2015 年增长 4.40 亿人次，增长 11.000%，增幅比 2015 年上升 0.227 个百分点。其中城镇居民国内游客由 1997 年的 2.59 亿人次增长到 2016 年的 31.95 亿人次，平均每年增长 14.138%；2016 年比 2015 年增长 3.93 亿人次，增长 14.026%，增幅比 2015 年上升 1.178 个百分点。其中农村居民国内游客由 1997 年的 3.85 亿人次增长到 2016 年的 12.40 亿人次，平均每年增长 6.349%；2016 年比 2015 年增长 0.52 亿人次，增长 4.377%，增幅比 2015 年下降 0.942 个百分点。

在旅游花费上，国内旅游总花费由 1997 年的 2112.7 亿元增长到 2016 年的 39390 亿元，平均每年增长 16.646%；2016 年比 2015 年增长 5194.9 亿元，增长 15.192%，增幅比 2015 年上升 2.381 个百分点。其中城镇居民国内旅游总花费由 1997 年的 1551.8 亿元增长到 2016 年的 32241.3 亿元，平均每年增长 17.313%；2016 年比 2015 年增长 4630.4 亿元，增长 16.770%，增幅比 2015 年上升 2.769 个百分点。农村居民国内旅游总花费由 1997 年的 560.9 亿元增长到 2016 年的 7147.8 亿元，平均每年增长 14.333%；2016 年比 2015 年增长 563.6 亿元，增长 8.560%，增幅比 2015 年上升 0.482 个百分点。国内旅游人均总花费由 1997 年的 328.1 元增长到

2016 年的 888.2 元，增长了 170.710%，城镇居民国内旅游人均花费由 1997 年的 599.8 元增长到 2016 年的 1009.1 元，增长了 68.239%；农村居民国内旅游人均花费由 1997 年的 145.7 元增长到 2016 年的 576.4 元，增长了 295.607%。农村居民国内旅游人均花费增速要高于城镇居民国内旅游人均花费，表明农村居民生活水平尤其是精神生活水平的提高，城乡居民生活质量的差距逐渐缩小。

表 5－32　1997～2016 年国内旅游业基本情况

年份	国内游客（亿人次）	城镇居民国内游客（亿人次）	农村居民国内游客（亿人次）	国内旅游总花费（亿元）	城镇居民国内旅游总花费（亿元）	农村居民国内旅游总花费（亿元）	国内旅游人均花费（元）	城镇居民国内旅游人均花费（元）	农村居民国内旅游人均花费（元）
1997	6.44	2.59	3.85	2112.7	1551.8	560.9	328.1	599.8	145.7
1998	6.95	2.50	4.45	2391.2	1515.1	876.1	345	607	197
1999	7.19	2.84	4.35	2831.9	1748.2	1083.7	394	614.8	249.5
2000	7.44	3.29	4.15	3175.5	2235.3	940.3	426.6	678.6	226.6
2001	7.84	3.75	4.09	3522.4	2651.7	870.7	449.5	708.3	212.7
2002	8.78	3.85	4.93	3878.4	2848.1	1030.3	441.8	739.7	209.1
2003	8.70	3.51	5.19	3442.3	2404.1	1038.2	395.7	684.9	200
2004	11.02	4.59	6.43	4710.7	3359	1351.7	427.5	731.8	210.2
2005	12.12	4.96	7.16	5285.9	3656.1	1629.7	436.1	737.1	227.6
2006	13.94	5.76	8.18	6229.7	4414.7	1815	446.9	766.4	221.9
2007	16.10	6.12	9.98	7770.6	5550.4	2220.2	482.6	906.9	222.5
2008	17.12	7.03	10.09	8749.3	5971.7	2777.6	511	849.4	275.3
2009	19.02	9.03	9.99	10183.7	7233.8	2949.9	535.4	801.1	295.3
2010	21.03	10.65	10.38	12579.8	9403.8	3176	598.9	883	306
2011	26.41	16.87	9.54	19305.4	14808.6	4496.8	731	877.8	471.4
2012	29.57	19.33	10.24	22706.2	17678	5028.2	767.9	914.5	491
2013	32.62	21.86	10.76	26276.1	20692.6	5583.5	805.5	946.6	518.9
2014	36.11	24.83	11.28	30311.9	24219.8	6092.1	839.7	975.4	540.2
2015	40.00	28.02	11.88	34195.1	27610.9	6584.2	857	985.5	554.4
2016	44.40	31.95	12.40	39390	32241.3	7147.8	888.2	1009.1	576.4

资料来源：历年《中国统计年鉴》。

（三）生态环境效果

1. 造林总面积

根据图 5 – 20 可知，造林总面积总体呈增长态势，由 2004 年的 559.808 万公顷增长到 2016 年的 720.351 万公顷，平均每年增长 2.123%；2016 年比 2015 年减少 48.019 万公顷，减少 6.249%，增幅比 2015 年下降 44.704 个百分点。具体可分为两个主要阶段：第一个阶段是下降阶段，由 2004 年的 559.808 万公顷减少到 2006 年的 271.793 万公顷，减少幅度为 51.449%；第二阶段是上升阶段，由 2006 年的 271.793 万公顷上升到 2016 年的 720.351 万公顷，上升幅度为 165.037%。

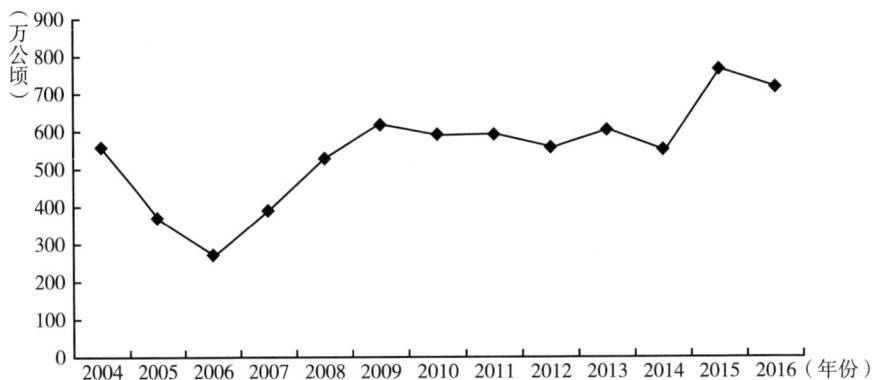

图 5 – 20 2004 ~ 2016 年造林总面积

资料来源：历年《中国统计年鉴》。

2. 自然保护区

自然保护区增长情况采用自然保护区个数、国家级自然保护区个数以及自然保护区面积指标衡量。

根据图 5 – 21、图 5 – 22、表 5 – 33 可知，自然保护区个数由 2004 年的 2194 个增长到 2016 年的 2750 个，平均每年增长 1.900%；2016 年比 2015 年增长 10 个，增长 0.365%，增幅比 2015 年下降 0.038 个百分点。

国家级自然保护区个数由 2004 年的 226 个增长到 2016 年的 446 个，平均每年增长 5.828%；2016 年比 2015 年增长 18 个，增长 4.206%，增幅比 2015 年上升 4.206 个百分点。如图 5-21 所示，自然保护区个数和国家级自然保护区个数逐年呈增长态势。

自然保护区面积由 2004 年的 14822.8 万公顷增长到 2016 年的 14733.25 万公顷，平均每年减少 0.050%；2016 年比 2015 年增长 30.25 万公顷，增长 0.206%，增幅比 2015 年上升 0.179 个百分点。如图 5-22 所示，自然保护区面积总体呈下降态势，但中间有波动，2004~2007 年呈增长态势，面积由 2004 年的 14822.8 万公顷增长到 2007 年的 15188 万公顷，增长 2.464%；2007~2009 年呈下降态势，面积由 2007 年的 15188 万公顷减少到 2009 年的 14775 万公顷，减少 2.719%；2009~2012 年呈增长态势，面积由 2009 年的 14775 万公顷增长到 2012 年的 14979 万公顷，增长 1.381%；2012~2013 年呈下降态势，由 2012 年的 14979 万公顷减少到 2013 年的 14631 万公顷，减少 2.323%；2013~2016 年呈增长态势，由 2013 年的 14631 万公顷增长到 2016 年的 14733.25 万公顷，增长 0.699%。虽然自然保护区个数有所增加，但自然保护区面积窄幅波动，总体较稳定，2016 年有所增长。

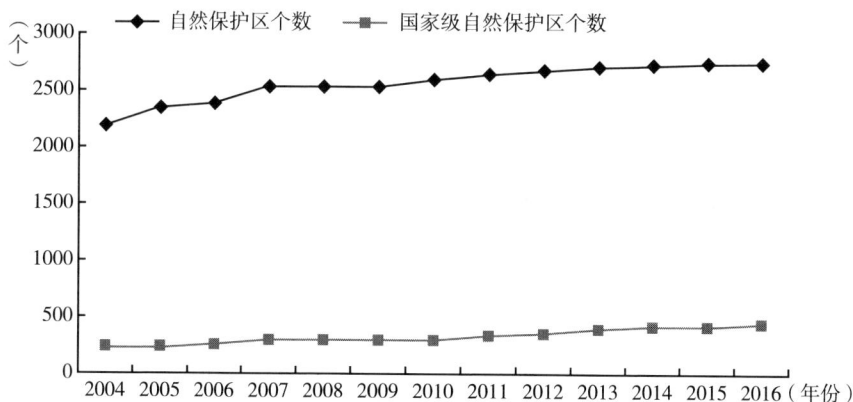

图 5-21　2004~2016 年自然保护区及国家级自然保护区个数

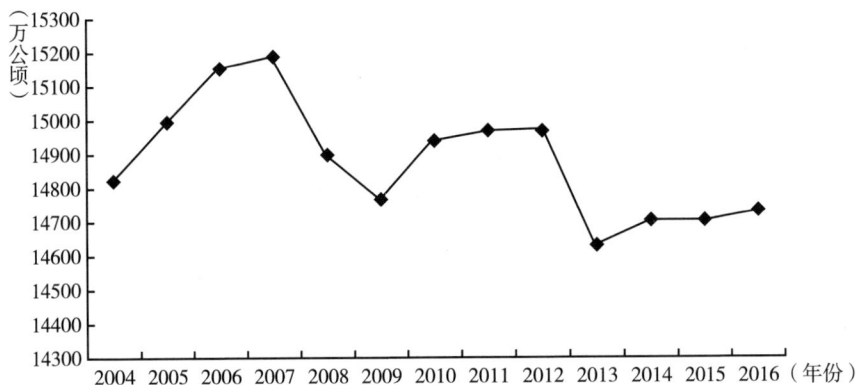

图 5 - 22　2004～2016 年自然保护区面积

表 5 - 33　2004～2016 年自然保护区/国家级自然保护区个数与面积

单位：个，万公顷

年份	自然保护区个数	国家级自然保护区个数	自然保护区面积
2004	2194	226	14822.8
2005	2349	243	14994.9
2006	2395	265	15153.5
2007	2531	303	15188
2008	2538	303	14894
2009	2541	319	14775
2010	2588	319	14944
2011	2640	335	14971.15
2012	2669	363	14979
2013	2697	407	14631
2014	2729	428	14699
2015	2740	428	14703
2016	2750	446	14733.25

资料来源：历年《中国统计年鉴》。

3. 环境治理投资与产出效果

环境治理投资采用环境污染治理投资和工业污染治理投资指标衡量，产出效果则采用生活垃圾、废水和废气排放量衡量。

根据表 5 - 34 可知，环境污染治理投资总额由 2004 年的 1909.8 亿元增长到 2016 年的 9219.8 亿元，平均每年增长 14.019%；2016 年比 2015 年增长 413.5 亿元，增长 4.696%，增幅比 2015 年上升 12.729 个百分点。生活垃圾清运量由 2004 年的 15509.3 万吨增长到 2016 年的 20362 万吨，平均每年增长 2.295%；2016 年比 2015 年增长 1220.1 万吨，增长 6.374%，增幅比 2015 年下降 0.802 个百分点。生活垃圾无害化处理率由 2004 年的 52.1%上升到 2016 年的 96.6%。

工业污染源治理投资由 2004 年 308.11 亿元增长到 2016 年的 819.00 亿元，平均每年增长 8.488%；2016 年比 2015 年增长 45.32 亿元，增长 5.858%，增幅比 2015 年上升 28.308 个百分点。废水排放总量由 2004 年的 4824094 万吨增长到 2016 年的 7110953.88 万吨，平均每年增长 3.286%；2016 年比 2015 年减少 242272.95 万吨，减少 3.295%，增幅比 2015 年下降 5.968 个百分点。二氧化硫排放量由 2004 年的 22549000 吨减少到 2016 年的 11028643.04 吨，平均每年减少 5.786%；2016 年比 2015 年减少 7562356.96 吨，减少 40.678%，增幅比 2015 年下降 34.838 个百分点。投资对环境治理起到了明显效果。

表 5-34　2004~2016 年环境治理投资和生活垃圾、废水废气排放量

年份	环境污染治理投资总额（亿元）	生活垃圾清运量（万吨）	生活垃圾无害化处理率（%）	工业污染源治理投资（亿元）	废水排放总量（万吨）	二氧化硫排放量（万吨）
2004	1909.8	15509.3	52.1	308.11	4824094	2254.90
2005	2388	15576.8	51.7	458.19	5245089	2549.40
2006	2566	14841.3	52.2	483.95	5144802	2588.80
2007	3387.3	15214.5	62	552.40	5568494.16	2468.00
2008	4937.03	15437.7	66.8	542.64	5716801	2321.00
2009	5258.39	15733.7	71.4	442.62	5890877.25	2214.00
2010	7612.19	15804.8	77.9	396.98	6172562	2185.00
2011	7114.03	16395.3	79.7	444.36	6591922.44	2217.91
2012	8253.46	17080.9	84.8	500.46	6847612.14	2118.00
2013	9037.2	17238.6	89.3	849.66	6954432.7	2043.90
2014	9575.5	17860.2	91.8	997.65	7161750.53	1974.40
2015	8806.3	19141.9	94.1	773.68	7353226.83	1859.10
2016	9219.8	20362	96.6	819.00	7110953.88	1102.86

资料来源：历年《中国统计年鉴》。

三　政府投资效果小结

政府投资在市场中的溢出效应表明其效果分析单纯采用经济效率指标不全面，应结合社会公平、生态环境指标。这些指标效果并不是政府投资的全部贡献，其中还有民间投资和财政支出的非市场性再分配的贡献。由于政府投资边界的模糊性、滞后性以及政府性债务等非确定因素使政府投资统计成为难题，加上投资的乘数效应、政府和民间投资的效率等技术参数难以精确计算，都增加了政府投资效果分析的难度。但政府投资带动的一系列的经济效率提升、社会结构优化和生态环境改善的效果与综合性效果具有正的相关性，所以采用综合性效果指标间接反映政府投资的效果。效果分析结果如下：

经济效果方面，主要分三部分：第一部分是整体经济效果。市场经济活跃度逐年上升；政府投资增长与通货膨胀率的逆周期对宏观经济均衡调节；优化投资结构，拉动产业就业，主要表现在投资变化率与三次产业投资的合理比例以及向第三产业合理倾斜；政府投资对民间投资的挤入效应明显，但挤入强度有所降低。第二部分是宏观经济效果。GDP 逐年增长，2017 年同比增长 6.9%，增量资本产出比先降后增，表明投资效率先高后低；财政收入逐年增长；税收结构更趋合理；居民收入增加与城乡居民收入结构优化；投资拉动就业效果不明显且有快速下降趋势。第三部分是微观经济效果。政府消费和居民消费逐年增长；政府消费水平较为稳定，处于 12.89% 和 16.584% 之间；农村居民消费增速高于城镇居民，消费水平差距预期缩小；居民人均可支配收入逐年增长，增速减缓，农村居民人均可支配收入高于城镇居民；居民人均消费支出逐年增长，增速减缓；农村居民人均消费支出增速高于城镇居民，收入和支出结构更趋合理；社会消费品零售额占 GDP 比例增大；能源产出正向效益明显，2016 年能源生产总量首次下降，城市天然气供气总量及城市天然气用气人口均出现增长；科技投资产出逐年增长迅速，表现在高技术产业企业数、高技术产业主营业务收入、高技术产业出口交货值以及利润额均增长。

社会效果方面：教育投资产出逐年增长，高等学校招生人数、毕业生人数、毕业生人数占就业人员的比例以及平均受教育程度逐年增长；随着公共设施投资的增加，城镇化率逐年增长，但增速减缓；卫生投资产出逐年增长，表现在卫生人员数、卫生技术人员数、每万人拥有卫生技术人员数均逐年增长，但城市增速高于农村，显示卫生投资倾向于城市，城市和农村差距扩大；人口平均预期寿命逐年增长，女性比男性平均预期寿命差距逐年拉大；文化投资产出呈正向效益，表现在文物业资产、从业人员、机构数逐年增长，但增速减缓；社会治安良好，犯罪率有所降低，查处率在高位震荡。旅游业增长提高居民精神生活质量。

生态环境效果方面：造林总面积总体呈增长态势，2016 年有所下降；自然保护区个数逐年增长，但自然保护区面积窄幅波动，总体较稳定，2016 年有所增长；环境治理投资和产出均呈增长趋势，生活垃圾处理率逐年提高，废水废气排放量有减少趋势，环境治理收到明显效果。

最后，文中给出了定量计算政府投资效果的技术路线以供参考，假定财政支出的非市场性再分配与政府投资效能相同，效果的贡献按照相应支出额比例确定。在投资领域，采用投资乘数和投资效率两个系数修正投资额占比计算政府投资和民间投资的效果贡献。投资乘数采用就业人员、居民财富和固定收入的变化率，投资效率采用国有企业和民间企业的利润率。

四　关于政府投资的政策建议

一是投资大小、方向与比例要依据地区经济发展水平进行有差别的计划与实施，政府投资应发挥引导作用，制定与自然资源结构、人力资源、人文资源相适宜的产业政策，挤入民间资本的投资。也可以发展 PPP 模式混合资本投资，激活市场活力和产业发展，增加社会就业，让民间投资成为市场竞争的主体。

二是当经济发展到一定基础后，政府应适当降低投资比例，产业政策干预逐渐过渡到市场公共信息平台的建设，信息共享的大数据可以减少交易成本和市场自然秩序调节的时间成本，扩大民间资本的覆盖面和有效性。政府和市场应最终回归各自职能，但在不同阶段应区别对待。在经济基础薄弱、市场失灵的西部地区，政府应积极制定产业政策，引导投资方向。经济发展到一定阶段时，政府投资以公共服务投资为主，以完善公共服务为目标，明确界定政府和市场范围，促进民间资本更大的发展。

三是政府的公共主体属性使投资应更多地集中于公共服务领域。民间投资应尽可能地开放市场并保护其产权，两者互为补充和促进。由于各地区发展水平的差异，政府应增加欠发达地区的投资，适当增加债券发行和国家政策的倾斜，增强政府投资的示范效应和挤入效应，培育优势市场，缩减西部地区与东部地区经济的差距。

四是国有经济的战略地位不变。中国是社会主义国家，生产资料以公有制为主体，强调资本的社会性多于资本性，这在一定程度上制约了生产力的发展，由于在生产、流通、消费和再分配阶段都有调节劳资差异的政策响应，显得各个环节的政策特点不鲜明，可操作性和执行力不强，不能最大限度地发挥最大优势和最优组合。当资本的增值受限于体制时，会触发一系列的经济体制改革和政治体制改革，带来制度的新选择。所以做大做强国有企业和保持一定的比例有其合理性，这也成为社会的稳定器和压舱石。

参考文献

刘立峰：《政府投资规模的统计分析》，《宏观经济管理》2012 年第 3 期。
张五常：《收入与成本》，中信出版社，2011。
费雪、陈彪如：《利息理论》，商务印书馆，2016。

B.6
中国的营改增改革评估

施文泼 *

摘　要： 营业税改征增值税试点改革是近年来我国最重要的税制改革。本文回顾了营改增试点改革的历程，通过定性分析以及统计数据和问卷调查的量化分析方法，全面评估营改增试点改革5年多的实施情况及取得的积极成效，重点分析了营改增试点改革的改革效应、减税效应和预期效应。本文认为，营改增试点改革基本实现了预期改革目标，是一项成功的税制改革。但同时，由于增值税制度的复杂性，营改增试点改革后，我国增值税在制度、政策和征管等方面仍有进一步改革和完善的空间。对此，本文也提出了相应的完善建议，包括适当简并增值税税率档次；扩大增值税进项抵扣范围，健全增值税抵扣链条；完善小规模纳税人管理制度；规范、清理过渡期政策和优惠政策，进一步完善金融业等行业增值税制度；优化税收征管机制和纳税服务等。

关键词： 营改增试点改革　增值税　税收

为进一步深化税制改革，解决增值税和营业税并存导致的重复征税问题，我国从2012年1月1日起率先在上海市部分行业推行营业税改征增值税试点改革，随后试点改革在更多的地区和行业不断推进，直至2016年5

---

* 施文泼，经济学博士，中国财政科学研究院副研究员，主要研究领域为税收理论与政策。

月1日起在全国所有行业全面推行。营改增试点改革5年多来,取得了多方面的积极成效,成为我国全面深化经济体制改革的亮点。

一 营改增试点改革实践进展

(一)营改增试点改革背景

1994年的分税制改革中,我国选择在流转环节实行增值税和营业税并行的征税模式,即对除建筑业之外的第二产业和第三产业中的商品批发和零售业以及加工、修理修配业征收增值税,对大部分第三产业征收营业税。这一模式与当时的经济发展需求是相适应的。但是,当时确定的增值税制度,与大多数市场经济国家普遍实行的增值税相比,存在两个缺陷:一是实行的是生产型的增值税,固定资产购置不允许抵扣,不利于促进投资和经济增长;二是征税范围较窄,没有覆盖全部的货物和服务,对大部分服务业课征的是营业税,破坏了增值税的抵扣链条,不能完全消除重复征税因素,不能实现公平课税。2009年,我国在全国范围内实施了增值税转型改革,将机器设备类固定资产购置纳入增值税的抵扣范围,初步建立了消费型增值税。但是,由于建筑安装业和销售不动产行为课征的是营业税,房屋建筑等不动产购置无法进入增值税的抵扣范围,转型后的增值税仍不是一个彻底的消费型增值税。如果不能将营业税改征增值税,使增值税覆盖全部的商品和服务,我国的增值税制无法得到完善,其制度优势依然难以充分体现。而进一步从增值税和营业税分立的弊端来看,随着我国市场经济的发展完善和社会分工的不断细化,增值税和营业税并存、分立征收的做法,日渐显现出其内在的不合理性和缺陷,极大地阻碍了服务业的发展和产业间的专业化分工协作。首先,制造企业外购服务所含营业税无法进入增值税的抵扣链条,造成企业税负的增加,企业更倾向于自行生产服务而非外购服务,不利于服务业需求的扩大。其次,营业税对营业额全额征税且无法抵扣,不可避免地会造成重复征税,抑制了服务业的专业化分工和服务分包的发展。最后,服务业在出口时其购进成本中所含的增值税和营业税无法得到退还，导致服务含税出口，降低了我国服务出口的竞争力，不利于我国扩大服务贸易出口。

因此，为了从制度上打通增值税的抵扣链条，解决企业多环节经营活动面临的重复征税问题，完善税制制度，为现代服务业企业创新发展创造一个公平、科学、合理的税制环境，我国亟待将增值税全面引入服务业领域。但是，税制的完善是一个循序渐进的过程。从国际经验来看，许多国家在推行增值税的时候都经历了一个征税范围逐渐扩大、制度不断完善的过程。如法国 1954 年开征增值税时只在工业生产和商品批发环节征收，1966 年扩大到商业零售环节和农业，1978 年又进一步扩大到服务业，最终建立了覆盖全部商品和服务的增值税。从我国的实际情况来看，营业税改征增值税影响面广，涉及多方利益调整，改革不能一蹴而就，必须审慎进行。

2010 年，党的十七届五中全会提出，要改革和完善税收制度，"扩大增值税征收范围，相应调减营业税等税收"。十一届全国人大四次会议通过的《中华人民共和国国民经济和社会发展第十二个五年规划纲要》确定了这一税制改革目标。2011 年 10 月 26 日国务院常务会议决定，在部分地区和行业开展深化增值税制度改革试点，逐步将目前征收营业税的行业改为征收增值税，为全面改革积累经验。由此开启了营业税改征增值税的征程。

（二）试点改革推进情况

2011 年 10 月 26 日，国务院常务会议决定从 2012 年 1 月 1 日起，先在上海市交通运输业和部分现代服务业开展深化增值税制度改革试点，逐步将目前征收营业税的行业改为征收增值税。2011 年 11 月 16 日财政部、国家税务总局正式发布了《营业税改征增值税试点方案》（以下简称方案），方案中明确提出改革的基本原则是"统筹设计、分步实施"。这就意味着营改增改革是一次渐进式改革，相比于之前我国历次改革中强调的"摸着石头过河"，这次改革更多强调统筹设计。要求正确处理改革、发展、稳定的关系，统筹兼顾经济社会发展要求，结合全面推行改革需要和当前实际，科学设计，稳步推进。营改增试点的大幕于 2012 年 1 月 1 日在上海正式拉开。

在上海试点将近半年后，改革开始提速。2012年7月31日，财政部和国家税务总局根据国务院第212次常务会议决定精神印发了《财政部 国家税务总局关于在北京等8省市开展交通运输业和部分现代服务业营业税改征增值税试点的通知》（财税〔2012〕71号），明确在北京等8省市组织实施试点，并决定在2013年加快试点步伐。8省市正式启动营改增试点的时间：北京市为2012年9月1日，江苏省、安徽省为2012年10月1日，福建省（含厦门市）、广东省（含深圳市）为2012年11月1日，天津市、浙江省（含宁波市）、湖北省为2012年12月1日。

在经过一年的改革试点后，营改增试点范围进一步扩大。2013年4月10日召开的国务院常务会议决定进一步扩大营改增试点，自2013年8月1日起，将交通运输业和部分现代服务业营改增试点在全国范围内推开，适当扩大部分现代服务业范围，将广播影视作品的制作、播映、发行等纳入试点。2014年1月1日起，将铁路运输业和邮政服务业纳入营业税改征增值税试点范围，至此交通运输业全部纳入营改增范围。2014年6月1日起，进一步将电信业纳入营改增试点范围。自2016年5月1日起，在全国范围内全面推开营业税改征增值税试点，建筑业、房地产业、金融业、生活服务业等全部营业税纳税人，纳入试点范围，由缴纳营业税改为缴纳增值税（见表6-1）。

表6-1 营业税改征增值税改革主要进程

改革试点时间	改革试点范围
2012年1月1日起	在上海市交通运输业和部分现代服务业进行营改增改革试点
2012年8月1日起至2012年底	营改增试点范围由上海市分批扩大至北京市、天津市、江苏省、安徽省、浙江省（含宁波市）、福建省（含厦门市）、湖北省、广东省（含深圳市）等省市
2013年8月1日起	试点行业的营改增在全国范围内推开，广播影视服务纳入试点范围
2014年1月1日起	铁路运输业和邮政服务业纳入营改增试点范围
2014年6月1日起	电信业纳入营改增试点范围
2016年5月1日起	建筑业、房地产业、金融业和生活服务业纳入试点范围，营改增全面推开

资料来源：根据营改增相关政策整理而得。

在营改增改革从点到面推进的过程中，针对试点中出现的问题，相关试点政策也在不断调整和改进，由此促进了试点改革的日益完善。表6-2不完全列举了营改增过程中财政部、国家税务总局发布的诸多政策。

表6-2　营改增相关财税政策一览

序号	政策名称	发文日期	文号
1	财政部　国家税务总局关于印发《营业税改征增值税试点方案》的通知	2011年11月16日	财税〔2011〕110号
2	财政部　国家税务总局关于在上海市开展交通运输业和部分现代服务业营业税改征增值税试点的通知	2011年11月16日	财税〔2011〕111号
3	财政部　国家税务总局关于在北京等8省市开展交通运输业和部分现代服务业营业税改征增值税试点的通知	2012年7月31日	财税〔2012〕71号
4	国家税务总局关于北京等8省市营业税改征增值税试点　增值税一般纳税人资格认定有关事项的公告	2012年8月10日	国家税务总局公告2012年第38号
5	国家税务总局关于北京等8省市营业税改征增值税试点　增值税纳税申报有关事项的公告	2012年8月27日	国家税务总局公告2012年第43号
6	国家税务总局关于营业税改征增值税试点　文化事业建设费申报有关事项的公告	2012年12月4日	国家税务总局公告2012年第51号
7	国家税务总局关于发布《营业税改征增值税试点期间航空运输企业增值税征收管理暂行办法》的公告	2013年2月6日	国家税务总局公告2013年第7号
8	财政部　国家税务总局关于在全国开展交通运输业和部分现代服务业营业税改征增值税试点税收政策的通知	2013年5月24日	财税〔2013〕37号
9	财政部　中国人民银行　国家税务总局关于营业税改征增值税试点有关预算管理问题的通知	2013年6月28日	财预〔2013〕275号
10	国家税务总局关于营业税改征增值税试点文化事业建设费征收有关事项的公告	2013年6月28日	国家税务总局公告2013年第35号
11	国家税务总局关于在全国开展营业税改征增值税试点有关征收管理问题的公告	2013年7月10日	国家税务总局公告2013年第39号
12	财政部　国家税务总局关于营业税改征增值税试点有关文化事业建设费征收管理问题的通知	2013年8月29日	财综〔2013〕88号
13	财政部　国家税务总局关于部分航空运输企业总分机构增值税计算缴纳问题的通知	2013年10月24日	财税〔2013〕86号
14	国家税务总局关于发布《航空运输企业增值税征收管理暂行办法》的公告	2013年11月28日	国家税务总局公告2013年第68号
15	国家税务总局关于做好铁路运输和邮政服务业营业税改征增值税试点工作的通知	2013年12月9日	税总发〔2013〕125号

序号	政策名称	发文日期	文号
16	财政部 国家税务总局关于将铁路运输和邮政业纳入营业税改征增值税试点的通知	2013年12月12日	财税〔2013〕106号
17	国家税务总局关于铁路运输和邮政业营业税改征增值税发票及税控系统使用问题的公告	2013年12月18日	国家税务总局公告2013年第76号
18	财政部 国家税务总局 中国人民银行关于铁路运输和邮政业纳入营业税改征增值税试点有关预算管理问题的通知	2013年12月25日	财预〔2013〕442号
19	财政部 国家税务总局关于铁路运输和邮政业营业税改征增值税试点有关政策的补充通知	2013年12月30日	财税〔2013〕121号
20	财政部 国家税务总局关于铁路运输企业汇总缴纳增值税的通知	2013年12月30日	财税〔2013〕111号
21	国家税务总局关于发布《邮政企业增值税征收管理暂行办法》的公告	2014年1月20日	国家税务总局公告2014年第5号
22	国家税务总局关于发布《铁路运输企业增值税征收管理暂行办法》的公告	2014年1月20日	国家税务总局公告2014年第6号
23	财政部 国家税务总局关于将电信业纳入营业税改征增值税试点的通知	2014年4月29日	财税〔2014〕43号
24	国家税务总局关于发布《电信企业增值税征收管理暂行办法》的公告	2014年5月14日	国家税务总局公告2014年第26号
25	财政部 国家税务总局关于国际水路运输增值税零税率政策的补充通知	2014年6月13日	财税〔2014〕50号
26	财政部 国家税务总局关于简并增值税征收率政策的通知	2014年6月13日	财税〔2014〕57号
27	国家税务总局关于国际货物运输代理服务有关增值税问题的公告	2014年7月4日	国家税务总局公告2014年第42号
28	财政部 国家税务总局关于华夏航空有限公司及其分支机构增值税计算缴纳问题的通知	2014年10月17日	财税〔2014〕76号
29	国家税务总局关于营业税改征增值税试点期间有关增值税问题的公告	2015年12月22日	国家税务总局公告2015年第90号
30	财政部 国家税务总局关于全面推开营业税改征增值税试点的通知	2016年3月23日	财税〔2016〕36号
31	财政部 国家税务总局关于营业税改征增值税试点有关文化事业建设费政策及征收管理问题的通知	2016年3月28日	财税〔2016〕25号
32	国家税务总局关于全面推开营业税改征增值税试点后增值税纳税申报有关事项的公告	2016年3月31日	国家税务总局公告2016年第13号

序号	政策名称	发文日期	文号
33	国家税务总局关于发布《纳税人转让不动产增值税征收管理暂行办法》的公告	2016 年 3 月 31 日	国家税务总局公告 2016 年第 14 号
34	国家税务总局关于发布《纳税人跨县（市、区）提供建筑服务增值税征收管理暂行办法》的公告	2016 年 3 月 31 日	国家税务总局公告 2016 年第 17 号
35	国家税务总局关于发布《房地产开发企业销售自行开发的房地产项目增值税征收管理暂行办法》的公告	2016 年 3 月 31 日	国家税务总局公告 2016 年第 18 号
36	国家税务总局关于营业税改征增值税委托地税机关代征税款和代开增值税发票的公告	2016 年 3 月 31 日	国家税务总局公告 2016 年第 19 号
37	国家税务总局关于发布《纳税人提供不动产经营租赁服务增值税征收管理暂行办法》的公告	2016 年 3 月 31 日	国家税务总局公告 2016 年第 16 号
38	国家税务总局关于营业税改征增值税委托地税局代征税款和代开增值税发票的通知	2016 年 3 月 31 日	税总函〔2016〕145 号
39	国家税务总局关于全面推开营业税改征增值税试点有关税收征收管理事项的公告	2016 年 4 月 19 日	国家税务总局公告 2016 年第 23 号
40	财政部　国家税务总局关于营改增后契税、房产税、土地增值税、个人所得税计税依据问题的通知	2016 年 4 月 25 日	财税〔2016〕43 号
41	国家税务总局关于明确营改增试点若干征管问题的公告	2016 年 4 月 26 日	国家税务总局公告 2016 年第 26 号
42	财政部　国家税务总局关于进一步明确全面推开营改增试点金融业有关政策的通知	2016 年 4 月 29 日	财税〔2016〕46 号
43	国务院关于做好全面推开营改增试点工作的通知	2016 年 4 月 29 日	国发明电〔2016〕1 号
44	国务院关于印发全面推开营改增试点后调整中央与地方增值税收入划分过渡方案的通知	2016 年 4 月 29 日	国发〔2016〕26 号
45	财政部　国家税务总局关于进一步明确全面推开营改增试点有关劳务派遣服务、收费公路通行费抵扣等政策的通知	2016 年 4 月 30 日	财税〔2016〕47 号
46	国家税务总局关于发布《营业税改征增值税跨境应税行为增值税免税管理办法（试行）》的公告	2016 年 5 月 6 日	国家税务总局公告 2016 年第 29 号
47	国家税务总局关于营业税改征增值税部分试点纳税人增值税纳税申报有关事项调整的公告	2016 年 5 月 10 日	国家税务总局公告 2016 年第 30 号
48	财政部　国家税务总局关于营业税改征增值税试点有关文化事业建设费政策及征收管理问题的补充通知	2016 年 5 月 13 日	财税〔2016〕60 号
49	国家税务总局关于进一步优化营改增纳税服务工作的通知	2016 年 5 月 25 日	税总发〔2016〕75 号

序号	政策名称	发文日期	文号
50	财政部 国家税务总局关于进一步明确全面推开营改增试点有关再保险、不动产租赁和非学历教育等政策的通知	2016 年 6 月 18 日	财税〔2016〕68 号
51	国家税务总局关于全面推进营改增试点分析工作、优化纳税服务的通知	2016 年 6 月 20 日	税总发〔2016〕95 号
52	财政部 国家税务总局关于金融机构同业往来等增值税政策的补充通知	2016 年 6 月 30 日	财税〔2016〕70 号
53	财政部 国家税务总局关于收费公路通行费增值税抵扣有关问题的通知	2016 年 8 月 3 日	财税〔2016〕86 号
54	国家税务总局关于营改增试点若干征管问题的公告	2016 年 8 月 18 日	国家税务总局公告 2016 年第 53 号
55	财政部 国家税务总局关于供热企业增值税、房产税、城镇土地使用税优惠政策的通知	2016 年 8 月 24 日	财税〔2016〕94 号
56	国家税务总局关于营改增后土地增值税若干征管规定的公告	2016 年 11 月 10 日	国家税务总局公告 2016 年第 70 号
57	国家税务总局关于纳税人转让不动产缴纳增值税差额扣除有关问题的公告	2016 年 11 月 24 日	国家税务总局公告 2016 年第 73 号
58	财政部 国家税务总局关于明确金融、房地产开发、教育辅助服务等增值税政策的通知	2016 年 12 月 21 日	财税〔2016〕140 号
59	财政部 国家税务总局关于资管产品增值税政策有关问题的补充通知	2017 年 1 月 10 日	财税〔2017〕2 号
60	国家税务总局关于开展鉴证咨询业增值税小规模纳税人自开增值税专用发票试点工作有关事项的公告	2017 年 2 月 22 日	国家税务总局公告 2017 年第 4 号
61	国家税务总局关于进一步明确营改增有关征管问题的公告	2017 年 4 月 20 日	国家税务总局公告 2017 年第 11 号
62	财政部 国家税务总局关于继续执行有线电视收视费增值税政策的通知	2017 年 4 月 28 日	财税〔2017〕35 号
63	财政部 国家税务总局关于简并增值税税率有关政策的通知	2017 年 4 月 28 日	财税〔2017〕37 号
64	国家税务总局关于增值税发票开具有关问题的公告	2017 年 5 月 19 日	国家税务总局公告 2017 年第 16 号
65	国家税务总局关于调整增值税纳税申报有关事项的公告	2017 年 5 月 23 日	国家税务总局公告 2017 年第 19 号
66	财政部 国家税务总局关于资管产品增值税有关问题的通知	2017 年 6 月 30 日	财税〔2017〕56 号

序号	政策名称	发文日期	文号
67	财政部　国家税务总局关于建筑服务等营改增试点政策的通知	2017 年 7 月 11 日	财税〔2017〕58 号
68	国家税务总局关于简化建筑服务增值税简易计税方法备案事项的公告	2017 年 11 月 26 日	国家税务总局公告 2017 年第 43 号
69	财政部　国家税务总局关于租入固定资产进项税额抵扣等增值税政策的通知	2017 年 12 月 25 日	财税〔2017〕90 号
70	国家税务总局关于调整增值税纳税申报有关事项的公告	2017 年 12 月 29 日	国家税务总局公告 2017 年第 53 号
71	国家税务总局关于发布《货物运输业小规模纳税人申请代开增值税专用发票管理办法》的公告	2017 年 12 月 29 日	国家税务总局公告 2017 年第 55 号
72	国家税务总局关于开展互联网物流平台企业代开增值税专用发票试点工作的通知	2017 年 12 月 29 日	税总函〔2017〕579 号

资料来源：根据营改增相关政策整理而得。

（三）改革决策与推进策略评价：守正出奇、成功不易

营改增试点改革是 1994 年分税制改革以来最为深刻的一次财税改革，取得了非同寻常的改革成效。其改革和推进策略，彰显了守正出奇的改革智慧。

营改增试点改革期间，恰逢我国经济进入新常态。营改增试点改革从上海起步，然后扩大区域试点和行业试点，并渐渐扩展，于 2016 年 5 月 1 日实现全覆盖。营改增试点改革 5 年来，世界经济持续低迷，主要发达国家政府债务高企，各国政府陷入减税和增税的"两难"之境，经济合作与发展组织（OECD）等主要国家陆续提高了增值税税率，平均税率从 2011 年的 18.7% 上升到 2016 年的 19.2%。我国的税改之路却与众不同：从"营增并存"到"营改增"，既简化、统一了税制，又实现了渐进性减税。其涉及面之广、改革力度之大，放在其他国家几乎不可想象。充分发挥我国的政治优势，用税改的"减法"，转化为税源的"加法"和市场活力的"乘法"，财政经济风险得到了有效化解，企业效

益明显好转。

营改增试点改革从局部地区、局部行业试点，逐步扩大至全覆盖，突破了税制改革的历史路径、传统理念。"渐进到位"的改革路径难度大，不确定性因素多，且给中央、地方带来了减收的风险，需要改革者有高超的推进技巧。创新性的改革路径，有利于及时发现问题、总结经验，同时避免了改革的震荡，通过时间上的巧妙把握，最大限度地规避了局部试点中"抵扣链条断裂"导致的问题，实现了税制运行的巧妙平衡。

营改增试点改革，遵循问题导向。从重点领域切入，层层推进，即生产服务业优先改革，在与制造业关系密切以及创新能力强的行业首批试点，如交通运输业、研发和技术服务、信息技术服务、文化创意服务、物流辅助服务、有形动产租赁服务、鉴证咨询服务等，之后又将电信、邮政等行业纳入，最后将不动产、金融业、建筑业以及生活服务业纳入试点范围。这种以点带面、分层推进的方式，既考虑了改革的难易，又兼顾了经济增长动能转换的需要，远近结合，扩大了改革效果。

二　营改增试点改革成效评估

作为深化财税体制改革的重头戏和供给侧结构性改革的重要举措，营改增试点改革取得了积极成效，从制度上解决了货物和服务税制不统一和重复征税的问题，促进了社会化分工协作，激发了企业活力，提升了外贸出口竞争力，对于优化产业结构和促进经济持续健康发展有着重要的意义。2017年，中国财政科学研究院组织开展了对营改增试点改革的评估工作，对10个省、直辖市的试点纳税人、行业协会、财税部门，以及相关财税专家进行问卷调查，共发放问卷3300份，回收问卷3108份，有效问卷3108份，其中试点纳税人2688份、行业协会99份、财税部门245份、专家76份，并组织相关试点行业企业、行业协会的访谈会议，积极收集、整理全国和各地区营改增试点改革情况资料。在此基础上，通过定性分析、统计数据和问卷调查的量化分析，以及试点改革行业、企业的案例分析等来全面评估我国营改增试点改革的实施成效情况。总体而言，我们认为，营改增试点改革取得了以下几方面的重要成就。

（一）营改增的改革效应

营改增不仅是一项重要的税制改革，更是一项重要的经济体制改革和社会改革，有利于完善税制，构建公平、统一的税收环境，促进市场主体公平竞争，提升市场在资源配置中的决定性作用，促进社会建设和改善民生，激发社会主体活力等，具有多方面的改革效应。

1. 统一货物和服务税制，推动税制完善，并倒逼财政体制改革

营改增试点的全面实施，将流转税的二元税制模式转换为一元税制模式，统一了货物和服务税制，初步建立了现代增值税制度，并倒逼了财政体制改革。

一是进一步推动了我国的税制改革，使整个税制更加适应发展的要求。长期以来，我国对货物和服务分别课征增值税和营业税，违背了货物和服务税制应有的"中性"原则。税收中性有两方面的含义：其一是政府征税使社会所付出的代价应以征税数额为限，除此之外，不能让纳税人或社会承受其他经济牺牲或额外负担；其二是政府征税应当尽可能避免对市场机制运行产生不良影响，即征税尽可能不影响生产者和消费者的资源配置决策。在对货物和服务课税时秉承"中性"，对发挥市场在配置资源中的决定性作用具有重要且积极的意义。现代税收理论认为，增值税是最为"中性"的税种，对资源配置的扭曲最小。增值税是针对原来的产品税、销售税等周转税的缺陷而设立的一种新税。周转税对商品在生产、流通等所有环节的流转额道道全额课征，具有严重的重复征税的弊端，而增值税虽然也是在生产和消费的各个环节道道征收，但通过抵扣机制，实现了在中间每一环节仅对流转额中的增值部分课税，从而有效避免了重复征税的问题，实现税收的中性，确保货物和服务在流通的各个环节税负公平，不会因纳税人生产经营的分工环节不同而出现税负不公平的问题。

要充分发挥增值税的中性作用，前提之一就是增值税的税基要尽可能地

广，包含所有的货物和服务。通过营改增试点范围的不断扩大和改革全面推进，我国最终实现了增值税税制的统一，建立了一个覆盖全部货物和服务的消费型增值税。营改增极大地增强了我国税制的中性属性，有利于促进市场在配置资源中的决定性作用的发挥。一方面，通过统一税制，从制度层面保证税收对生产者和消费者决策的"不偏不倚"，对产业分工保持中性；另一方面，以增值税替代营业税，也有利于消除因抵扣不足带来重复征税和营业税自身存在的重复征税，使增值税的"中性"特点得以更加充分的体现。

对于营改增是否打通抵扣链条进而消除重复征税的问题，调查结果显示，试点纳税人、行业协会和专家认为"基本消除"的比例分别为59.9%、46.7%和26.6%，认为"部分消除"的比例分别为31.8%、41.7%和70.3%，认为"没有消除"的比例分别为2.7%、1.7%和1.6%。即总体上都认为营改增起到了打通抵扣链条和消除重复征税的作用（见图6-1）。

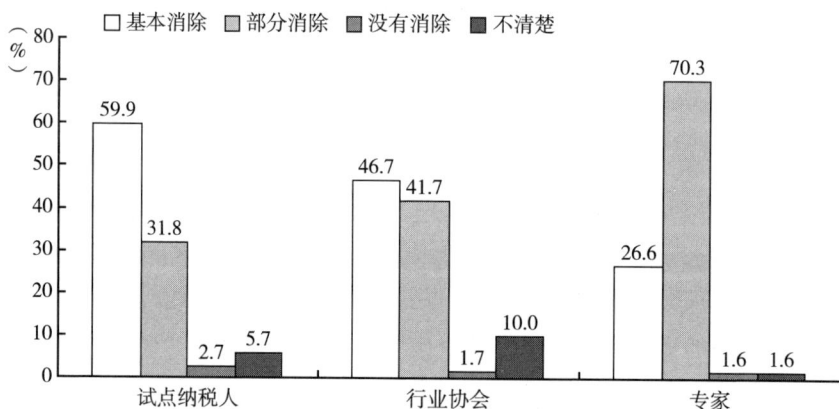

图6-1 调查对象对营改增后打通抵扣链条和消除重复征税的认识

资料来源：根据中国财政科学研究院2017年调查数据整理而得。

营改增试点改革的全面实施，标志着我国消费型增值税税制初步建立，向现代增值税制度迈出了重要一步。同时，营改增带来的减税效应，为在稳定（降低）宏观税负约束条件下，其他税种的增税改革（如消费税、资源税以及环境保护税改革等）提供了空间，有利于优化我国税制体系。

对于营改增是否有利于推动其他税制改革的问题，调查结果显示，专家认为"有利于税制改革""关系不大""不利于税制改革"的比例分别为70.3%、25.0%和0（见图6-2）。

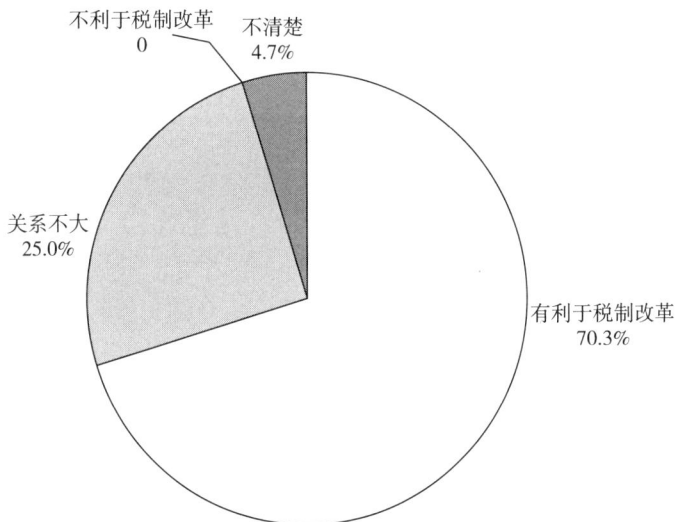

图6-2 专家对营改增推动其他税制改革的认识

资料来源：根据中国财政科学研究院2017年调查数据整理而得。

二是营改增倒逼财政体制（中央与地方财政关系）的改革。营改增后地方主体税种缺失，如何重构地方税体系成为首要问题。目前国内已经实施了调整中央与地方增值税收入划分的过渡方案，短期内可解决地方因营改增造成的短收问题。但税制改革不仅是对中央与地方财政收入分配关系数量上的调整，而且对中央与地方的税源结构、税收质量等都会产生重大影响。中央与地方财权划分，对地方政府行为将产生重大影响。从长期看，可能出现激励不相容的后果，地方为了获得更多财政收入，将会追求更大的投资额、上更多的项目，也就是可能走"招商引资"的老路，对经济的整体转型升级和结构调整带来不利影响。因此，随着中央与地方事权和支出责任划分改革和整体税制改革的推进，未来还将需要进一步理顺中央和地方收入划分，这将进一步完善分税制财政体制，有利于健全地方税体系。

对于营改增是否会倒逼分税制财政体制改革的问题，调查结果显示，专家认为"会倒逼"和"不会倒逼"的比例分别为95.3%和3.1%（见图6-3）。

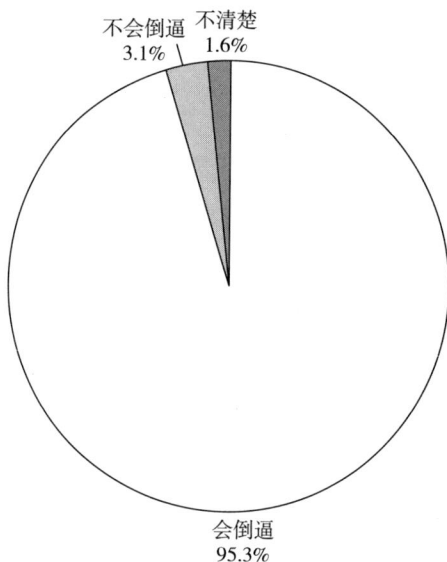

图6-3　专家对营改增是否会倒逼分税制财政体制改革的认识

资料来源：根据中国财政科学研究院2017年调查数据整理而得。

2. 优化市场主体公平竞争的税收环境，提升市场在资源配置中的决定性作用

营改增试点全面实施后，增值税覆盖所有货物、服务的生产、流通和消费，流转税的税收中性特征进一步强化，为市场主体公平竞争和市场在资源配置中决定性作用的发挥提供了良好的税收环境。

一是优化市场主体公平竞争的税收环境。公平竞争是市场经济的基石。公平竞争首先要求制度环境公平，而税制是制度环境中最重要的组成部分之一，相应也要求税制公平。税制公平的前提是税制统一，税收待遇相同。增值税和流转税并行时代，对于分别适用增值税和营业税的行业（产业）和企业而言，税制相异，税收公平无从谈起。即使对于适用同一税制（以增

值税为例）的行业（产业）和企业而言，因经营投入结构的差异，如有些产业（企业）商品类投入占比较高，而有些产业（企业）服务类投入占比较高，因此商品类和服务类投入在增值税进项税抵扣上的不同待遇，也会导致市场主体的税负相异。营改增试点改革统一了我国货物和服务税制，消除了原增值税和营业税纳税人所承受的重复征税因素，增值税的中性特性得到最大的发挥，这有利于减少税收对生产经营决策造成的扭曲，为产业发展营造公平、统一的税收环境，保证所有市场主体面对相同的税收制度环境进行公平竞争，有效释放市场在经济活动中的作用和活力。

对于营改增试点改革是否实现了简化税种、统一税制和公平税负，营造公平竞争的税收环境的问题，调查结果显示，试点纳税人、行业协会和专家认为实现该目标的比例分别为 47.7%、40.0% 和 9.4%，认为部分实现目标的比例分别为 47.5%、53.3% 和 85.9%，认为没有实现目标的比例分别为 1.6%、1.7% 和 4.7%。即总体上认为营改增实现了统一税制和优化税制的目标（见图 6-4）。

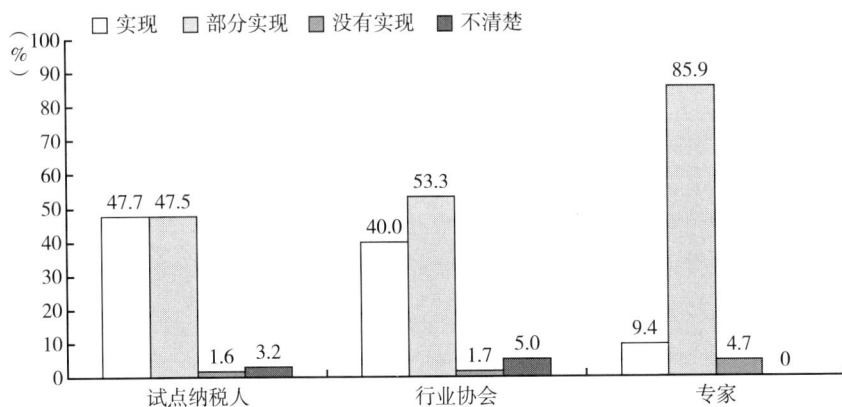

图 6-4 调查对象对营改增建立公平竞争税收环境的认识

资料来源：根据中国财政科学研究院 2017 年调查数据整理而得。

二是为市场在资源配置中决定性作用的发挥创造了更优的税制环境。营改增从制度上消除了重复征税，使得税制中性化的程度得以提高，降低了税制对市场产生的扭曲性影响，企业不必再为减轻税负而选择"大而全""小而全"的组织结构，也不再有购买服务不能抵扣的后顾之忧，从而促进服务业特别是研发等生产性服务业发展，有利于产业分工细化和产业链的拉长。同时，营改增也有利于产业之间的融合发展，促进工业服务化。贯通服务业内部和第二、第三产业之间的抵扣链条，与当前以产品为中心转向以服务为中心的第二、第三产业相互渗透的发展趋势相适应，能够为制造业、服务业融合提供良好税制环境，有利于推动传统工业向服务型工业转变，促进工业服务化。此外，营改增有利于激化微观主体活力，推动大众创业和万众创新，给经济发展注入新动能。营改增使得国民经济生产、流通、服务的各环节税收抵扣链条完整，从制度设计上彻底消除重复征税。综合来看，促进制造业、现代服务业的分工细化和相互融合发展，激化市场主体活力，为产业结构转型升级提供了新动能，就是促进市场在资源配置中起决定性作用。

3. 牵引社会改革，促进社会建设和改善民生，激化社会主体活力

营改增作为经济改革的同时，还可以牵引社会改革，通过促进创业和就业，进而促进社会建设和改善民生，激化社会主体活力。

一是营改增能够有效促进创业和就业。营改增的减税，不只是在经济降速条件下可稳住存量岗位，也有利于新增就业岗位。服务业是中小微企业生存发展的主要领域，营改增有利于服务业整体税收环境的改善和小微企业的发展，这不仅能够提供更多就业岗位和提升就业质量，扩大正规就业，也能够拓宽创业空间，通过创业带动就业。创业和就业的改善，有利于提高居民收入和改进民生。同时，就业扩大，收入增多，社会预期稳定，消费与投资也能跟进，形成经济与社会的良性循环。

据国家工商总局统计，2016 年我国新登记市场主体 1651.3 万户，同比增长 11.6%，平均每天新登记 4.51 万户。全年新登记企业 552.8 万户，同比增长 24.5%，平均每天新登记 1.5 万户，比 2015 年增加 3000 户。众创空间和孵化器等新兴服务业新办工商登记企业同比分别增长 47.3% 和 40.9%。2016 年 5 ~ 12 月，新增试点四大行业新办企业户数累计增加 67 万户，每个月平均有 8 万多户。当然，创业热情提高也与我国"放管服"改革、市场

经营环境优化等因素密切相关，但营改增带来的税负减轻也是其中最直接的促进因素之一。根据清华大学中国财政税收研究所基于工商注册数据的测算结果，营改增后"3＋7行业"的新增企业效应为：截至2014年末，营改增促使相关行业新设立了46.2万家企业，并促使从原增值税行业及试点行业的企业中剥离了约1.6万家企业。2016年试点全面推开使得全行业新增企业约58.6万家。总体上，新增企业成效比较明显。[①]

营改增的新增企业效应也有效扩大了就业的空间，促进社会就业稳定。如营改增后上海市在经济下行中保持城镇就业总体稳定，失业率略有下降。2011～2016年上海城镇登记失业人口分别为27.33万人、27.05万人、26.37万人、25.63万人、24.81万人和24.26万人，城镇登记失业率2011～2014年为4.2%，2015年和2016年降为4.1%。

对于营改增能否促进创新、创业和就业的问题，调查结果显示，专家认为"能够促进"的比例为54.7%，认为"不能促进"的比例为14.1%，"不清楚"的比例为31.3%（见图6－5）。

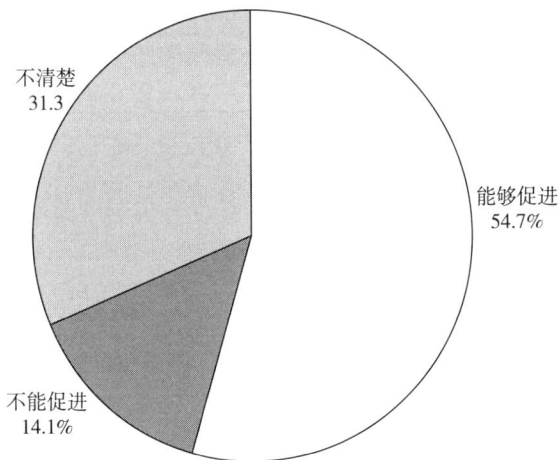

图6－5　调查对象对营改增促进创新、创业和就业的认识

资料来源：根据中国财政科学研究院2017年调查数据整理而得。

---

① 清华大学中国财政税收研究所：《营改增的新增企业成效——基于工商注册数据的分析》，工作文稿，2017年5月。

二是营改增有利于推进创新驱动战略实施。创新是社会活力的体现，也是引领发展的第一动力。创新主体，既有经济主体，也包括社会主体。创新成果有更广阔的应用舞台，能够通过间接的市场化和产业化造福社会，将大大激发社会主体的创新活力。这是经济主体创新的源头活水，创新驱动就有了根基。比减税更重要的是，营改增对服务业的改革效应扩大了各行各业对创新服务的需求。产品、工艺、管理和商业模式的创新体现在经济领域，其创新需求会扩大到社会、科研、教科文卫等领域，从而牵引其发展。就此而论，营改增有利于培养大众创业、万众创新的热情，释放全社会创业创新潜能，以社会活力的提高推进创新驱动，从而为创新驱动战略的实施注入社会动力。

（二）营改增的减税效应

减税是经济下行期提振经济的重要手段之一。营改增试点改革的全面推开恰逢全球经济下行期，"保证所有行业税负只减不增"成为营改增试点全面改革的目标之一。总体而言，减税的方式有两大类，一类是通过政策调整实现减税，另一类是通过制度改革减税。营改增试点改革恰是通过制度改革实现减税，这不但可以实现短期减税目标，同时制度安排相对稳定，因此还可以稳定纳税人预期，企业从长计议，实现企业经营与税负的最佳平衡。营改增以改革促减税，扩围、转型和税制转换多渠道实现减税目标，试点纳税人与原增值税纳税人全面受益。

1. 扩围、转型和税制转换多渠道减税，"保证所有行业税负只减不增、绝大多数企业税负只减不增"

营改增试点改革的减税主要源于三个方面：一是扩围，二是转型，三是税制转换。扩围减税是指因增值税抵扣范围扩大而带来的减税。营改增试点改革全面实施后，增值税征收范围实现了最大化，抵扣范围也相应扩大，相应降低了原增值税纳税人的税负。转型减税是指在转向消费型增值税①过程中而实现

---

① 增值税类型有三种，分别为生产型、收入型和消费型，其税基依次减小。

的减税。我国于 1994 年开征增值税时实行的是生产型增值税，即企业固定资产投资的进项税不允许抵扣。自 2008 年以来逐步将设备类固定资产进项税纳入抵扣范围，2016 年 5 月 1 日营改增试点改革全面实施后，随不动产业纳入增值税征税范围而将不动产类固定资产进项税纳入抵扣范围，从而实现了增值税从生产型向消费型的彻底转变。随着固定资产进项税全部纳入抵扣范围，增值税税基在缩小，转型减税效果在体现。税制转换减税是指营改增试点纳税人因税制转换带来的减税。为了顺利推进本次改革，支持经济发展，"保证所有行业税负只减不增、绝大多数企业税负只减不增"是本次改革的重要目标之一。为此，在税率设计时，充分考虑了服务业成本投入的特点，相应设置了两档低税率（6% 和 11%），同时辅之以"过渡期"政策等多种方式，实现总体减税。

2. 原增值税纳税人与试点纳税人全面受益，对盈亏"临界点"企业"雪中送炭"

从纳税人来看，原增值税纳税人受益于"扩围"和"转型"，是本次营改增试点改革的"纯粹"受益者，增值税税负只降不增；对于试点纳税人中的一般纳税人而言，其减税幅度取决于投入产出比、产出（服务）和投入所适用的税率以及其供应商增值税纳税人类型等因素。对于试点纳税人中的小规模纳税人而言，因其适用 3% 的征收率，且从原来的营业税的价内税转为价外税，其税负是减轻的。

据统计，自 2012 年 1 月 1 日起实施的营改增改革，迄今已累计减税 1.61 万亿元。其中，从 2016 年 5 月 1 日营改增试点改革全面实施到 2016 年底，减税 4889.02 亿元，具体情况见图 6 - 6 和表 6 - 3。从中可以看出，新纳入营改增试点范围的行业减税规模最大，其次是原增值税纳税人。

从降成本来看，营改增的减税效应是典型的通过改革降成本，具有长效性，这与通过优惠政策短期降成本结合起来，可以实现改革效应与政策效应的叠加放大。五年来，营改增试点改革送出近 2 万亿元的减税"大礼包"，对于经营好的企业而言是"锦上添花"，对于处于盈亏"临界点"的企业而言是"雪中送炭"。营改增减轻了整个产业链的税负，通过市场价格机制让生产、流通、服务等产业链中的各个环节分享改革红利，进而有效降低了企业运营成本。企业负担的减轻激发了市场活力，企业效益明显好转。

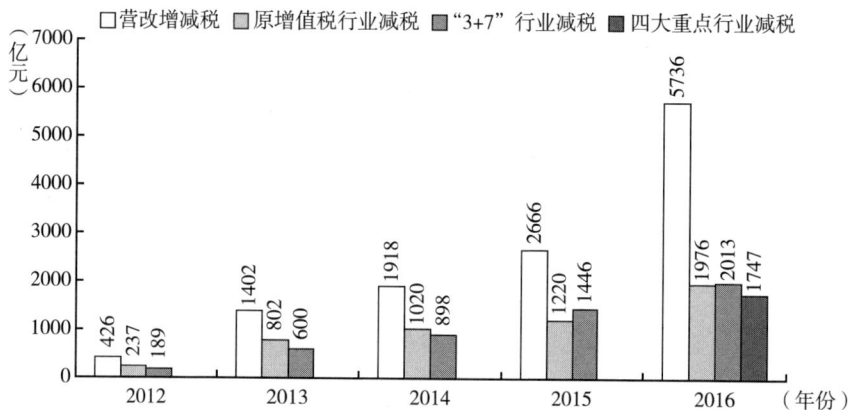

图6-6 2012~2016年营改增的减税规模情况

资料来源：财政部。

表6-3 2016年5~12月营改增试点改革的减税情况

单位：亿元，%

行业		减税规模	占比
四大重点行业	建筑业	108.25	2.2
	房地产业	158.63	3.2
	金融业	725.92	14.8
	生活性服务业	754.42	15.4
	小计	1747.21	35.7
"3+7"行业	交通运输业	116.25	2.4
	邮政业	4.12	0.1
	电信业	245.66	5.0
	部分现代服务业	1120.36	22.9
	小计	1486.39	30.4
原增值税行业	来自四大重点行业的减税	792.43	16.2
	来自"3+7"行业的减税	862.99	17.7
	小计	1655.42	33.9
营改增整体减税		4889.02	100

资料来源：财政部。

（三）营改增的预期效应

作为一项重要的税制优化改革，营改增不仅具有改革效应和减税效应，而且能够在一定程度上减少经济中的风险和不确定性，成为改善市场预期的"稳定剂"，产生良好的预期效应，对稳定市场预期和宏观经济运行、增强企业信心以及转变经营模式等具有积极的促进作用。

1. 减少宏观经济运行中的不确定性，稳定市场预期、增强企业信心和改善宏观经济运行

在经济增速放缓时期，宏观经济运行中的不确定性和下行风险加大，此时，"信心比黄金更重要"。营改增，不仅通过减税效应，减轻企业负担，增强企业活力，更为重要的是可以产生一种良好的预期效应——彰显政府稳定经济运行的决心，使企业对未来经营环境和盈利预期得以改善，从而提振市场信心，改善社会预期。因此，在经济下行期，营改增实际上起到了一种"稳定剂"的作用，有利于减少市场的悲观情绪和经济运行中的不确定性。市场预期的改善和不确定性的减少，首先促使一些发展状况较好的企业在生产、投资等方面率先采取更为积极的策略。这一状况，又会产生传递效应，使相关企业和产业产生变化。受预期、效仿、合作等影响，部分企业和行业出现好转又会传导到整个社会层面。

比如，全面推开营改增后将新增不动产纳入抵扣范围，充分激发了企业的投资意愿。2016年全社会固定资产投资606466亿元，比2015年增长7.9%，扣除价格因素，实际增长8.6%。制造业采购经理指数（PMI）稳步小幅回升，2017年3月已升至51.8%，连续8个月高于50%的荣枯线，创2012年4月以来的最高水平。

对于营改增试点改革对企业投资的影响问题，调查结果显示，试点纳税人、行业协会和专家认为投资"增加"的比例分别为7.9%、25.0%和53.1%，认为投资"不变"的比例分别为56.8%、35.0%和12.5%，认为投资"减少"的比例分别为7.1%、6.7%和1.6%。企业认为营改增对其投资影响不大，而专家认为营改增对企业投资具有促进作用（见图6-7）。

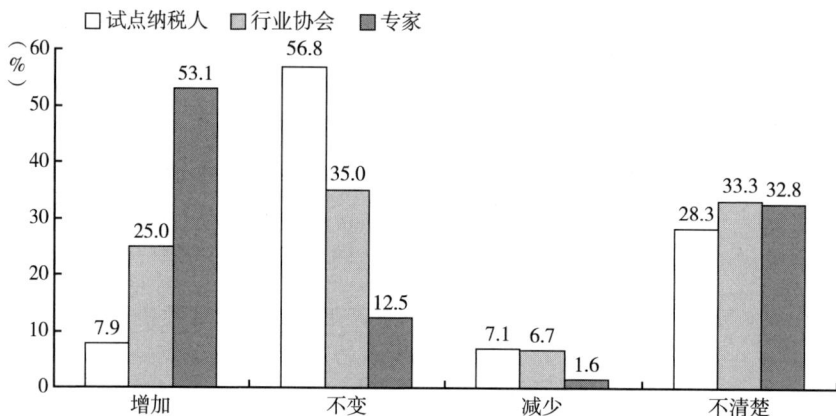

图6-7 调查对象对营改增对企业投资的影响的认识

资料来源：根据中国财政科学研究院2017年调查数据整理而得。

在营改增试点改革及其他政策"组合拳"的影响下，自2016年下半年以来我国经济运行稳中向好，呈现诸多积极变化。2017年，我国国内生产总值（GDP）同比增长6.9%，增速远远超出预期。主要经济指标，如全国规模以上工业企业利润总额、固定资产投资额、居民人均可支配收入、制造业采购经理指数（PMI）、进出口总额等，都处于合理区间，反映了我国经济运行稳中向好的趋势。国民经济运行稳中向好，营改增的预期效应在其中发挥了积极作用。

2. 减少产业结构优化中的不确定性，促进产业结构升级和新业态融合发展

在营改增之前，由于增值税抵扣链条的断裂和重复征税，如果采取专业化协作方式，势必使纳税人的税收负担加重，从而增加了产业转型的不确定性和风险。因而，企业通常采取"全能化"生产经营方式，自行生产服务（服务内置），以减轻税负，或者是企业干脆放弃服务投入，从而抑制了产业结构优化升级。营改增，则通过完善增值税抵扣链条、消除商品和劳务流通中的重复征税，减少了转型和结构优化中的不确定性和风险，可以在一定程度上改变生产型服务业内化于第二产业内部的情况，有利于实现主辅分离，促使研发、设计、营销等内部服务环节从主业剥离出来，成为效率更高的创新主体，提升产业能级，实现主业更聚焦、辅业更专业。营改增在加速

专业化分工的同时，促进第二、第三产业融合发展和产业链上下游关联企业的社会化协作和新业态融合发展，进而促使产业结构优化升级。

从宏观经济数据看，2016年，在经济增速整体放缓的情况下，服务业占GDP的比重达到51.6%，同比提高1.4个百分点，比第二产业高出11.8个百分点；高技术制造业增加值同比增长10.8%，比规模以上工业高4.8个百分点；服务业商务活动指数年均值为52.7%，高出制造业PMI年均值2.4个百分点。上海营改增试点成效更为明显，上海市第三产业占比从改革前一年（2011年）的58%上升到2016年的70.5%，首次超过七成。生产性服务业增加值占全市GDP的比重从2008年的18%上升至2015年的40%，2015年占服务业的比重达到60%，2015年生产性服务业营业收入增速快于服务业。再如广东省服务业对经济增长贡献加大，2016年三次产业结构为4.7∶43.2∶52.1，第三产业的比重比2015年提高1.5个百分点。虽然经济结构和产业升级换代是多种因素共同作用的结果，但营改增对地方产业结构的调整能起到积极的促进作用。

对于营改增能否促进社会化分工协作、优化产业结构的问题，调查结果显示，行业协会和专家认为"能够促进"的比例分别为71.7%和78.1%，认为"不能促进"的比例分别为1.7%和6.3%，认为"不清楚"的比例分别为26.7%和15.6%（见图6-8）。

营改增也对制造业的转型升级起到了良好的促进作用。数据显示，2017年上半年，我国产业结构进一步优化。战略性新兴产业、高技术制造业和装备制造业上半年同比分别增长10.8%、13.1%和11.5%，增速分别高于规模以上工业3.9个、6.2个和4.6个百分点；服务业的占比达到了54.1%，高于第二产业14个百分点；高技术制造业和装备制造业占规模以上工业的比重达到了12.2%和32.2%。从地方情况来看，营改增的促进作用也比较明显。例如，上海战略性新兴产业增加值比重2013~2016年分别为13.74%、14.65%、14.91%和15.2%。

对于营改增能否推动制造业做优做强、转型升级的问题，调查结果显示，行业协会和专家认为"能够推动"的比例分别为61.7%和70.3%，认

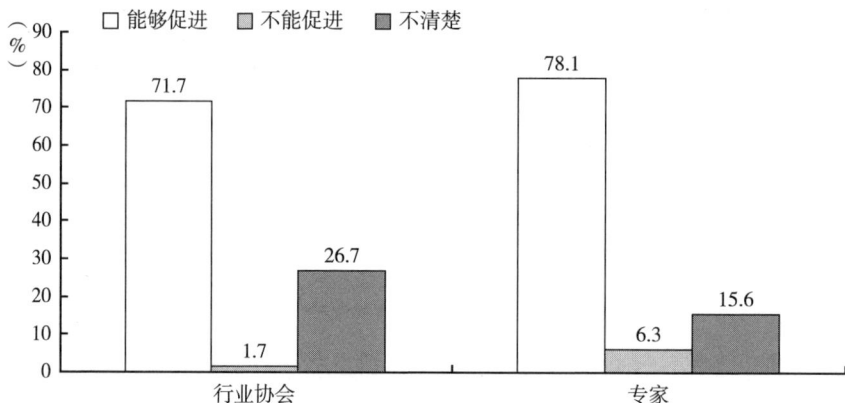

图6-8 调查对象对营改增促进社会化分工协作的认识

资料来源：根据中国财政科学研究院2017年调查数据整理而得。

为"不能推动"的比例分别为0和14.1%，认为"不清楚"的比例分别为38.3%和15.6%（见图6-9）。

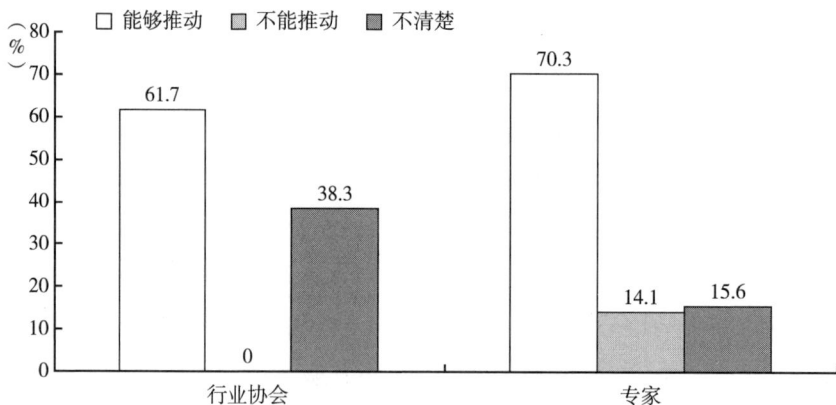

图6-9 调查对象对营改增推动制造业发展的认识

资料来源：根据中国财政科学研究院2017年调查数据整理而得。

3. 减少企业生产经营、创新不确定性，促进企业优化经营模式、提升创新意愿

营改增试点全面实施后，企业面对的是统一的流转税制度和固定的增值

税制度，增强了生产经营上的税制确定性。

一是减少企业经营行为的不确定性，促进企业规范管理、转变经营模式。营改增之前，很多企业经营管理相对粗放，行业发展也呈现散、乱、差的局面。由于增值税与营业税在计征方式上存在很大差异，企业在供货商选择、采购和定价模式等方面面临一些不确定性，如从不同的供货方购买原材料等货物，给企业带来的税收负担并不相同，导致供应商选择的不确定性。营改增后，一方面，在增值税抵扣链条机制的作用下，上、下游企业存在相互监督的职责，企业会主动索取专用发票，并按下游企业要求开具专用发票，上、下游企业间形成了交叉稽核机制，这有助于倒逼企业提高自我管理能力，促进行业经营管理的规范，使市场主体在高水平的市场环境中有序竞争。另一方面，企业为了享受政策红利，实现充分抵扣和充分利用税制安排的有利条件，会更加注重提升经营管理能力和转变经营模式，在生产经营管理方面进行相应的调整和规划，在产业链构建、财务管理、合同管理、供应商选择等方面进行优化，完善企业治理机制，从而积聚发展的内生动力，为企业做大做强提供坚实基础。例如，对建筑业而言，营改增后，有利于促进大型建筑企业完善法人治理结构，将原本的挂靠单位内化为建筑企业的项目经理部，采取扁平化管理、公司直营等模式，加强项目管控，提高企业资源整合能力，真正走向实体化。

对于营改增促进企业转变经营模式的问题，调查结果显示，试点纳税人认为"能够促进购买、租赁新厂（场）地"的比例为40.5%，认为"能够促进购进新设备"的比例为52.5%，认为"能够促进设立新公司、开展新业务"的比例为27.2%，认为"能够促进将原来部分业务分立至新公司"的比例为14.2%，认为"没有影响"的比例为32.6%（见图6-10）。

对于营改增试点改革是否有利于促进企业规范管理、提高管理水平的问题，调查结果显示，试点纳税人和行业协会认为"有利于"的比例为73.1%和63.3%，认为"部分利于"的比例为20.4%和26.7%，认为"不利于"的比例为1.3%和1.7%（见图6-11）。

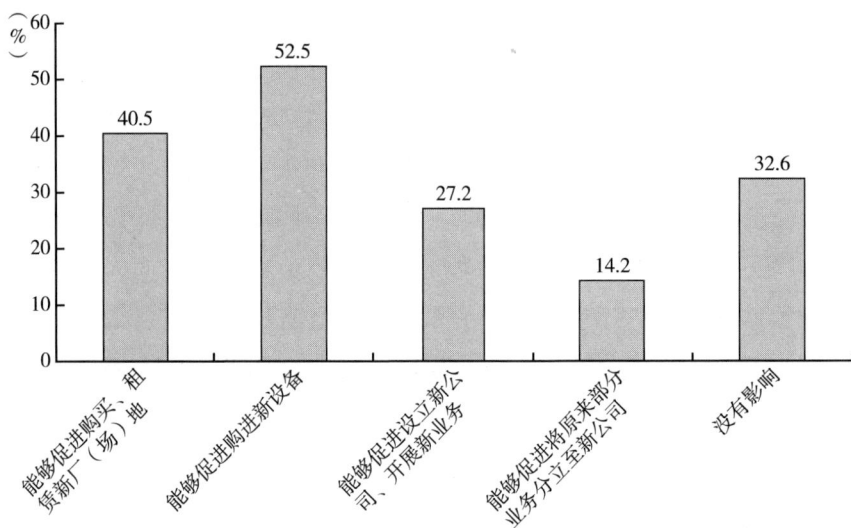

图6-10 试点纳税人对营改增促进企业转变经营模式的认识

资料来源：根据中国财政科学研究院2017年调查数据整理而得。

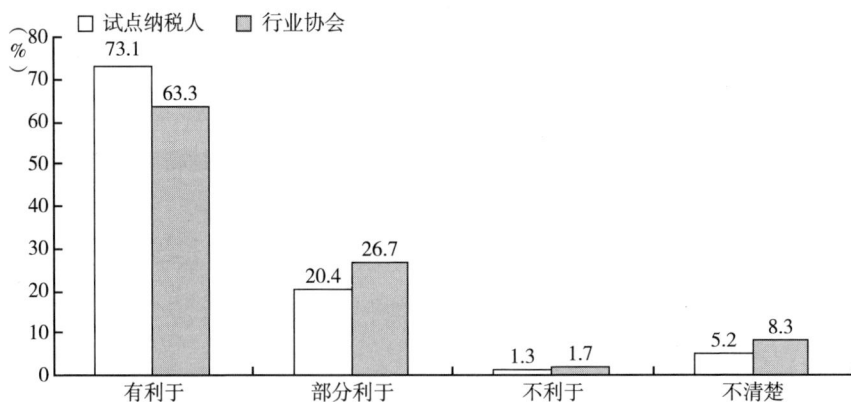

图6-11 试点纳税人和行业协会对营改增对企业规范管理的影响的认识

资料来源：根据中国财政科学研究院2017年调查数据整理而得。

二是减少企业创新中的不确定性，提升企业创新意愿。营改增试点改革之前，研发行业企业适用营业税，相应增值税纳税人购买研发服务无法享受与购进货物同等的增值税进项抵扣政策,这在一定程度上抑制了企业研发服务的购进,进而在一定程度上阻碍了企业创新。同时,制造业企业为了研发投入能够享受增值税抵扣政策,而不愿意将其研发辅业分离,不利于研发服务的专业化发展。营改增后,研发技术服务纳入增值税抵扣范围,不仅鼓励了企业通过采购技术研发服务来提高产品与服务的附加值,而且有助于推动研发合作、分工,促进技术进步和创新。

对于营改增后对企业研发投入的影响,调查结果显示,试点纳税人认为"研发投入增加"的比例为8.7%,认为"研发投入减少"的比例为1.0%,认为"研发投入没变"的比例为55.0%,认为"不清楚"的比例为35.4%(见图6-12)。对于研发投入增加的原因,试点纳税人认为"研发投入可以抵扣"的比例为52.1%,认为"其他原因"的比例为50.6%。①

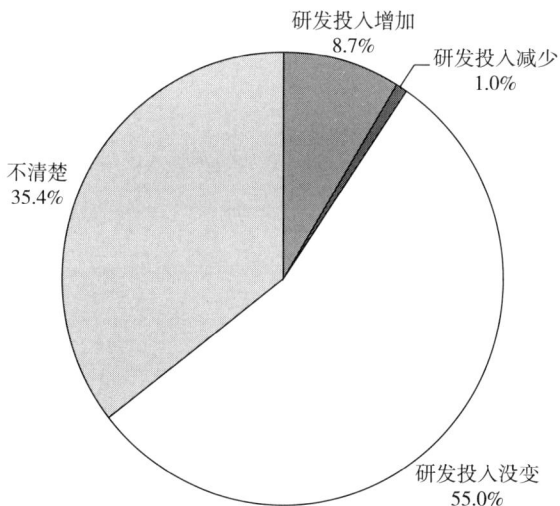

图6-12　调查对象对营改增后试点纳税人的研发投入变动情况的认识

资料来源:根据中国财政科学研究院2017年调查数据整理而得。

---

① 有一些受访者同时选择了两项,以致两个选项的占比合计超过100%。

4. 有利于增强服务贸易出口竞争力，促进出口贸易结构优化

营改增之前，我国对服务业全额征收营业税，这不仅使服务业税负过重，而且使服务在出口时无法退税，导致含税出口。国际上通常对出口劳务实行零税率，从而使我国的服务出口在国际竞争中往往处于劣势。营改增之后，对国际运输服务、向境外单位提供的研发服务和设计服务，适用增值税零税率、实行免抵退税办法，有效降低了企业经营成本，增强了服务贸易的国际竞争力，提高了服务贸易在出口贸易中的比例，优化了出口贸易结构。

营改增推向全国的 2013 年，我国服务贸易出口为 2105.9 亿美元，2015 年我国服务贸易出口达到 2881.9 亿美元，年均增长率达到 17%。2016 年我国服务贸易首次突破 5 万亿元大关，达到 5.35 万亿元，已成为世界第三大服务出口国，服务贸易占外贸的比重达到 18%，比 2015 年增加了 2 个百分点。对于服务贸易出口的快速增长以及出口贸易结构的优化，营改增功不可没。

对于营改增能否增强服务贸易出口竞争力的问题，调查结果显示，行业协会和专家认为"能够增强"的比例分别为 78.5% 和 78.1%，认为"不能增强"的比例分别为 2.3% 和 7.8%，认为"不清楚"的比例分别为 19.2% 和 14.1%（见图 6-13）。

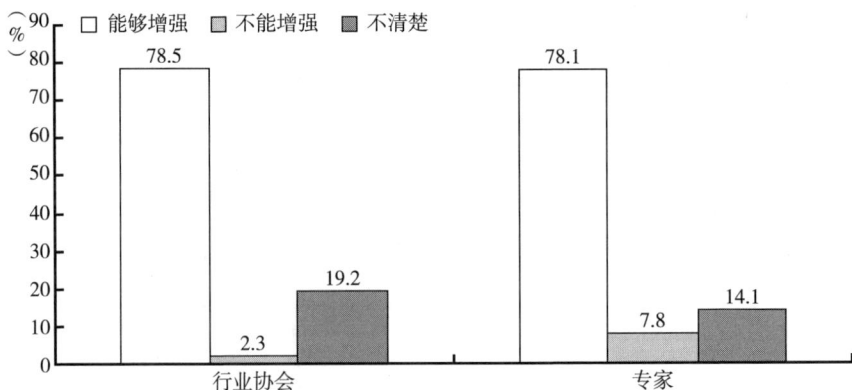

图 6-13　调查对象对营改增增强服务贸易出口竞争力的认识

资料来源：根据中国财政科学研究院 2017 年调查数据整理而得。

（四）基本结论

总体看，营改增试点改革统一了货物和服务税制，优化了税制结构；降低了企业税负，增强了企业经营活力；推动了服务业发展和制造业转型升级，促进了产业结构优化；增强了服务的出口竞争力，优化了出口贸易结构；拓展了企业发展空间，促进了创新创业和就业；创造了良好税收环境，保障了经济持续健康发展；推动了财税体制改革。因此，我们认为，营改增试点改革是一项成功的改革，其预期改革目标基本上都得以实现。

问卷调查的结果也表明，上述结论也得到了包括试点纳税人、行业协会、财税部门和财税专家等社会各界的认同。

对于营改增试点改革是不是一项成功的税制改革的问题，4 类调研对象认为"成功"的比例分别为 44.8%、30.0%、57.9% 和 20.3%，认为"基本成功"的比例分别为 45.5%、55.0%、37.6% 和 67.2%，认为"不成功"的比例分别为 1.1%、0、0.3% 和 3.1%（见图 6 – 14）。

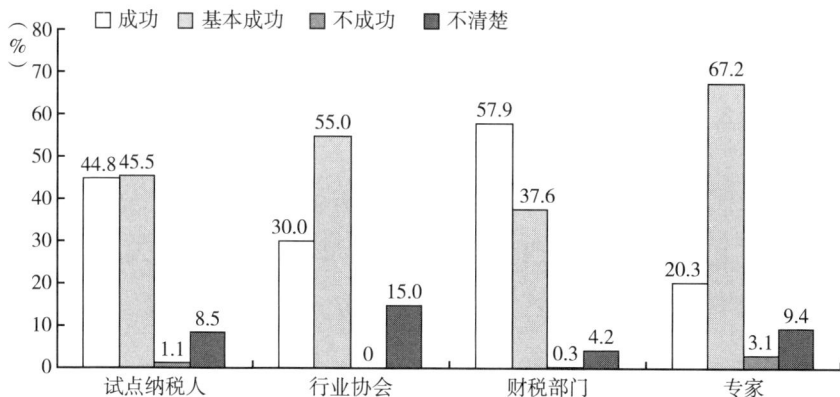

图 6 – 14　调查对象对营改增是不是一项成功的税制改革的认识

资料来源：根据中国财政科学研究院 2017 年调查数据整理而得。

对于营改增实现了哪些预期改革目标的问题，行业协会、财税部门和专家认为实现了"统一货物和服务税制，税制优化"目标的比例分别为 76.7%、80.7% 和 90.6%，认为实现了"降低企业税负"目标的比例分别为 56.7%、

77.9%和60.9%，认为实现了"推动服务业发展"目标的比例分别为55.0%、71.1%和64.1%，认为实现了"增强服务的出口竞争力"目标的比例分别为25.0%、63.2%和60.9%，认为实现了"推动财税体制改革"目标的比例分别为73.3%、66.0%和84.4%，认为实现了"促进经济持续健康发展"目标的比例分别为58.3%、62.0%和31.3%（见图6-15）。

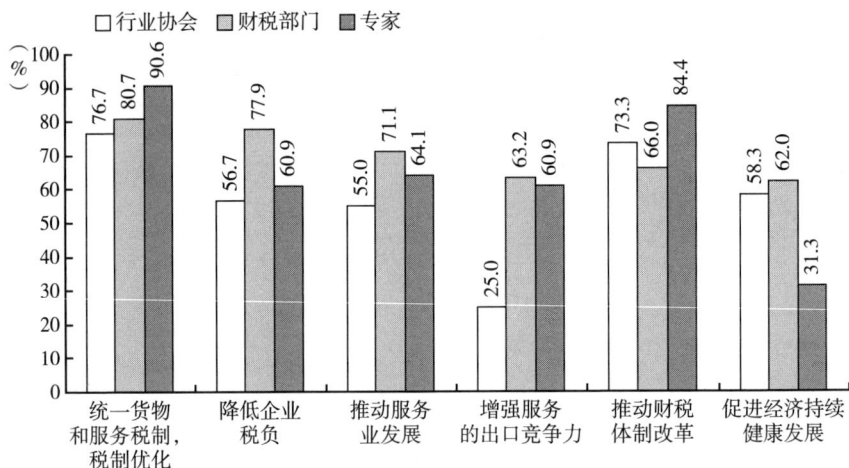

图6-15 调查对象对营改增改革目标实现的认识

资料来源：根据中国财政科学研究院2017年调查数据整理而得。

从国际视野来看，营改增试点改革也具有国际先导性的意义。营改增首先是从制度上解决了货物和服务税制不统一的问题，这是国际上对货物和服务统一征收增值税的通行做法。通过基本建立现代增值税制度，使增值税的抵扣机制得以延伸，不仅服务业内部的抵扣链条被贯通，而且第二、第三产业之间的链条也被打通，解决了重复征税问题，提高了货物与劳务税收制度的整体中性，也保证了所有市场主体面对相同的税收制度环境公平竞争，为增值税制度向更加现代化、国际化迈进奠定了基础。同时，国际上将金融业视为增值税实施难点且绝大多数国家对金融业免征增值税的情况下，中国将金融业（包括银行、保险、证券等金融业务）纳入增值税征收范围，在国际上具有开创性和先导意义。此外，营改增试点改革还得到了国际社会的高度关注和积极评价，认为其在建立国际领先的增值税制度方面迈出重大步伐，不仅对中国经济增长有促进作用，而且有利于为全球经济增长注入活力，是近年来国际税制改革的一个成功典范。如经济合作与发展组织（OECD）认为，中国的营改增正在触发全球税制改革，将成为许多国家在经济转型过程中税制改革的参考蓝本。[①]

三 营改增后增值税有待进一步完善之处

由于增值税制度的复杂性和改革的过渡性，部分行业增值税改革尚无借鉴，加上政策出台时间较短，导致营改增试点改革后，在增值税制度、政策和征管方面仍存在一些问题，有待进一步改革和完善。

（一）增值税税率档次过多

我国增值税最早设置了 17% 的标准税率和 13% 的低税率两档，营改增中，为平衡企业税负又增设了 6% 和 11% 两档税率。除此之外，对小规模纳税人和一些特定产品和企业，还规定了 2%、3% 和 5% 等多种征收率。税率档次之多，全世界绝无仅有。这不仅大大削弱了增值税的"中性"特点，扭曲了企业的生产经营决策，也造成了征管上的漏洞。从 2017 年 7 月 1 日起，我国已经开始简并增值税税率结构，取消了 13% 的增值税税率。但总体来看，目前增值税税率结构仍有进一步简化的空间。

（二）增值税抵扣链条有待全面打通

增值税最大的优势来自其"中性"的特性，但要充分发挥增值税的中性作用，前提之一就是增值税的税基要尽可能地广，上下游的抵扣链条要顺畅。但在中国的营改增过程中，出于保证财政收入、降低征管成本、平衡纳

[①] 何伟、刘宏宇：《"营改增"：全球税改的"中国样本"》，《瞭望》2017 年第 23 期，第 10～11 页。

税人税负等原因,目前实施的增值税制度仍不完善,导致了增值税的抵扣链条被打断,中性效应大打折扣。这主要表现在以下几个方面。第一,为了避免改革加重部分纳税人负担,营改增改革制定了大量的过渡性政策,这些过渡性政策允许部分纳税人可以选择简易计征方法,其实质仍是类似营业税的征收方式,不能进入增值税的抵扣链条。第二,目前增值税制度中,还有许多不能抵扣的项目,如贷款利息不得抵扣,新建和新购入的不动产不能一次性抵扣。限制抵扣项目,主要是出于保证财政收入的考虑,但这不可避免地影响了增值税的效率。第三,为了降低征管成本,中国将纳税人按年销售额区分为一般纳税人和小规模纳税人,一般纳税人按抵扣法实行一般计征方式,而小规模纳税人实行简易计征方式,不允许抵扣,这造成了增值税链条的断裂。

(三)小规模纳税人管理制度有待完善

在我国的税收征管中,依据纳税人年销售额的大小和会计核算水平两个标准将增值税纳税人分为一般纳税人和小规模纳税人。对一般纳税人实行规范的税额抵扣制度,而对小规模纳税人实行简易征税办法。现行划分标准是:对于从事生产或提供应税劳务的纳税人,以及以从事货物生产或者提供应税劳务为主,并兼营货物批发或者零售业的纳税人,年应征增值税销售额在50万元(含)以下的为小规模纳税人;对商业企业的纳税人年应征增值税销售额在80万元(含)以下的为小规模纳税人;对营改增涉及的应税服务年销售额标准为500万元,应税服务年销售额未超过500万元的纳税人为小规模纳税人。如此之高的标准,将90%以上的增值税纳税人划入了小规模纳税人的行列。

小规模纳税人制度的存在,有其客观原因和合理性,它适应了纳税人经营规模相差悬殊、财务核算水平不一的实际情况,有利于降低增值税偷税风险,降低征纳成本。但是,现行增值税小规模纳税人的管理制度也存在纳税人税负不均、不利于增值税制规范、不利于税收征管等诸多难以克服的问题,特别是它打断了小规模纳税人与一般纳税人之间的抵扣链条,造成了严重的重复征税现象。

第一，小规模纳税人的实际税负并不一定低于一般纳税人。

小规模纳税人适用3%的征收率，同时不得抵扣其购进货物和服务所含的进项税金。尽管3%的征收率在表面上远低于对应的销项税率，但由于不能抵扣进项税金，因此小规模纳税人的实际税负率不一定低于一般纳税人。小规模纳税人的实际税负率高低主要取决于其增值率的高低。对增值率较低的行业而言，小规模纳税人的实际税负已经相当于甚至高于一般纳税人的税负水平。2014年全国重点税源企业的数据显示，51718户企业总计计征增值税销售额为61.13亿元，当年缴纳的增值税税额为1.63亿元，依此计算，其实际的增值税税负率仅为2.65%，低于小规模纳税人3%的税负率。

第二，一般纳税人购自小规模纳税人的货物和服务的进项税金抵扣不足，造成了严重的重复征税。

由于小规模纳税人购进货物和服务，其支付的进项税额得不到抵扣，因此其支付给销售方的增值税额只能计入经营成本。而当小规模纳税人向一般纳税人销售货物或服务时，估定销售价格时必然要考虑含税进货成本、销售应纳税金（3%）和毛利。这意味着，一般纳税人向小规模纳税人购进的货物或服务中所承担的增值税包含两个部分：一是小规模纳税人销售时的应纳税额，二是小规模纳税人进货成本中所含的增值税额。从理论上说，这两部分在下一环节都应该得到抵扣，这样增值税抵扣链条才是顺畅、完整的。但是，在现行凭发票扣税的增值税管理制度下，小规模纳税人向一般纳税人销售商品和服务时不得开具增值税专用发票，最多只能由税务机关代开征收率为3%的增值税专用发票，一般纳税人可抵扣的税额也只有3%，而小规模纳税人进货成本中包含的并转嫁给一般纳税人的进项税金则得不到抵扣。由此造成了一般纳税人进项抵扣不足，承担了双重税负。

（四）过渡性政策偏多，部分行业政策有待进一步明确

营改增是一项相当复杂的任务，尤其是建筑业、金融业、房地产业和生活服务业等四大行业不仅是我国营改增的难点，也是国际税务界公认的

"难以征收增值税"的行业。为了保证营改增试点改革的顺利出台和实施，在政策制定和执行中，对于上述行业相继出台了简易征收、优惠政策等特殊政策和过渡性政策。这些政策虽然保证了税制的成功转换，但也使得税制逐渐呈现碎片化状态，加剧了税制的复杂性，破坏了增值税中性原则，同时行业间税负不均的问题日益显露，加大了未来规范、立法的难度。对金融业，尤其是贷款服务等金融业务征收增值税，在国际上没有先例，因此金融业增值税政策的制定将遇到过去未曾出现过的问题，这有待于在实践中进一步加以完善。同时，建筑业等行业的增值税政策也需要进一步完善。

（五）征管有待提升，纳税服务有待加强

在营改增中，面对新的业务，增值税的纳税程序和网上办税系统需进一步完善，相关政策与"金税三期"系统之间还不匹配；增值税发票管理还未能根据服务业相关业务运行的特点进行调整完善；改革后虽然确定了国税地税合作的模式，但国税与地税的关系还没有理顺，国税地税之间的协作还有待加强，如出现企业的同一项业务需要在国税地税两处登记、两地申报纳税的问题；由于营改增全面试点改革后纳税人数量增加过多，国税部门的工作量剧增，在咨询、辅导等方面的纳税服务还有待进一步加强。

四 进一步完善增值税制度的建议

针对营改增后增值税存在的问题，应进一步完善增值税制度，建议如下。

（一）适当简并增值税税率档次

在营改增试点改革基本到位后，应尽快结合试点运行情况、宏观经济运行情况及企业的承受能力，在整体税制结构优化的基础上，进一步简并增值税的税率档次，增强增值税的"中性"特点，规范征管。从国际情况来看，尽管增值税实施单一税率的国家比较少（目前只有丹麦、新加坡

和阿联酋等十几个国家），但简并税率却是各国共同的趋势，大多数国家的做法是在标准税率之下，设置一档低税率。如英国对国产燃料、电力和其他特定服务适用 5% 的低税率（标准税率为 17.5%）；俄罗斯对食品、医疗服务和其他特定商品适用 10% 的低税率（标准税率为 18%）等。借鉴国外的经验，除零税率之外，我国增值税的税率以不超过 2 档为宜，且对大部分应税货物、劳务和服务都应按照标准税率征税。

（二）扩大增值税进项抵扣范围，健全增值税抵扣链条

在营改增试点改革的初期，增值税抵扣链条的建立和业务流程等还有待完善，对纳税人而言容易形成抵扣不足的结果。随着相关政策的完善和纳税人业务方面的调整，能够抵扣的项目和金额将会逐步增多。对于现行政策规定不允许抵扣的问题，应综合考虑财政收入、经济形势等因素，适时将贷款服务等列入可抵扣范围，以进一步完善增值税抵扣链条。

（三）完善小规模纳税人管理制度

要完善增值税制度，实现增值税抵扣链条的顺畅，平衡增值税新老纳税人之间的负担，需要对现行增值税小规模纳税人管理制度进行改革。借鉴国际经验，建议把增值税的起征点改为按年度应税销售额进行划分。起征点以下，不作为增值税纳税人。对起征点以上的纳税人，则都实行价外税计征办法，按行业适用标准税率开具增值税专用发票。符合一般纳税人条件的消费者，可以就取得发票上注明的销项税额全额进行抵扣。现行一般纳税人的认定标准也需要进行调整，应逐步降低营改增应税服务的一般纳税人认定标准，对货物和服务都实行统一的认定标准。

同时，年度应税销售额在起征点之上、一般纳税人认定标准之下的纳税人，可以选择适用简易征收办法，对其按征收率计算应纳税额，不得抵扣进项税额。在制定征收率时，可考虑不同行业的增值率计算其税负平衡点，以此确定不同行业的征收率。

从增值税管理的角度来看，要使这一制度能得以顺利实施，还需要进一

步改革现行增值税"以票控税"的征管模式，实现向"以账控税""以数（据）控税"的征管模式转变。

（四）规范、清理过渡期政策和优惠政策，进一步完善金融业等行业增值税制度

针对现行营改增后增值税优惠政策过多的状况，应结合增值税立法和整体制度的完善加以规范，根据国内服务行业的实际情况，逐步清理规范增值税优惠政策，缩小优惠面。对于过渡期对特定行业实施的特殊政策，如差额征税和简易征收办法等，也应逐步清理规范。持续关注建筑业、金融保险业、房地产业营改增试点运行情况，采取点面结合方式，并借助行业协会等第三方信息，跟踪这些行业试点运行中出现的特殊情况和问题，分析改革效应，有针对性地制定、完善相关税收政策、征管办法和纳税服务措施。

（五）优化税收征管机制和纳税服务

进一步简化纳税申报流程和业务办理程序，研究制定各营改增试点行业税收管理规范；完善网上办税，加强营改增的信息化管理；完善和加强增值税专用发票管理；加强增值税政策宣传力度，使纳税人及时了解政策动态；加强对企业的辅导培训和咨询，建立营改增政策问题收集反馈机制，及时掌握政策执行问题；提高纳税人管理水平和办税能力。

（六）从长远考虑，推进增值税立法

增值税是我国第一大税种，20年来一直是以暂行条例的形式运行的，立法级次低，与法治化的市场经济体制极度不相称。从操作层面来看，在增值税暂行条例之外，多年来还出台了大量的法规、部门规章等，形成了一个繁杂的制度体系，经过长期运行已经积累了大量问题，需要通过立法予以梳理、规范。多年来，增值税立法已经多次列入全国人大立法计划中，但受制于增值税和营业税并行的状况，增值税立法问题迟迟没有进

展。随着营改增的顺利完成，2017 年 11 月 19 日起，《营业税暂行条例》已经正式废止，下一步应全面梳理增值税相关税收政策，加以归类、整合，并在此基础上根据形势变化和政策本身的施行效果加以取舍、修订，在此基础上启动增值税立法程序，以立法巩固改革成果，提高立法级次，增强税法的权威性和严肃性。

（七）与其他税种联动改革，为直接税改革提供空间

长期以来，增值税是我国第一大税种。营改增改革之后，增值税在我国税制中的地位更加凸显，目前其收入已经占到我国税收收入的 40% 以上。增值税收入占比过高，有两方面的负面影响：一是税收收入对增值税的依赖性加大，由于增值税收入与经济形势、物价水平息息相关，一旦经济出现波动，税收收入发生波动的风险也将加大；二是增值税收入过高，还可能挤压其他税种的改革空间。因此，下一步，增值税的改革还需要结合其他税种的改革进行联动考虑，通过适当降低增值税税率，使增值税尽可能靠近理想状态，并有效发挥其促进经济增长与发展的积极效应。更重要的是，有利于从宏观上重新调整税负分配格局，为直接税改革提供空间。

参考文献

财政部财政科学研究所：《中国税收政策报告 2013》，中国财政经济出版社，2014。

中国财政科学研究院：《营改增：守正出奇的一项改革》，《经济日报》2017 年 10 月 13 日。

上海财经大学公共政策与治理研究院：《上海营改增 5 年试点成效分析报告》，2017 年 3 月 3 日，http：//spxz. tax. sh. gov. cn/pub/xxgk/swdt/201703/P020170303464624051735. pdf。

B.7
中国积极财政政策的区域性效果

梁城城 *

摘 要： 本文重点分析了我国积极财政政策产生的区域性效果。基于
区域经济学视角，分四大区域实证分析了积极财政政策产生
的经济效果和社会效果，经济效果方面主要研究了积极财政
政策对区域经济增长、民间投资、民间消费和就业的影响；
社会效果方面主要研究了积极财政政策对区域教育水平、医
疗水平以及贫困发生率的影响。实证研究发现：经济效果方
面，积极财政政策促进了区域经济增长、民间投资、民间消
费和就业水平，但不同区域的政策效果存在一定差异；社会
效果方面，积极财政政策促进了区域教育水平和医疗水平，
同时具有明显的减贫效应，但政策效果同样存在区域差异。
考虑到区域之间可能存在财政竞争以及政策效果的外溢性，
使用空间计量模型进一步实证研究了积极财政政策产生的经
济、社会效果，发现积极财政政策的经济效果和社会效果仍
然十分显著。本文认为，应在实施积极财政政策过程中加大
对落后地区的倾斜力度，从而更好地促进区域协调平衡
发展。

关键词： 积极财政政策 区域 经济效果 社会效果

---

* 梁城城，中国财政科学研究院 2016 级博士生，主要研究领域为财政理论与政策。

一 引言

自 1998 年以来，我国实施了多轮积极的财政政策。[①] 其中，第一轮是从 1998 年 8 月开始的积极财政政策，其目的主要是应对亚洲金融危机，该轮积极的财政政策一直持续到 2004 年，此后由于经济形势好转，中央决定在 2005 年实施稳健的财政政策，并一直持续到 2008 年上半年我国经济运行状态良好。第二轮积极的财政政策是在 2008 年出台的，目的是应对全球金融危机以及国内的经济波动。为此，中央实施了 4 万亿刺激计划，该计划使我国经济及时规避了全球经济危机带来的负面冲击，但是 2012 年经济再度面临下行的压力，为了稳定经济增长，政府又推出了 4 万亿的财政资金对财政政策进行微调；[②] 在 2015 年后，为了适应经济新常态，中央决定继续实施积极的财政政策，2017 年和 2018 年的中央经济工作会议均指出要继续实施积极的财政政策。中国地域辽阔，同样的财政政策在不同的区域可能会产生不同的效果，本文基于区域经济学和空间经济学的视角，实证分析积极财政政策的区域性效果，即积极财政政策对各个地区经济、社会等诸多方面产生的影响有哪些，并全面系统地考察这些影响是否存在显著的地区差异。

二 积极财政政策衡量与区域性效果分析的视角

（一）区域积极财政政策测算

1. 财政收支平衡缺口（率）

财政支出超过财政收入，即构成财政收支平衡缺口，一般来说缺口

[①] 高培勇：《新一轮积极财政政策：进程盘点与走势前瞻》，《财贸经济》2010 年第 1 期，第 5～12 页。

[②] 张斌、吕永权：《谨防地方版"四万亿"投资计划引发地方财政风险激增》，《财会研究》2012 年第 18 期。

越大说明财政政策也就越积极；相反，如果有财政盈余，则说明不是积极的财政政策。财政收支平衡缺口一般用财政支出减去财政收入的差额，财政收支平衡缺口率则是由财政收支平衡缺口除以地区生产总值计算得到。

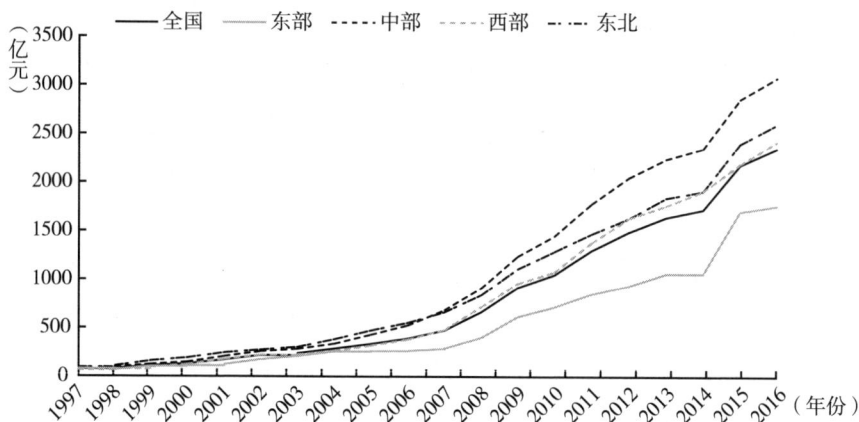

图 7-1　1997～2016 年全国及各区域财政收支平衡缺口

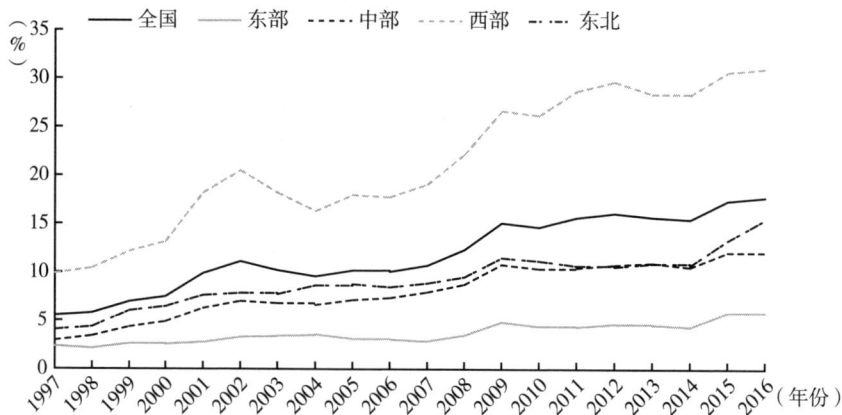

图 7-2　1997～2016 年全国及各区域财政收支平衡缺口率

资料来源：历年《中国财政统计年鉴》。

图 7-1、图 7-2 呈现了全国及各区域财政收支平衡缺口和财政收支平衡缺口率的年度变化趋势。从财政收支平衡缺口来看，1997 年全国各省

（区、市）平均财政收支平衡缺口约为 74.2 亿元，至 2016 年全国各省份平均财政收支平衡缺口增长到 2350 亿元，20 年间增长了 30.7 倍。从分地区的结果来看，在绝大多数年份（尤其在 2005 年之后），中部、西部和东北财政收支平衡缺口均高于全国平均水平，而东部地区则低于全国平均水平。这主要是因为东部地区经济发展水平高，地区财源丰富，从而财政收支平衡缺口低。

从财政收支平衡缺口率来看，全国及各个区域均表现出逐年上升的趋势，1997 年全国各省平均财政收支平衡缺口率为 5.55% 左右，到 2016 年增长到 17.74% 左右。西部地区省份平均财政收支平衡缺口率最高，东部、中部和东北地区则低于全国平均水平，并且东部地区的财政收支平衡缺口率最低。

2. 政府投资

政府在实施积极财政政策时采用的主要手段就是增加政府投资，一般来说人均政府投资水平越高，说明政府的财政政策越积极。衡量政府投资的口径一般有两个，一个是全社会固定资产投资中预算内资金来源部分作为政府投资指标，另一个是使用国有经济投资额作为政府投资指标。但是前者受到数据的限制，一般难以精准计算，因此借鉴现有文献做法，本文使用地区人均国有经济投资额衡量政府投资水平。[①]

图 7-3 描述了 1997~2016 年全国以及各区域人均政府投资的走势情况。可以看出，全国及各区域人均政府投资都呈现出逐年上升的趋势。具体来看，全国各省人均政府投资从 1997 年的 1357 元/人增长到 2016 年的 11400 元/人。从分地区的结果来看，东部地区各省平均的人均政府投资在 2007 年之前高于全国平均水平，而在其之后是西部地区人均政府投资高于全国平均水平。区域比较来看，2015 年以前，东部、西部和东北地区各省平均的人均政府投资均高于中部地区。

---

① 陈时兴：《政府投资对民间投资挤入与挤出效应的实证研究——基于 1980~2010 年的中国数据》，《中国软科学》2012 年第 10 期，第 169~176 页。

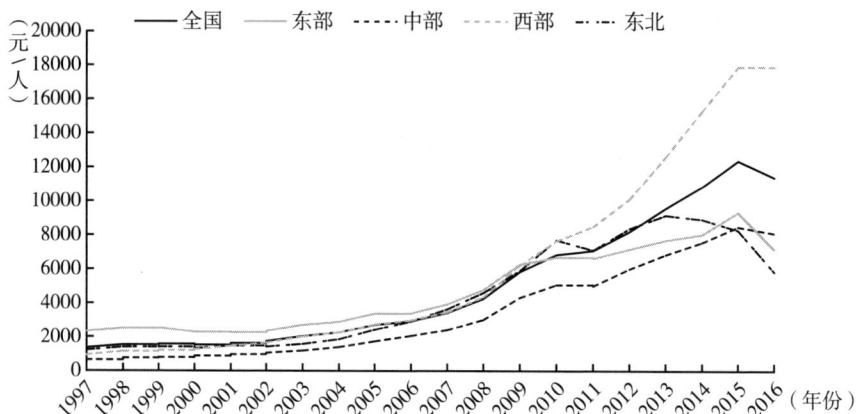

图 7 - 3 1997 ~ 2016 年全国及各区域人均政府投资

资料来源: 历年《中国财政统计年鉴》。

(二)积极财政政策区域性效果

关于财政政策效果,邓金堂等(2002)认为积极财政政策的总体效果问题的实质是积极财政政策是否刺激了企业投资需求和居民消费需求的问题,他们分析了 1998 ~ 2001 年实施的积极财政政策,认为其效果并不明显。刘金全等(2014)分析了我国积极财政政策的实施效果,认为我国的积极财政政策对经济增长有一定的刺激作用,同时对投资产生"挤入"作用,而对消费产生"挤出"作用,并对实体经济有改善效果。郭文轩等(2003)分析了 H 省积极财政政策的效果,分别估算了财政政策乘数、投资需求拉动乘数和消费需求拉动乘数。由于财政政策的主要目的是达到一定的经济目标和社会目标,因此本文主要分析积极财政政策经济效果、社会效果以及乘数效应。

1. 经济效果

积极财政政策的经济效果是指实施积极财政政策产生的经济影响,一般来说,积极财政政策的经济效果主要表现为对经济增长、民间投资、居民消费以及就业水平的影响。

一是影响经济增长。经济稳定是财政的基本职能之一，为了保证一个地区经济的正常运行，需要根据区域内外经济形势的变化，适时地实施相应的财政政策。在经济面临下行压力时，可以调整财政收入（比如减税降费政策），也可以扩大财政支出（比如扩大基础设施建设、加大对居民的转移支付水平），从而实现区域经济的可持续发展。

二是影响民间投资。传统的观点认为，扩大政府支出会对私人投资产生一定的"挤出效应"，即在一定程度上抑制私人投资。但是，一套良好的经济制度的安排，会与市场机制产生良好的"契合"，最终积极的财政政策不仅没有产生"挤出效应"，反而会带来一定的"挤入效应"（杨源源等，2018）。

三是影响居民消费。扩大财政支出水平，比如增加区域转移支付水平，可以有效地增加居民的收入，居民收入的增加进一步促进居民消费水平的提高，从而扩大整个社会的有效需求。

四是影响就业水平。地方政府加大投资，扩大基础设施建设，在一定程度上会创造一定数量的就业岗位，增加社会对劳动力的需求，从而促进就业。

2. 社会效果

积极财政政策的社会效果是指实施积极财政政策带来的社会影响。财政政策除了要实现一定的经济目标外，还需要实现一定的社会目标。财政政策的社会目标主要包括增进居民福利、实现社会公平以及减少（或者消灭）贫困。

一是提高居民福利水平。政府的财政支出里有很大一部分支出用在了提供公共产品或者公共服务方面，比如教育、医疗、公共交通和公共图书馆等，这些都极大地提高了居民的福利水平。

二是缩小贫富差距。通过实施积极的财政政策，增加对经济发展水平落后地区人民的转移支付，可以增加低收入群体的收入水平，从而有效地缩小低收入群体与高收入群体之间的差距。

三是减少贫困。通过实施积极的财政政策，加大对贫困人口的转移支付，比如实施城乡医保（大病救济制度）、贫困救济制度、精准扶贫等，我国的贫困人口数量得到了有效的控制，并且呈现逐年减少的趋势。

3. 乘数效应

宏观经济学中的乘数效应是指经济中的某一个变量变动，所产生的其他经济变量变化的连锁反应程度。在实施积极财政政策的过程中，财政支出的变化会对经济总量产生一定的影响，财政支出的增加会引起经济总量成倍的增减。

（三）积极财政政策的区域性效果分析视角

1. 区域经济学分析视角

根据前文的分析，可知积极财政政策在区域间的"积极程度"存在较大的差异，考虑到区域之间的异质性，本文首先选择利用区域经济学视角分析区域财政政策产生的经济效果、社会效果以及乘数效应。一是因为各个区域积极财政政策的实施力度有所不同，一方面这与各个区域的经济社会结构密切相关，另一方面与中央宏观政策有关（比如重点支持某个区域的发展）。二是因为各个区域在实施积极财政政策过程中，财政支出结构或支出重点不同，从而造成实施效果存在差异。由于相同的区域经济结构和社会结构等较为相似，并且实施的财政政策一般相同，所以会产生类似的经济效果或社会效果。因此，本文分区域对积极财政政策的区域性效果进行分析。

2. 空间经济学分析视角

由于我国国土面积大，根据胡焕庸提出的"胡焕庸线"，我国绝大多数人口分布在"胡焕庸线"以东的位置。人口的分布不均匀，导致了地方政府财力的大小存在差异。在资源要素自由流动的背景下，地方政府为了吸引可以自由流动的要素，比如吸引劳动力和资本流入到本辖区，从而促进辖区经济的快速发展，会充分利用积极的财政政策，从而产生财政支出上的竞争。比如，加大基础设施建设支出，营造良好的投资环境，从而促进企业资本流入；同时，为吸引人才流入本辖区，地方政府也需要采取相应的人才引进措施，比如人才津贴、住房补贴等。这些都构成了地方政府财政支出的压力，增加了地方政府的财政支出。这是因为资本和人才等要素的稀缺性，地方政府出于资源配置和政治晋升的目的，往往会展开竞争，即财政政策的空间竞争。在财政收入方面，地方政府会实施一系列的税收优惠政策；在支出方面，地方政府会增加投资和支出，从而创造出有利于吸引资本和人才的环境。

因此，地方政府之间同时存在财政收入竞争和财政支出竞争，这两种竞争会使得地方政府财政收支政策与相邻地区保持一致，即存在空间上的联系。所以，一个地区财政支出或者财政收入方面的政策，会对相邻地区财政支出或者财政收入方面的决策带来影响。同时，一个地区实施积极财政政策除了对本地区有影响外，还会对相邻地区产生"溢出效应"。比如，一个地区的积极财政政策影响了本地区的经济增长，由于与相邻地区存在一定的经济联系，也会对相邻地区经济增长产生一定的影响。

因此，在分析积极财政政策区域性效果的问题上，本文还将从空间经济学的角度对这一问题进行进一步的分析。

三 积极财政政策在四大区域实施效果的差异

观察积极财政政策的区域性效果最为直接的方式，就是分析积极财政政策在不同的区域实施效果的具体差异。我国的区域划分经历了二分法、三分法和四分法的演变过程。区域的四分法将传统的东部、中部和西部划分方法（三分法）进一步细分为东部、中部、西部和东北（四分法）。本文主要根据四分法，分析积极财政政策在四大区域产生的效果。

（一）经济效果区域差异描述与分析

张辉（2014）利用 VAR 模型计算了我国积极财政政策在西南地区、西北地区、长江中游地区、东北地区和沿海地区的实施效果，研究发现积极财政政策在沿海地区的效果不明显，而在其他地区的实施效果较为显著。本文分析了 1998～2015 年积极财政政策在四大区域的实施效果差异，在分析经济效果差异涉及使用经济价值衡量的具体指标时，本文选择使用名义值和以1998 年作为基期的实际值这两种方法计算具体的经济指标。

1. 对经济增长的影响

经济增长速度通常使用 GDP 增长率来表示，也可以通过观察 GDP 总量或者人均 GDP 的年度变化来判断经济增长水平，本文使用人均 GDP 作为经济增长的衡量指标。表 7 - 1 呈现了东部、中部、西部和东北四个区域各省人均 GDP 的变化情况，为了便于比较，表中分别列出了名义的人均 GDP 和实际的人均 GDP。

表 7 - 1　1998 ~ 2015 年我国四大区域名义人均 GDP 和实际人均 GDP 的年度变化情况

单位：元/人

年份	东部				中部			
	名义人均 GDP		实际人均 GDP		名义人均 GDP		实际人均 GDP	
	均值	标准差	均值	标准差	均值	标准差	均值	标准差
1998	11744.35	5699.89	11744.35	5699.89	4934.00	645.29	4934.00	645.29
1999	12570.00	6207.15	12827.32	6288.94	5041.11	699.57	5292.18	689.90
2000	14137.05	7127.25	13479.31	6133.70	5381.56	563.09	5736.09	732.72
2001	15706.40	8157.92	14849.23	6965.30	5811.13	625.46	6221.39	808.74
2002	17476.07	9067.96	16404.25	7706.70	6401.60	689.33	6815.77	879.90
2003	20052.82	10134.11	18193.10	8162.56	7249.64	870.30	7531.44	969.81
2004	23769.94	11955.18	20508.10	9179.19	8760.32	1043.22	8468.45	1063.10
2005	27548.58	13391.89	22739.18	9915.78	10612.78	1354.91	9839.84	1283.35
2006	31467.63	14764.92	25340.24	10740.83	12501.17	1784.60	11090.77	1480.01
2007	36775.18	16919.95	28551.79	11960.27	15111.63	2171.50	12689.36	1748.47
2008	42350.31	18245.97	31201.77	12780.76	18262.30	2707.47	14186.95	1992.51
2009	43956.06	17286.22	32939.48	11689.80	19906.93	2592.03	15779.44	2343.00
2010	49850.62	17950.09	35777.42	12091.67	24150.87	2824.15	17894.82	2751.62
2011	57564.25	19559.98	39061.24	12877.87	29420.67	3495.68	20147.04	3177.10
2012	62080.09	20577.84	42202.71	13726.50	32514.81	3901.35	22279.84	3564.31
2013	66947.89	21651.31	45532.81	14581.41	34934.56	5182.90	24347.29	3955.03
2014	72042.18	23312.32	48805.00	15562.91	37922.51	6287.40	26341.81	4494.66
2015	76185.83	24974.88	52332.87	16789.78	40382.78	6941.68	28244.28	5078.98

年份	西部				东北			
	名义人均GDP		实际人均GDP		名义人均GDP		实际人均GDP	
	均值	标准差	均值	标准差	均值	标准差	均值	标准差
1998	4244.64	942.41	4244.64	942.41	7544.52	1705.67	7544.52	1705.67
1999	4423.08	976.72	4559.34	984.81	7960.40	1873.03	8110.22	1849.01
2000	5012.12	1179.50	4913.01	1022.91	8797.38	2149.80	8776.70	2021.67
2001	5511.18	1305.71	5336.16	1108.18	9551.65	2195.76	9560.86	2189.46
2002	6088.10	1449.94	5850.68	1212.99	10370.87	2314.64	10499.18	2434.09
2003	6970.90	1805.38	6494.85	1414.96	11501.31	2441.56	11611.11	2767.71
2004	8348.74	2242.66	7277.61	1695.03	13129.01	2424.40	13020.53	3150.56
2005	9976.11	2897.14	8363.69	2116.63	15780.87	2858.64	14566.80	3559.21
2006	11737.69	3666.88	9382.68	2511.02	18735.66	2832.02	16441.60	3896.72
2007	14233.87	4787.98	10686.31	3030.16	21689.99	3836.03	18734.88	4411.47
2008	17528.34	6616.41	11995.38	3656.53	26084.68	5087.67	21237.01	4841.15
2009	19267.49	7454.02	13481.82	4181.85	28488.32	6315.49	23860.62	5415.90
2010	23446.67	8949.07	15367.40	4855.22	34428.87	7575.78	26990.61	6157.11
2011	28695.33	11045.99	17372.98	5579.51	41375.57	8972.39	30378.28	6742.23
2012	32313.91	11973.78	19377.20	6206.81	46151.45	10449.86	33500.37	7098.04
2013	35532.51	12281.67	21318.93	6708.00	49958.89	12104.82	36296.49	7802.89
2014	38659.80	12698.52	23109.69	7222.97	52734.88	12676.26	38451.12	8190.34
2015	40230.67	12462.12	24911.37	7782.84	53770.58	13112.66	40395.23	7838.02

注：东部地区包括北京、天津、河北、上海、江苏、浙江、福建、山东、广东、海南等10个省（直辖市）；中部地区包括山西、安徽、江西、河南、湖北、湖南等6个省；西部地区包括内蒙古、广西、重庆、四川、贵州、云南、西藏、陕西、甘肃、青海、宁夏、新疆等12个省（自治区、直辖市）；东北地区包括：辽宁、吉林、黑龙江等3个省。

资料来源：历年《中国统计年鉴》。

从表7-1中可以看出，在实施积极的财政政策后，我国四大区域的名义人均GDP和实际人均GDP均呈现一定的增长趋势，说明积极的财政政策对于经济增长有一定的正向效果。但是，分区域来看，这种效果又不完全一致。具体来看，无论是名义水平还是实际水平，东部地区各省平均的人均GDP水平明显高于中部、西部和东北地区各省平均的人均GDP水平。

从增长幅度来看，1998～2015年，东部各省平均的名义人均GDP增长了5.49倍，实际人均GDP增长了3.46倍；中部各省平均的名义人均GDP增长了7.18倍，实际人均GDP增长了4.72倍；西部各省平均的名义人均GDP增长了8.48倍，实际人均GDP增长了4.87倍；东北各省平均的名义人均GDP增长了6.13倍，实际人均GDP增长了4.35倍。这说明积极财政政策在东部、中部、西部和东北地区所产生的影响存在一定的差异，西部地区经济增长效果最为明显，其次是中部地区，再次是东北地区，最后是东部地区。

从区域内部的差距来看，中部地区名义人均GDP和实际人均GDP标准差最小，说明中部地区各省份之间的差距最小，西部和东北各省份之间的差距较小，而东部地区各省份之间的差距较大。

2. 对民间投资的影响

吴俊培、张斌（2013）分析了积极财政政策对民间投资和消费的影响。他们使用"全社会固定资产投资减去国有资产投资、港澳台及外商投资"衡量民间投资水平，本文借鉴这一方法计算各地区的民间投资。以上数据主要来源于Wind数据库，部分缺失的数据从《中国固定资产统计年鉴》获得。由于西藏自治区数据缺失较多，故以下的数据分析不包括西藏自治区。这里同样使用人均指标，并使用固定资产价格指数对"民间投资"进行平减，选择1998年作为基期。

表7-2呈现了四大区域名义民间投资和实际民间投资的年度变化情况。与表7-1类似，为了便于比较，表7-2分别列出了名义的民间投资和实际的民间投资。根据表7-2的数据可知，我国在实施积极的财政政策后，无论是名义的人均民间投资水平还是实际的民间投资水平，四大区域各省份平均的人均民间投资均表现出逐年上升的趋势，这说明积极财政政策对民间投资水平有一定的拉动作用。但是，积极财政政策在区域之间促进投资的效果又存在一定的差异。具体表现为：

第一，从绝对水平来看，东部地区省份平均的人均民间投资水平明显高于中部、西部和东北地区，而中部地区略高于东北地区，东北地区又高于西部地区。

第二，从增长幅度来看，中部地区各省份平均的人均民间投资增长速度最快，其中名义的人均民间投资从 1998 年到 2015 年增长了 57.27 倍，实际的人均民间投资从 1998 年到 2015 年增长了 38.46 倍；其次为东北地区，名义人均民间投资和实际人均民间投资分别增长了 52.8 倍和 37.46 倍；再次为西部地区，名义人均民间投资和实际人均民间投资分别增长了 50.4 倍和 35.38 倍；最后为东部地区，名义人均民间投资和实际人均民间投资分别增长了 20.9 倍和 14.96 倍。

第三，从区域内部的差距来看，中部地区名义人均民间投资和实际人均民间投资标准差最小，说明中部地区各省份之间的差距最小，西部和东北各省份之间的差距较小，而东部地区各省份之间的差距较大。

表 7 - 2　1998～2015 年四大区域名义人均民间投资和实际人均民间投资的年度变化情况

单位：元/人

年份	东部				中部			
	名义人均民间投资		实际人均民间投资		名义人均民间投资		实际人均民间投资	
	均值	标准差	均值	标准差	均值	标准差	均值	标准差
1998	1502.92	714.35	1502.92	714.35	515.81	162.94	515.81	162.94
1999	1734.23	723.57	1739.66	752.66	535.47	152.31	539.26	152.25
2000	2086.65	1054.82	2056.54	1115.37	622.25	143.52	614.57	140.17
2001	2570.46	1468.30	2525.51	1521.94	760.28	144.92	748.39	139.53
2002	3247.28	1977.83	3183.38	2028.72	969.66	105.19	953.38	98.86
2003	4204.84	2337.25	4011.58	2333.79	1404.26	250.89	1332.87	232.74
2004	5105.93	2583.32	4575.12	2450.43	1990.25	320.59	1771.69	289.88
2005	6169.99	2858.50	5457.29	2683.33	2689.39	218.13	2347.52	188.49
2006	7590.16	3196.27	6645.54	3005.07	3581.75	488.27	3061.16	425.71
2007	9064.83	3284.69	7645.61	3044.49	4996.23	882.32	4072.29	737.16
2008	10631.74	3648.17	8232.90	3091.12	6772.58	1151.61	5012.96	912.66
2009	12659.20	4691.94	10073.84	3986.06	9141.99	1637.20	6960.46	1440.33
2010	15730.49	5565.51	12089.32	4650.36	12030.50	2390.52	8782.45	1982.61
2011	18095.95	6266.03	13061.04	4903.82	14250.17	1740.11	9667.16	1398.35
2012	21374.39	7655.24	15405.12	6017.47	17543.47	2102.40	11755.47	1696.91
2013	25476.92	8800.25	18330.10	6936.28	21997.83	2536.12	14678.38	2095.59
2014	29659.03	10961.34	21239.42	8634.08	26104.10	3088.51	17349.51	2531.20
2015	32913.60	11916.79	23984.99	9409.10	30058.18	3180.72	20353.82	2850.47

年份	西部				东北			
	名义人均民间投资		实际人均民间投资		名义人均民间投资		实际人均民间投资	
	均值	标准差	均值	标准差	均值	标准差	均值	标准差
1998	450.65	110.68	450.65	110.68	532.12	180.59	532.12	180.59
1999	544.22	156.43	544.15	156.29	667.70	220.65	663.45	220.53
2000	695.94	357.80	732.13	308.76	1022.55	133.13	1001.88	142.12
2001	894.89	471.78	925.64	408.88	1214.15	189.22	1183.37	197.42
2002	1189.36	503.20	1127.03	475.03	1622.61	327.83	1567.48	315.86
2003	1632.67	716.60	1508.73	654.05	2062.31	685.91	1955.26	657.64
2004	2089.91	1060.95	1932.79	913.24	2801.94	1220.23	2538.81	1119.73
2005	2876.02	1355.33	2463.60	1149.37	4004.65	1820.66	3537.68	1606.88
2006	3726.77	1908.80	3205.26	1620.53	5919.91	2581.97	5116.14	2220.12
2007	4880.60	2366.98	4029.45	1925.82	8103.49	3556.69	6716.82	2924.59
2008	6110.08	3049.13	4654.92	2246.89	11235.95	5305.63	8588.63	4020.68
2009	8121.54	3972.37	6043.89	2930.68	14227.19	6121.46	11101.72	4754.06
2010	9998.40	5019.78	7564.88	3450.72	18227.84	7417.70	13771.76	5679.75
2011	12433.70	5971.07	8904.96	3685.11	20052.28	8312.39	14238.71	6018.54
2012	15863.79	6612.16	11090.60	4033.65	26218.26	9566.25	18475.55	6873.73
2013	19483.66	8094.09	13640.10	4829.32	30036.52	10856.06	21151.04	7794.00
2014	22804.26	9178.51	15782.62	5593.31	30583.49	12607.55	21575.35	9086.22
2015	23162.82	7458.65	16395.06	4320.10	28458.13	8531.02	20463.92	6430.02

注：民间投资数据中西部地区的西藏 1998 年、1999 年、2002 年、2003 年、2005 年和 2009 年等 6 个年份的数据缺失，对应年份的均值和标准差为西部 11 个省份的均值和标准差，其余年份对应的是西部 12 个省份的均值和标准差。

资料来源：历年《中国统计年鉴》，历年《中国固定资产统计年鉴》。

3. 对居民消费的影响

一个地区的消费水平一般使用人均居民消费支出来衡量。这里使用地区居民消费总量除以地区总人口得到该数据，同时为了剔除价格的影响，这里以 1998 年为基期对人均居民消费进行平减。表 7-3 呈现了四大区域名义人均居民消费和实际人均居民消费的年度变化情况，可以看出四大区域的人均居民消费水平呈现逐年上升的趋势，无论是名义值还是实际值都是如此，这说明实施的积极财政政策有助于推动居民消费水平的提升。但是积极财政政策对于促进居民消费水平在不同区域的表现不同，具体表现如下：

第一，从绝对水平来看，东部地区各省份平均的名义人均居民消费和实际人均居民消费最高，并明显高于中部、西部和东北地区省份的平均水平，其次为东北地区，而中部地区人均居民消费水平略高于西部地区。

第二，从增长幅度来看，各个地区人均居民消费水平增长幅度相差不大。其中，西部地区人均居民消费水平增长幅度最大，1998~2015年，名义人均居民消费支出增长了6.4倍，实际人均居民消费支出增长了4.06倍；其次为中部地区，1998~2015年，名义人均居民消费支出和实际人均居民消费支出分别增长了5.9倍和3.82倍；再次为东部地区，1998~2015年，名义人均居民消费支出和实际人均居民消费支出分别增长了5.67倍和3.81倍；最后为东北地区，1998~2015年，名义人均居民消费支出和实际人均居民消费支出分别增长了4.75倍和3.2倍。

第三，从区域内部的差距来看，中部地区名义人均居民消费水平和实际人均居民消费水平标准差最小，说明中部地区各省份之间的差距最小，西部和东北各省份之间的差距较小，而东部地区各省份之间的差距较大。

表7-3 1998~2015年四大区域名义人均居民消费和实际人均居民消费的年度变化情况

单位：元/人

年份	东部				中部			
	名义人均居民消费		实际人均居民消费		名义人均居民消费		实际人均居民消费	
	均值	标准差	均值	标准差	均值	标准差	均值	标准差
1998	4121.84	1709.47	4121.84	1709.47	2192.79	361.68	2192.79	361.68
1999	4409.71	1956.74	4432.43	1909.25	2256.31	377.92	2289.77	381.34
2000	5253.31	2587.36	5198.94	2435.96	2462.99	336.23	2483.05	344.27
2001	5683.38	2850.77	5595.04	2654.62	2632.67	350.34	2655.32	368.63
2002	6321.54	3277.14	6261.94	3043.69	2863.02	283.89	2901.95	298.78
2003	7013.70	3584.86	6898.80	3344.59	3164.33	328.51	3151.56	331.34
2004	7987.70	4124.04	7639.61	3823.83	3684.50	295.52	3506.93	256.81
2005	9003.31	4592.10	8476.58	4218.68	4287.76	476.73	3994.50	395.93

续表

年份	西部				东北			
	名义人均居民消费		实际人均居民消费		名义人均居民消费		实际人均居民消费	
	均值	标准差	均值	标准差	均值	标准差	均值	标准差
2006	10293.13	5135.22	9568.87	4662.75	4819.69	576.69	4423.48	460.18
2007	11853.92	5961.06	10615.57	5298.34	5586.29	699.04	4878.62	543.50
2008	13485.12	6612.83	11453.11	5572.61	6446.00	689.53	5290.66	506.66
2009	14207.55	6279.38	12204.81	5370.78	7024.92	683.69	5798.34	492.69
2010	16233.44	7366.22	13500.84	6116.27	8343.96	449.12	6683.58	334.25
2011	18774.06	7975.99	14822.63	6302.66	9968.03	630.48	7570.07	474.52
2012	20553.18	8202.73	15800.61	6305.48	11108.27	727.44	8229.93	520.13
2013	22511.93	8812.91	16858.27	6587.89	12341.14	879.40	8901.67	605.63
2014	24949.71	9682.06	18298.82	7060.93	13403.61	1373.42	9486.29	923.70
2015	27482.20	10195.72	19818.03	7237.36	15123.30	1369.32	10568.76	880.04
1998	1982.73	358.15	1982.73	358.15	3182.20	548.22	3182.20	548.22
1999	2085.46	394.76	2112.28	405.81	3337.58	669.89	3409.10	655.48
2000	2320.89	280.69	2365.23	289.69	3626.95	732.37	3740.84	690.05
2001	2478.28	329.41	2485.60	330.12	3904.66	765.08	4002.18	738.67
2002	2725.25	366.73	2738.23	365.75	4158.01	830.01	4296.06	820.54
2003	2974.77	361.08	2949.25	348.64	4543.67	620.46	4635.00	565.26
2004	3403.16	386.59	3257.23	372.38	4763.26	661.04	4682.60	598.18
2005	3961.29	567.75	3737.78	534.35	5482.48	852.10	5317.61	770.86
2006	4368.69	772.71	4051.61	710.34	5909.23	891.18	5647.70	803.41
2007	5073.70	1034.23	4462.99	909.52	6853.22	975.37	6232.17	835.20
2008	5948.49	1344.81	4892.11	1127.30	8142.64	1346.16	7048.54	1144.88
2009	6666.95	1474.05	5475.28	1266.47	9107.45	1559.54	7875.80	1329.63
2010	7725.47	1726.07	6124.99	1440.46	10435.38	2191.75	8721.33	1858.93
2011	9197.58	2226.71	6902.40	1742.22	12351.74	2832.14	9796.24	2299.01
2012	10598.44	2562.46	7732.20	1962.03	13953.90	3508.83	10762.50	2763.68
2013	11921.32	2800.97	8433.19	2082.12	15601.22	3957.81	11738.30	3049.06
2014	13396.05	3208.68	9290.74	2369.67	17045.97	4580.78	12612.26	3478.93
2015	14672.35	3179.21	10027.18	2342.11	18294.35	4792.72	13352.72	3599.63

资料来源：历年《中国统计年鉴》。

4. 对就业水平的影响

借鉴现有文献的做法（韩元军，2011），本文主要使用各省年末的就业人数衡量。由于没有直接的各省年末的就业人数数据，本文将三次产业就业人口数据汇总，从而得到总就业人口。各省的第一产业、第二产业和第三产业的就业人数的数据来源于 Wind 数据库、《中国统计年鉴》以及各省的统计年鉴，对于部分年份存在的缺失数据使用插值法将数据补充完整。

根据表 7 - 4 的数据可知，我国在实施积极的财政政策后，四大区域各省份平均的就业比例在总体上均表现出逐年上升的趋势。这说明积极财政政策对就业水平有一定的拉动作用。但是，积极财政政策在区域之间就业水平的效果又存在一定的差异。具体表现为：

第一，从绝对水平来看，东部地区、中部地区和西部地区省份平均的就业水平较为接近，均明显高于东北地区就业水平，说明积极财政政策对东北地区就业的促进作用不如另外三个区域明显。

第二，从增长幅度来看，从 1998 年到 2015 年，中部地区各省份平均的就业水平增长速度最快，就业水平提高了 12.09 个百分点；其次为东部地区，就业水平提高了 11.73 个百分点；再次为东北地区，就业水平提高了 10.04 个百分点；最后为西部地区，就业水平提高了 8.26 个百分点。

第三，从就业水平区域内部的差距来看，东北地区就业水平标准差最小，说明东北地区各省份之间的差距最小，东部、中部和西部地区各省份之间的内部差距较为接近。

表 7 - 4　1998 ~ 2015 年四大区域就业比例年度变化情况

单位：%

年份	东部		中部		西部		东北	
	均值	标准差	均值	标准差	均值	标准差	均值	标准差
1998	49.33	4.81	49.57	4.59	48.98	4.91	44.01	1.53
1999	49.07	4.89	49.42	5.20	49.04	4.67	42.95	1.41
2000	47.38	5.69	49.59	6.48	48.76	5.32	42.16	1.69
2001	47.68	5.61	48.97	6.51	48.50	5.25	41.93	2.34
2002	48.98	6.33	49.00	6.45	49.00	5.14	42.35	1.64

续表

年份	东部		中部		西部		东北	
	均值	标准差	均值	标准差	均值	标准差	均值	标准差
2003	50.08	6.84	49.38	5.90	49.47	5.13	41.79	2.86
2004	51.13	7.20	49.92	5.83	50.05	5.13	43.33	2.64
2005	55.08	6.02	56.66	6.66	52.31	5.80	47.21	2.62
2006	55.85	6.02	57.52	6.38	52.00	5.40	47.48	2.07
2007	57.48	5.88	58.23	6.33	52.34	5.51	48.30	2.22
2008	58.07	5.88	58.69	6.46	52.62	5.70	48.75	2.06
2009	57.33	6.52	59.21	6.63	53.71	5.60	49.62	2.60
2010	57.12	6.51	59.94	7.43	54.45	6.06	50.37	2.61
2011	58.11	6.95	60.73	7.44	55.51	5.69	51.48	2.67
2012	58.79	7.11	61.29	7.43	54.86	6.77	52.60	3.02
2013	59.34	6.66	61.80	7.30	55.78	6.28	54.24	2.98
2014	60.69	5.49	61.96	7.44	56.56	6.14	55.06	2.97
2015	61.06	5.86	61.66	7.71	57.24	6.46	54.05	0.84

资料来源：历年《中国统计年鉴》、各省统计年鉴及 Wind 数据库。

（二）社会效果区域差异描述与分析

1. 提高教育服务供给水平

教育水平的提高最直接的衡量指标有各级各类学校数、各级各类学生数和各级各类生师比等指标，但是这些指标不能直接加总，而是需要赋予一定的权重，学术界几乎没有直接将同类指标进行加总的做法。为此，为了更加可靠地衡量教育水平，本文采用人均受教育年限作为教育水平提高的衡量指标。之所以采用这一指标，主要是因为政府提供教育的主要目的是提高国民的受教育程度，并且伴随着学校数量、学生数量的提高，居民的受教育水平一般也会相应提高。本文使用"6 岁以上人口人均受教育年限"来衡量政府提供教育服务的改善，这里使用的数据来源于历年《中国人口统计年鉴》中各地区受教育程度人口抽样调查数据，计算公式为"Σ（各类受教育人口数量×对应的受教育年限）/各地区抽样调查总人口"。具体而言，本文将受教育程度为"不识字或识字很少（未上过学）"的定义为受教育年限0年，受教育程度为"扫盲班"的定义为受教育年限3年，受教育程度为

"小学"的定义为受教育年限 6 年，依此类推，"初中"定义为 9 年，"高中（和中专）"定义为 12 年，"大专以上"定义为 15 年，"大学本科"定义为 16 年，"研究生"定义为 19 年。

表 7-5 呈现了四大区域教育服务供给年度变化情况。根据以下的统计数据，可知四大区域的教育服务供给在积极财政政策实施后得到一定程度的提高，并且不同区域内部的差距都比较小。具体来说，表现如下：

第一，从绝对水平来看，东部和东北地区的平均受教育水平较高，其次是中部地区，最后是西部地区。

第二，从增长幅度来看，东部地区平均受教育年限增幅最大，从 1998 年的 7.59 年增长到了 2015 年的 9.73 年，增长幅度为 2.14 年；西部地区次之，从 1998 年至 2015 年增长幅度为 2.09 年；从 1998 年至 2015 年中部地区和东北的增长幅度分别为 1.93 年和 1.56 年。

第三，从区域内部的差距来看，东北地区人均受教育年限的方差最小，说明东北地区各省份的教育服务供给水平差距小，其次为中部地区，东部和西部地区省份的人均受教育年限内部差距相对较大。

表 7-5　1998~2015 年四大区域教育服务供给年度变化情况

单位：年

年份	东部		中部		西部		东北	
	均值	标准差	均值	标准差	均值	标准差	均值	标准差
1998	7.59	0.98	7.14	0.35	6.20	1.16	7.92	0.10
1999	7.78	1.05	7.19	0.42	6.36	1.23	8.03	0.21
2000	8.20	0.82	7.65	0.34	6.77	1.16	8.26	0.09
2001	8.14	0.92	7.76	0.35	6.82	1.06	8.29	0.14
2002	8.31	0.89	7.64	0.48	6.94	1.03	8.39	0.15
2003	8.43	0.97	8.00	0.26	7.04	1.18	8.61	0.24
2004	8.55	1.00	8.01	0.31	7.25	1.06	8.65	0.17
2005	8.49	1.03	7.75	0.46	6.48	1.45	8.49	0.15
2006	8.69	1.06	7.98	0.46	6.68	1.42	8.63	0.18
2007	8.79	1.05	8.16	0.51	7.35	1.04	8.74	0.13
2008	8.85	1.02	8.23	0.45	7.44	1.03	8.81	0.17

续表

年份	东部		中部		西部		东北	
	均值	标准差	均值	标准差	均值	标准差	均值	标准差
2009	9.00	1.00	8.33	0.41	7.52	1.10	8.87	0.22
2010	9.31	0.87	8.67	0.38	7.97	1.02	9.19	0.14
2011	9.33	0.91	8.70	0.31	8.08	0.99	9.12	0.19
2012	9.45	0.96	8.80	0.33	8.06	1.09	9.33	0.33
2013	9.52	0.94	8.94	0.33	8.09	1.26	9.52	0.34
2014	9.50	0.94	8.91	0.20	8.10	1.31	9.41	0.29
2015	9.73	1.11	9.07	0.34	8.29	1.12	9.48	0.26

资料来源：历年《中国人口统计年鉴》。

2. 提高医疗服务水平

医疗水平的提高一般可使用居民的健康水平来衡量，但是该指标难以测度，因此我们使用"每万人医疗机构床位数"这一指标来直接测度医疗水平情况，它可以直接反映医疗公共服务和产品的供给。考虑到地区人口方面的因素，本文采用人均指标加以衡量。这里使用的数据来源于《中国统计年鉴》《中国第三产业统计年鉴》和《中国卫生和计划生育统计年鉴》等。

表7-6呈现了四大区域医疗服务供给年度变化情况。从表7-6中可以看出，在实施积极的财政政策后，医疗服务的供给情况得到明显的改善，说明积极财政政策的实施对于改善医疗水平存在一定的促进作用，但是积极财政政策在改善四大区域的医疗服务供给方面又存在一定的差异，具体表现如下：

第一，从绝对水平上来看，中部、西部和东北地区各省份平均医疗服务供给水平要高于东部地区（2015年医疗服务供给情况），这可能是因为东部省份的人口较多，从而平均水平略低。

第二，从增长幅度来看，西部地区医疗服务的供给增幅最大，医疗机构床位数从1998年的平均每万人的25.59张增长到了2015年的平均每万人53.60张，增长幅度为每万人28.01张；其次为中部地区，从1998年至2015年各省平均的医疗机构床位数的增长幅度为每万人26.93张；其次为

东北地区和东部地区，从 1998 年至 2015 年增长幅度分别为 18.35 张/万人
和 15.40 张/万人。

第三，从区域内部的差距来看，东部地区各省份医疗服务供给的内部差
距呈逐年下降的趋势，而中部、西部和东北地区的医疗服务供给标准差维持
在 6 左右，说明内部差距较稳定。

表 7-6　1998~2015 年四大区域医疗服务供给年度变化情况

单位：张/万人

年份	东部		中部		西部		东北	
	均值	标准差	均值	标准差	均值	标准差	均值	标准差
1998	31.70	12.11	24.01	5.43	25.59	6.70	38.04	8.06
1999	31.74	12.15	23.75	5.23	25.59	7.75	37.59	7.87
2000	30.81	11.06	23.82	5.41	24.83	6.20	36.79	7.72
2001	31.30	11.85	23.59	5.08	24.57	5.86	36.66	7.25
2002	30.54	12.51	22.29	4.54	23.86	5.44	34.46	5.39
2003	30.44	11.65	22.51	4.55	24.41	5.87	34.29	5.54
2004	30.92	11.54	22.83	4.91	24.91	6.19	34.99	6.03
2005	31.73	11.45	24.01	4.42	25.99	5.78	35.27	5.98
2006	32.70	11.18	24.97	4.49	26.89	5.77	35.91	5.38
2007	33.18	10.76	25.96	3.65	28.20	5.78	36.47	4.75
2008	34.48	9.79	29.08	4.57	30.86	5.79	38.06	3.79
2009	35.08	7.95	32.40	5.52	33.59	5.94	40.65	3.06
2010	36.24	6.37	34.74	5.21	36.37	6.10	43.43	2.82
2011	37.90	5.54	37.23	4.62	39.45	6.45	45.48	3.29
2012	40.62	5.56	41.36	3.80	43.17	7.43	48.52	3.55
2013	42.84	5.26	44.59	4.64	47.60	6.36	50.95	3.62
2014	47.42	4.57	51.26	6.82	54.11	6.37	56.26	4.21
2015	47.10	4.73	50.94	6.80	53.60	6.21	56.39	4.25

资料来源：历年《中国统计年鉴》《中国第三产业统计年鉴》和《中国卫生和计划生育统计年鉴》等。

3. 减少贫困

减少贫困最为直接的衡量指标是减少农村贫困人口数量的比重，即降低农

村人口的贫困发生率。本文使用的数据来源于历年的《中国农村贫困监测报告》,由于数据方面的限制,这里仅分析2010～2015年的农村贫困发生率。

表7-7呈现了四大区域农村人口贫困率年度变化情况。根据数据可知,我国四大区域农村人口的贫困发生率均呈现逐年下降的趋势,说明在实施积极的财政政策后,我国农村的贫困人口比例有所减少,即积极的财政政策有一定的减贫效应。但是不同区域内部,这种减贫效应又有所不同,具体表现在:

第一,从绝对数量上来看,东部地区农村人口的平均贫困率最低,其次是东北地区,然后是中部地区,最后是西部地区,说明积极财政政策在各个地区减贫效果方面存在一定的差异。

第二,从减少贫困人口比重的幅度来看,2010～2015年积极财政政策的减贫效应,西部地区最为显著,6年间农村贫困人口比例平均减少了20.24个百分点;其次为中部地区,农村贫困人口减少的比例为11.50个百分点;再次是东北地区,农村贫困人口发生率下降了7.84个百分点左右;最后是东部地区,农村贫困发生率减少了5.25个百分点左右。

第三,从区域内部的差距来看,东北地区和中部地区农村人口贫困发生率差距较小,其次为东部地区,而西部地区省份的内部差距较大。

表7-7 2010～2015年四大区域农村人口贫困率年度变化情况

单位:%

年份	东部		中部		西部		东北	
	均值	标准差	均值	标准差	均值	标准差	均值	标准差
2010	6.81	7.48	18.08	3.12	31.38	12.13	12.17	2.84
2011	4.35	4.87	14.05	2.69	24.72	10.63	8.20	1.35
2012	3.34	3.68	11.48	2.27	19.72	8.44	6.73	0.38
2013	2.87	3.28	9.48	1.89	16.13	6.71	5.73	0.29
2014	2.27	2.79	8.10	1.76	13.80	5.63	5.20	0.17
2015	1.56	2.35	6.58	1.51	11.14	4.59	4.33	0.46

资料来源:历年《中国农村贫困监测报告》。

（三）乘数效应

郭庆旺等（2004）认为从积极财政政策的主要作用来看，分析积极财政政策效果的主要指标是积极财政政策的乘数大小，他们使用的是传统的 IS – LM 模型，通过对财政支出乘数公式中的相关参数进行估计，代入后计算得到财政乘数。本文借鉴 Nakamura E & Steinsson J（2014）[①] 的做法，使用各地区间财政支出的变差来识别财政支出对于产出的乘数效应，具体的估计模型如下：

$$\frac{GDP_{it} - GDP_{it-2}}{GDP_{it-2}} = \alpha_i + \beta_t + \gamma \times \frac{fiscalex_{it} - fiscalex_{it-2}}{fiscalex_{it-2}} + \xi_{it} \tag{7.1}$$

式中，GDP_{it} 代表 i 区域第 t 年的人均产出，$fiscal_{it}$ 是 i 区域第 t 年的人均财政支出，这里均使用人均形式。α_i 代表地区固定效应，β_t 代表时间固定效应。包含地区固定效应意味着，我们考虑到地区在产出和财政支出方面的特定的时间趋势。包含时间固定效应使得我们能够控制总体冲击和总体政策，比如扭曲税收和总体货币政策的变化。所有的变量均使用人均的形式。本文使用 GDP 产出和财政支出两年的差分变化来动态地捕捉财政支出和产出之间的关系，乘数效应主要关注方程 7.1 中的系数 γ，它代表财政政策的乘数。估算乘数效应使用的数据为 1998 ~ 2015 年中国 31 个省（自治区、直辖市）组成的面板数据，为了剔除价格方面的影响，这里的人均 GDP 和人均财政支出均以 1998 年为基期进行平减。

表 7 – 8 是根据方程（7.1）计算出的全国及四大区域的财政支出乘数。根据计算结果可知，全国及四大区域财政支出乘数均在 1% 的显著性水平上显著。从全国的估算结果来看，真实的人均财政支出相对于两年前每提高 1%，将会使真实的人均 GDP 提高 0.1435%。从分地区的结果来看，东部地区财政支出乘数最高为 0.1635，其余三个地区的财政支出乘数均低于全国

[①] Nakamura E., Steinsson J. "Fiscal Stimulus in a Monetary Union: Evidence from US Regions", *The American Economic Review* 104（3）（2014）: 753 – 792.

平均水平，其中西部地区的财政支出乘数为 0.1403，东北地区次之为 0.1110，中部地区最低为 0.0647。

表 7 - 8　全国及四大区域的财政支出乘数

地区	乘数	标准差	t 值	p 值
全国	0.1435	0.0110	13.0200	0.000
东部	0.1635	0.0181	9.0500	0.000
中部	0.0647	0.0215	3.0000	0.004
西部	0.1403	0.0215	6.5300	0.000
东北	0.1110	0.0317	3.5000	0.002

资料来源：根据历年《中国统计年鉴》数据计算得到。

四　积极财政政策区域性（经济、社会）效果分析

（一）面板模型的建立

为了进一步分析积极财政政策的区域效果，本文使用全国省级面板数据，并利用动态面板模型研究积极财政政策的经济效果和社会效果。为此，构建如下的计量经济模型：

$$economiceffect_{it} = \alpha_1 + \alpha_2 fiscalex_{it} + \alpha_3 X_{it} + \xi_{it} \qquad (7.2)$$

$$socialeffect_{it} = \alpha_1 + \alpha_2 fiscalex_{it} + \alpha_3 Y_{it} + \xi_{it} \qquad (7.3)$$

其中，$economiceffect$ 和 $socialeffect$ 分别代表积极财政政策所产生的经济效果和社会效果。具体来说，$economiceffect$ 变量分别包括人均 GDP、人均民间投资水平、就业情况以及人均居民消费水平；$socialeffect$ 变量分别包括居民的受教育水平、地区医疗水平和农村贫困率等方面。$fiscalex$ 代表积极的财政政策，本文使用人均财政总支出来表示。X 和 Y 代表影响经济效果和社会效果的其他变量。下标 i 和 t 分别代表地区和时间，ξ 代表随机误差项。

（二）被解释变量与解释变量的说明与描述

本文所有的宏观数据均来源于《中国统计年鉴》《中国人口与就业年鉴》《中国固定资产投资统计年鉴》和 Wind 数据库等。本文实证使用的被解释变量均按照上文定义的方法，对于经济指标，都采用 1998 年作为基期进行平减。

本文的主要解释变量为"积极财政政策"，一般通过政府的财政支出或政府的投资水平来表征。本文主要考虑使用两个指标测度积极的财政政策，一个是人均财政支出，以 1998 年为基期，并使用消费者价格指数对其进行平减处理；另一个是政府投资水平，使用人均政府投资，并以 1998 年作为基期利用固定资产价格指数进行平减处理。

本文选取的控制变量主要有财政支出分权 fd（或财政自主度 $self$）、经济开放度 $open$、市场化程度 $market$ 和人口结构 $laborforce$ 等。财政支出分权指标使用"地方人均财政支出/（中央人均财政支出 + 地方人均财政支出）"计算得出，财政自主度使用"地方人均财政支出/地方人均财政支出"计算得出。经济开放度指标使用"各个省份进出口总额占 GDP 的比重"来衡量，考虑到进出口总额使用的是以美元为计价单位，因此本文使用各个年份美元对人民币的平均汇率进行调整。市场化程度大多数研究使用樊纲的市场化指数来衡量，也有学者使用非国有经济产值占地区总产值的比重来测度，本文主要使用民间固定投资占全社会固定投资的比重来衡量。人口结构用抽样人口调查数据中的 15 ~ 64 岁人口占总抽样人口的比重来衡量[1]。

（三）面板模型回归结果分析

本文首先使用面板数据模型分析积极财政政策在四大区域产生的经

---

[1] 由于低于 18 岁是法定的未成年人，并且退休年龄为 55 岁或 60 岁，所以该指标并不代表人口中的劳动力比例。

济效果和社会效果，通过将积极财政政策对经济变量和社会变量影响的回归系数大小进行比较，初步分析积极财政政策的区域性效果。为了减小异方差对模型估计的影响，本文将所有的绝对量指标进行对数化处理。

1. 经济效果

（1）对经济增长影响的区域效果

表7-9呈现了积极财政政策对经济增长效应的区域性效果。具体分别对全国和四大区域进行了回归分析，根据回归结果可知，当期的经济增长显著地受到上一期经济增长的影响，并且系数均在1%的显著性水平上显著，这说明了维持经济本身的重要性。

人均财政支出的回归系数表明，就全国层面而言，人均财政支出促进了经济增长，并且系数通过了1%的显著性水平。可知，在保持其他经济变量不变的情况下，实际人均财政支出每提高一个百分点，将会促进实际人均GDP提高7.68个百分点。但是从分区域的回归结果来看，东部和中部地区人均财政支出回归系数均不显著，但东部的回归系数符号为正，中部的回归系数为负；而人均财政支出对西部和东北地区的经济增长影响为正，并且分别在1%和5%的显著性水平上显著，从系数大小来看，实际人均财政支出每提高1%，会促进西部地区的实际人均GDP增长8.28%左右，会促进东北地区的实际人均GDP提高3.31%左右。

控制变量方面，无论是全国还是区域层面，财政支出分权对人均GDP的影响均显著为正，说明财政支出分权对经济增长促进效果明显。并且从系数大小来看，作用强度为东北最强，其次为中部地区，然后是西部和东部地区。从全国来看，经济开放度对经济增长的影响显著，但是仅对东部省份人均GDP的提升作用显著，对于中部、西部和东北地区的作用较弱。市场化水平对全国和四大区域人均GDP的提升均有显著的促进作用。人口结构变量对全国的人均GDP有显著的抑制作用，但是对东部地区影响几乎为零，而对其他三个区域的抑制作用显著。

表7-9　积极财政政策对经济增长影响的区域性效果

	全国	东部	中部	西部	东北
实际人均 GDP 对数滞后一期	0.7919 ***	0.8577 ***	0.9168 ***	0.8209 ***	0.8116 ***
	(0.0276)	(0.0679)	(0.0628)	(0.0373)	(0.0111)
人均实际财政 支出对数	0.0768 ***	0.0507	-0.0304	0.0828 ***	0.0331 **
	(0.0196)	(0.0432)	(0.0445)	(0.0282)	(0.0147)
财政支出分权	1593.7602 ***	1707.7039 ***	2020.8441 ***	1079.7252 **	4599.4074 ***
	(506.4889)	(605.4416)	(371.5446)	(430.5299)	(712.7376)
经济开放度	0.0005 **	0.0004 *	0.0003	0.0006	0.0007
	(0.0002)	(0.0002)	(0.0007)	(0.0004)	(0.0005)
市场化水平	0.0000 ***	0.0000 *	0.0000 ***	0.0000 ***	0.0000 ***
	(0.0000)	(0.0000)	(0.0000)	(0.0000)	(0.0000)
人口结构	-0.0002 **	0.0000	-0.0002 ***	-0.0003 ***	-0.0003 ***
	(0.0001)	(0.0001)	(0.0001)	(0.0001)	(0.0001)
N	480	160	96	176	48
p	0.0000	0.0000	0.0000	0.0000	0.0000

注：***、** 和 * 分别代表在1%、5%和10%的显著性水平；括号内为标准误。

（2）对民间投资影响的区域效果

表7-10呈现了积极财政政策对民间投资效应的区域性效果。根据全国和区域的回归结果来看，滞后一期的民间投资对当期的民间投资水平有一定的促进作用，但是仅在东部地区、中部地区和东北地区显著，而在西部地区的影响不显著。根据系数大小可知东部地区的滞后效应最为显著，其次是中部地区，然后是东北地区，这说明东部地区有较好的民间投资环境。

积极财政政策方面，无论是从全国，还是分四大区域来看，人均政府投资对民间投资都有显著的促进作用，并且系数均在1%的显著性水平上显著。这说明，积极的财政政策对于民间投资有一定的"挤入效应"。从回归系数的大小来看，积极财政政策对西部和东北地区的民间投资"挤入效应"最大，其次是中部地区，最后是东部地区。具体而言，在保持其他变量不变的情况下，政府投资平均每提高1%，将促进东部、中部、西部和东北地区民间投资分别增加49.95%、79.88%、95.09%和92.63%。

控制变量方面，财政支出分权对西部地区和东北地区的民间投资作用不显著，但是可以显著促进东部和中部地区的民间投资水平。经济开放总体来说对民间投资有显著的促进作用，但是对东部和西部有促进作用，对中部地区的影响不显著，而对东北地区有显著的抑制作用。市场化水平对民间投资有显著的促进作用，并且都在1%的显著性水平上显著。而人口结构对民间投资的影响均不显著。

表7-10　积极财政政策对民间投资影响的区域性效果

	全国	东部	中部	西部	东北
实际人均民间投资对数滞后一期	0.1931 ***	0.3124 ***	0.1391 **	0.0267	0.0816 *
	(0.0449)	(0.0487)	(0.0570)	(0.0286)	(0.0424)
实际人均政府投资对数	0.7427 ***	0.4995 ***	0.7988 ***	0.9509 ***	0.9263 ***
	(0.0485)	(0.0502)	(0.0670)	(0.0333)	(0.0791)
财政支出分权	1016.9515	1.01e + 04 ***	1878.5828 **	332.4652	- 2.88e + 03
	(960.6821)	(2238.8448)	(876.3796)	(206.4951)	(4737.3250)
经济开放度	0.0020 ***	0.0011 **	0.0033	0.0010 **	- 0.0014 *
	(0.0006)	(0.0005)	(0.0022)	(0.0005)	(0.0007)
市场化水平	0.0000 ***	0.0000 ***	0.0000 ***	0.0000 ***	0.0000 ***
	(0.0000)	(0.0000)	(0.0000)	(0.0000)	(0.0000)
人口结构	0.0000	0.0002	0.0001	- 0.0000	- 0.0001
	(0.0001)	(0.0002)	(0.0001)	(0.0001)	(0.0001)
N	480	160	96	176	48
p	0.0000	0.0000	0.0000	0.0000	0.7140

注：***、** 和 * 分别代表在1%、5%和10%的显著性水平；括号内为标准误。

（3）对居民消费影响的区域效果

表7-11呈现了积极财政政策对居民消费的区域性效果。回归结果显示，当期的居民消费水平显著地受到上一期居民消费水平的影响。根据系数大小可知东北地区的滞后效应最为显著，其次是中部地区，然后是东部地区和西部地区，这说明东北地区和中部地区居民更加倾向于本期的消费。

积极财政政策方面，这里使用的是人均财政支出变量，根据回归结果可知，总体而言，积极的财政政策对居民的消费水平有显著的促进作用，并且人均财政支出每提高 1 个百分点，将会促进居民消费水平平均提高 14.32 个百分点。就区域的回归结果而言，东部、西部和东北地区人均财政支出均在 1% 的水平上显著促进居民消费支出，并且弹性系数分别为 0.1826、0.1905 和 0.0936，但是对中部居民消费水平的影响不显著。这可能是由于积极财政政策在中部地区的经济增长效应较弱，从而不能较好地促进居民收入水平的提升，因此对居民消费的影响不显著。

控制变量方面，除了西部地区外，财政支出分权对人均居民消费水平的影响均不显著。经济开放度对人均居民消费水平的影响不显著，说明经济开放对于促进居民消费的作用有限。从全国来看，市场化水平对居民消费水平有提升作用，但是仅对中部地区作用显著。从全国来看，人口结构对居民的收入水平有负向影响但不显著，仅中部地区人口结构对居民消费有显著的抑制作用。

表 7 - 11　积极财政政策对居民消费影响的区域性效果

	全国	东部	中部	西部	东北
实际人均消费对数滞后一期	0.7478 ***	0.7188 ***	0.7858 ***	0.7011 ***	0.8987 ***
	（0.0377）	（0.0976）	（0.0845）	（0.0307）	（0.0539）
实际人均财政支出对数	0.1432 ***	0.1826 ***	0.0850	0.1905 ***	0.0936 ***
	（0.0251）	（0.0638）	（0.0618）	（0.0239）	（0.0326）
财政支出分权	− 536.8500	− 515.8338	− 484.5778	− 1.00e + 03 **	− 1.71e + 03
	（462.3583）	（698.2051）	（1164.9173）	（462.0063）	（1101.3025）
经济开放度	0.0001	0.0001	− 0.0004	0.0002	0.0002
	（0.0004）	（0.0003）	（0.0025）	（0.0007）	（0.0017）
市场化水平	0.0000 ***	0.0000	0.0000 ***	0.0000	− 0.0000
	（0.0000）	（0.0000）	（0.0000）	（0.0000）	（0.0000）
人口结构	− 0.0002	− 0.0000	− 0.0007 ***	− 0.0001	− 0.0001
	（0.0001）	（0.0002）	（0.0002）	（0.0001）	（0.0001）
N	480	160	96	176	48
p	0.0000	0.0000	0.0000	0.0000	0.0976

注：*** 、** 和 * 分别代表在 1% 、5% 和 10% 的显著性水平；括号内为标准误。

（4）对就业影响的区域性效果

表 7 - 12 呈现了积极财政政策对就业影响的区域性效果，这里使用人均政府投资 *zfinvest* 作为积极财政政策的指标。根据回归结果可知，当期就业水平显著地受到上一期就业水平的影响，上一期的就业比例越高，本期的就业比例也就越高，说明我国的就业比例有逐年上升的趋势。

总体来说，人均政府投资水平越高，就业的比例也就越高。根据半对数模型回归系数的含义可知，在保持其他变量不变的情况下，人均政府投资平均增加 1 个百分点，可以促进就业比例增加 1.1266 个单位，即促进就业增加 1.13% 左右。政府投资对东部和中部地区就业水平的影响有一定的促进作用，但是系数并不显著。西部和东北地区的人均政府投资水平分别在 5% 和 10% 的水平上显著促进了就业水平，并且东北地区促进就业的作用更加显著。

控制变量方面，财政支出分权虽然总体上对就业比例有一定的抑制作用，但是抑制作用并不显著，除了对西部的抑制作用显著外，财政支出分权对东部、中部和东北地区就业水平有促进作用但影响不显著。经济开放度总体而言促进了就业水平的提升，但是其促进作用并不显著，经济开放度仅对东部地区的就业促进作用显著，对其他地区就业的促进作用不显著。市场化水平仅促进了东北地区的就业，对其他地区的影响不显著。人口结构显著地促进了东部和东北地区就业水平，但对中部和西部的影响不显著。

表 7 - 12　积极财政政策对就业水平影响的区域性效果

	全国	东部	中部	西部	东北
就业比例滞后一期	0.7362 ***	0.6853 ***	0.6902 ***	0.8296 ***	0.4159 ***
	(0.0307)	(0.0303)	(0.0404)	(0.0480)	(0.0767)
实际人均政府投资对数	1.1266 **	1.0119	0.3122	1.0161 **	2.9987 *
	(0.4434)	(0.9018)	(0.8360)	(0.4410)	(1.5639)
财政支出分权	− 2.66e + 04	6.34e + 04	3.22e + 04	− 3.01e + 04 **	8.33e + 04
	(1.98e + 04)	(6.18e + 04)	(2.88e + 04)	(1.27e + 04)	(7.09e + 04)
经济开放度	0.0299	0.0336 **	0.1737	0.0145	0.0006
	(0.0183)	(0.0163)	(0.1550)	(0.0311)	(0.0179)

	全国	东部	中部	西部	东北
市场化水平	0.0000 ***	0.0000	0.0000	0.0000	0.0000 ***
	(0.0000)	(0.0000)	(0.0000)	(0.0000)	(0.0000)
人口结构	0.0027	0.0176 ***	−0.0021	−0.0067	0.0174 ***
	(0.0046)	(0.0067)	(0.0050)	(0.0081)	(0.0040)
N	480	160	96	176	48
p	0.0000	0.0000	0.0000	0.0000	0.0000

注：*** 、** 和 * 分别代表在 1% 、5% 和 10% 的显著性水平；括号内为标准误。

2. 社会效果

（1）对教育供给水平影响的区域性效果

表 7 - 13 呈现了积极财政政策对教育供给水平影响的区域性效果。根据回归结果可知，教育供给水平存在显著的滞后效应，即从全国和区域的回归结果都可以发现上一期的教育供给水平显著地促进了当期的教育供给水平。这说明教育服务供给水平的提升有一定的连续性。

通过第二行回归结果可知，积极的财政政策对教育供给水平有显著的提升作用，并且回归系数都在 1% 的显著性水平上显著。从全国层面的结果来看，人均财政支出平均每增加 1% ，将会促进人均受教育年限增加 0.5566 年；从分区域的结果来看，积极财政政策对各个区域的影响程度不同（根据系数大小比较），其中对中部地区的促进作用最为明显，其次为东部地区，然后为西部地区，而对东北地区的促进效果最弱。

控制变量方面，财政支出分权对人均受教育年限影响显著为负，说明财政支出上的分权使得地方政府更加偏好于能很快带来经济效应的支出（诸如经济建设类支出），而压低教育这类短期内经济效应不是特别明显的支出，从而降低教育供给水平。从总体上看，经济开放度抑制了教育服务的供给水平，但是从各区域的结果来看，经济开放度对各个区域教育服务供给水平的影响不显著。市场化水平对中部和东北地区的教育服务供给水平有显著的提升作用，但是影响较为微弱。从全国和区域的回归结果来看，人口结构对人均受教育年限有显著的抑制作用。

表 7 - 13　积极财政政策对教育供给水平影响的区域性效果

	全国	东部	中部	西部	东北
人均受教育年限滞后一期	0.4481***	0.4397***	0.3372***	0.4283***	0.5686***
	(0.0216)	(0.0492)	(0.1106)	(0.0349)	(0.0403)
实际人均财政支出对数	0.5566***	0.6116***	0.6650***	0.5037***	0.2987***
	(0.1113)	(0.1198)	(0.0909)	(0.1513)	(0.0806)
财政支出分权	-1.47e+04***	-1.43e+04***	-1.46e+04***	-5.82e+03	-1.22e+04**
	(5488.9893)	(5443.8289)	(3334.5232)	(6903.4826)	(5352.8545)
经济开放度	-0.0031**	-0.0009	-0.0031	-0.0066	-0.0033
	(0.0015)	(0.0006)	(0.0029)	(0.0061)	(0.0034)
市场化水平	0.0065**	-0.0002	0.0072**	0.0018	0.0063*
	(0.0032)	(0.0022)	(0.0034)	(0.0041)	(0.0033)
人口结构	-0.0035***	-0.0024***	-0.0030***	-0.0041***	-0.0028***
	(0.0004)	(0.0008)	(0.0007)	(0.0006)	(0.0009)
N	488	160	96	184	48
p	0.0000	0.0000	0.0000	0.0000	0.0000

注：***、**和*分别代表在1%、5%和10%的显著性水平；括号内为标准误。

（2）对医疗供给水平影响的区域性效果

表 7 - 14 呈现了积极财政政策对教育供给水平影响的区域性效果。根据回归结果可知，医疗服务供给水平存在显著的滞后效应，即从全国和区域的回归结果都可以发现上一期的医疗服务供给水平显著地提升了当期的医疗服务供给水平。这说明医疗服务供给水平的提升有一定的连续性。

人均财政支出的回归系数表明，从全国来看，人均财政支出显著地提升了医疗服务的供给水平。从全国的回归结果来看，在保持其他变量不变的情况下，人均财政支出平均每提高1%，将会使每万人医疗机构床位数平均增加3.4125张。从区域的回归结果来看，积极财政政策对东部地区医疗供给水平虽然有提升作用，但是并不显著；而对中部、西部和东北地区医疗供给水平影响均为正，均在1%的显著性水平上显著，并且在西部地区的作用最强，其次为东北和中部地区。

从控制变量来看，财政支出分权仅对东部地区医疗服务供给有显著的促进作用，而对中部、西部和东北地区的影响不显著。经济开放度对东部地区医疗服务供给有抑制作用，而对西部地区有促进作用，对中部和东北地区的影响不显著。市场化水平对于医疗供给水平影响较为微弱。从全国层面来看，人口结构显著地促进了医疗供给水平的提高，但是从区域的结果来看，人口结构的影响并不显著。

表 7 - 14　积极财政政策对医疗供给水平影响的区域性效果

	全国	东部	中部	西部	东北
卫生机构每万人床位数滞后一期	0.8647 ***	0.9012 ***	0.9202 ***	0.7906 ***	0.9379 ***
	(0.0354)	(0.0284)	(0.0137)	(0.0491)	(0.0417)
实际人均财政支出对数	3.4125 ***	0.0553	2.1248 ***	4.8585 ***	2.5821 ***
	(1.0816)	(0.9056)	(0.5950)	(1.1140)	(0.6920)
财政支出分权	4.64e + 04 *	1.39e + 05 ***	3.10e + 04	− 9.95e + 03	5.46e + 04
	(2.52e + 04)	(3.13e + 04)	(3.47e + 04)	(2.15e + 04)	(6.34e + 04)
经济开放度	− 0.0080	− 0.0080 **	− 0.0157	0.0533 ***	0.0141
	(0.0062)	(0.0033)	(0.0697)	(0.0182)	(0.0365)
市场化水平	− 0.0985 **	0.0183	− 0.0169	− 0.1034	− 0.0524 ***
	(0.0471)	(0.0500)	(0.0619)	(0.0744)	(0.0046)
人口结构	0.0087 ***	0.0102	0.0061	0.0057	− 0.0046
	(0.0034)	(0.0064)	(0.0037)	(0.0068)	(0.0041)
N	488	160	96	184	48
p	0.0000	0.0000	0.0000	0.0000	0.0000

注：*** 、** 和 * 分别代表在 1%、5% 和 10% 的显著性水平；括号内为标准误。

（3）对农村贫困发生率影响的区域性效果

表 7 - 15 呈现了积极财政政策对农村贫困率影响的区域性效果。由于贫困发生率的时间区间为 2010 ~ 2015 年，属于短面板模型，因此使用面板数据的固定效应模型和随机效应模型研究积极财政政策对农村贫困发生率的影响。根据表 7 - 15 的回归结果，从全国层面来看，人均财政支出对农村贫困发生率有显著的抑制作用，并在 1% 的显著性水平上显著，说明积极的财政

政策有较好的减贫效应。从区域的回归结果来看，积极财政政策在西部地区的减贫作用最大，其次是东北、东部和中部地区，这表明积极财政政策的减贫效应存在地区差异。

控制变量方面，财政自主度仅对中部和东北地区的农村贫困发生率产生显著的作用，而对于东部和西部地区的作用不显著。经济开放度方面，从全国的层面来看，其对农村贫困发生率产生显著的抑制作用，但是这种抑制作用在东部、中部和东北地区并不显著。市场化程度对全国农村贫困发生率作用微弱，但是对中部地区的农村贫困发生率有显著的抑制作用。人口结构对贫困发生率的影响较弱，仅对东北地区抑制作用显著。

表7-15 积极财政政策对农村贫困率影响的区域性效果

	全国	东部	中部	西部	东北
实际人均财政支出对数	-22.5623 ***	-13.9589 **	-11.3716 **	-31.6426 ***	-16.6789 ***
	(2.7308)	(4.8954)	(2.9676)	(2.2500)	(5.5733)
财政自主度	0.4962	-2.5552	26.3342 *	0.3333	41.5533 **
	(0.7136)	(5.2715)	(11.0549)	(0.2786)	(20.2066)
经济开放度	-0.0609 **	-0.0538	-0.1359	0.1426 ***	-0.0611
	(0.0231)	(0.0310)	(0.1263)	(0.0389)	(0.1568)
市场化水平	0.2031	0.1008	-0.4536 **	-0.0517	0.1567
	(0.1562)	(0.1475)	(0.1136)	(0.1405)	(0.1122)
人口结构	-0.0013	0.0048	-0.0066	0.0103	-0.0317 *
	(0.0130)	(0.0064)	(0.0175)	(0.0215)	(0.0179)
常数项	78.8901 ***	59.1187 ***	69.9529 ***	120.6141 ***	37.5591 ***
	(9.7747)	(17.9369)	(7.4333)	(11.5480)	(8.2506)
模型	固定效应	固定效应	固定效应	固定效应	随机效应
N	186	60	36	72	18
R_2	0.7553	0.6492	0.9283	0.9153	0.8387
F	22.8102	4.4688	183.1852	57.1065	—
p	0.0000	0.0291	0.0000	0.0000	0.0000

注：*** 、** 和 * 分别代表在1%、5%和10%的显著性水平；括号内为标准误。

五 积极财政政策区域性（经济、社会）效果的空间计量分析

（一）空间计量模型的建立

考虑到地方政府为了吸引要素流入本辖区，会采取一系列财政支出竞争方面的行为，同时积极财政政策产生的经济效果和社会效果有一定的外溢性，这种外溢会将本地区的积极财政政策的经济效果和社会效果传导至其他地区，因而引入空间因素进一步研究积极财政政策的区域性效果。为此，本文构建如下的空间计量模型：

$$economiceffect_{it} = \alpha + \rho_1 Weconomiceffect_{it} + \beta_1 fiscalex$$
$$+ \upsilon_1 \sum X + \kappa_1 Wfiscalex + \mu_i + \nu_t + \xi_{it} \tag{7.4}$$

$$socialeffect_{it} = \alpha + \rho_1 Weconomiceffect_{it} + \beta_1 fiscalex$$
$$+ \upsilon_1 \sum X + \kappa_1 Wfiscalex + \mu_i + \nu_t + \xi_{it} \tag{7.5}$$

其中，$economiceffect$ 和 $socialeffect$ 均为被解释变量，分别代表经济效果和社会效果变量。W 为 30×30 的 $0-1$ 空间权重矩阵（选择相邻的省份构造空间权重矩阵，相邻省份取值为 1，否则为 0）或者为地理距离权重矩阵（根据省份间的距离构造权重矩阵，距离越近则权重越大），ρ 代表空间自回归系数，该系数反映的是相邻省份经济效果或社会效果对本省经济效果或者社会效果的影响。核心的解释变量为积极的财政政策，这里使用的是人均政府投资水平作为解释变量，X 代表影响经济效果和社会效果的其他控制变量，包括财政自主度（$self$）、经济开放度（$open$）、市场化水平（$market$）和人口结构（$laborforce$）等变量。α 为常数项，β、χ、γ、φ、ω、υ、κ 为解释变量的系数，μ 为地区性扰动项，ν 为时间性扰动项，ξ 为随机误差项，下标 i 代表省份变量，下标 t 代表时间变量。

（二）空间相关性检验

在进行空间模型分析之前，需要判断被解释变量是否存在空间相关性，一般运用 Moran'I 指数进行判断。该指数的计算公式如下：

$$Moran'I = \frac{\sum\limits_{i=1}^{n} \sum\limits_{j=1}^{n} W_{ij}(\Gamma_i - \bar{\Gamma})(\Gamma_j - \bar{\Gamma})}{S^2 \sum\limits_{i=1}^{n} \sum\limits_{j=1}^{n} W_{ij}} \tag{7.6}$$

式中，$\bar{\Gamma}$ 和 S^2 分别代表省份属性的均值和方差，n 代表省份的数量，本文 n 的取值为 30，主要是由于西藏部分年份数据缺失。这里的 W_{ij} 是空间权重矩阵，代表地区 i 和 j 之间的空间权重，本文形成的是 30×30 的空间权重矩阵。通常使用的空间权重矩阵有 $0-1$ 矩阵、地理距离矩阵和经济距离矩阵等，本文在实证中选择使用前两种空间权重矩阵。

$Moran'I$ 指数可以看做本省份与相邻省份之间样本观测值的乘积，取值范围为 $[-1, 1]$，该值大于零说明具有相同属性的集合越聚集，即表现空间上的正相关；相反，该值小于零说明具有相反属性的集合越聚集，即表现出空间上的负相关。但是，如果 $Moran'I$ 指数接近于 0，则说明属性分布具有随机性，可认为不存在空间上的关联。

表 7 – 16、表 7 – 17、表 7 – 18、表 7 – 19、表 7 – 20、表 7 – 21、表 7 – 22 分别显示了 1998～2015 年我国各省人均 GDP、人均民间投资水平、人均消费水平、就业比例、教育服务供给水平、医疗服务供给水平以及农村贫困率等变量的空间自相关分析结果。

以下的空间自相关检验均使用了 $0-1$ 矩阵作为空间权重矩阵，根据检验结果，1998～2015 年各个变量的 $Moran'I$ 指数均大于 0，并且所有的变量都在 1% 的水平上强烈拒绝"无空间自相关"的原假设，即认为存在空间自相关。这意味着我国各省人均 GDP、人均民间投资水平、人均消费水平、就业比例、教育服务供给水平、医疗服务供给水平以及农村贫困率等变量的变动并不是随机的，而是存在强烈的邻近地区相互依赖的特性（使用地理距离矩阵发现上述变量的空间相关性仍然十分显著），因此应引入空间因素，进一步实证分析积极财政政策的区域性效果。

表 7 - 16 1998 ~ 2015 年我国人均 GDP 空间自相关检验

1998 年	1999 年	2000 年	2001 年	2002 年	2003 年	2004 年	2005 年	2006 年
0. 356	0. 361	0. 387	0. 384	0. 389	0. 408	0. 414	0. 411	0. 417
2007 年	2008 年	2009 年	2010 年	2011 年	2012 年	2013 年	2014 年	2015 年
0. 415	0. 415	0. 435	0. 427	0. 415	0. 406	0. 398	0. 391	0. 389

表 7 - 17 1998 ~ 2015 年我国人均民间投资水平空间自相关检验

1998 年	1999 年	2000 年	2001 年	2002 年	2003 年	2004 年	2005 年	2006 年
0. 518	0. 499	0. 429	0. 389	0. 377	0. 392	0. 389	0. 406	0. 449
2007 年	2008 年	2009 年	2010 年	2011 年	2012 年	2013 年	2014 年	2015 年
0. 482	0. 499	0. 489	0. 475	0. 385	0. 369	0. 290	0. 210	0. 205

表 7 - 18 1998 ~ 2015 年我国人均消费水平空间自相关检验

1998 年	1999 年	2000 年	2001 年	2002 年	2003 年	2004 年	2005 年	2006 年
0. 276	0. 257	0. 280	0. 290	0. 291	0. 295	0. 285	0. 281	0. 305
2007 年	2008 年	2009 年	2010 年	2011 年	2012 年	2013 年	2014 年	2015 年
0. 296	0. 300	0. 315	0. 323	0. 344	0. 337	0. 366	0. 355	0. 375

表 7 - 19 1998 ~ 2015 年我国就业水平空间自相关检验

1998 年	1999 年	2000 年	2001 年	2002 年	2003 年	2004 年	2005 年	2006 年
0. 295	0. 259	0. 209	0. 231	0. 104	0. 106	0. 084	0. 347	0. 345
2007 年	2008 年	2009 年	2010 年	2011 年	2012 年	2013 年	2014 年	2015 年
0. 398	0. 397	0. 266	0. 276	0. 275	0. 23	0. 188	0. 23	0. 252

表7-20　1998～2015年我国教育水平空间自相关检验

1998 年	1999 年	2000 年	2001 年	2002 年	2003 年	2004 年	2005 年	2006 年
0. 321	0. 360	0. 407	0. 329	0. 350	0. 334	0. 367	0. 404	0. 386
2007 年	2008 年	2009 年	2010 年	2011 年	2012 年	2013 年	2014 年	2015 年
0. 356	0. 371	0. 381	0. 392	0. 358	0. 361	0. 389	0. 365	0. 345

表7-21　1998～2015年我国医疗水平空间自相关检验

1998 年	1999 年	2000 年	2001 年	2002 年	2003 年	2004 年	2005 年	2006 年
0. 314	0. 301	0. 325	0. 321	0. 318	0. 302	0. 290	0. 253	0. 262
2007 年	2008 年	2009 年	2010 年	2011 年	2012 年	2013 年	2014 年	2015 年
0. 254	0. 248	0. 241	0. 208	0. 183	0. 206	0. 242	0. 269	0. 271

表7-22　2010～2015年我国农村贫困发生率空间自相关检验

2010 年	2011 年	2012 年	2013 年	2014 年	2015 年
0. 550	0. 548	0. 540	0. 536	0. 540	0. 539

（三）积极财政政策区域性效果的空间探讨

表7-23呈现了积极财政政策对经济增长、民间投资、就业水平和居民消费水平影响的空间面板回归结果。其中，第（1）、（3）、（5）和（7）列使用0-1矩阵分别估计了积极财政政策对经济增长、民间投资、就业水平和居民消费水平影响的空间面板回归结果，而第（2）、（4）、（6）和（8）列使用地理距离矩阵分别估计了积极财政政策对经济增长、民间投资、就业水平和居民消费水平影响的空间面板回归结果。通过豪斯曼检验，确定回归结果第（3）列和第（4）列采用随机效应的空间杜宾模型，其余采用固定效应的空间杜宾模型。

这里使用的积极财政政策的指标为人均政府投资，财政支出分权的指标为财政自主度。首先观察积极财政政策对经济增长影响的空间回归结果，从整体来看空间系数ρ在第（1）列和第（2）列中均通过1%的显著性水平，从符号可知一个地区的经济增长会对相邻地区和近距离地区的经济增长带来正向的影响。人均政府投资在1%的显著性水平上促进了经济增长，并且对比第（1）列和第（2）列的系数可知，相对于距离远近，积极财政政策对于相邻地区的经济增长影响更大。由此说明积极的财政政策具有促进区域经济增长的作用，并且本地区的政府投资会对相邻地区的经济增长产生一定的抑制作用，同时对距离较近地区经济增长也会产生一定的抑制作用，并且相邻地区的抑制作用更加明显。这说明各地区政府间积极财政政策存在一定的财政竞争行为，并且这种财政竞争行为会对相邻地区经济增长造成一定的负面作用。

财政支出分权促进了地区的经济增长，并且第（1）列和第（2）列的回归结果分别在5%和1%的显著性水平上显著。说明财政分权使地方政府将更多的支出安排在经济建设支出上，从而促进了经济的快速发展。

在0-1矩阵和空间权重矩阵下，经济开放度对经济增长均有一定的促进作用，分别在5%和1%的显著性水平上显著，说明经济开放会促进产业的快速发展，从而快速地拉动经济增长。市场化水平在两种权重矩阵下对经济增长均有显著的促进作用，并且均在1%的显著性水平上显著，主要是因为在市场条件下会提高经济的效率，从而促进了经济快速增长。人口结构对经济增长有一定的促进作用，两种空间矩阵下均通过10%的显著性水平。

第（3）列和第（4）列分别是在两种空间矩阵下，人均政府投资对民间投资水平影响的回归结果。从整体上来看，民间投资水平存在一定的空间溢出效应，但是这种效应在两种空间权重矩阵下并不是十分显著。根据回归结果，在两种空间矩阵的条件下，人均政府投资水平对于民间投资有显著的促进作用，并且均在1%的显著性水平上显著。在0-1空间权重矩阵下，人均政府投资对相邻地区的民间投资产生一定的抑制作用，而在地理距离权重下，人均政府投资对民间投资水平的提升有一定的促进作用。

财政自主度对民间投资有促进作用，但是不显著。经济开放度对民间投资同样有促进作用，并且在两种空间权重矩阵下都是1%的显著性水平。这主要是因为在开放的经济条件下，有了更加丰富的投资机会，从而促进了民间投资水平的提升。市场化水平对民间投资同样起到了促进的作用，并且分别在1%的显著性水平上显著。而人口结构对民间投资水平的影响不显著。

第（5）列和第（6）列分别是在两种空间矩阵下，人均政府投资对就业水平影响的回归结果。回归结果显示，各个地区的就业比例存在明显的空间正相关，即一个地区的就业水平会促进相邻地区或者距离较近地区的就业水平。在0-1权重矩阵和地理距离矩阵下，政府投资水平对就业比例都有促进作用，但是仅在0-1权重矩阵下显著，而在地理距离矩阵下影响并不显著。

控制变量方面，财政自主度对就业比例的影响显著，并且均在1%的显著性水平上提升了就业水平。经济开放度对就业水平有一定的抑制作用，但是影响并不显著。市场化水平提升了就业比例，并且在两种空间权重矩阵下都起到了促进作用。人口结构对就业水平的影响不显著。

第（7）列和第（8）列分别是在两种空间矩阵下，人均政府投资对居民消费水平影响的回归结果。根据回归结果可知，各个地区的居民消费水平存在显著的空间溢出效应，即一个地区的居民消费水平会影响相邻地区或者近距离地区的消费水平。政府投资水平显著提升了居民的消费水平，并且在地理距离矩阵的情况下显著，即说明本地区积极的财政政策提升了距离邻近地区的居民消费水平。

财政自主度同样对居民消费水平有显著的提升作用，并且在两种空间权重下分别通过了5%和1%显著性水平。经济开放度有助于提升居民的消费水平，并且分别在10%和1%的显著性水平上显著，这是因为经济开放使得居民收入水平更高，同时有更多的消费组合，从而促进了居民的消费。市场化水平同样对居民的消费水平起到显著的提升作用，人口结构也对居民的消费水平产生显著的提升作用。

表7-23 积极财政政策经济效果的空间计量回归结果（SDM模型）

	(1) 实际人均GDP 0-1矩阵	(2) 实际人均GDP 地理距离	(3) 人均民间投资 0-1矩阵	(4) 人均民间投资 地理距离	(5) 就业比例 0-1矩阵	(6) 就业比例 地理距离	(7) 人均消费 0-1矩阵	(8) 人均消费 地理距离
Main								
实际人均政府投资	0.3776***	0.2598***	0.9228***	0.9045***	2.9345***	0.4449	0.2327**	0.0937***
	(0.0760)	(0.0369)	(0.0278)	(0.0311)	(1.0203)	(1.3868)	(0.0906)	(0.0308)
财政自主度	0.0662**	0.0714***	0.0016	0.0038	2.7731***	2.6156***	0.1171**	0.1343**
	(0.0301)	(0.0208)	(0.0174)	(0.0181)	(0.8066)	(0.8122)	(0.0551)	(0.0520)
经济开放度	0.0013**	0.0013***	0.0024***	0.0025***	-0.0088	-0.0042	0.0015*	0.0019***
	(0.0006)	(0.0003)	(0.0007)	(0.0007)	(0.0146)	(0.0155)	(0.0008)	(0.0006)
市场化水平	0.0105***	0.0050***	0.0451***	0.0449***	0.1700***	0.0909**	0.0090**	0.0032*
	(0.0033)	(0.0008)	(0.0014)	(0.0014)	(0.0381)	(0.0381)	(0.0038)	(0.0017)
人口结构	0.0003*	0.0002*	0.0001	0.0001	-0.0012	0.0008	0.0004**	0.0003***
	(0.0002)	(0.0001)	(0.0001)	(0.0001)	(0.0075)	(0.0077)	(0.0002)	(0.0001)
常数项	2.4665***	1.1934***	—	—	15.6626***	8.3906	2.1064***	0.8306***
	(0.7171)	(0.2110)			(5.8547)	(6.2466)	(0.7027)	(0.2723)
Wx								
实际人均政府投资	-0.0732	-0.0485	-0.0237	0.0285	-1.6672*	1.3066	0.0335	0.1098***
	(0.0535)	(0.0402)	(0.0493)	(0.0510)	(0.8672)	(1.5801)	(0.0544)	(0.0386)

续表

| | 实际人均GDP | | 人均民间投资 | | 就业比例 | | 人均消费 | |
| | (1) | (2) | (3) | (4) | (5) | (6) | (7) | (8) |
	0-1矩阵	地理距离	0-1矩阵	地理距离	0-1矩阵	地理距离	0-1矩阵	地理距离
Spatial								
ρ	0.4371***	0.6635***	0.0502	0.0337	0.3177***	0.4641***	0.4617***	0.6821***
	(0.1652)	(0.0458)	(0.0399)	(0.0326)	(0.0641)	(0.0872)	(0.1581)	(0.0554)
Variance								
lgt_theta	-3.5420***	-3.1157***	—	—	-1.6096***	-1.6985***	-3.4611***	-2.6933***
	(0.1348)	(0.1822)	—	—	(0.2597)	(0.2417)	(0.1038)	(0.1879)
sigma2_e	0.0067***	0.0035***	0.0037***	0.0037***	10.4610***	10.2289***	0.0100***	0.0056***
	(0.0020)	(0.0006)	(0.0007)	(0.0007)	(2.3241)	(2.2531)	(0.0030)	(0.0010)
N	540	540	540	540	540	540	540	540
R_2	0.3768	0.7622	0.9889	0.9927	0.3200	0.3307	0.2948	0.7998
模型	固定效应	固定效应	随机效应	随机效应	固定效应	固定效应	固定效应	固定效应

注：***、**和*分别代表在1%、5%和10%的显著性水平；括号内为标准误。

表 7-24 呈现了积极财政政策对教育服务供给水平、医疗服务供给水平和农村贫困发生率影响的空间面板回归结果。其中，第（1）、（3）和（5）列使用 0-1 矩阵分别估计了积极财政政策对教育服务供给水平、医疗服务供给水平和农村贫困发生率影响的空间面板回归结果，而第（2）、（4）和（6）列使用地理距离矩阵进行了估计。通过豪斯曼检验，确定回归结果第（2）列和第（3）列采用随机效应的空间杜宾模型，其余采用固定效应的空间杜宾模型。

根据表 7-24 第（1）列和第（2）列的回归结果，从整体来看，空间系数 ρ 在第（1）列和第（2）列中均通过了 1% 的显著性水平，从符号可知一个地区的教育供给水平会对相邻地区和近距离地区的教育供给水平带来正向的影响，从系数大小可知相对于相邻地区，教育供给水平对于近距离地区的外溢效应更加显著。通过观察人均政府投资的系数可知，积极财政政策对于教育供给水平均有显著的提升作用，在 0-1 空间权重矩阵和地理距离权重矩阵下的显著性水平分别为 1% 和 15%，说明积极的财政政策有助于提升本地区的教育供给水平。同时，人均政府投资对于相邻地区或者近距离地区的教育供给水平也有一定的提升作用，但是仅在地理距离矩阵的情形下显著。

控制变量方面，财政自主度对于教育供给水平有抑制作用，但是并不显著。经济开放度对于教育供给水平有显著的提升作用，并且在 0-1 权重矩阵和地理距离矩阵的显著性水平分别为 1% 和 5%。市场化水平在 0-1 矩阵的情形下对教育供给水平有提升作用，并且在 1% 的显著性水平上显著，但是在地理距离矩阵的情形下对于教育供给水平的影响不显著。而人口结构对于教育服务供给水平的影响不显著。

根据第（3）列和第（4）列的回归结果，从整体来看空间系数 ρ 在第（3）列和第（4）列中均在 1% 的显著性水平上显著，从符号可知一个地区的医疗供给水平会对相邻地区和近距离地区的医疗供给水平带来正向的影响，从系数大小可知相对于相邻地区，医疗供给水平对于近距离地区的外溢效应更加显著。通过观察人均政府投资的系数可知，积极财政政策对于医疗供给水平均有显著的促进作用，在 0-1 空间权重矩阵和地理距离权重矩阵下的显著性水平均为 1%，说明积极的财政政策有助于促进本地区的医疗供给水平。同时，本地区的政府投资水平会对相邻地区的医疗服务供给水平带来负向影响，但是仅在地理距离矩阵的情形下通过了 1% 的显著性水平。

控制变量方面，财政自主度对医疗服务供给水平有抑制作用，但是并不显著。在 0-1 权重矩阵条件下，经济开放度对医疗服务供给水平的影响不显著，但是在地理距离矩阵的条件表现显著。市场化水平对医疗服务供给水平有显著的抑制作用，并且在两种空间权重矩阵下均通过 1% 的显著性水平。人口结构对医疗服务供给水平产生显著的提升作用，并且在两种空间权重矩阵条件下，分别通过 5% 和 15% 的显著性水平。

根据第（5）列和第（6）列的回归结果，从整体来看空间系数 ρ 在第（5）列和第（6）列中均在 1% 的显著性水平上显著，从符号可知一个地区的农村贫困发生率水平会对相邻地区和近距离的地区的农村贫困发生率水平带来正向的影响，说明贫困存在集中或者连片贫困的现象。从系数大小可知相对于相邻地区，农村贫困发生率水平对于近距离地区的外溢效应更加显著。通过观察人均政府投资的系数可知，积极财政政策对于农村贫困发生率水平均有显著的抑制作用。在 0-1 空间权重矩阵和地理距离权重矩阵下的显著性水平均为 1%，说明积极的财政政策有助于降低本地区的农村贫困人口的比例。同时，本地区的政府投资水平会对相邻地区的医疗服务供给水平带来正向影响，但是仅在地理距离矩阵的情形下通过了 15% 的显著性水平。

控制变量方面，财政自主度会提高农村贫困发生率水平，但是在两种权重矩阵的情形下均不显著。经济开放度有助于降低农村地区的贫困发生率，并且在两种空间权重矩阵的条件下均通过了 1% 的显著性水平，这是因为促进贸易开放水平可以创造出较多的就业机会，因此抑制农村贫困的发生。市场化水平也同样对农村贫困发生率有显著的抑制作用，并且在两种空间权重矩阵下的显著性水平均为 1%，说明市场化条件下农村的生产力得到解放，从而降低了农村贫困率水平。人口结构对于农村贫困发生率有一定的抑制作用，但是仅在 0-1 空间矩阵的情形下显著。

表7-24 积极财政政策经济效果的空间计量回归结果（SDM 模型）

	(1)	(2)	(3)	(4)	(5)	(6)
	人均受教育年限		每万人床位数		贫困发生率	
	0-1矩阵	地理距离	0-1矩阵	地理距离	0-1矩阵	地理距离
Main						
实际人均政府投资对数	0.4308***	0.0892#	4.8483***	6.5930***	-7.5816***	-10.4498***
	(0.0578)	(0.0577)	(0.4826)	(0.5894)	(1.0891)	(1.6147)
财政自主度	-0.0475	-0.0304	-0.2513	-1.6397	0.2225	0.4773
	(0.1231)	(0.1104)	(1.0465)	(1.1734)	(0.8680)	(0.9614)
经济开放度	0.0048***	0.0023**	0.0020	0.0222**	-0.0662***	-0.0776***
	(0.0010)	(0.0009)	(0.0088)	(0.0089)	(0.0126)	(0.0151)
市场化水平	0.0106***	-0.0012	-0.0664***	-0.0764***	-0.2154***	-0.2416***
	(0.0024)	(0.0024)	(0.0213)	(0.0257)	(0.0596)	(0.0830)
人口结构	-0.0005	0.0003	0.0186**	0.0148#	-0.0184**	-0.0107
	(0.0010)	(0.0009)	(0.0084)	(0.0097)	(0.0088)	(0.0138)
常数项	1.9306***	—	—	-19.5364***	91.9538***	78.4881***
	(0.2969)			(4.5133)	(10.9201)	(22.7065)
Wx						
实际人均政府投资对数	0.0003	0.2625***	-0.2680	-2.7603***	-0.3512	4.1660#
	(0.0749)	(0.0889)	(0.7057)	(1.0611)	(0.5406)	(2.8334)

续表

	人均受教育年限		每万人床位数		贫困发生率	
	(1)	(2)	(3)	(4)	(5)	(6)
	0-1矩阵	地理距离	0-1矩阵	地理距离	0-1矩阵	地理距离
Spatial						
ρ	0.2764***	0.6251***	0.6887***	0.7846***	0.4886***	0.5835***
	(0.0527)	(0.0594)	(0.0305)	(0.0377)	(0.0617)	(0.1467)
Variance						
lgt_theta	-1.9491***	—	—	-1.5173***	-1.5324***	-1.6930***
	(0.1998)			(0.1659)	(0.2019)	(0.1974)
sigma2_e	0.1286***	0.1014***	9.0465***	11.7036***	4.4255***	5.3830***
	(0.0083)	(0.0062)	(0.5672)	(0.7439)	(0.5252)	(0.6423)
N	540	540	540	540	180	180
R₂	0.4355	0.4546	0.2708	0.6895	0.5303	0.4663
模型	固定效应	随机效应	随机效应	固定效应	固定效应	固定效应

注：***、**、*和#分别代表在1%、5%、10%和15%的显著性水平；括号内为标准误。

六　结论与对策建议

本文基于区域经济学和空间经济学的分析视角，分析了积极财政政策的区域性效果。通过对不同指标的分析，发现我国积极财政政策的"积极程度"存在区域差异，具体表现在西部地区积极财政政策的"积极程度"最高，其次为东部和东北地区，中部地区积极财政政策的"积极程度"最低。通过描述性分析发现，积极财政政策在四大区域产生的经济效果和社会效果存在一定程度的差异。此外，还分析了积极财政政策的乘数效应，发现财政政策的乘数效应也存在区域差异。进一步，使用1998年以来的省级面板数据，运用动态面板模型、固定效应模型和随机效应模型分区域实证分析了积极财政政策的经济效果和社会效果。实证发现：经济效果方面，积极财政政策对于西部和东北省份经济增长效果显著，而对中部和东部的影响不显著；积极财政政策对于民间投资有显著的促进作用，并且影响强弱顺序依次为西部、东北、中部和东部；积极财政政策对居民消费也有显著的促进作用，并且影响强度分别为西部最强、东部次之、东北第三，而对中部的影响不显著；积极财政政策对西部和东北地区就业水平的影响显著，而对东部和中部的影响效果不明显。社会效果方面，积极财政政策对教育供给水平、医疗供给水平以及贫困发生率都有一定的影响，但是不同地区表现出一定程度的差异。积极财政政策提升了四大区域的教育供给水平，并且影响强度顺序分别为中部、东部、西部和东北；积极财政政策对西部、东北和中部医疗供给水平影响显著，对东部地区医疗服务供给水平的影响不明显；积极财政政策对四大区域均有显著的减贫效应，并且影响强度依次为西部、东北、东部和中部。进一步，本文使用了空间计量模型研究积极财政政策产生的区域性效果。研究发现，在考虑空间竞争的条件下，积极财政政策的经济效果和社会效果仍然十分显著。

习近平总书记在党的十九大做出"我国社会主要矛盾已经转化为人民日益增长的美好生活需要和不平衡不充分的发展之间的矛盾"的重大论断，

因此，为解决地区发展不平衡，应在实施积极财政政策过程中加大对落后地区的倾斜力度，从而更好地促进区域协调平衡发展。第一，适当加大中部和东北地区积极财政政策的支持力度，增强积极财政政策在中部和东北地区的经济效果和社会效果。"中部崛起"和"振兴东北"战略分别在 2004 年 3 月和 8 月提出，并分别在 2009 年通过《促进中部地区崛起规划》和 2014 年印发《关于近期支持东北振兴若干重大政策举措的意见》。因此，相对于西部而言，中部和东北地区的区域性发展战略有所滞后，这也造成中部和东北地区经济和社会发展进程较为缓慢。因此，应根据中部和东北地区的特点，因地制宜地制定长期发展战略，同时配套足够的财政资金保障中部和东北地区经济和社会的可持续发展。第二，继续利用积极财政政策促进西部地区发展，巩固积极财政政策在西部地区的经济效果和社会效果。"西部大开发"战略在 1999 年开始部署实施，经历了近 20 年的优惠政策支持，西部地区经济和社会的方方面面得到了较大改善，取得了骄人的成绩，但是仍然与东部发达地区存在着较大的差距。因此，应继续保持西部地区现有的财政政策支持力度，努力缩小与发达地区间经济和社会发展的差距。

参考文献

陈时兴：《政府投资对民间投资挤入与挤出效应的实证研究——基于 1980～2010 年的中国数据》，《中国软科学》2012 年第 10 期，第 169～176 页。

邓金堂、连建辉、王雪苓：《1998～2001 年积极财政政策效果评析》，《当代财经》2002 年第 4 期，第 18～22 页。

高培勇：《新一轮积极财政政策：进程盘点与走势前瞻》，《财贸经济》2010 年第 1 期，第 5～12 页。

郭庆旺、吕冰洋、何乘材：《积极财政政策的乘数效应》，《财政研究》2004 年第 8 期，第 13～15 页。

郭文轩、周雄飞、云伟宏、李利英：《积极财政政策执行效果及隐忧问题研究——H 省执行情况个案分析》，《经济研究》2003 年第 4 期，第 13～21 页。

韩元军：《就业增长和产业结构升级——基于中国 30 个省市面板数据的实证分析》，

《山西财经大学学报》2011 年第 6 期，第 20～26 页。

刘金全、印重、庞春阳：《中国积极财政政策有效性及政策期限结构研究》，《中国工业经济》2014 年第 6 期，第 31～43 页。

王宇龙：《1998 年以来我国两轮积极财政政策的比较研究》，《河南财政税务高等专科学校学报》2008 年第 6 期，第 1～9 页。

魏后凯：《现代区域经济学》，经济管理出版社，2011，第 577～605 页。

吴俊培、张斌：《积极财政政策挤入效应的实证分析》，《财贸经济》2013 年第 7 期，第 5～16 页。

万晓莉、严予若、方芳：《房价变化、房屋资产与中国居民消费——基于总体和调研数据的证据》，《经济学（季刊）》2017 年第 2 期，第 525～544 页。

张辉：《财政政策的效果与区域不对称性》，《首都师范大学学报》（社会科学版）2014 年第 6 期，第 67～72 页。

杨源源、胡恒强、尹雷：《"挤出"还是"挤入"：结构性财政支出对私人投资的影响》，《江西社会科学》2018 年第 1 期，第 44～55＋254 页。

Nakamura E，Steinsson J.，"Fiscal Stimulus in a Monetary Union：Evidence from US Regions"，*The American Economic Review* 104（3）（2014）：753－792.

风险管理篇

Risk Management

B.8
财政、货币金融政策有机配合以共御风险

张 鹏[*]

摘 要： 宏观风险问题已成为世界发展中的核心问题，而在宏观风险中，经济风险和社会风险成为全球风险的转移载体和整体的"突出部"。本文从宏观风险的管理入手，提出了宏观风险管理的政策调控取向，构建了基于风险共御的财政金融政策调控框架，分别探讨了开展宏观风险管理的财政税收政策和货币金融政策，并基于当前的宏观经济风险提出了较为完整的财政金融政策共御风险的机制和政策搭配。

关键词： 宏观风险 财政政策 货币金融政策 风险管理

---

* 张鹏，经济学博士，中国财政科学研究院研究员，主要研究领域为宏观经济发展、宏观调控与科技创新。

风险问题已成为世界性的主题。2017 年世界在一定程度上处于动荡不安、风险积聚期，发展鸿沟扩大，保护主义抬头，"逆全球化"思潮涌动，军事冲突时有发生，恐怖主义、难民危机、气候变化等威胁持续蔓延。而其中，经济风险成为全球风险的转移载体和风险"突出部"。因此，以财政、金融政策为手段，通过政策间的有机搭配和运作创新，加强国家治理与经济改革，有效控制和化解风险，就成为在当前"分化的世界"中的最优选择。

一 宏观风险与政策调控取向

风险的宏观层面既有微观风险的集中表现，又具有自身独立运行的特征。在结构上包括宏观经济风险、社会风险、政治风险、安全风险、生态风险等。加强对公共风险管理是我国在新的历史阶段重要的发展主题，并作为对我国高速发展阶段深层次矛盾的化解和高质量发展阶段创新、优化的重要手段，成为我国政策有机配合的重要基础和平台。

（一）风险管理与政策调控

风险管理是指一个项目或者一个风险主体在有风险的环境里如何把风险可能造成的不良影响减至最低的管理过程。而政策调控则是风险管理的重要手段或者重要的外部支撑环境，在风险管理中发挥着综合性的主导作用。

1. 风险管理的基本原则与指标体系

风险管理对现代经济社会而言十分重要。良好的风险管理有助于降低决策错误概率、避免损失可能、相对提高国民经济和社会的稳定性和附加值。

风险管理的具体内容有五点。第一，风险管理的对象是风险；第二，风险管理的主体可以是任何组织和个人，包括个人、家庭、组织（包括营利性组织和非营利性组织）；第三，风险管理的过程包括风险识别、风险估测、风险评价、风险管理技术选择和风险管理效果评估等；第四，风险管理的基本目标是以最小的成本收获最大的安全保障；第五，风险管理成为一个独立的管理系统，并成为一门新兴学科。根据上述特点，风险管理主要分为两类。一是经营管理型风险管理，主要研究政治、经济、社会变革等所有企业面临的风险管理；二是保险型风险管理，主要以可保风险作为风险管理的对象，将保险管理放在核心地位，将安全管理作为补充手段。

风险管理的目标就是要以最小的成本获取最大的安全保障。因此，它不仅是一个安全生产问题，还包括识别风险、评估风险和处理风险，涉及财务、安全、生产、设备、物流、技术等多个方面，是一套完整的方案，也是一个系统工程。风险管理目标的确定一般要满足以下几个基本要求：一是风险管理目标与风险管理主体的总体目标的一致性；二是目标的现实性，即确定目标要充分考虑其实现的客观可能性；三是目标的明确性，即使用正确选择和实施各种方案，并对其效果进行客观的评价；四是目标的层次性，从总体目标出发，根据目标的重要程度，区分风险管理目标的主次，以利于提高风险管理的综合效果；五是风险管理的具体目标还需要与风险事件的发生联系起来，它可分为损前目标和损后目标两种。本文将风险管理的具体目标作为指标设定的基础，主要包括以下内容。

（1）基于损前目标的构成指标

①经济指标。应以最经济的方法预防潜在的损失，即在风险事故实际发生之前，就必须使整个风险管理计划、方案和措施最经济、最合理，这要求对安全计划、保险以及防损技术的费用进行准确分析。

②安全状况指标。安全状况指标就是将风险控制在可承受的范围内显化标准要求。风险管理者必须使人们意识到风险的存在，而不是隐瞒风险，这样有利于人们提高安全意识，防范风险并主动配合风险管理计划的实施。

③合法性指标。风险管理者必须密切关注与经营相关的各种法律法规，对每一项经营行为、每一份合同都加以合法性的审视，不至于使企业蒙受财物、人才、时间、名誉的损失，保证企业生产经营活动的合法性。

④履行社会赋予责任指标。例如，政府法规可以要求企业安装安全设施以免发生工伤，或要求地方政府性债务人不得向上移交政府性债务压力，"谁的孩子谁抱走"。

（2）基于损后目标的构成指标

①生存指标。一旦不幸发生风险事件，造成了损失，损失发生后风险管理的最基本、最主要的目标就是维持生存。这一指标意味着通过风险管理人们有足够的抗灾救灾能力，使企业、个人、家庭乃至整个社会能够经受得住损失的打击，不至于因自然灾害或意外事故的发生而元气大伤、一蹶不振。实现维持生存目标是受灾风险主体在损失发生之后，在一段合理的时间内能够部分恢复生产或经营的前提。

②保持企业生产经营的连续性指标。风险事件的发生给人们带来了不同程度的损失和危害，影响正常的生产经营活动和人们的正常生活，严重者可使生产和生活陷于瘫痪。对公共事业尤为重要，这些单位有义务提供不间断的服务。

③收益稳定指标。保持经济效率的持续性便能实现收益稳定的目标。对大多数投资者来说，一个收益稳定的企业要比高风险的企业更具有吸引力。稳定的收益意味着企业的正常发展，为了达到收益稳定目标，企业必须增加风险管理支出。

④社会责任指标。尽可能减轻发生损失的主体对他人和整个社会的不利影响，因为社会主体遭受一次严重的损失会影响到员工、顾客、供货人、债权人、税务部门以至整个社会的利益。为了实现上述目标，风险管理人员必须辨识风险、分析风险和选择适当的应对风险的方法和措施。

2. 风险管理与效率管理的关系

改革开放以来，我国绝大部分时间执行的是以产能扩张、产量提升、质量提高为基础的效率管理，全力提升经济运行效率，满足人民群众的物质文化生活需要成为重要的时代主题。但随着国家创新能力的不断提升、国际影响力的不断提高、人民生活需求的不断多样化和非传统安全的压力积累，风险管理逐步成为宏观管理的主体和主导。在控制风险的情况下，提升效率和效益成为我国宏观管理的基本原则，而处理好风险与效率的关系则成为我国构建宏观政策调控和优化政策搭配的重要前提。

与风险管理以减少损失和波动并创造持续稳定性为目标不同，效率管理更加重视产出的扩张和效益的提升，并形成新的生产组织方式和技术创新模式。效率管理是一门研究改进组织效率的方法，它分析组织及组织的流程，对组织的效率进行规定、评估和分析，提高组织的效率，从而有效地实现组织的目的。宏观效率管理作为一种管理方法，它强调要以一切可行的效率标准来统一人们的思想，指导人们的行动，把效率作为管理活动的宗旨，放在工作的中心和突出位置，这种思想是效率管理的精髓所在。生产组织效率是研究管理组织的核心问题。只有不断提高生产组织效率，才能提高各种生产组织的管理水平，推进生产组织的不断发展。

效率管理主要包括两个方面，即提高人的效率和提高物的效率，其中人的效率是主动因素，是效率管理中的主导，物的效率是被动因素，是效率管理的基础。

第一，提高人的效率。人是组织系统中最主要的因素，管理归根到底是对人以及人的行为的管理。这是因为，只有把人的因素管好了，其他因素才能管好。人是生产力和整个管理中最活跃、最能动、最积极的因素，组织活力的源泉在于脑力和体力劳动者的积极性、能动性和创造力。所以，管理的首要任务是对人的管理，通过对人的组织、指导和调节，充分调动人的主动性、积极性和创造性，做到人尽其才。

提高人的效率还需要明确个人责任，通过建立工作制度和法规来保证。管理者必须使自己建立的组织机构的每个岗位都有非常明确的责任，并通过制度和法规把组织人员的行为纳入一个有利于实现组织目标的工作秩序，才能使整个组织有机而协调地运作起来。

第二，提高物的效率。物是管理系统中的基本要素，与人相对应的客观存在，是管理活动所必需的物质条件和物质成分的总和。它不仅仅是指管理中的物质生产资料，而指在管理系统中除人之外的那些作为管理对象的一切物质成分。我们把财也看做物，即看做物的价值表现。

现代管理要求，任何组织都不能再通过高消耗来获取发展的机会，而应当把降低生产成本和管理成本作为挖掘组织发展潜力的基本途径，从而使组织更适于在严酷的环境中生存和发展。所以，管理好、使用好资金、物资设备和物质设施，是提高管理效益、降低管理成本的重要途径。科学的管理和物资资源的合理使用将会最大限度地提高效益。

根据上述分析，本文得到了风险管理与效率管理的基本关系，即风险管理和效率管理具有统一性，一方面，效率管理越来越要求短期效益与长期效益的统一；另一方面，风险管理也越来越强调管理效率和减少扭曲。不管经济主体是"效率优先、兼顾管控"还是"管控优先、兼顾效率"，抑或是"效率与管控双管齐下"，不管是基于实证经验的风险管控，还是基于风险量化评估的风险管控，当代风险管理的理论与实践已经初步证明，风险管理视角下的"管控"能更好地解决"管控"与"效率"的关系。

风险管理视角下的管控，并非"为了管控为管控"，而是"经济的、有效率的"管控，即通过合理的成本、科学的手段、有效的方式来进行风险管控，在管控中充分考虑维护企业经营效率，要求将管控以融入企业经营业务管理的基本方式实现管控的深入落实和对效率的最小影响。而这一总体思路最明显的体现之一就是要求经济主体将风险管控的端口前移、将风险管控与经济主体业务管理工作融合，实现"经营中有风险控制，风险控制中讲究效率"。

将风险管控的端口前移，意味着风险管控应当具有一定的前瞻性，意味着风险管理部门不能仅仅只是充当"救火队员""坐堂医生"的角色，坐等风险发生后才进行处理。风险管控端口前移也必须以科学、适时的风险评估为基础，使管理者尽可能在上游发生风险时更早发现和防范风险；同时，只有将风险管理与经济主体经营业务管理相融合才能最终落实"将风险管控的端口前移"。

经济主体最终爆发的风险其实与大江大河汛期时洪水泛滥很相似。大江大河的波涛汹涌并非仅靠一脉之源，而是由上游许多涓涓细流汇集而成。这些涓涓细流可以影响风险发生的诸多因素，单个支流的河水暴涨一般不会导致干流的洪水泛滥，这就像是一个风险诱因的发作不一定会导致风险发生；但如果很多支流的河水都暴涨、涌入干流，那干流溃堤的威胁就大大增加了。放在风险管理领域，就像是诸多风险诱因同时发作，风险爆发的可能性就急剧增加。当汛期来临，诸多上游支流水量增加，如果不能在上游支流及时加以疏导排洪，等到所有支流的洪流都涌入下游干流时，干流防洪的压力陡然倍增，很可能洪水泛滥；反之，如果各支流水利部门都能治理好自己管辖的那一段水域，及时排除洪水隐患，那么就可以有效避免下游干流的洪灾发生。

同样的道理，引发风险的要素通常并不是唯一的，也会经过层层"发酵"才最终导致风险发生，如果各风险诱因的管理部门都能及时发觉、采取合理防范措施，就能有效避免企业这个"干流"发生大洪灾。"各管一段"的各支流水利部门就像是企业各专业部门，它们负有及时发现风险、防范风险的责任；同时它们更是专业业务的管理和执行部门，所以"发现风险、防范风险"的工作应该是与它们日常的管理工作一体化融合进行，而不是割裂的，这不仅是出于工作效率的需要，也是出于工作质量的需要。

3. 政策调控：从效率管理到风险管理的体系性转变

风险管理逐步成为宏观风险，特别是经济社会运行风险的集中表现，宏观政策的调控重点也将从效率管理层面向风险管理层面进行演进和转化。从风险管理和效率管理的关系来看，宏观政策的调控转型要注意处理好以下四个方面的关系：一是目标与手段的关系，从政策最终目标来看，仍然是追求经济社会的运行效率和效益，风险管理和控制是政策的直接目标，在整体架构中属于手段性质；二是主要和次要的关系，如前所述，风险存在积累性和融合性，从而使得风险的主要方面和次要方面存在着转化和转移的关系，在政策调控中，不能只针对主要风险，要了解风险的结构和积累的进程，正确分析风险爆发的节点和路径；三是条件和增长的关系，风险管理下的政策约束和控制实际上是给效率的提高加了条件和底线，但社会的福利指数和经济的衡量指标仍然是增长的规模和速度，这样，以风险管理为核心理念的政策调控就成为增长的适度区间的约束力量；四是集中和分散的关系，效率管理往往以要素和资源的集中为调控目标，形成生产上的突破和区域上的极化，而风险管理则往往立足于分散，将风险分散给更多的主体，从而在控制风险的前提下，提升风险管理的能力和水平。这些关系成为从效率管理到风险管理中政府调控转型的关键所在，并以此为基础，构建我国以风险管理为基础的政策调控要点。

（1）做好公共政策风险评估

在政府新政策发布出台之前，做好公共政策的风险评估工作尤为重要。首先，公共政策制定者对政策最为了解，可以进行政策风险的自评，同时可以通过对政策的相应调整，避免高危风险的出现，从而降低公共政策的风险度。

其次，真正确立多元化评估主体体系，将其应用到公共政策风险评估过程中，强化政策风险评估和决策主体的问责制。而这种问责制应建立在明确评估职责划分的基础上，避免公共政策风险评估"走过场"。当风险评估未发现问题，但在重大政策决策执行以后导致严重社会不稳定和大规模群体性事件的，则应追究公共政策风险评估的主体及相关人员的责任；凡是风险评估主体发现并如实提出问题，却未被决策者所重视仍付诸实施而导致严重社会损失的，对决策者应加大责任追究力度，同时，对进行公共政策风险评估的主体应当予以相应的奖励表彰。

最后，重点培育第三方政策风险评估机构，做好政策风险的第三方评估工作，依据公共政策风险评估遵循的基本原则，需要由独立于政府各职能部门之外的第三方评估机构进行公共政策风险评估。基于这点，公共政策风险评估的责任主体与实施主体应该区别开来，培育公共政策风险评估的独立专业机构，将重大政策的风险评估任务委托执行，并由其独立负责具体的风险评估工作，同时对风险评估结果承担相应的责任。从而借由第三方客观评估公共政策条款存在的风险，进行政策调整，可实现公共政策风险的最小化。

（2）做好新政策的解释工作，做好风险沟通，应对信任危机

风险沟通的缺乏往往是政策风险产生的重要原因，新政策往往带来社会公众的不理解，如果不对政策进行解释，会造成社会公众的误解和抗议。所以，对新政策的具体内容和实施细则应通过网络媒体、专家学者进行解释，加深社会公众对政策的理解，做好风险沟通。

此外，新政策的出台，如果标准和口径不一致，容易引起社会恐慌及

信任危机，所以，在解释新政策时应该统一口径和标准，保证政策的稳定性。

（3）未雨绸缪，应对极小概率事件的极端情况

新政策的实施可能不会引起极端情况的出现，但要做好应对此类事件的准备，防患于未然。现场的极端行为主要表现为群体有组织的抗议和个人极端行为，虚拟空间的极端行为主要表现为组织和号召相关利益群体采取抗议手段、外媒关注等情况，所以，应提前做好相关准备，积极应对。

（4）提高政策的公众参与度，重视网络民意，重新看待公共政策评价标准

当前，由于民众参与政策议程的渠道相对单一，而网络民意对于政策议程设置则至关重要，为确保政策风险评估工作公正客观、评估结论真正体现民意，必须在评估过程中提高公众参与度，让公众能够广泛参与其中，与公众互动沟通，通过评估听证会、民意调查、问卷访谈等形式聚集民意，将民意真正反映到政策风险评估结论之中，使公共政策风险评估过程更具生命力。因此，通过增强民众参与，降低公共政策风险，实现政策决策的民主化与科学化，民众参与能够使社会公众更了解相关政策，有利于政策的实施。

同时，应不断完善公共政策的评价标准，以最多利益相关群体的可接受性作为标准，坚持以政策的可接受性为其好坏的评价标准，有助于最多的利益群体对政策的支持，为政策的执行提供合法性和群众基础，有助于相关部门的公信力和形象的提升。

（5）加强内部管理，降低政策风险

加强内部管理，一方面是指对公共政策制定部门的操作人员加强培训与管理，做到对政策的深刻理解和熟练操作，减少操作失误，由专门的机构对公共政策的风险评估资料进行留存，作为政策制定档案的一部分，对类似的政策可以起到参考的作用；同时，在政策出现失误时有据可查，及时发现问题，进行修正与完善。另一方面是指加强对新公共政策的回应和反馈，新政策实施后，会有许多利益相关者进行政策咨询，这时要保证热线电话的通

畅，对微博、BBS 等网络平台上的问题乃至质疑要及时回应，解答相关问题，减少社会不满，以此降低公共政策的风险。

（二）宏观风险的构成与现状

随着国际经济形势的日趋复杂和国内经济体制改革的不断深化，经济运行中的深层次矛盾在一定程度上有所激化，并与部分行业问题和部分社会问题相叠加，表现出公共风险积累的特征。

1. 高杠杆风险

我国高杠杆的风险表现在宏观和微观两个层面。从宏观上说，2017 年我国社会融资总额中的债权融资规模约为 168 万亿元，中央政府的债务余额约为 14 万亿元，地方政府的一般债务余额约为 11.5 万亿元，专项债务余额约为 7.3 万亿元。以此计算，我国 2017 年末的债务余额总量达到 201 万亿元，约相当于 2017 年 GDP① 的 243%，虽然在总体上处于全球中游水平，但考虑到仍存在一定规模的产业链中的往来债务和居民间的合同性债务，宏观杠杆率水平依然偏高。

从微观上看，2017 年我国规模以上工业企业资产负债率水平达到 55.5%，平均杠杆率水平约为 225%，略低于宏观杠杆率，与 2016 年相比下降了 3 个百分点，在全球处于中等水平。但考虑到杠杆率在企业间分布得不均衡，仍需高度重视重资产企业和国有企业的高杠杆状况。据财政部统计，2017 年我国国有企业的资产负债率为 65.7%，平均杠杆率为 292%。其中，中央国有企业资产负债率为 68%，平均杠杆率为 313%；地方国有企业资产负债率为 63.5%，平均杠杆率为 274%。上述杠杆风险明显偏高，在企业盈利能力下滑的时候，极易形成现金流风险，并挤爆"杠杆"。

2. 资产泡沫风险

所谓资产泡沫是指资产的价格明显高于其应有的价值的反映指标；而资产泡沫风险则是指资产泡沫累积到一定程度，出现了较大的资产价格下跌的

---

① 国家统计局公布的 2017 年 GDP 统计的现价值约为 82.7 万亿元。

可能或对正常的资源要素配置产生了明显扭曲的情况。在当前，资产泡沫风险主要是指房地产泡沫风险。此外，部分理财、信托或者资产计划等债权类投资产品也产生了一定程度的资产泡沫。

房地产资产泡沫风险主要表现在房价收入比、租售比和空置率等三项指标上。从房价收入比来看，我国 2017 年新售住宅的平均房价为 7614 元/平方米[①]，90 平方米的标准户型的价格约为 68.53 万元；而 2017 年居民可支配收入约为 25974 元/人，3 口之家的平均可支配收入为 77922 元；据此测算，房价收入比全国均值约为 8.8 年，超过国际上 6 倍左右年收入的合理区间。而从租售比[②]的情况来看，全国租售比维持在 260 个月左右，总体处在 200~300 个月的合理区间；但在部分一、二线城市，伴随租金高企的是房价在以更快的速度增长，租售比急剧提高，根据房地产行业协会的分析，中国一、二线城市的租售比普遍超过 400 个月，年租金收益率只有 2.9%，低于 2017 年末中央银行对商业银行述作的中期借贷便利（MLF）3.2% 的利率水平。我国没有权威的房地产空置率数据，但根据西南财经大学和央行金融研究所在 2014 年的估测数据，截至 2013 年末，全国空置住房超过 5000 万套，平均空置率达到 22.4%，即使在出租率较高的一线城市，空置率水平仍然超过了国际上的风险线，例如北京的空置率达到 19.5%，让人感到十分惊讶。

而从资产管理、信托和理财等债权投资的情况来看，2017 年我国资产管理的总规模仍然高达 105 万亿元[③]，虽然比 2016 年减少了约 19 万亿元，但仍处于历史高位。从资管类产品的收益率情况来看，理财类等低风险产品的收益率约为 6.5%，约为年度基准贷款利率的 1.5 倍；而信托类等高风险产品的收益率则可以达到 20% 左右，约为年度基准贷款利率的 4.6 倍。远超过 GDP 增速的资管类产品增长和较高的收益率水平大大加剧了我国经济

---

① 除特别指出的之外，本处及本段以下数据均来自国家统计局的数据库。

② 即房屋的价格与月租金之间的比值关系，是从收益率角度衡量泡沫的重要指标。

③ 据银监会的数据，借由银行通道的资管类资产规模约为 60 万亿元，而将信托、委托贷款、各类配资等渠道涵盖在内，则约为 105 万亿元。

的运行压力，并导致了严重的资产泡沫。

3. 地方政府性债务风险

地方政府性债务风险是显性债务和隐性债务的共同风险。前者是政府资产负债表的直接反映，而后者则是游离在资产负债表外，但又影响未来政府收入流动和杠杆水平的担保债务和救助债务。从显性债务的水平来看，2017年我国中央政府债务规模约为14万亿元，地方政府债务规模（含一般性债务和专项债务）约为17万亿元，合计规模在31万亿元，占GDP的比重为37.8%，明显低于60%的安全线，总体处于良好的区间。

但受到粗放式发展的PPP业务、政府性投资基金和施工方垫资施工中的政府担保或"明股实债"的影响，我国地方政府性债务的隐性债务规模正在迅速扩张。2017年，PPP项目的落地率超过37%，新开工的施工规模约为5万亿元①，其中采用了政府隐性担保的项目预计超过了总量的1/3；而在新设立的政府投资基金中，新增的政府引导基金的规模约为2.5万亿元，其中，大部分政府投资基金存在政府以出资的本金作为劣后投资管理或是存在担保其他社会出资方本金安全或承诺最低收益的情况，构成了典型的"名股实债"；在政府投资项目的建设和经营过程中，约有四分之一的建成项目存在政府和建筑企业超额述作当期应收账款的情况，从而使建筑业企业可以通过商业保理或应收账款抵质押贷款等形式提前实现退出，导致部分PPP项目建设与运营分离，收益与投资错位。

4. 社会保险体系的可持续风险

2017年11月人社部发布的《中国社会保险发展年度报告（2016）》显示，2016年我国五项社会保险基金总收入为5.36万亿元，比2015年增长14.1%；总支出4.69万亿元，比2015年增长20.3%；基金累计结余6.64万亿元，比2015年增长11.5%，总体处于健康和良性的水平。但从收入和支出的增速看，收入增速落后于支出增速6.2个百分点，并在部分险种或地区出现了一定程度

---

① 系财政部PPP管理中心的估算数据。截至2017年第三季度末，可统计的新开工规模为4.1万亿元，落地率为35.2%。

的持续性的风险。

从养老保险的交费和支出情况来看，2016年职工养老保险的压力很大。从构成来看，2016年基本养老保险费收入22407亿元，比上年增加1311亿元，增长6.2%；财政补贴收入4291亿元，比上年增加398亿元，增长10.2%。2016年支出25782亿元，比上年增加2690亿元，增长11.6%，总体超出保险费收入约3375亿元。2016年收支结余2737亿元，年末滚存结余36577亿元。考虑到2016年供给侧结构性改革的减费举措，从结余上看，在5~10年的时间里结余规模仍将保持增长，但随后就将面临较大的下降压力，从而导致职工养老保险制度的持续性风险。

而从居民养老保险的情况看，由于我国居民养老保险的整体设计原则是按照社会福利原则制定的，缺乏有效的精算平衡机制，从而导致保险基金在设立之初就出现支出明显大于保险费收入的情况，整个保险体系缺少有效的积累，在人口老龄化不断加剧的情况下，保持平稳可持续的压力十分巨大。以2016年为例，居民社会养老保险收入2956亿元，比上年增加77亿元，增长2.7%。其中：基本养老保险费收入737亿元，比上年增加30亿元，增长4.2%；财政补贴收入2092亿元，比上年增加48亿元，增长2.4%。而全年支出2174亿元，比上年增加39亿元，增长1.8%。其中，基本养老金支出2105亿元，比上年增加36亿元，增长1.7%。本年收支结余782亿元，年末滚存结余5399亿元。

生育保险的规模虽然较小，但受到"二孩"政策全面放开和社会保险减费的影响，收入增速放缓但支出却在迅速加大，导致年度收支出现缺口，影响整个制度的稳定性。2016年收入517亿元，比上年增加21亿元，增长4.2%。其中：生育保险费收入498亿元，比上年增加26亿元，增长5.4%。本年支出526亿元，比上年增加118亿元，增长29%。其中，生育保险待遇支出525亿元，比上年增加121亿元，增长29.9%。本年收支缺口9亿元，年末滚存结余659亿元。

上述风险均构成当前及今后一段时期我国经济社会运行的系统性风险，也是宏观风险管理需要首要解决的问题和有效针对的对象。上述风险的控制和化解也成为我国构建政策配合的有机机制的重要目标和关键抓手。

（三）宏观风险管理的政策调控取向

在新的历史起点上，我国宏观经济治理的方针与思路正在发生根本性改变，从注重周期性的、短期性的强刺激、保增长，逐步转变为注重长期性、稳定性、和谐性的发展。根据我国公共风险的基本情况和风险管理的基本要求，按照宏观经济政策的运行规律和财政、金融等政策手段的优势与特征，构建我国公共风险的政策调控基本取向。

1.稳政策：继续实施积极的财政政策和稳健的货币政策

当前经济运行保持了缓中趋稳的态势，增长速度在中高速的台阶上比2016年有小幅提升，但是增长的稳定性明显增强，季度之间非常平衡。2017年是全面建成小康社会的关键之年，是实施"十三五"规划的重要一年，是供给侧结构性改革的深化之年。因此，宏观政策要稳中求进，稳中向好，保证宏观经济运行持续健康稳定。

"宏观政策要稳"就是要坚持积极的财政政策和稳健的货币政策，适度扩大总需求、加快推进供给侧结构性改革，保持供给与需求平衡，从而在经济发展新常态、潜在增长率下降、世界经济复苏乏力的压力下，为经济结构性改革营造稳定的宏观经济环境。

第一，继续实施积极的财政政策。这一轮的积极财政政策在扩大政府投资的同时，以综合性和带动性更强的手段推进，包括适当提高赤字率、减税降费、盘活存量资金、促进大众创业万众创新、大力支持脱贫攻坚等政策措施。要继续加强管理和科学运用，继续推广政府和社会资本合作模式（PPP），既增加公共产品和服务供给，又有力带动民间投资。

财政预算主要适应推进供给侧结构性改革，降低企业税费负担，兜底保障民生的需要。要在保持风险可控、体现政策效力的条件下，适当提高赤字规模，并保持赤字率的基本稳定。通过提高赤字规模，支持减税降费、减轻企业负担，并将筹集资金投向市政建设、交通运输、保障性住房、教科文卫、农林水利、生态建设等基础性、公益性项目，既带动了投资，又保障了民生。2018年积极财政政策的最大发力空间，仍是继续大力实施减税降费，真正把企业负担减下来。政策立足点，应放在降低企业交易成本、制度成本和税费成本上，支持实体经济的发展。阶段性提高财政赤字率最主要的目的，是在适当增加必要的财政支出和政府投资的同时，主要用于弥补降税带来的财政减收，保障政府应该承担的支出责任。

第二，保持货币政策稳健中性。货币政策保持稳健中性，就是适应货币供应新变化，调节好货币闸门，畅通货币政策传导渠道和机制，维护流动性基本稳定。在增强汇率弹性的同时，保持人民币汇率在合理均衡水平上的基本稳定。同时，2018年要把防控金融风险放到更加重要的位置，下决心处置一批风险点，着力防控资产泡沫，提高和改进监管能力，确保不发生系统性金融风险。

2.稳环境：综合性搭配运用多种宏观政策手段

宏观政策保持稳定，并不意味着一成不变，而是稳中求进，积极创新宏观调控思路和方式，加强区间调控、定向调控、相机调控，针对变化及时预调微调，既有利于稳定宏观环境，又有利于结构调整，整体提升国民经济素质。

第一，综合运用金融、土地、财税、投资、立法等手段，稳定房地产市场。加快研究建立符合国情、使市场规律发挥基础性作用的制度和长效机制，既要抑制房地产泡沫，又要防止出现大起大落。金融政策严格限制信贷资金流向投机性住房；土地政策要落实人地挂钩政策，加快住房租赁市场立法，在市场监管政策上宽严相济，实行中央、地方分事权调控，保持房地产市场调控政策的连续性和稳定性，从根本上解决房地产泡沫和库存并存的局面。

第二，全面深化国有企业改革，配合产业政策的实施，创造规范有序又充满活力的市场环境。混合所有制改革是国企改革的突破口，要按照完善治理、强化激励、突出主业的要求，在电力、石油、天然气、铁路、民航、电信、军工这几大领域迈出实质性步伐，加大市场的开放力度。在稳定民间资本投资的同时，加快淘汰落后产能，补齐短板，培育新动能、新业态，改造、提升传统动能，促进经济转型升级。

第三，稳妥推进财税和金融体制改革，注重建立风险识别和预警机制。在宏观政策中以可控方式和节奏主动释放风险，重点提高财政、金融等方面风险防控能力。地方政府债务风险问题一直颇受关注，也存在局部地区偿债能力有所弱化、违法违规融资担保现象时有发生等问题。目前已建立了透明规范的地方政府举债融资机制、地方政府债务预警机制和地方政府债务应急保障机制，从而确保地方政府债务风险总体可控。通过用好用足新增地方政府债券资金，推进供给侧结构性改革，对稳增长、补短板等发挥了重要作用。加快制定落实中央和地方政府事权与财权、收入划分方案，抓紧提出健全地方税体系的方案。积极稳妥地推进金融监管体制改革，深化多层次资本市场体系改革，注重抑制资产泡沫和防范经济金融风险。

3. 稳预期：优化制度环境稳定宏观环境

稳定预期是稳定大局、稳定环境的重要因素。要从三个方面加强引导预期的稳定性。

第一，稳住 GDP 增速，保持经济中高速换挡顺利。中国经济体量巨大，如果形成惯性下滑，会引发经济运行紊乱和系统性风险，甚至影响全面建成小康社会的进程。因此，在 GDP 增速持续性下滑期间，需要优化稳定的宏观经济政策和高超的宏观调控技巧，稳增长、稳就业、稳消费、稳预期成为极为重要的考量维度。

第二，坚持基本经济制度，坚持社会主义市场经济改革方向，坚持扩大开放，稳定民营企业家的信心。加快产权制度改革，鼓励和保护企业家精神，让企业专注于持续性的创新活动，而不是热衷于炒作和投机，消除一些不稳定隐患。

第三，社会政策要托底，提高政府的公信力。按照守住底线、突出重点、完善政策、引导舆论的思路，深入细致地做好社会托底工作，提高人民群众的获得感，维护社会和谐稳定。

二 基于风险共御的财政金融政策治理原则

经济新常态是我国经济发展进入新时代的典型特征。为应对经济新常态下的风险与挑战,有序引导市场并提升经济增长质量,增加有效供给,应根据经济社会的运行特点和规律,对宏观调控的基本政策框架进行必要的调整与优化,以更好地契合对公共风险的有效管控,更有效率地统筹运用政策资源,实现在坚持市场机制发挥决定性作用的条件下,更好地发挥政府作用。

(一)财政金融政策治理的主要原则

作为对公共风险进行共御治理下的宏观调控,必须做到化解矛盾、利用资源、转型发展和形成新动力的重要支撑。因此,既要坚持经济发展、充分就业、物价稳定和国际收支平衡的基本要求,又要与时俱进,根据风险共御下的经济运行特征,形成宏观调控的新思路和主要原则。具体包括:

1. 解决矛盾,化解风险

2017 年《政府工作报告》明确指出:"我国发展面临国内外诸多矛盾叠加、风险隐患交汇的严峻挑战。"因此,以宏观调控为手段,解决经济运行中的深层次矛盾,有效化解金融、财政、房地产、部分实体经济中的运行风险,成为财政、金融政策治理体系的主要原则之一。

2. 顺应经济规律,突破矛盾节点

当前的经济运行既是高速增长阶段向高质量发展阶段的重要过渡期,也是各项要素进行充分整合、调整的平衡期。从过渡期来看,我们要主动打破传统的平衡,通过对新要素的引进和新技术的推进,解决传统平衡中的深层次矛盾和问题,主要包括供给与需求的匹配、规模扩张与效率提升的错位、经济增速放缓与资产价格膨胀、风险应对与创新驱动的动态有序等。而从新的平衡期来看,则需要注重新要素及要素组合的有效管理、生产函数的平衡与优化、市场动态均衡的供给和需求的高效匹配、资产收益与生产产出之间的平衡等,既突破矛盾节点,又形成新的更优稳态。

3. 坚持重点应对和全面调控的齐头并进

当前经济运行的矛盾与风险具有深层次性、全局性、系统性和联动性的特点，牵一发而动全身。在问题的处置上，既要坚持问题导向，根据问题的运行逻辑和基本规律，集中政策资源和市场力量，打好"歼灭战"；又要协调各方的动态，建立沟通机制和响应安排，构筑合意区间并加强区间管理，创建指标体系和加强相机抉择与自动稳定机制等。总之，要更加注重满足人民群众需要，更加注重市场和消费心理分析，更加注重引导社会预期，更加注重加强产权和知识产权保护，更加注重发挥企业家才能，更加注重加强教育和提升人力资本素质，更加注重建设生态文明，更加注重科技进步和全面创新。

4. 形成突破口和稳定器，主动引领新常态

从新常态的逻辑体系上看，需要打破"老常态"，迎来新转变，并最终形成新常态。因此，抓住有效的时机，在关键节点上形成一系列突破口，改变现有的均势，让积极的要素先活跃起来，在新格局下形成效率和示范；与此同时，发挥好稳定器的作用，支持其他的不活跃要素或是惰性组合行动起来，在奖励、补偿、激励和引导之下，拓展突破口的影响，形成改革之势和发展之势，对新常态在消费、投资、进出口、要素、环境等领域的发展变化进行深入的引领。

（二）财政、金融政策共御风险的基本框架

根据当前经济运行特点和宏观调控的目标与原则，我们按照问题导向、顶层规划的要求，确定了以共御风险为目标的财政、金融政策调控的基本框架。基本框架既包括核心问题，又包括政策落点和方向，此外，本文还对可运用的主要手段进行了总结和概括。

1. 化解资产泡沫，防止资产价格异动，维持金融和经济发展环境基本稳定

根据 2017 年中央经济工作会议的精神，坚持防范风险、"稳"是大局的基本理念是宏观经济政策运行和政策调控的核心内容。受到当前结构调整加速、产出增速放缓的影响，实体经济的收益率相对下降，对资金的容纳能

力不足，从而导致资金大量流向资产领域，推动了资产价格的过快上涨和资产规模的迅速膨胀。这种快速上涨的资产价格，一方面扭曲了现有的比价体系，使得市场机制出现了严重的失灵或错配的情况；另一方面导致资产市场出现了"耗散"结构，资产价格的不断上涨和资产收益的持续下滑并存，资产市场的不稳定性显著增加。因此，宏观调控框架的第一个着力点是防范资产价格异动，化解资产风险，维护经济发展环境的稳定有序。

可应用的主要手段包括：建立以财政资金为基础的专业资产市场稳定基金，对资产保有环节进行课税，对资产交易环节的溢价保持应有的课税力度，建立以收益率为导向的金融资源分配机制、适当提高再贴现利率等。

2. 稳定投资增长，控制地方政府性债务，保持企业正常经营，并维护就业和收入形势的基本稳定

在经济增长中，投资是最关键也是最活跃的变量，增长速度的波动大多与投资规模的变动直接相关，而投资规模又与市场形势关系密切。因此，应采取必要的措施，激发市场的潜在需求，有序提升现实需求，形成适度扩大总需求的良好态势，为供给扩张和供给转型提供良好的条件。在相对宽松的市场环境下，实施就业优先战略，为经济的发展提供要素、需求和稳定三个方面的支撑，力争实现"一举三得"。坚持居民收入增长与经济增长基本同步，既稳定家庭资产负债表，激励开展长期投资和创业投资，又为市场提供稳定的消费，并带动企业投资的结构优化和规模扩张。坚持控制地方政府性债务，保持政府资产负债表的稳定，提升政府投资和信用扩张活动的产出效率和效益，向市场提供新增投资的同时，为市场提供良好的信用型产品，并通过信用产品附加和置换，降低市场风险水平和债务收益率水平，避免过大的"挤出"效应。

可应用的主要政策手段包括：建立新的消费促进计划，实施更加积极的就业政策，建立专业性的企业投资引导基金，建立以中小企业发展和创新为支持对象的政府投资基金，开展企业生产过程性和行为性融资，发展企业收益权抵押融资，支持知识产权质押和使用等，为创新型企业、小微企业和模式创新企业等轻资产企业的发展提供良好的融资支持。

3. 优化企业融资结构，通过降低杠杆、控制成本、增加资金规模等方式，推进企业运营，实现结构改革和创新发展

推动创新发展和转型发展，关键在企业的活力和创造力，而支持的基础则是企业良好的融资环境和渠道。受到整体经济增速下滑的影响，一方面，要在保持全社会杠杆基本稳定的情况下，有效地推进去杠杆的安排；另一方面，则要采取新的理念和手段，积极支持金融市场创新，支持多层次资本市场的建设与发展，推进资产证券化、资产置换和应收账款再融资等模式创新，以支持企业实现更多的再融资、信用性融资和收益性融资。

创新驱动发展战略和《中国制造2025》是我国产业发展的重要基础性政策和安排。从创新驱动战略来看，核心是要提高效率，提高劳动生产率和全要素生产率，形成技术创新、模式创新、形态创新和产品创新的良好框架，为资源的节约使用、生产效率的提高和新产品的提供创造良好的条件。从《中国制造2025》来看，主要是应用创新，并使得创新能够与现有的产业基础进行充分的融合，从而在提高效率的同时，更好地优化产品的质量，更多地增加产品的差异化程度，更有力地改善供给对需求的匹配状况，避免生产的简单、无序和企业的重复、低效生产。

可应用的主要政策措施包括：创新支持政策体系，包括基础研发和原始创新的财政投入、转型应用的政府性基金和资金、科技金融服务、首台套装备保险、风险投资和私募投资等；创新管理体系，包括以鼓励创新、包容审慎为原则的新兴产业监管规则、以技术本身作为独立监管对象而不下延至产业的市场准入标准、开展知识产权综合管理试点等；开展股权市场建设、股权投资基金发展、产权市场完善与发展、资产证券化、新型资产质押、资产置换、应收账款销售或应收账款质押等。

4. 降低经济的运行成本，提升社会保障水平，实现养老等社会保险在降费提质基础上的可持续发展，推动全社会创新创业

我国经济运行成本主要体现在制度性交易成本、税费负担、金融财务成本、社保缴费成本、能源成本、物流成本等方面。要大力推进放管服改革，努力降低制度性交易成本，清理"红顶中介"等不合理的市场结构；要全

力推进减税降费，对企业税负、政府基金、政府收费和部分垄断行业的涉企经营性收费要全面降低；要推进金融市场改革，提供更多的直接融资渠道和手段，推进利率市场化改革，在竞争的基础上，有序降低金融财务成本；要推进"五险一金"体系的优化，既适当合并险种和保障范围，又支持企业暂时降低社保费用负担；要全面推进能源行业改革，支持竞争，打破垄断，实现能源成本有效、有序地降低；要调整税制，优化市场格局，采用新型组织模式和信息基础，支持物流费用有效降低。

可应用的主要政策措施包括：构建模式创新支持基金，推动"双创"发展，鼓励新兴业态；完善金融市场的风险评价机制，建立收益与风险相平衡的金融市场资源配置方法；深入营改增改革，完善企业所得税税前扣除；全面推进放管服改革，扩大市场机制的作用和影响；加大金融市场准入，推进利率市场化；推进国有企业混合所有制改革，推动国有资本做强做优做大；加大财政保障力度和投资安全性管理，实施社会保险制度改革等多个层面。

我们将上述分析归纳为如图 8 - 1 所示的"矩阵结构"，形成本文研究的基本框架。在结构中，财政、金融政策体系各自应对一个相对复杂的风险管理环境，但两个领域的调控政策又相互协调，形成有机统一的整体。

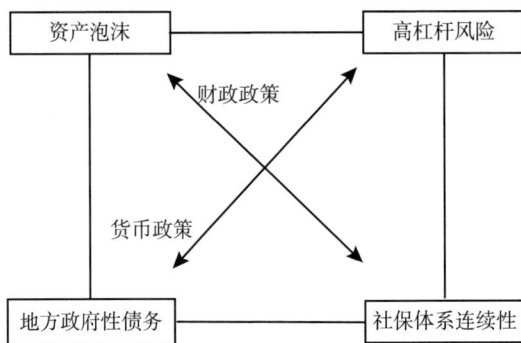

图 8 - 1 共御风险下财政、金融调控的"矩阵结构"

（三）政策取向

根据上述原则和基本方向，我们在财政、金融调控政策体系的设计上，主要以财政政策的税收政策、支出政策，以及货币金融政策为基础，构建风险共御条件下的调控政策的基本取向。

1. 税收政策：促进投资、生产性减税、推动结构调整

这里的税收政策是广义的，除了政府的税收以外，还考虑相关的政府性基金和经批准的政府性收入。从税收政策的设计来看，应着力做好促进投资、生产性减税和推动结构调整的政策安排。主要的政策设计包括：加速折旧的企业所得税优惠、研发费用①的税前加计扣除、小型固定资产的投资抵税安排、应纳税额低于 50 万元以下的小型企业所得税减半征收、营业税改征增值税改革的"四档税率变三档税率"、以抵扣链条为导向推动产业结构调整等。

此外，还包括暂停或停征一部分政府性基金，重点是理顺公共服务的责任人和提供人的关系，对政府职责范围内应提供的公共服务，纳入政府预算安排，减少附加基金或附加费的收取。根据经济社会发展，停征部分政府性收费或从低征收相关税费等。

2. 支出政策：加大投资力度，完善市场机制，支持企业降低杠杆

财政支出政策主要是指财政投资政策、政府购买服务政策、政府采购政策和支持重点行业发展的政府性资金或基金。财政支出政策的运用必须遵守市场与政府间的关系，即市场发挥资源配置中的决定性作用，更好地发挥政府作用。因此，财政投资应重点投向基础设施领域、公共设施领域和特殊基础性产业领域；应将政府购买服务作为推进现代服务业发展的重要手段，形成政务性服务和公共性服务产业的良好环境；要进一步优化政府采购政策的应用范围和领域，形成政府采购对自主创新、中小企业和特定领域的有效支

---

① 根据国家统计局在 2016 年确认使用的最新 SNA 准则，研发费用不再作为经济运行的成本，而作为投资纳入 GDP 的统计。

持，并通过政府采购加强政府资金使用效率；建立以战略性新兴产业、基础产业、现代农业和专业服务业的政府发展引导基金，推进新业态、新模式、新产品的应用，推广新技术的使用。

3. 货币金融政策：维护资产价格稳定，推动融资和股债结合，降低企业融资成本，形成双支柱调控框架

受到当前经济社会矛盾呈现结构性和差异性的影响，货币金融政策在发力角度和体系安排上应更加注重结构性和对市场运行活动的直接干预和影响，更重要的是优化发展环境，完善市场机制，防范和消除风险，并有力支持供给侧结构性改革和促进相关矛盾的良性转化。因此，货币金融政策需要着力于四个方面：一是满足市场融资需求，提供更广泛的市场、更多的融资渠道，更好的资金保障；二是推动股债结合，创新金融产品和金融服务；三是维护资产市场的平稳运行，以风险和收益平衡为基础，优化市场机制，提供跨市场的资金流通机制；四是推进金融市场的开放，支持建立竞争机制，以实体经济的需求为导向建立新的融资安排，有效降低融资成本。

三　基于宏观风险管理的财政政策框架

财政政策在风险管理中处于主动地位，并具有良好的针对性和灵活性，是风险共御治理框架的基础力量。在构成上，财政政策包括税收政策和支出政策两个主体部分，并形成完整、自足的政策体系和手段措施。

（一）财政政策在风险共御中的基本框架

在"矩阵结构"中，财政政策要解决的宏观风险主要包括三个方面：第一，控制资产泡沫、化解市场机制的扭曲风险；第二，促进投资增长，控制地方政府性债务风险；第三，降低经济的运行成本，维持社会保险体系的可持续发展。具体如图8-2所示。

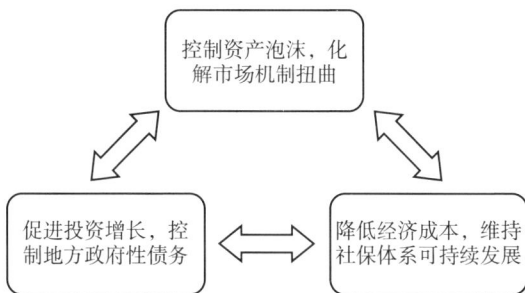

图 8 - 2　财政政策的风险管理调控策略

根据图 8 - 2 所示的财政政策风险管理调控策略，我们以税收政策（广义，即财政收入政策）和支出政策（财政预算、投资和补贴等主动性政策）为基础，分别构建以应对宏观风险为目标的财政政策调控框架。

（二）税收政策的宏观风险管理调控框架

如前所述，宏观风险管理的实质仍是以效率提高和效益提升作为最终目标，而风险控制水平和管理成本则是直接目标。我们对税收政策宏观风险管理调控框架主要分三部分展开，即以降低成本为目标的税收政策，以促进市场自主投资、形成需求支撑为目标的财政政策，以支撑产业升级、淘汰"僵尸企业"为目标的税收政策。具体包括：

1. 以降低成本、减少生产性企业税费负担为目标的税收政策

由于造成企业和居民税负感重的因素比较复杂，再加上需要缓解因降低税费负担而带来的财政收支压力，因此，需要统筹税费关系和财力分配，推行综合系统性改革，完善有利于制造业发展和社会公平的税收制度，清理各类收费、基金，优化营商环境，降低企业和居民的税负感。

（1）进一步完善增值税制度，简化税率，适当下调税率

"营改增"之后，我国已形成了增值税多档税率（征收率）并存的格局，即增值税税率为 17%、13%、11%、6% 和 0 等 5 档，征收率为 3% 和 5%。尽管多档税率并存有其合理性和必然性，但其弊端日益显现。为此，考虑中央与地方的承受能力、纳税人税负结构、税收征管以及国外税制等多

种因素，建议适当下调增值税一般纳税人税率，并合并简化税率结构。简化税率结构，可以分为两步：一是取消 13% 税率，保留 17%、11%、6% 三档税率；二是在此基础上，以平衡制造业和服务业税负、降低交通物流成本为目标，在适度降低增值税基本税率的基础上，形成 12% 和 6% 两档税率结构。

（2）继续深化资源税改革，清理与整合涉及矿产资源的收费、基金

由于资源产品税、费、租的性质和作用各不相同，因此，我国的资源税改革不是简单的"以租代税""以税代租"或"以税代费"，而是要从可持续发展、经济发展方式转变以及环境保护的角度，探讨如何建立价、税、费、租联动机制，充分发挥各自的积极作用，共同促进资源的合理开发和使用。2016 年 7 月 1 日起我国全面推进资源税改革，通过全面实施清费立税、从价计征改革，理顺资源税费关系，资源税制度建设迈出关键一步。今后一段时间，应进一步深化资源税改革，全面清理与整合涉及矿产资源的收费基金，优化制度设计，完善资源价格形成机制和补贴机制。清理、整合各项收费和基金是深化资源税改革的重要前提。各地方政府需严格按照收费与基金设立的依据、审批权限、时间界限、征收范围和标准等规定，对依法合规的收费与基金保留，对违规设立的收费与基金坚决取消，消除税费重叠、功能交叉的问题，并确保不增加相关企业的总体负担。对确需保留的依法合规收费基金项目，采取列举法，设定收费标准区间，整合相关费用，规范征收行为，并就原资源相关收费项目向社会公开。

（3）加快推进环境税改革，整合相关税费

2015 年 6 月国务院法制办公布《环境保护税法（征求意见稿）》，对我国环境保护税的基本制度内容进行了明确。2016 年 8 月第十二届全国人大常委会第二十二次会议对《中华人民共和国环境保护税法（草案）》进行了初次审议，并向社会公布和进一步征求意见。2018 年 1 月 1 日，环境保护税进入正式实施阶段，主要内容是：征税对象主要是大气污染物和水污染物；而应税的大气污染物和水污染物的污染当量数，以该污染物的排放量除以该污染物的污染当量值计算，将"排放口"确定为税率的核算标准，并

根据实际排放效果设计税率激励,如"纳税人排放应税大气污染物或者水污染物的浓度值低于国家和地方规定的污染物排放标准百分之三十的,减按百分之七十五征收环境保护税。纳税人排放应税大气污染物或者水污染物的浓度值低于国家和地方规定的污染物排放标准百分之五十的,减按百分之五十征收环境保护税"。

在已经取得的改革成就的基础上,要继续加快推进环境税改革,适时扩大征收范围。对于二氧化碳排放,即使目前环保税法中还没有将其纳入征收范围进行征收,但可以在环保税法中设置对二氧化碳排放征收的相关规定,为未来适时征收碳税奠定基础;环保税法还应将适用于排污费制度的部分新污染物,如挥发性有机物的排放等纳入征收范围。同时,推进环境税改革,统筹考虑税费关系,清理、整合环保领域的相关费用。

(4)清理各类行政性收费、基金和涉企收费,减轻企业负担

结合我国当前的"三去一降一补"工作和中央经济工作会议提出"降低企业税费负担"的要求,应将降低企业收费作为减轻企业负担的首要措施。一方面,清理、降低政府性收费、基金。继续大幅降低社会保障缴费率,减轻企业负担、增加居民可支配收入。清理、规范政府性基金、收费,适时取消残疾人就业保障金、教育费附加和水利建设基金等基金、费用。另一方面,清理规范社团、中介服务项目和收费,取消或降低部分涉企经营服务性收费。

2.以促进市场自主投资、形成需求支撑为目标的税收政策

以促进投资、创造市场需求为目标的收入调控政策,主要是完善增值税抵扣链条、创新型产业的税收引导政策和环保型产业的税收引导政策等,加强对企业投资的引导。

(1)完善增值税抵扣链条,激发投资动力

2016年营改增试点全面推开,并将不动产纳入抵扣范围,应该说已经基本上完成了从生产型增值税向消费型增值税的转变,有利于促进企业投资发展。营改增后,参与改革试点的多个行业的企业在服务链分工中所处的位置不同,服务外购与服务增值的形态千差万别,看似很多成本可以抵扣增值

税进项税，但在实际执行中，增值税抵扣链条未完全打通，部分专用发票取得较难，在一些企业出现了抵扣不完全的情况，造成了企业税负增加。例如，对建筑业而言，部分建筑材料供应商为小规模纳税人甚至无证经营户，难以取得增值税专用发票；施工单位进行施工的时候，消耗的水、电、气等难以取得进项税发票；利息支出的进项税额不能进行增值税抵扣。再如交通运输业，一些项目本应该纳入进项税抵扣范围但却没有纳入，有些项目虽已纳入进项税抵扣范围，但不能实现充分抵扣等，导致一些交通运输企业税负增加。因此，应该适时启动深化增值税改革的程序，通过实现完全抵扣机制，打通抵扣链条，激发企业投资热情。

（2）完善创新型产业的税收引导政策

完善创新型产业的税收引导政策，其着力点应放在三个方面：其一，通过税式支出减弱创新不确定性。政府可以通过税收优惠措施，分担企业创新风险，减轻创新企业的税负，使创新企业比传统企业在税收负担上明显处于优势，从而增加创新企业的利润预期，减弱技术创新的不确定性，激发创新企业的创新活力。其二，通过税式支出实现外部效应内部化。由于技术创新活动的私人收益率低于社会收益率。为此，可通过适当的激励实现投资企业的税收优惠，如投资抵免、纳税扣除、个人所得税优惠等手段，对率先创新企业的应得收益（或承担成本）进行补偿，以激励企业创新。其三，通过税收与其他政策组合培育创新环境。在优化产业结构、鼓励企业在技术引进基础上再创新、扶持各渠道社会资金投入风险投资等方面采取税收激励措施的同时，还要从知识产权保护、科技体制改革、科技人才队伍建设、培养全民公众创新意识等多方面着手激励技术创新，形成良好的社会环境，发挥其整体最佳效能。

同时，加大对人才的税收激励力度，支持企业创新。例如，在利用财政资金设立的科研院所和高等学校中，将职务发明成果转让收益在重要贡献人员、所属单位之间合理分配，用于奖励科研项目带头人、骨干技术人员等重要贡献人员和团队的收益比例不低于50%；以科技成果作价出资创办企业的，不限制科技成果作价份额占注册资本的比例，由企业投资人之间协商确定，并将作价份额不低于20%的比例奖励给成果完成人以及为成果转化做出重要贡献的管理人员；对高科技人才取得的技术转让和技术服务收入的个人所得税减免；对科研人员获得一次性奖励或特殊津贴给予个人所得税减免。

（3）完善环保型产业的税收引导政策

完善环保型产业的税收引导政策，主要体现在对环保产业的税收优惠上。

一是进一步完善现行有利于环保产业发展的优惠政策。可以根据实际情况，调整和完善相关资源综合利用产品的优惠范围和目录，例如：可以适当增加一些能源资源回收利用的优惠政策，如工业余热余压和利用太阳能等新能源项目；对水泥厂协同处理生活、医疗、危险废物垃圾，采用旋窑法工艺生产的水泥（包括水泥熟料，下同）或者外购水泥熟料采用研磨工艺生产的水泥，给予增值税即征即退的政策，而不受水泥生产原料中掺兑废渣比例大于30%的比例限制。

二是出台一些有利于环保产业发展的新的优惠政策。例如：进一步加大对太阳能等的优惠力度，形成包括风能、生物质能源等在内的清洁能源增值税优惠体系；可对节能效益异常显著、但受价格等因素制约的重大节能设备和产品，在一定期限内和相应条件下实行增值税一定比例地即征即退政策；实施营改增后，对节能、环境保护方面的咨询、信息和技术服务，以及节能环保型绿色建筑等方面出台一些新的增值税优惠政策。

（4）完善针对小微企业的税收引导政策

完善针对小微企业的税收引导政策，通过税收政策大力扶持小微企业，支持大众创业，有助于培育新产业和新增长点。

一是扩大小微企业增值税和营业税税收优惠范围和幅度，继续提高增值税和营业税起征点。

二是对特定行业特别是关系民生的小微企业，适当减征或免征开办初期的房产税、城镇土地使用税。

三是对小微企业签订的购销合同、加工承揽合同、财产租赁合同、财产保险合同、技术合同等各类合同免征印花税。

四是允许高新技术小微企业将用于科研和实验设计的研发费用从应税所得中一次性扣除。

3. 以支撑产业升级、淘汰"僵尸企业"为目标的税收政策

以产业升级、淘汰落后产能为目标的收入调控政策，主要体现在加速折旧的政策、投资抵税的政策、研发费用扣除政策以及消费税政策等。

（1）完善加速折旧的政策

为了鼓励企业，特别是自身研发能力弱的中小企业，更新落后的生产设备、采用新技术，许多国家和地区对企业购置先进生产设备给予加速折旧的税收激励。例如，美国《国内收入法典》规定，对高新技术产业研究开发用仪器设备实行快速折旧，折旧年限为3年，是所有设备中折旧年限最短的；日本企业一般固定资产的折旧年限已缩短至3年或5年，对企业购置各类特定的机器设备，允许其在提取正常折旧外，再按购置成本的一定比率，在设备使用第一年增提期初特别折旧，其中研究与开发用的设备按50%增提折旧，用于某些高技术企业并安装在指定的高技术开发区的工业机器按14%（建筑物按7%）增提折旧；德国规定高科技环保固定资产的折旧率，设备为50%，建筑物为30%；法国对企业用于科研的建筑物投资，允许在投资当年计提50%的折旧，用于研究开发活动的新设备、新工具可以实行加速折旧。

我国目前所规定的固定资产折旧年限是根据固定资产的使用年限制定的，比国外长很多，远远跟不上由于技术进步造成的固定资产更新速度。2008年实行的新《企业所得税法》第32条规定："企业的固定资产由于技术进步等原因，确需加速折旧的，可以缩短折旧年限或者采取加速折旧的方法。"为此，我们建议，参照国外的固定资产折旧年限，对于示范区创新创业型企业购置的先进生产设备，可将其折旧年限缩短至3年或5年，并在设备使用第一年按设备价值的50%增提期初特别折旧。

（2）完善研发费用加计扣除政策

一是落实好《关于完善研究开发费用税前加计扣除政策的通知》（财税

〔2015〕119 号），放宽享受加计扣除政策的研发活动适用范围，扩大研发费用加计扣除范围，简化对研发费用的归集和核算管理，加大政策落实力度，进一步促进企业加大研发投入，减轻企业负担，推动创新。

二是完善政策执行和工作机制。建立税务机关与科技部门的联合工作机制，做好对企业的政策宣传、培训和咨询服务。建立政策跟踪与评估机制，及时掌握政策落实情况，对政策效果进行分析，在此基础上调整和完善相关政策。

三是进一步加大政策力度。在未来可再提高研发费用加计扣除标准。对工业企业研发的具有国际领先水平的技术或设备发生的研发费用，加计扣除比例提高到 100%。还可根据研发活动的发展特点，适时增加可加计扣除的研发费用范围。

（3）建立技术研发准备金制度

从国外经验来看，提取技术研发准备金制度是支持企业创新和产业升级的一项重要措施。例如，韩国为了确保企业的研发投入，规定公司（提供奢侈服务的企业除外）可提取技术开发准备金，用于技术与人力资源开发支出，允许公司按不超过每个纳税年度经营毛收入的 3%（技术密集型产业按 4%、生产资料产业按 5%）计提损失，从第三个经营年度起未使用完的技术开发准备金计入应税所得额中缴纳企业所得税；日本《电子计算机购置损失准备制度》中规定，计算机生产厂商可从销售额中提取 10% 作为准备金，以弥补发生的损失；印度税法规定凡符合条件的企业，其实现利润可扣减 20% 作为投资保证金；新加坡税法则规定对某些经过批准的企业，可将应纳税所得额的 20% 作为科研开发准备金。

为鼓励企业自主创新、推动产业结构升级，建议允许科技型企业从销售收入中提取 3%～5% 的技术研发准备金，准予准备金在所得税前据实扣除，以弥补科研开发可能失败造成的损失。同时，规定准备金必须在规定时间内（3～5 年）用于研究开发、技术更新、技术改造和技术培训等方面，对逾期不用或挪作他用的，应补缴税款并加罚滞纳金，以提高技术研发准备金的使用效率。

（4）完善投资抵税政策

对投资新办科技型企业，可按投资额一定比例获得税收抵免；对科技型企业用于研究开发方面再投资的资本和利润实行再投资免税和再投资退税政策。

（5）完善消费税制度

进一步扩大消费税的征税范围，重点是将其他对环境有害的消费品逐步纳入征税范围，包括含磷洗涤剂、臭氧耗损物质、包装材料、一次性方便餐具、化肥、农药等。并进一步提高部分应税产品的税率，从而加大对污染性消费品的特殊调节作用，更好地发挥消费税限制高耗能、高污染消费品生产、消费的作用，也有利于间接起到调整产业结构、淘汰落后产能的作用。

（三）支出政策的宏观风险管理调控框架

财政支出政策包括预算、债务、投资和补贴等各项政策措施。在宏观风险管理中，财政支出政策具有综合运用的空间和全方位的能力，并从风险化解、空间创造、信用支持等各个方面发挥效力。

1. 以化解资产风险、加大对实体经济的投资为目标的支出政策

促进投资、创造市场需求是落实"以供给侧结构性改革为主线，适度扩大总需求"方针的具体体现。投资在短期内形成的是总需求的规模和增长，在长期内则是形成供给的重要基础，而财政支出政策在政府投资支撑，市场投资引导，开展基础性、公益性投资，承担投资共性风险等方面将发挥重要作用。财政支出政策应根据要求，着力在以下四点取得突破：

（1）预算内基础设施投资和经济建设支出

为适当扩大总需求，保持经济增长环境总体稳定，政府应以基础设施投资和经济建设支出为重点，安排预算内投资支持关键领域和关键环节的发展。考虑到事权分配和公共产品的特性，以及相关领域建设投资的需求，中央预算内投资规模在 5000 亿元至 5500 亿元之间较为适宜，而地方预算内投资以 25000 亿元至 28000 亿元较为适宜，"十三五"期间，每年的财政预算内投资规模以 30000 亿元至 33000 亿元较为合适。

（2）政府与社会资本合作（PPP）开展的投资

政府与社会资本合作（PPP）经过三年多的推广和实践，已经取得了较大的成就，而与初始的 PPP 模式相比，也有了较大的进步。从 2017 年的情况看，社会资本方可以直接担当项目的建设方，并经一次招投标确定，这样使社会资本方的基本盈利得到保证；而地方政府在土地使用时，也可以将土地一级开发招标与项目开发招标同步完成，有利于 PPP 项目中政府出资的设计，并可支持大型园区、特定小镇和新城区的开发投入；此外，2017 年启动了 PPP 项目的资产证券化改革，以 PPP 项目的资产收益作为收益保障来源，可以较快地实现社会资本方的资金退出，减少不必要的资金占用。这些改革与接下来要论及的 PPP 投资基金一起成为推进 PPP 项目的重要助力，政府对 PPP 项目的直接出资的压力明显减少，而采取后补助而形成的财政容纳能力的限制也显著下降。

（3）政府性投资和引导基金机制

政府性投资和引导基金的组建已经获得了政策层面的良好支持。2016年 12 月，财政部出台了《关于财政资金注资政府投资基金支持产业发展的指导意见》，为财政资金参与地方政府投资基金，并作为资本金、引导金、劣后资金的安排提供了重要的政策依据。以财政资金出资组建，原有专项资金转型组建，在现有项目的基础上上延母基金或者是下延子基金等方式越来越丰富，财政资金的撬动能力、带动范围和实施方式也在不断完善、提升，政府性投资和引导基金的作用越来越突出，并成为财政资金市场化、法治化地投入、持有、监管和退出的重要载体。目前应用财政投资和引导基金的主要包括股权投资基金、产业引导基金、债权分级基金、风险补偿基金和 PPP融资支持基金等类别。

（4）风险分担型、保障型的财政支出安排

财政通过对风险的有效分担，或者为市场投资活动做增信安排可以有效地改变市场收益率曲线，并促使市场资金更好更多地流向目标产业和重点领域。而对于财政而言，风险分担型、保障型的支出安排，仅需要财政嫁接信用或提供部分收益补偿即可，这可以有效地放大资金效果，并对市场投资起到良好的引导和指引作用。尽管该类资金的投资引导效果显著,但财政仍需较为审慎地使用,一方面避免政府信用负担过重,另一方面避免挤出或扭曲正常的市场融资。此外,该类支出中还应包括财政为相关保险产品提供的贴息支持或再保险保证等,借助保险保证资产完成有效的融资和贷款。

2. 以降低经济运行成本,有效补齐市场短板为目标的支出政策

补齐短板是为了平衡发展和避免国民经济的财富溢出和效率损失。在财政支出方面,要根据"财政是国家治理的基础和重要支柱"的定位,从严重制约经济社会发展的重要领域和关键环节、从人民群众迫切需要解决的突出问题着手,既补硬短板也补软短板,既补发展短板也补制度短板。具体包括以下五点:

(1)消除垄断影响,推动垄断行业改革

市场垄断是导致经济效率损失的重要原因。从我国在经济新常态时期的运行情况来看,市场垄断主要表现为资源垄断、渠道垄断和价格垄断三个方面。因此,消除垄断的影响,推动垄断行业改革也须从这三个方面着手。

价格体制改革是我们要着力推进的重要环节,凡是能由市场形成价格的都交给市场,政府不进行干预。财政要适当安排预算资金,支持水、石油、天然气、电力、交通、电信等领域价格改革,推动放开竞争性环节价格,完善农产品价格形成机制,注重发挥市场形成价格作用。

渠道垄断和供给模式改革是消除垄断的关键所在。当前,既要放开渠道竞争,让更多的主体能够参与和运营渠道,从而降低渠道费用,提高渠道效率;又要让保留的单一渠道更多地为不同主体服务,而且要一视同仁。财政应安排必要的预算资金,推动多渠道的建设和发展,如对天然气改革,采取门站价格竞争的安排,与城市地下综合管廊一起,推动多渠道的竞争;或者安排一定的财政支出,推动输电网络等单一渠道为更多的主体服务,包括直购电主体和分布式电源主体。

资源垄断是土地、矿权和资源的三位一体的垄断,垄断程度高,影响很大。财政对资源垄断并不具有直接的干预能力,目前财政的工作重点是:主要协助主管部门采取推动探矿权、采矿权和经营权改革的方式,打破权力垄

断；支持采取更具有开放性和竞争性的土地资源管理办法，确保公平公正、竞争有序；支持使用资源付费和"谁污染环境、谁破坏生态谁付费"原则，逐步将资源税扩展到占用各种自然生态空间的行业和领域。

（2）减少市场扭曲，维护要素市场效率

财政减少市场扭曲的措施主要包括：第一，取消不合理的税收优惠政策，按照统一的标准实施相关的税收安排，原则上不再出台新的税收优惠政策，而对于原来的优惠政策也要逐步安排退出；第二，维护国内市场的统一有序，坚决打击地方保护主义，对地方违规收费、违规采购和限制消费的行为，要坚决查处；第三，支持调整或取消不合理的行政限制或未得到法律授权的行政性壁垒，提升资源的配置效率，在更广阔的市场范围内优化资源配置；第四，保障市场公平，对各类市场主体做到一视同仁，在政府补贴、奖励、减税和科技支持等领域，除法律规定外，所有的市场主体应确保公平对待。

除商品和服务市场外，引致性的要素市场也需要加大重视力度。财政应采取适当的支出手段开展劳动要素的培训工作，提升劳动生产率，并为经济的转型发展提供良好的要素支持；财政还应支持取消不必要的从业资格、行业资质的强制管理的问题，推动尽可能地取消一切不必要的"两资"强制认证，为劳动要素市场的充分流动和有效调剂创造良好的条件。而对于资本市场的改革，财政则要从支持尝试和承担风险两个角度来安排资金予以支持，如允许商业银行的风险拨备资金不计入企业所得税的应纳税额、建立金融稳定资金等。

（3）完善市场体系，支持商品市场出清

财政支持市场体系完善的重点是通过财政支出或投资方式建立市场短缺的、应由政府以公共产品形式提供的市场结构。主要包括：第一，完善知识产权市场体系，支持建立知识产权综合管理制度，并推动知识产权的保护、定价和运用；第二，推动建立国家电力交易市场，并形成新的电力销售办法和渠道，支持非电企业以电力现货合约的形式参与电力市场；第三，支持完善多层次资本市场，避免市场间的估值扭曲，以平衡为目标重构资本市场，坚持市场的平稳有序；第四，大力提升商品和服务市场，使市场具有歧视性定价能力和差异化营销能力，从而在智能化技术的支持下，更好地形成市场的有效出清，并使得消费者和生产者都获得更好的福利感受。

（4）建构服务环节，支持消费和生产转型

随着差异化、个性化和多样化浪潮的兴起，在产品和服务的销售市场上，需要让人们更好地理解差异化的表现，并对个性化进行有针对性的比对和匹配，因此，应构建能够对商品和服务进行充分有效理解的服务环节，企业要优化和自建销售渠道。在产业链中，受到中间产品差异化的影响，制成品企业需要更好地理解产品差异化的功效，并将这种差异化放大、改进和传递给消费者，财政应支持市场形成"制造业＋服务业"的新模式，推动制造业向新模式的方向转变。

（5）推进新型基础设施，构建智能化市场体系

新型基础设施主要是指新一代信息基础设施，强调要安全、高速、移动、泛在地提供高品质的信息技术服务；要构建数据资源体系和数据基础设施，设立数据库和数据交换系统，建立云计算服务机制；要支持建立国家大数据体系，开展大数据主动服务，并形成大数据层面的关联性信息和行动测度，同时支持有针对性的技术对已形成的大数据规律进行反思，主动刺破冗余的"个人偏好气泡"；建立一体化的网络体系，打通互联网、物联网和生产性互联网的边界，让信息顺畅流动、自由交换，从而将智能化市场体系的制度、机制和规律不断提升和完善。

3. 以减低杠杆、优化融资结构为目标的支出政策

受到转型压力和创新驱动的共同影响，我国非金融企业杠杆率较高，且与储蓄率高、以信贷为主的融资结构直接相关。财政支出政策要在控制总杠杆率的前提下，把降低企业杠杆率作为重中之重。具体政策措施包括以下四个方面。

（1）支持股权式融资的发展

对于企业的新增融资应尽可能支持其股权融资的方向。主要手段包括：一是支持证券市场改革，加速 IPO 的进度，稳定和优化市场的估值系统，提

升"新三板"的容纳能力和活力，坚持做市商交易为基础，更好地匹配收益率的估值系统；二是支持股权投资基金的发展和组建，支持以备案制为基础的股权投资基金的组建工作，并鼓励投资基金作为长期投资者和收益分享者的方式获得投资回报；三是支持大型企业集团和上市公司组建企业级的投资基金，并对中小企业放开股权投资，提升中小企业的融资能力和经营活力；四是支持风险投资、产业投资基金的发展，并继续对风险投资活动进行必要的支出引导和风险分担。

（2）支持债转股改革的推进

对企业存量融资的主要思路是做好债转股的改革工作。这里所说的债转股主体是银行层面的债权转股权，即支持将银行的一部分债权转为股权，推动债务企业去杠杆。推进的债转股应有两个层次：第一层次是银行自身层面的"债转股"，即银行将不良贷款转为对企业的股权，并根据《商业银行法》的要求，在不超过 12 月内处置持有的股权；第二层次是资产管理公司（AMC）层面的"债转股"，即 AMC 根据市场化的原则，在法律授权的范围内从银行购买债权，并在自身完成债转股后，降低债务企业的杠杆，并按照新资产包的要求，处置形成的股权。财政应从防范风险和推动支持两个角度推动债转股工作有效进行。

（3）创新股债结合融资模式

为了既扩大企业的融资能力，又不增加企业杠杆，可重点考虑股债结合的融资模式的扩进，财政通过支出手段为股债结合的融资提供必要的利润补偿、风险缓冲和成本补贴。股债结合的方式包括银行通过自身的基金部和信贷部联合运作的安排，也包括市场化的基金运作与银行信贷支持适当分离的操作安排，通过股权降低企业的杠杆率和风险水平，并相应地增强债权再融资的能力和条件。

（4）推进资产证券化

提高企业存量资产的利用水平，加大融资产品的周转速度是解决企业高杠杆下继续提升债权融资能力的主渠道，而其中最为有效的方法就是资产证券化改革。财政支出政策要从以下三个方面推进资产证券化改革：一是加大对基础设施资产证券化的支持力度，鼓励将基础设施以其收益或溢价空间为目标实施资产证券化安排，并尽可能地降低非标准资产进行资产证券化的产品开发费用；二是支持对房地产抵押贷款（MBS），房地产资产本身（ABS）实施资产证券化安排，既为房地产市场提供泡沫风险的疏解渠道，又为房地产投资活动提供了更加便利的投资产品；三是支持知识产权的资产证券化安排，加大投入力度，开发带有财政贴息、担保和保险补贴的知识产权资产证券化产品，主要以收益权分享为开发方向，总体属于信用性资产证券化产品。

四　基于宏观风险管理的货币金融政策

在当前较为复杂的经济运行形势下，尽管货币金融政策在调控的主导性和优化性上处于辅助地位，但在市场风险化解、经济运行环境优化、企业融资需求匹配和资产市场的平稳运行中，货币金融政策仍然发挥着不可替代的作用。

（一）货币金融政策在宏观风险管理中的基本框架

在"矩阵结构"中，要解决的宏观风险问题包括三个核心问题：第一，化解泡沫，维护资产价格；第二，降低成本，支持生产性企业发展；第三，降低杠杆，优化融资结构（如图 8 - 3 所示）。

从化解泡沫、维护资产价格稳定来看，经济新常态下影响资产价格稳定的风险主要包括微观金融风险和房地产行业风险，即"以高杠杆和泡沫化为主要特征"的风险。货币金融政策应重点处理好不良资产、债券违约等风险，以及影子银行、互联网金融等领域存在的风险，并以"既抑制房地产泡沫，又防止大起大落"展开房地产市场调控。

从降低成本、支持生产性企业发展来看，货币金融政策的要点是降低企业财务成本，金融部门要创造利率正常化的政策环境，为实体经济让利。因此，要推进金融行业的竞争，扩大市场准入，做好渠道替代和产品替代安排等，重点是利率市场化改革。

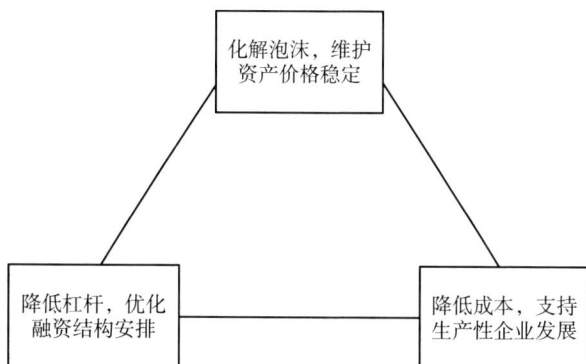

图 8 - 3 货币金融政策的宏观风险管理策略

从降低杠杆、优化融资结构来看，货币金融政策的关键着力点是促进企业盘活存量资产，推进资产证券化，支持市场化、法治化债转股，加大股权融资力度，强化企业特别是国有企业财务杠杆约束，逐步将企业负债降到合理水平。

（二）以化解泡沫、维护资产价格为目标的货币金融政策

化解泡沫、维护资产价格的主要目标是降低高杠杆、泡沫化风险，并实施必要的资产价格购买计划或资产转型转售计划等。具体包括以下手段：

1. 资产质押或购买计划（如 MLF）

中期借贷便利（Medium - term Lending Facility，MLF）是一种典型的资产抵押购买计划，该工具于 2014 年 9 月由中国人民银行创设。MLF 是中央银行提供中期基础货币的货币政策工具，对象为符合宏观审慎管理要求的商业银行、政策性银行，可通过招标方式开展。发放方式为质押方式，并需提供国债、央行票据、政策性金融债、高等级信用债等优质债券作为合格质押品。在央行的操作下，将对高稳定性资产价格进行有效调控，控制其收益率的上升，从而对资产市场的价格稳定发挥有效的支持作用。

2. 债转股安排

本处所指的债转股安排，既包括前文所述的银行对资产管理公司的债转

股，又包括市场上可独立运行的可转换债券、可交换债券、可转换票据等债转股工具的使用。货币金融政策的重点是对债转股工具的使用提供相应的支持。

3. 资产证券化或新资产包（如 MBS、ABS）

受到房地产市场泡沫的影响，房地产资产的累积风险水平较高，并对其他资产的估值定价产生重要影响。货币金融政策的要点是为房地产风险的化解提供疏解的通道，并为其他低估值资产提供再融资通道。如通过信贷抵押资产证券化（MBS）改革为银行的房地产贷款流动提供通道，通过其他资产的资产证券化（ABS）为低估值资产或非标准资产的再融资提供便利等。

4. 推动产权市场和产权交易的发展

伴随着"双创"发展的不断深入和模式创新的不断增多，越来越多的企业并不是按照公司制的方式来组建企业或开展融资，如高科技企业中有限合伙制企业不断增多，小微企业之间的"众创"空间不断壮大，企业融资中的"众筹"模式也广为应用，这样股权之外的其他产权的定价和交易就变得十分重要。货币金融政策要大力构建专业化的产权交易所，采取做市商、拍卖、投标等有效的方式进行科学定价，推进产权的适度流转和有效使用。

（三）以降低杠杆、优化融资结构为目标的货币金融政策

降低杠杆是化解经济宏观风险的重要举措，也是推进实体经济转型，提升实体经济融资能力和经营效率的重要举措。与财政政策不同，货币金融政策是降低杠杆、优化融资结构的直接支持政策，其政策着力点不是改善环境，而是通过宏观调控来干预和化解问题。

1. 推进股权式融资的发展

主要政策措施：一是推进证券市场改革，加速 IPO 的进度，稳定和优化市场的估值能力，提升"新三板"的容纳能力和活力，坚持以"做市商交易"为基础，更好地匹配收益率的估值系统；二是推动股权投资基金的发展和组建，进一步完善以备案制为基础的股权投资基金的组建工作，并鼓励

投资基金作为长期投资者和收益分享者的方式获得投资回报；三是推动大型企业集团和上市公司组建企业级的投资基金，并对中小企业放开股权投资，提升中小企业的融资能力和经营活力；四是推动风险投资、产业投资基金的发展，进一步拓展基金的投资范围和领域。

2. 股债联动的融资模式推进

从货币金融的角度来看，股债联动最大的风险来自对已出现结构性失衡甚至是系统性风险的掩盖，因为股权和债权的叠加将主要考虑增量平衡而忽视了现有存量中的结构性问题和矛盾。在货币金融政策的制定上，一方面，要大力支持股债联动融资的发展，支持大型商业银行开办股债结合的融资业务和融资产品；另一方面，要支持市场股权投资的发展，并推动银行开展债权与股权产品互认标准的确立，推进股债联动融资的标准化。在此基础上，从增量到存量，从股权修饰后的资产负债情况到还原后的风险水平、解决情况和转化方向，要实施"穿透原则"。

3. 基础权和衍生权分立联动的资产管理方案

受资产价格持续上涨和实体经济运行环境不断复杂化的影响，在实现资产与生产联动发展时，资产持有者对将其资产用作对生产的质押始终保持谨慎的态度，从而使生产体系出现了一定程度的资产荒，而资产体系的泡沫又存在不断膨胀的情形。货币金融政策应大力推进金融机构策应权利创造和分置改革，能够较好地实现为房屋的租赁权、土地的流转权和国有企业的资产（不是资本）权定价，推进房屋租赁权贷款、土地流转权质押贷款和国有资产收益权质押贷款等，从而在保持资产产权稳定、权利清晰的格局下，利用衍生权利为实体经济的发展助力，并实现资产持有人权利的充分利用。

4. 推行金融锚产品并建立资产直接置换机制

受到新常态下多项改革齐头并进，且产业调整逐步深入的影响，许多资产表现出一定程度的价值减损的风险，而在价值稳定的层面呈现出资产荒的特征。在这一条件下，创造新的资产种类，扩张资产的产权范围，形成新的衍生价值，从而补充资产价值的损失成为宏观层面决策的重要依据，但相应的权利也"良莠不齐"，形成大量的定价失误和估值风险的可能。货币金融政策应向资产市场推出具有较高信用水平、市场定价清晰、流转性较高和应用范围较广的资产作为整个市场的"锚产品"，并形成"锚产品"的置换价值和资产的市场价值的双重报价，利用"锚产品"来发现和纠正市场的定价失误，避免估值过高而导致的资产风险溢出的情形。

（四）以降低成本、支持生产性企业发展为目标的货币金融政策

降低成本是提升生产企业效率，抑制企业投资和运营风险，提升生产性企业活力的重要举措。经济新常态条件下，我们面临进一步推进产业转型的历史性任务，传统产业供给能力大幅超出需求，产业结构必须优化升级，企业兼并重组、生产相对集中不可避免。为防范转型过程中的经济运行风险，实现生产转型、设备更新和技术革新持续有效地进行，应主要实现以下政策上的突破。

1. 利率政策

利率政策是典型的价格型货币政策。利率政策的调整方向是利率市场化，也即由资本市场的供求决定利率的水平，从而产生对投资活动的自然抑制和促进，从某种程度上来看，利率市场化条件下的市场利率水平成为我国投资形势的自动稳定器。在利率市场化的方向上，为实现对市场利率有效指导，避免出现重大的定价失误而导致资产市场系统性风险爆发的压力，货币金融政策的核心是与财政部门一起完善无风险收益率曲线，并实现该收益率曲线充分有效定价，向市场传递无风险的资金成本，供市场在完成风险贴水的测算后，即可就个体资产和金融活动给付较为准确的利率水平报价。

利率政策实施的另一个方面是央行给予商业银行或金融机构的再贷款报价或者基准利率水平。央行可以较为便利地实施再贷款利率的调整和基准利率的调整，并通过新的利率水平调整银行间市场的资金成本，或直接干预零售市场的资金成本。当央行提高基准利率的时候，银行间市场的资产估值将发生改变，债权类资产价格的承压较大，而零售市场的资金成本将发生改变，股权资产的价格将会出现一定程度地走低。

新常态下的利率政策在两个方面都表现出积极活动的特点，成为综合性

的利率政策。

2. 信贷政策

信贷融资是我国融资格局的重中之重，2017 年我国共实现社会融资总额 19.44 万亿元，其中人民币贷款达 13.84 万亿元，占比高达 71%，是最为重要的融资渠道和方式，也是货币金融政策对实体经济最大的影响路径。在经济新常态下，受到房地产价格不断高企的影响，贷款资金的投放很难进入收益率较低的实体经济，更多地是进入风险水平相对较低、收益水平又相对较高的房地产市场。2017 年，房地产贷款规模达到 5.22 万亿元，约占全年人民币和外币贷款总规模的 39%，约占 11.68 万亿元中长期贷款总规模的 45%，也即在中长期融资中，房地产贷款对实体经济融资实现了大规模的"挤出"。因此，货币金融政策既要支持贷款资金的合理增长和持续投放，更要实现贷款真正的流向引导，使其能够进入并保持在实体经济中，要在宏观上管住货币，微观信贷政策要支持合理的自住性的购房，严格限制信贷流向投资投机性购房。

3. 金融收费政策

金融收费是企业财务成本的重要构成因素之一，按照经济新常态下降低实体经济成本，提高实体经济收益水平的要求，金融收费处于要进一步压减或取消的进程中。但在具体的货币金融政策的设计上，关于金融收费的政策管理还应从更加全面的层面完成设计。第一，金融收费实际上是对金融风险的一种补偿形式。也即当前金融产品或服务定价存在一定程度的扭曲，为避免风险，金融企业增加了金融收费进行弥补，如对小微企业的指导性贷款中，金融服务的风险和收益之间就可能发生较大的失衡。在政策管理上，要纠正已有的扭曲，化解积累的风险，并对新出台的指导性政策要坚持风险和收益相平衡的原则，更多地通过风险转化、保险和担保介入的方式解决问题，而不是直接扭曲市场。第二，金融收费实际上是对更高金融服务成本的一种补偿。由于我国金融机构的功能是支持投融资需求，并担当社会的信用中介，因此，金融服务始终是市场较为短缺的供给，当社会对金融服务需求提高的时候，金融企业具有良好的成本转嫁能力，从而将增加的成本以收费的形式转移给融资人承担。在政策管理上，要推进金融企业的竞争，并鼓励更多地开展金融产品为中介载体的服务，从而在打破金融市场垄断的同时，打破金融服务的垄断，使转嫁成本型的金融收费失去重要的生存土壤。第三，金融收费中也存在典型的垄断性因素，要开展金融市场专项治理，通过市场监督、行业协会和用户反映等多种方式，坚决打击违法违规的金融收费，并对金融市场上的"人为中介"现象进行治理。

4. 风险管理和市场准入政策

我国传统的风险管理理念是一种控制性理念，即将金融业务进行模块划分后，实现对风险的网格化管理，并设定一系列的指标，重点保证资产负债率、现金流动性、金融机构的资本充足率、不良贷款规模等指标运行在合理的范围之内。而在新常态下，许多新兴的技术和产业本身就具有高风险特征，并且许多企业选择走小型化、专业化和智能化的道路，资金需求大，但与传统风险管理指标的匹配度差。因此，货币金融政策必须转换风险管理理念，将风险控制型理念转为风险分散型理念，依靠准确的风险评估，实现平衡性的风险定价，并将风险以合理的价格实现在投资主体之间的分散，增加风险的承受力和实际上的稳定性。

为了推进风险分散，需要将风险能够交给更多的主体来共同承担。一方面需要更多的金融产品，更好的产品定价技术；另一方面也需要更多的金融主体，并通过竞争来保证定价的合理性和分散的效率性。因此，应大力推进金融市场准入制度的改革，将特许权准入改为资格性准入，由监管当局制定合理而科学的准入标准，并实现从审批制向核准制甚至向备案制管理的转变。当前，股权投资基金的准入改革，金融租赁的准入改革等都是较好的、可供参考的经验。

5. 抵押补充贷款

2012年下半年以来，我国外汇占款增速放缓且波动性加大，对基础货币投放格局产生影响，央行流动性管理逐渐具备了从过去十余年的被动对冲外汇流入向主动管理转变的条件，货币政策调控框架也需要逐步从数量型向价格型转变。为应对上述变动，央行创设一个新型工具用以进行货币数量管理和资金价格调控，即抵押补充贷款（PSL）。从实施情况来看，PSL主要是接受商业银行提供的合格的投资计划和必要的担保资产，在一定利率水平上，央行向商业银行投放货币的行为，因此，PSL既是一个数量型货币政策工具，又是一个价格型的货币政策工具，货币金融政策应将其收入工具库中，以备市场需求。但从现状来看，由于投资计划的执行性和担保资产稳定性的影响，PSL不应大规模实施，作为货币投放渠道之一是较好的选择，但不应作为货币投放的主渠道，更具开放性和透明度的MLF是满足市场需求、创新货币供应方式的更好选择。

6. 企业保理或应收账款服务安排

新常态条件下，实体经济的融资受到房地产市场等资产市场的"挤出"影响，导致了一定程度的流动性紧张，而同时，大量的新型企业又缺乏足够的市场信用或抵押资产，导致了风险承受力下降。因此，货币金融政策必须实施有效的方式，以支持企业的资金流动和降低企业的资金风险，而企业保理和应收账款的政策安排就具有了良好的针对性和实践性。

从企业保理来看，货币金融政策应支持银行、保险和金融租赁等机构对相关企业开展商业保理的服务，服务的范围包括百分之百的风险担保，应收账款管理和企业增信等活动。

从应收账款服务来看，除了商业保理所涉及的应收账款服务之外，还应大力推进福费廷业务，即无追索权的承购应收账款、应收账款的质押融资、应收账款收益权抵押贷款以及应收账款资产证券化等业务创新。此外，还可以支持私募基金等参与部分应收账款投资活动（如票据等），从而加速应收账款流转，并降低流转成本。

7. 直接股权式融资

直接式的股权融资主要是指企业以发行股票的方式进行融资。货币金融政策要集中力量做好如下工作：强化证券交易所市场的主导地位，充分发挥证券交易所的自律监管职能。壮大主板、中小企业板市场，创新交易机制，丰富交易品种。加快创业板市场改革，健全适合创新型、成长型企业发展的制度安排。增加证券交易所市场内部层次。加快完善全国中小企业股份转让系统，建立小额、便捷、灵活、多元的投融资机制。在清理整顿的基础上，将区域性股权市场纳入多层次资本市场体系。完善集中统一的登记结算制度。

8. 直接债权式融资

直接式的债权融资主要指企业的债券融资活动。货币金融政策要突破现有的制度"瓶颈"，并努力实现以下突破：完善公司债券公开发行制度。发展适合不同投资者群体的多样化债券品种。建立健全地方政府债券制度。丰富适合中小微企业的债券品种。统筹推进符合条件的资产证券化发展。支持和规范商业银行、证券经营机构、保险资产管理机构等合格机构依法开展债券承销业务。规范发展债券市场信用评级服务。完善发行人信息披露制度，提高投资者风险识别能力，减少对外部评级的依赖。建立债券发行人信息共享机制。探索发展债券信用保险。完善债券增信机制，规范发展债券增信业务。强化发行人和投资者的责任约束，健全债券违约监测和处置机制，支持债券持有人会议，维护债权人整体利益，切实防范道德风险。

五　构建财政、金融政策调控体系共御风险

我国在应对经济运行风险的挑战、实现底线思维下的发展中已经取得了重要的成绩。中央经济工作会议明确指出，我们已经初步确立了适应经济发展新常态的经济政策框架。从宏观调控层面来看，主要包括以下两个基本点：第一，形成以新发展理念为指导、以供给侧结构性改革为主线的政策体系，引导经济朝着更高质量、更有效率、更加公平、更具可持续性的方向发展，提出引领我国经济持续健康发展的一套政策框架；第二，贯彻稳中求进工作总基调，强调要保持战略定力，坚持问题导向、底线思维，发扬"钉钉子精神"，一步一个脚印向前迈进。而进入2017年，经济新常态在宏观经济运行上的核心表现是进入"L"型的底部，经济探底企稳的形势不断好转，各项调控目标和调控政策也将根据经济的新特征而有序地展开。

（一）以夯实实体经济构建化解宏观风险的基本根基

生产领域的压力与风险的核心是产出增速的放缓和生产企业收益率的下降，化解的主要思路是坚持"实体经济从来都是我国发展的根基，当务之急是加快转型升级"的理念，并深入实施创新驱动发展战略，推动实体经济优化结构，不断提高质量、效益和竞争力。

1. 正确应对生产性固定资产的折旧压力，实现创新转型与企业生产激励有效协调

生产性固定资产折旧加速是当前实体经济发展所面对的潜在矛盾。生产性固定资产折旧加速问题呈现典型的"二分性"：经济的转型发展要求淘汰过剩产能，应加速折旧陈旧设备；产出的创新驱动客观上导致企业采用更加先进的设备和技术，无形磨损增大，折旧速度加快；市场竞争机制的引入和跨界替代性竞争的发展也将影响企业现有的盈利模式和经营策略，而这些恰恰就是我们改革的要求。生产性固定资产的加速折旧将导致该类资产的内在价值减损，也将导致生产性固定资产作为价值链转换节点的中断，在十分敏感的 L 型底部运行阶段，实体经济企业的融资安排和拓展速度都将受到明显的影响。如何既能有效推动经济转型和创新发展，又将企业的内在需求和承受力考虑在内，就成为宏观调控的关键所在。在体系上，宏观调控应将思路和政策重点整合为三个方面：

第一，给予设备更新和技术创新企业以更好的发展空间，从而使其能够以自身的能力尽可能快地拓展市场，最大化地实现收益。宏观调控要求，要坚持权利平等、机会平等、规则平等的理念，"凡法律法规未明确禁入的行业和领域，都要允许各类市场主体平等进入；凡向外资开放的行业和领域，都要向民间资本开放；凡影响市场公平竞争的不合理行为，都要坚决制止"。

第二，使创新活动和生产性固定资产的价值得到更加充分的体现，特别是实现知识产权的价值，并促进知识产权的交易和流转。宏观调控要"开展知识产权综合管理改革试点，完善知识产权创造、保护和运用体系"，也

即给予知识产权以市场化的定价能力，并在严格保护的基础上，实现知识产权质押、交易和许可收益权流转等功能。

第三，也是最重要、最关键的安排，即推动企业以资产的抽象价值形态（资本）而不是以其具体价值形态（某类固定资产）面向市场和开展经营，考虑到表达的便利，将其称为"资产资本化"。"资产资本化"的主要路径包括三个方面，即股权化、债权化和保险资产化。股权化是"资产资本化"的最优路径，因为股权可以继承资产收益属性和溢价属性，而屏蔽了其折旧压力，宏观调控要"完善主板市场基础性制度，积极发展创业板、'新三板'，规范发展区域性股权市场"。在探索更加便利、有序和畅通的股权化路径时，在市场空间总体有限的情况下，应将股权化的广度放在首位，而股权化的深度则应有所控制。据此，证监会等部门将在 IPO 和增资配股方面作出安排，保持 IPO 的正常速度，以及相应的压减增资配股的规模和频率。债权化是"资产资本化"最主要的路径，这是因为我国基础债权保护严格，市场培育成熟，社会融资规模最大、最为集中。宏观调控应做好债权化的三个主要途径，即要推进"资产证券化"，推进企业债券融资和在贷款上"实行差别化考核评价办法和支持政策，有效缓解中小微企业融资难、融资贵问题"。但与股权化不同，债权化只能继承资产的收益属性，而无法继承溢价属性，所以债权化后的资产将更加看重资产的收益能力而不是溢价能力，有助于实现"增强服务实体经济能力，防止脱实向虚"的金融改革目标。保险资产化是"资产资本化"最便利的路径，分散的资产持有人在提出申请，交纳保险费用后即可随时享受该项服务，从而形成了对股权化、债权化路径的重要补充。宏观调控要"拓宽保险资金支持实体经济渠道"，即在风险管理和资产管理之外，推进"资产资本化"功能，为实体经济的融资和运营服务。

2. 有序处置非金融企业的高杠杆压力，防范企业现金流、资产稳定性和宏观金融风险

国务院在 2017 年《政府工作报告》中明确指出，"我国非金融企业杠杆率较高"。而根据中国人民银行的数据，截至 2015 年末，我国非金融企业

杠杆率（含政府融资平台债务）为 156%，①在国际上处于较高的水平。高杠杆与经济底部运行相叠加，将会导致企业现金流风险，并由此而引发因资产处置而导致的资产稳定性风险，以及因信用不足和定价能力减退而形成的宏观金融风险等。宏观调控"要在控制总杠杆率的前提下，把降低企业杠杆率作为重中之重"，即第一要务是控制杠杆率特别是非金融企业杠杆率的增长，但可以对债务结构和分布情况进行优化调整，结合承受力和改革方向实现有升有降，以控制风险，满足融资需求。

第一，全面推进降杠杆措施，有效防范企业现金流风险。企业杠杆率即总资产对净资产的比率与资产负债率具有正向相关性，即资产负债率越高，企业杠杆率也就越高。降低企业杠杆率水平要把握好一个平衡，即满足融资需求和进行风险管理的平衡。在确保平衡的前提下，以降低企业资产负债率水平为重点，着力做好以下四项工作：对新增融资应加大股权融资力度；对现有债务应有序开展债转股工作；对国有企业应避免信用滥用；对存量资产应大力盘活，以存量换流量。2017 年《政府工作报告》中指出，要"促进企业盘活存量资产，推进资产证券化，支持市场化法治化债转股，加大股权融资力度，强化企业特别是国有企业财务杠杆约束，逐步将企业负债降到合理水平"，即是对四项重点工作作出了直接部署。在企业杠杆率得以控制和降低的情况下，因高负债而引发的企业现金流风险可得到相应缓解，政府通过基金支持的方式为企业提供流动性扶助也是化解流动性风险的重要举措。

第二，有效释放产权价值，防范企业资产价值波动风险。受到现金流风险的影响，在我国融资结构仍以债权为主的条件下，债权人（银行）以避险为目的将开展抵押资产处置和贷款管理活动，将现金流风险过渡到资产价值风险、社会信用风险。解决的思路是：以宏观审慎原则为基础，对商业银行的抵押资产处置和贷款管理进行必要的"窗口指导"；建立债权人委员会制度，防止债权的竞相主张，防止资产无序抛售；对企业债务抵押资产进行必要地整合和调整，努力做到既不影响企业生产、又总体强化对债权人的保

---

① 引自易纲在 2017 年全国"两会"记者招待会上的发言。

障；深化产权体系改革，以现代产权体系为方向，维护好基础权利和衍生权利的稳定、清晰、有效和严格保护。宏观调控要"实行差别化考核评价办法和支持政策"，即对商业银行风险管理、贷款管理、债权主张和抵押资产处置应实施差别化的原则，对市场前景好、产品有销路，但资金暂时有困难的实体经济企业，银行要实行不断贷、不抽贷、不压贷、不降低企业信用等级的策略，从而避免将企业经营的流动性困难上升到生产可持续风险或资产价值风险。而对于现代产权体系的建设与发展，宏观调控则"要加快完善产权保护制度，依法保障各种所有制经济组织和公民财产权，激励人们创业创新创富，激发和保护企业家精神，使企业家安心经营、放心投资"。将产权保护提升到劳动的基础地位、创新的内在驱动和生产力的关键支撑的高度进行认识和推进。

第三，坚持管疏结合，有效抑制宏观金融风险。宏观金融风险的核心表现是市场受到系统性因子或结构性矛盾的影响，导致市场无法有效为风险定价或进行风险分散活动。宏观金融风险包括三个关键点：系统性因子或结构性矛盾、定价失误、风险集聚，对宏观金融风险的防范和化解也需要从这三个方面入手。从系统性因子或结构性矛盾的层面来看，宏观金融风险的关键在于虽然债权资产的质量下降，但仍以此为基础实施了信用的过度扩张，导致运行中出现大量的不良资产或债务违约现象。解决的重点是加强资产质量管理，实施以资金来源为基础的"穿透原则"监管，并对衍生债权进行动态调整。从定价失误的层面来看，由于机制中对金融业务或产品的风险评价出现了严重失真（如将银行承兑汇票的风险评价为商业信用等）或在金融服务中存在过高的中介费用及市场扭曲（如银行对小微企业融资需求简单采取抵押融资的方式进行处置）的情况，就会产生正规金融业务之外的大量"影子银行"产品。解决的方法则需要疏堵并举，以更加高效的市场机制化解产品扭曲和评价失真，并将"影子银行"产品中一部分合理的因素，在坚持合法性、科学性和规范性的基础上，纳入正常的市场业务范围，实现有效监管。宏观调控应坚持"当前系统性风险总体可控，但对不良资产、债券违约、影子银行、互联网金融等累积风险要高度警惕"。

3. 综合运用财政金融政策，支持实体经济投融资自循环，化解金融脱实向虚的风险

受到生产性固定资产内在价值减损的影响，实体经济企业的投融资链条出现了某种程度的风险，生产的自循环能力受到较大影响。解决实体经济投融资链条风险的关键着力点在于提升实体经济的融资能力，提高生产性投资的收益水平，并推动存量资产对生产活动的有效支持。宏观调控在金融方面"要综合运用货币政策工具，维护流动性基本稳定，合理引导市场利率水平，疏通传导机制，促进金融资源更多流向实体经济"①；而在财政方面则要以多种方式支持技术改造，促进实体经济焕发新的蓬勃生机。

第一，从推进实体经济自循环融资来看，应着力做好无抵押融资、经营过程中融资和新型产权创造等政策安排。在无抵押融资中，要大力支持实体经济企业的无还本续贷、循环贷款等信用性流动性贷款、收益权质押贷款和收益质押债券的融资安排；在经营过程中融资方面，要着力推进存货抵押和仓单质押融资的安排，并积极探索其他的过程融资条件；在新型产权融资中，则需要着力推进林权和农村土地"两权"抵押贷款、碳排放权抵押贷款、排污权抵押贷款和知识产权质押贷款等。通过这些措施的安排，使得实体经济在缺乏充足抵押资产的条件下，依然能够获得市场的资金支持，有效地实现生产转型。

第二，从提高实体经济的经营收益来看，关键是要做好降成本和补短板两个方面。2017 年《政府工作报告》指出，要"多措并举降成本"。在降低企业税费成本上，要"扩大小微企业享受减半征收所得税优惠的范围，年应纳税所得额上限由 30 万元提高到 50 万元，科技型中小企业研发费用加计扣除比例由 50% 提高到 75%"；并要"全面清理规范政府性基金，取消城市公用事业附加等基金，授权地方政府自主减免部分基金"；"取消或停征 35 项中央涉企行政事业性收费，收费项目再减少一半以上，保留的项目要尽可能降低收费标准"。在减少政府定价涉企经营性收费方面，要"清理

---

① 引自 2017 年《政府工作报告》。

取消行政审批中介服务违规收费，推动降低金融、铁路货运等领域涉企经营性收费，加强对市场调节类经营服务性收费的监管"。在社保缴费的企业负担部分，要"继续适当降低'五险一金'有关缴费比例"。此外，还要"降低企业制度性交易成本，降低用能、物流等成本"等。

在补短板方面，2017年《政府工作报告》提出"要针对严重制约经济社会发展和民生改善的突出问题，结合实施'十三五'规划确定的重大项目，加大补短板力度"。按照这一要求，我国的补短板工作应重点做好两个方面，一是扶贫攻坚，实现全面小康的宏伟目标；二是"软硬兼施"，既补硬短板，又补软短板，从而为中国经济发展创造良好的基础和环境。其中，在扶贫工作中做到"要深入实施精准扶贫精准脱贫，今年再减少农村贫困人口1000万以上，完成易地扶贫搬迁340万人。中央财政专项扶贫资金增长30%以上"；而在环境改善和服务提高方面，则指出要"加快提升公共服务、基础设施、创新发展、资源环境等支撑能力"，形成对经济转型和企业发展的全面支持。

第三，从推动存量资产为生产经营服务来看，要推进所有权和使用权的分置，提高资产处置的便利性，全面实现生产性减税。在所有权和使用权分置上，要重点推进农村土地所有权、承包权和经营权的"三权分置"改革，增强承包权的稳定性和经营权的效能；在提高资产处置的便利性上，要加强产权保护和现代产权体系建设，使资产的租赁、抵押、出售渠道不断完善，国有资产也要坚持"以管资本为主加强国有资产管理"的方向，2017年要基本完成国有企业公司制改革，并"推进国有资本投资、运营公司改革试点"；在税收政策的调整安排上，要进一步扩大对生产性企业的减税规模，要"简化增值税税率结构，由四档税率简并至三档，营造简洁透明、更加公平的税收环境，进一步减轻企业税收负担"，同时对资产领域依法加强税收管理，深入推进房地产税等财产税的立法改革，并"健全地方税体系"。

4. 推进实体经济平稳快速发展，以创新引领实体经济转型升级

从当前国际国内复杂的经济运行情况看，实体经济的平稳快速发展既要推进创新驱动的深入发展，又要大力培养新动力和新动能，还要支持传统产

业的转型升级，并推进中国经济发展进入质量时代。宏观调控和产业发展的"当务之急是加快转型升级"，要深入实施创新驱动发展战略，推动实体经济优化结构，不断提高质量、效益和竞争力。

提升科技创新能力是前提和基础。体系上要做好具备创新条件、具有创新能力、形成创新转化和提升创新激励四件事。在创新条件上，既要加大投入，提升科研装备条件，又要保持定力，持之以恒地做好基础研究。政策上要支持"完善对基础研究和原创性研究的长期稳定支持机制，建设国家重大科技基础设施和技术创新中心，打造科技资源开放共享平台"。在创新能力上，要重视人才队伍的建设和高水平科研人员的引进，"深化人才发展体制改革，实施更加有效的人才引进政策"。在创新转化上，要支持产学研的有效结合，促进创新成果的转化应用，以知识产权为手段，"开展知识产权综合管理改革试点，完善知识产权创造、保护和运用体系"。在创新激励上，则要"推进全面创新改革试验"，改革职务发明的认定方式和权利归属，落实股权期权和分红等激励政策，落实科研经费和项目管理制度改革，让科研人员清清爽爽地投身科研事业。

加快培育壮大新兴产业是经济发展的重要"引擎"。新兴产业既包括新技术载体的产业形态，也包括新模式载体的产业形态，同时还包括新基础设施的供给，其目标是以提升效率为核心，更好地满足需求，而不是简单地增加规模。在新技术载体的产业形态上，主要包括新材料、人工智能、集成电路、生物制药、第五代移动通信等技术的研发和转化，"要全面实施战略性新兴产业发展规划，做大做强产业集群"。在新模式载体的产业形态上，应"支持和引导分享经济发展，提高社会资源利用效率，便利人民群众生活"。在新基础设施的供给上，应将信息基础设施作为重要的构成部分纳入国家战略，"在互联网时代，各领域发展都需要速度更快、成本更低的信息网络"，从而在促进数字经济加快成长的同时，让企业广泛受益、群众普遍受惠。

大力改造提升传统产业是另一个重要"引擎"。要采用新技术新业态新模式，深入实施《中国制造2025》，加快大数据、云计算、物联网应用，推动传统产业生产、管理和营销模式变革；要把发展智能制造作为主攻方向，推进国家智能制造示范区、制造业创新中心建设；要深入实施工业强基、重大装备专项工程，大力发展先进制造业，推动中国制造向中高端迈进；要完善制造强国建设政策体系，以多种方式支持技术改造，促进传统产业焕发新的蓬勃生机。

大众创业、万众创新是新动能的典型载体。"双创"是以创业创新带动就业的有效方式，是推动新旧动能转换和经济结构升级的重要力量，是促进机会公平和社会纵向流动的现实渠道。宏观调控要推进"双创"不断引向深入。深入的概念应该包括更广的层面、更深的层次、更有效的手段和更有效的参与。为实现推进深入的要求，要"新建一批'双创'示范基地，鼓励大企业和科研院所、高校设立专业化众创空间，加强对创新型中小微企业支持，打造面向大众的'双创'全程服务体系，使各类主体各展其长、线上线下良性互动，使小企业铺天盖地、大企业顶天立地、市场活力和社会创造力竞相迸发"。

全面提升质量水平是实业立国的重中之重。2017年是供给侧结构性改革的深化之年，而重点就是要形成能够实施差异化生产以适应需求的个性化和多样化发展。"质量第一"既是供给侧改革对新供给体系和生产能力的要求，也是市场高效实现差异化供给和个性化需求相匹配的重要条件。要"广泛开展质量提升行动，加强全面质量管理，健全优胜劣汰质量竞争机制"。而质量之魂，存于匠心。"要大力弘扬工匠精神，厚植工匠文化，恪尽职业操守，崇尚精益求精，培育众多'中国工匠'，打造更多享誉世界的'中国品牌'，推动中国经济发展进入质量时代。"

推进农业结构调整，加强现代农业建设是实体经济转型发展的良好基础。要"引导农民根据市场需求发展生产，增加优质绿色农产品供给"。扩大优质水稻、小麦生产，适度调减玉米种植面积，鼓励多渠道消化玉米库存。并"支持主产区发展农产品精深加工，拓展产业链价值链，打造农村一、二、三产业融合发展新格局"。加快推进农产品标准化生产和品牌创建，打造粮食生产功能区、重要农产品生产保护区、特色农产品优势区和现代农业产业园。发展多种形式适度规模经营，在13个粮食主产省选择部分县市，对适度规模经营农户实施大灾保险，完善农业再保险体系，以持续稳健的农业保险助力现代农业发展。

（二）着力防控资产泡沫，维护资产市场的平稳有序

从目前的情况看，在取得举世瞩目的成就的同时，我国经济运行也面临突出的矛盾和问题，既体现在实体经济的结构性失衡上，又集中在资产市场和金融领域的风险上。中央指出，要把防控金融风险放到更加重要的位置，下决心处置一批风险点，着力防控资产泡沫，提高和改进监管能力，确保不发生系统性金融风险。这样，对资产泡沫的防控和资产市场的管理就成为今年经济工作的另一个重要主题。

1.严格控制房地产市场的投资性需求，促进房地产市场平稳健康发展

房地产市场已经成为中国第一大资产市场。按照"国家资产负债表"进行评估，匡算的存量房地产市场的规模约是存量生产设备总净值的 4 倍左右，按 3% 的收益率进行估算，每年要拿出 15% 左右的 GDP 用以支付存量房地产市场的收益需求（存量房地产不创造 GDP，但却要分享增加值）。从宏观上看，房地产市场已不能再作为投资品以谋求价格溢价和作为资产市场的重要交易对象了，否则将导致资源的严重错配、风险的快速累积和实体经济的大量挤出。目前，对待房地产市场应坚持一个原则、两个理念和多策并举。

一个原则就是"房子是用来住的，不是用来炒的"。房子是有用的、有益的，房地产行业仍是国民经济的重要构成行业，要随着中国经济的增长和城镇化的发展，而不断提升房子的质量和数量。但房子本身不能再作为资金炒作的对象，房子的居住性功能成为首要属性，并应围绕这一属性展开政策管理和市场引导。在宏观上，要管住货币的投放规模和成本；在微观上，要支持合理自住购房的信贷需求，并严格限制信贷流向投资投机性购房。

两个理念就是"既抑制房地产泡沫，又防止出现大起大落"，这也是稳中求进的方法论在房地产领域的重要体现。"抑制房地产泡沫"不是挤爆泡沫，是阻止泡沫的进一步扩大，并逐步有序地做实房地产价值和理顺比价体

系关系；而更进一步看，抑制的是房地产泡沫，而不是抑制房地产，要维护房地产行业发展的基本稳定，合理引导供给结构和转型模式，并保障行业发展的正常贷款和资金需求。"防止出现大起大落"的落脚点是房地产行业，而不是房地产价格，即防止的是房地产行业和供给与需求的大起大落，而不是要将房地产价格稳定在什么水平，甚至是只升不降。从目前的情况来看，我国还有 20 个百分点的城镇化发展空间，涉及 2.6 亿人口，同时还有 1.8 亿人口异地工作的外来务工人员需要到城市里安居和生活，房地产行业与房地产市场之间存在正常的供求关系。因此，房地产行业存在良好的发展空间和出清条件，以涨价的方式激发投资性需求并不是"去库存"的唯一办法，甚至不是一个可持续的好办法。报告强调，"让广大人民群众在住有所居中创造新生活"，即是将两个平衡的关系融合后的一种理性愿景。

多策并举则是强调当前房地产市场问题的复杂性。既要防风险，又要保平稳，还要去杠杆，并通过资产形态转化支持实体经济，绝非一项政策或一个措施能够应对，多管齐下、协同有序、进退有度才能达成目标。首先，要将防风险放在第一位，全力推进房地产市场去库存。2017 年《政府工作报告》指出，"目前三、四线城市房地产库存仍然较多，要支持居民自住和进城人员购房需求"，也即要转变去库存的理念，真正把房地产库存的减少与市场风险的化解统一起来，坚持住房的居住属性，落实地方政府主体责任，加快建立和完善促进房地产市场平稳健康发展的长效机制。其次，要将去杠杆置于核心位置，创新房地产市场的组织模式和房地产企业的经营方式。积极推动房地产企业回归房地产开发服务商的本职，调整公司结构，将投融资环节进行独立和剥离，从高负债、高杠杆的重资产经营模式转变为重服务、重管理的轻资产经营模式，与房地产信托投资基金等外部股权、债权投资者协作开展房地产开发活动。再次，要将保平稳确定为房地产市场调控的基础要求，重点是推进房地产的分类调控。在具体安排上，要落实人地挂钩政策，根据人口流动情况分配建设用地指标；要落实地方政府主体责任，房价上涨压力大的城市要合理增加土地供应，提高住宅用地比例，盘活城市闲置和低效用地；特大城市要加快疏解部分城市功能，带动周边中小城市发展。

分类调控的核心是"以市场为主满足多层次需求，以政府为主提供基本保障"。最后，要将通过资产形态转化支持实体经济发展作为化解房地产泡沫的根本途径。根据房地产市场的运行情况，大力实施资产证券化，将存量房地产转化为流量投资，并进行投资引导；大力推进融资信托化，避免房地产企业的高杠杆风险并推进房地产有形形态和价值形态的分离，使房地产投资和投资房地产变成两个概念，以收益属性重构市场投资格局；深入推行投资基金化，将收益分享水平作为基金投资的第一指标，从而将房地产市场沉淀的资金引入实体经济，支持设备更新改造、创新驱动投入和企业转型发展。

2. 坚持汇率市场化改革方向，正确应对汇率风险

人民币汇率问题在抑制资产泡沫和保持宏观经济平稳运行中成为核心问题。从本质上看，汇率就是用另一种货币所标示的本币价值，这与用商品来标示货币价值、用收益率来标示货币价值具有内在的一致性，即汇率是货币价值的重要表现形式，并与货币的购买力水平（购买力平价）和收益率水平（利率平价）有着直接联系。由于货币价值既是资产领域的核心问题，又是生产层面的定价基础，所以汇率问题也深刻地影响到我国资产市场平稳运行和生产体系的良好运转。

我国当前面临着较为复杂的人民币汇率形势。一方面，美元新一轮加息几成定局，作为全球储备货币必然对我国作为贸易和投资大国的汇率产生影响；另一方面，人民币汇率政策也处于改革和完善之中，货币供应方式的创新和"一篮子"货币参照系的构建都将在汇率运行上导致新的矛盾和风险。当前，汇率政策应从汇率水平、波动区间和人民币的国际支付地位三个方面进行调控和管理。2017 年《政府工作报告》指出："要坚持汇率市场化改革方向，保持人民币在全球货币体系中的稳定地位。"

在汇率水平上，要保持人民币在合理均衡的水平上基本稳定。这一目标包括了三个方面的具体要求：一是要建立人民币均衡汇率水平的评价机制，为人民币汇率管理提供较为清晰的目标；二是要完善"一篮子"货币的构成币种和权重体系，为人民币汇率运行提供较稳定的"货币锚"；三是确定

汇率"适度"的概念和导向，人民币汇率管理的目的是国际收支平衡，还是国内资产平稳，抑或是出口有效激励，由市场主体自发调整和形成合力。2017年《政府工作报告》对上述要求均有回应，如强调要"推进国际贸易和投资自由化便利化"，"国际收支基本平衡"，即是将贸易和投资对汇率的要求纳入"均衡"的评价框架，并对"适度"确定国际收支基本平衡的内核。

在波动区间上，要适当增加汇率弹性，坚持汇率市场化的改革方向。即允许人民币汇率的波动幅度适当加大，并实现以合理均衡汇率为中心、以管理浮动改革为方向的人民币汇率区间调控和市场定价。央行表示，2017年随着中国经济的企稳，国际社会对中国经济的信心提升，汇率市场化改革将获得良好的环境和条件，"汇率自动会有稳定趋势，政策没有大变化，监管会更加精细，汇率是不断变化的，谁也不能准确预期，正常的汇率波动是常态的"。

在人民币的国际支付地位上要保持稳定。人民币国际支付地位的稳定要满足充足性、稳定性和流动性的要求。充足性即世界市场上拥有较多的人民币计价的资产头寸和货币数量；稳定性即人民币在国际金融市场上的利率水平和借贷成本应处于适度稳定区间；流动性则要求人民币在金融市场上提供较为丰富的交易手段、避险工具和衍生产品，并提供面向市场的国际清算和再投资等服务。2017年《政府工作报告》在"保持人民币在全球货币体系中的稳定地位"前加上了"汇率市场化"的要求，即在开放经济环境下，坚持充足、稳定和流动的要求，人民币汇率管理和国际支付能力全面提升。

参考文献

国务院：《2017年政府工作报告》，《人民日报》2017年3月6日。

财政部：《关于进一步规范地方政府举债融资行为的通知》（财预〔2017〕50号），财政部网站，2017年4月26日。

财政部：《关于坚决制止地方以政府购买服务名义违法违规融资的通知》（财预

〔2017〕87号），财政部网站，2017年5月28日。

财政部：《关于2016年中央和地方预算执行情况与2017年中央和地方预算草案的报告》，新华社，2017年3月17日。

财政部数据库，（http：//www. mof. gov. cn/zhengwuxinxi/caizhengshuju/）。

中国人民银行数据库，（http：//www. pbc. gov. cn/diaochatongjisi/116219/116319/3245697/index. html）。

银行业监督管理委员会数据库，（http：//www. cbrc. gov. cn/chinese/home/docViewPage/110009. html）。

国家统计局数据库，（http：//www. stats. gov. cn/tjsj/zxfb/）。

B.9
地方政府债务风险管理

王志刚[*]

摘　要： 在中国工业化、城镇化、市场化大发展的背景下，地方政府的债务融资行为日渐增多，在财政体制、投融资体制、行政晋升考核机制的共同作用下，地方政府债务出现了较快增长，尤其自2008年金融危机以来，地方为了应对经济下行压力出台了一系列反周期政策，地方政府投融资行为多元化，举债方式或直接或间接，导致了地方政府债务风险上升。财政部门为了应对债务风险，从债务存量和增量两方面入手进行调整，包括建立债务风险预警及处置机制，但是现实中收效有限。因此，本报告反思现有制度主义思维下的管理失效现象，从行为主义角度进行分析并提出部分政策建议，主要包括从固守制度转向遵守契约精神，从单项管理转向多元治理，从微观审慎转向宏观审慎管理，建立完备的债务问责机制，适度扩大部分地区地方债市场发行规模。

关键词： 政府债务　债务风险　制度主义　行为主义

2017年底中央经济工作会议确定"今后3年要重点抓好决胜全面建成小康社会的防范化解重大风险、精准脱贫、污染防治三大攻坚战。打好防

---

* 王志刚，经济学博士，中国财政科学研究院宏观经济研究中心副主任，研究员，主要研究领域为宏观经济、财税政策评估、政府债务、应用计量经济学等。

范化解重大风险攻坚战，重点是防控金融风险"。金融风险不仅事关金融领域内部，与金融风险紧密相连的还有一个"灰犀牛"①，那就是地方政府债务风险。地方政府债务风险之所以引起越来越多的重视，主要源于地方政府债务增长的速度过快，债务形式多样。那么，到底是什么原因造成了当前地方政府债务的困境？为何地方政府债务高企不下？政府对地方政府债务管理进行了哪些重要改革？以往制度主义导向下的债务管理改革的成效如何？未来该如何改革以扭转这一增长势头，将债务风险控制在可控范围之内？如何从行为主义角度来把握并采取有力举措？本文将逐一进行深入剖析。

一 地方政府债务的源与流

（一）宏观视角下的地方政府债务

1. 市场化

市场机制是人类社会在长期实践中产生的一套高效的资源配置机制，中国社会对市场化的认识经历了从模糊到清晰的转变过程。早在 1981 年，中共十一届六中全会通过的《关于建国以来党的若干历史问题的决议》指出，必须在公有制基础上进行计划经济，同时发挥市场调节的辅助作用。中共十二大确认要贯彻"计划经济为主、市场调节为辅"原则，随后又把"国家在社会主义公有制基础上实行计划经济，国家通过经济计划的综合平衡和市场调节的辅助作用，保证国民经济按比例地协调发展"同时写进新修改的 1982 年《中华人民共和国宪法》，这标志着"计划经济为主、市场调节为辅"这一模

---

① 古根海姆学者奖获得者米歇尔·渥克撰写的《灰犀牛：如何应对大概率危机》一书让"灰犀牛"为世界所知。类似"黑天鹅"比喻小概率而影响巨大的事件，"灰犀牛"则比喻大概率且影响巨大的潜在危机。2017 年 7 月 17 日，全国金融工作会议召开后的首个工作日，《人民日报》在头版刊发评论员文章《有效防范金融风险》，文中提道："防范化解金融风险，需要增强忧患意识。……既防'黑天鹅'，也防'灰犀牛'，对各类风险苗头既不能掉以轻心，也不能置若罔闻。"这是《人民日报》首次提到"灰犀牛"概念。

式得到确立。随着各项改革的不断推进，1984 年 10 月，中共十二届三中全会审议并通过了《关于经济体制改革的决定》（以下简称《决定》）。《决定》划时代的贡献，是突破了把计划经济同商品经济对立起来的传统观念，确认中国社会主义经济是"公有制基础上的有计划的商品经济"；随后，中共十三大的报告指出："社会主义有计划商品经济的体制，应该是计划与市场内在统一的体制。"1992 年南方谈话，邓小平同志指出："计划多一点还是市场多一点，不是社会主义与资本主义的本质区别。计划经济不等于社会主义，资本主义也有计划；市场经济不等于资本主义，社会主义也有市场，计划和市场都是经济手段。"这就破除了人们观念上的桎梏，加深了人们对市场经济的认识，当年的十四大明确提出中国经济体制改革的目标是建立社会主义市场经济体制，要使市场在社会主义国家宏观调控下对资源配置起基础性作用。十八届三中全会明确提出："经济体制改革是全面深化改革的重点，核心问题是处理好政府和市场的关系，使市场在资源配置中起决定性作用和更好发挥政府作用。"至此，市场优先的发展理念得到了充分体现，财税、金融、工商、就业、国企、产业等各个领域的市场化改革不断推进，中国的市场化程度不断提升。参考王小鲁、樊纲等著的系列《中国市场化指数报告》，该指数涵盖了政府与市场的关系、非国有经济的发展、产品市场的发育程度、要素市场的发育程度、市场中介组织发育和维护市场的法制环境，结果表明，自 2008 年以来中国的市场化进程稳步推进，其中产品市场化和非国有经济发展是市场化程度最高的两大部分；2012 年以来，市场化有了新的进展。特别是非国有经济的发展、要素市场的发育，以及法制环境的改善，都对市场化的推进做出了重要贡献；从地区发展的角度看，市场化进程仍然是不均衡的。总体而言，东部地区仍然保持了较快的市场化进展，西部地区相对较慢。

市场化程度不高导致的政府性债务增长体现在多个方面：一是地方政府预算软约束。以往的经济中计划经济色彩浓厚，市场经济体制机制不够健全，无法对其行为产生实质性的约束，使得地方政府存在着大量的预算软约束现象，突出表现在债务规模的上升上。二是政府对市场的不当干预。市场化不够完善还体现在政府对经济的不当干预，例如对某些支柱行业发展的支持性政策，扭曲了价格信号，鼓励了一些企业的冒险行为，带来了大量的产能过剩现象，这些过剩产能最终会变为政府的隐形债务。三是国企预算软约束。许多国企和政府一样存在预算软约束现象，国企投资对利率不敏感，无视财务成本而进行的低效投资同样带来大量无效或低效的产能，助长了政府性债务增长。

2. 工业化

卡尔多关于经济增长有三条经验法则：一是 GDP 增长与制造业产出增长存在高度正相关关系。当制造业生产增长、产出扩张时，劳动力资源就会从那些具有隐形失业和剩余劳动力的部门中转移出来，这种转移反而会提高这些部门的劳动生产率。二是生产的增长和规模的扩大会带来生产率的提高。制造业比其他部门有更长的产业链，其发展会给经济带来累积效应。三是制造业增长速度越快，劳动力从受规模报酬递减规律制约的部门中转移出来的速度越快，这有利于提高整个经济的劳动生产率。正是基于这样类似的经济发展理论，很多后发国家都把工业化作为追赶发达国家的战略，相应地采取了各种政策来推进工业化。在同样的发展战略下，我国的工业发展也取得了突出的成就（见图 9 - 1）。

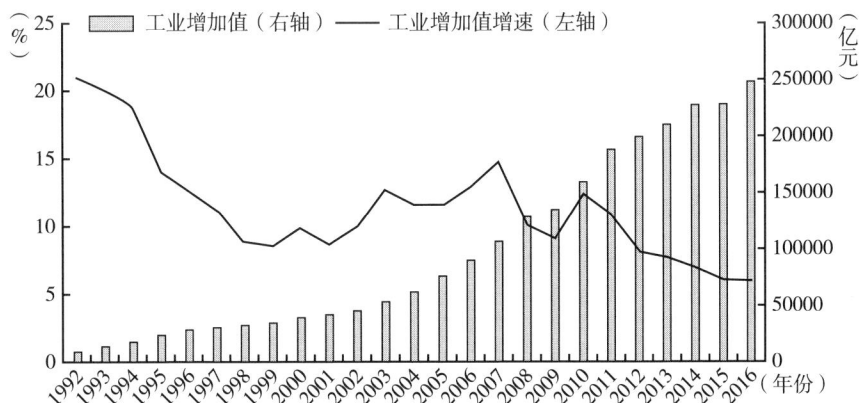

图 9 - 1　1992 ~ 2016 年工业增加值及其增速

资料来源：Wind 数据库。

工业化是中国实现现代化的必由之路，在工业化推进中，地方政府纷纷出台各种政策措施进行招商引资，一个突出的做法是设立各类大小不一的工业园区①，旨在充分释放"园区经济"带来的产业集聚效应。从国家级到地方市县级政府，几乎都有各自的工业园区来形成新的增长点，这些工业园区已经成了地方政府竞争的一个侧面。工业园区带来大量的基础设施建设需求，例如道路、通信、供水、供电、供热、排水和废物处理等，建设资金主要有三个来源：一是税费收入。但是地方政府财力除保证经常性支出外，越来越难以满足这些建设性投入。二是土地批租收益。一方面要素成本上升带来土地开发成本的快速增长；另一方面各地招商引资竞争出现白热化，为了吸引企业入驻而人为压低土地使用权价格，使得土地批租的净收益不断减少，导致出现开发土地越多、政府土地收益越少的现象。这些都使得工业园区基础设施建设越来越依赖债务，尤其是银行贷款，银行发现政府还款能力弱化后会调低项目的资信，进而使得政府再融资成本大大提高；政府债务融资可能会给地方商业银行系统带来大量不良资产，极容易带来系统性金融风险。

3. 城镇化

城镇化是一个国家经济发达的标志之一，城镇化有利于各种要素进行有效组合、发挥更大的产出效应，还可以节约公共服务成本、实现规模经济。改革开放以来，中国城镇化一直处于上升阶段，自 1994 年以来，随着财税、金融、外贸、国企等各类经济领域的改革加快，城镇化开始显著提速。2016年中国城镇人口比例已经达到 57.4%，2017 年进一步上升为 58.5%（见图 9-2），但和国际上发达国家超过 80% 的城镇化水平相比仍然有很大的提升空间。中国当前的城镇化面临的主要问题在于公共服务提供相对不足，尤其

---

① 工业园区是一个国家或区域的政府根据自身经济发展的内在要求，通过行政手段划出一块区域，聚集各种生产要素，在一定空间范围内进行科学整合，提高工业化的集约强度，突出产业特色，优化功能布局，使之成为适应市场竞争和产业升级的现代化产业分工协作生产区。园区种类包括国家级经济技术开发区、高新技术产业开发区、保税区、出口加工区以及省级各类工业园区等。

对流动人口的公共服务，还难以做到完全无差异化。因此，我们看到，2017年中国户籍人口城镇化率为42.4%，比常住人口城镇化率低了近16个百分点，这种差距的背后体现的就是医疗、教育、社保、就业等诸多公共服务方面的差异。中国城镇化还存在其他一些问题，例如多数城市人口密度不大，难以实现一定的规模经济和创新扩展效应，现有的人力资本不高制约了城市高端服务业的发展和城市品质的提升。

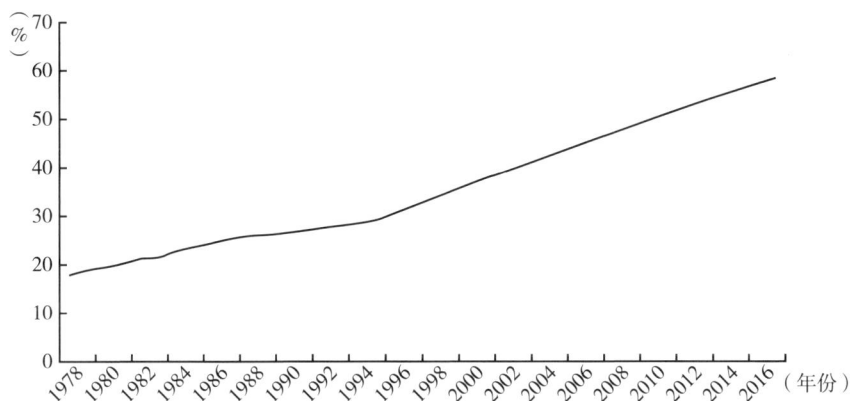

图 9 - 2 1978～2017 年城镇人口占比变化

资料来源：Wind 数据库。

这里我们需要思考的是，城镇化对于财政收支意味着什么？首先，它可能会拓宽税基带来财政收入的上升。城市大量的生产、消费活动会带来各种税收收入，这些税收为城市提供多元的公共服务提供了财力保障。其次，城镇化意味着大量的财政投入，尤其是各种基础设施投入。城市基础设施涉及面广，包括交通工程、污水处理、垃圾处理、园林绿化、科教文卫建设、防洪堤水利工程、低效地建设利用、重大防灾工程等具体工程，这些工程都需要大量的资金投入，短期内无法依靠地方自有财力来完成，大多数地方政府多通过"经营城市"来获得资金，这其中离不开土地出让收入的贡献。广义的土地出让收入包括国有土地使用权出让金、国有土地收益基金、新增建设用地土地有偿使用费收入，其中国有土地使用权出让金收入占比最大，也构成了地方政府性基金的主要收入来源；据财政部统计，2017年地方政府性基金收入中国有土地使用权出让金收入达到52059亿元，占当年地方政府性基金本级收入的90.3%，占地方本级一般公共预算收入的56.9%，如果加上与土地相关的税收例如房产税、契税、城镇土地使用税、土地增值税、耕地占有税，这一比例还会进一步上升，地方对土地相关收入的依赖程度可见一斑。

要实现土地出让收入，地方政府就需要进行土地收购和储备，一般通过地方融资平台来进行操作，这需要大量的资金，土地储备带来的融资债务成为地方政府债务的重要部分，一旦地方经济下行或是房地产市场不景气就会导致债务加剧，"金融加速器"效应导致系统性金融风险加剧。实际上土地出让收入偿债能力有限，在土地出让收入中要计提各种基金，包括农业土地开发资金、国有土地收益基金、保障性住房建设资金、农田水利建设资金、教育资金、土地出让业务费、被征地农民保障资金等项目，最终土地储备贷款只能依靠财政收入偿还。

（二）体制性因素带来的地方政府债务

1. 中央—地方收支划分体制

分税制改革以前，财政宏观调控能力不足，尤其是中央财政调控能力更加不足，这主要体现在两个比例（财政收入占GDP比例以及中央财政收入占总财政收入比例）的持续下滑上。其中，中央财政收入占比一度从1979年的46.8%下降到1993年的31.6%，中央财政要依靠地方财政的收入上解才能平衡（见图9-3）。由于中央财政收入严重不足，从20世纪80年代末到90年代初，甚至发生过两次中央财政向地方财政"借钱"而且不予归还的现象。财政收入这种窘迫局面让中央政府下定决心改革财政体制，于是才有了1994年的分税制财政体制。

1994年分税制改革的确扭转了两个比例过低的趋势，奠定了中国中央与地方财政体制的基本制度框架，从总的收支结构看，中国的财政体制呈现收入相对集中、支出分权显著的特点。分税制改革以来，地方支出占全国财

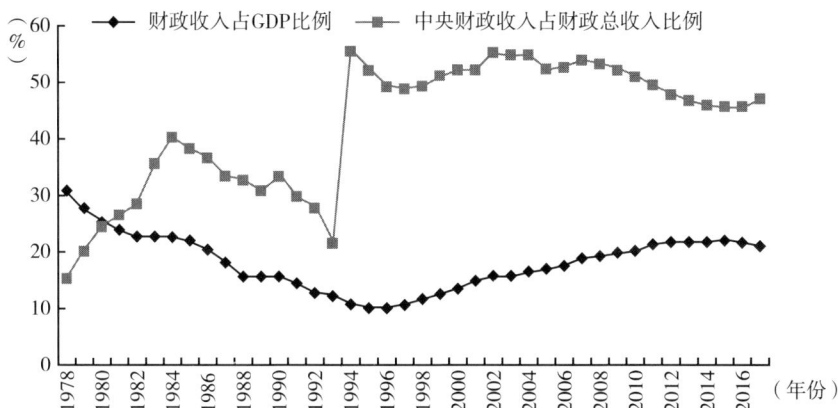

图9-3　1978～2017年财政收入占GDP比例以及中央财政收入占财政收入比例

资料来源：《中国统计年鉴》、国家统计局官网。

政总支出的比例持续上升到2017年的85.3%，[①] 而地方收入占全国财政总收入的比例则稳步上升到2017年的53.0%，两者相差32.3个百分点，这中间的差额多数要依靠中央的转移支付来实现（见图9-4）。

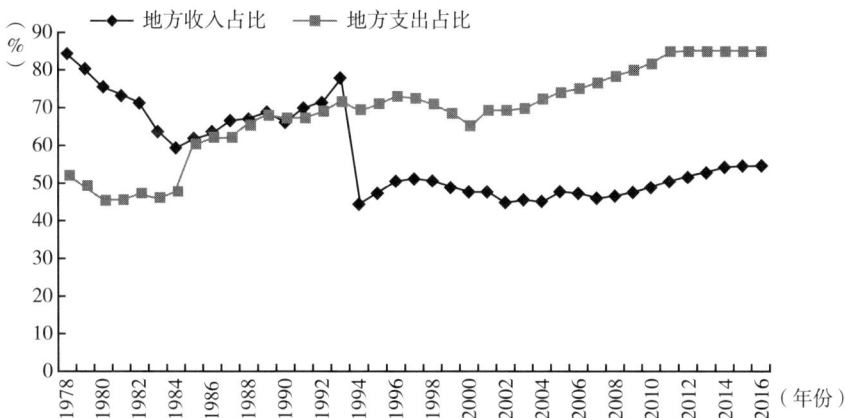

图9-4　1978～2017年地方收入、支出分别占全国财政收入、支出的比例

资料来源：《中国统计年鉴》、财政部官网。

---

① 如无特别说明，本部分2017年的财政数据来自财政部《关于2017年中央和地方预算执行情况与2018年中央和地方预算草案的报告》。

在财政支出结构中，中央本级支出偏低。据统计，2017 年我国一般公共预算中央本级支出只占全国支出的 14.7%。如果加上政府性基金和国有资本经营预算，中央本级支出占比进一步下降到 12.5%。政府性基金预算支出中，中央本级支出占 72.2%。国有资本经营预算支出中，中央本级占 38.1%，低于多数发达国家平均水平。中央支出的大部分是对地方的转移支付和税收返还，2017 年占地方一般公共预算收入的比例为 41.6%（见图 9-5）。

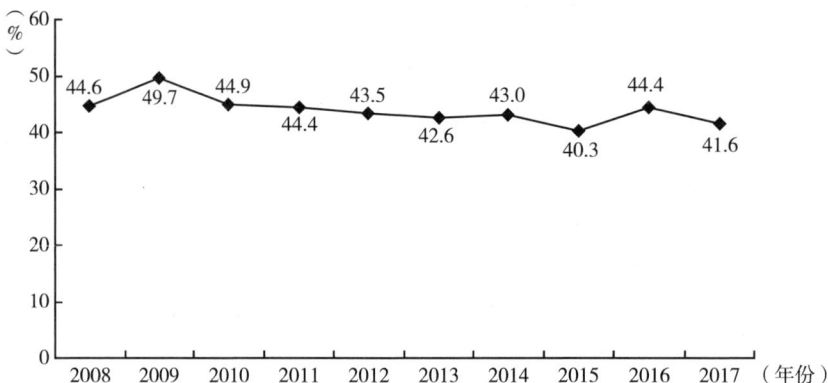

图 9-5　2008~2017 年中央对地方转移支付占地方一般公共预算收入的比例

资料来源：Wind 数据库、财政部官网。

如果看具体的税收和支出项目，中国财政体制则呈现"共享税收、共担支出"的特点。具体而言，一是在中央和地方财政收入划分上，纯粹的中央税、地方税各自占比并不高，而一些中央和地方的共享税占比相当高，最高的年份是 2007 年，一度达到了 83.9%。截至 2017 年，共享税收占总税收的比例为 73.5%①，共享非税收入占非税收入的比例为 76.8%，共享收入（税收和非税在内）占一般公共预算收入的比例为 73.5%（见图 9-6）。如果按照财政体制改革方向，未来中国的税制体系仍然是"共享税为主，专享税为辅，适当增加地方税种"，这样看共享税收绝对占比优势仍将维持不变。

---

① 计算方法为：（国内增值税 + 资源税 + 企业所得税 + 个人所得税 + 城建税）/税收总收入 × 100%。

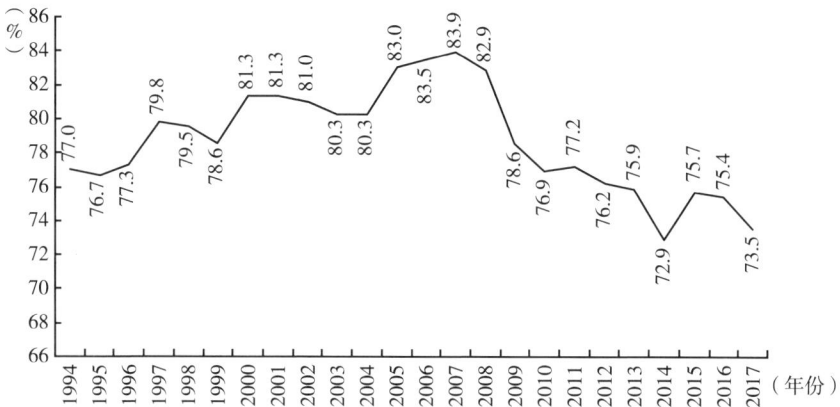

图 9 - 6　1994～2017 年一般公共预算收入中中央与地方共享税收入占比

资料来源:《中国统计年鉴》、财政部官网。

除了一些中央税收（国内消费税、进口货物增值税和消费税、出口货物退增值税和消费税、船舶吨税、车辆购置税、关税）外，一些重要的共享税中中央占据了主导地位，例如增值税、企业所得税、个人所得税中中央占比分别为 53.9%、64.9%、60.0%，非税收入中除了国有资本经营收入外（中央占比为 85.5%），绝大部分是地方占有较大比例（见图 9 - 7）。

二是共担支出责任，多数支出类别以地方高占比为主要特征。在 2016 年一般公共预算支出中，地方支出占比超过 60% 的很多，例如援助其他地区支出（100%）、城乡社区支出（99.9%）、卫生与计划生育服务支出（99.3%）、商业服务业等支出（97.9%）、社会保障和就业支出（95.9%）、农林水支出（95.8%）、教育支出（94.8%）、资源勘探信息等支出（94.4%）、节能环保支出（93.5%）、交通运输支出（92.3%）、文化体育与传媒支出（92.2%）、一般公共服务支出（91.8%）、公共安全支出（84.2%）、国土海洋气象等支出（82.5%）、其他支出（77.2%）。低于 60% 的支出包括科技支出（59.1%）、债务发行费用支出（52.6%）、金融支出（42.3%）、粮油物资储备支出（33.7%）、债务付息支出（33.5%）。其他两类基本属于中央该承担的支出，例如国防支出（2.3%）、外交支出（0.5%）（见图 9 - 8）。

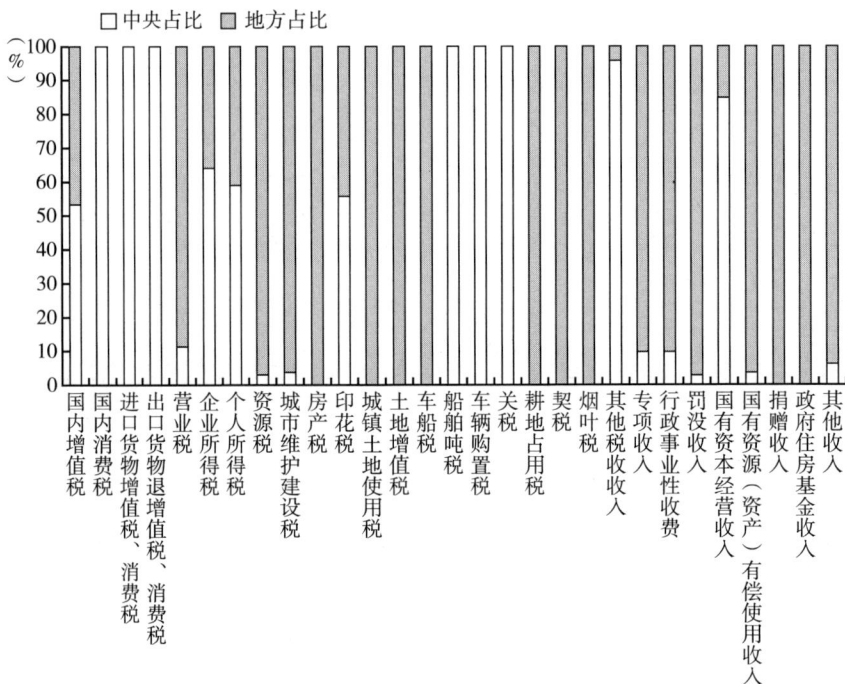

图9-7 2016年中央和地方分税种的税收占比

资料来源:《中国统计年鉴》。

2. 间接融资为主的融资体制

中国的资本市场不发达,带来的一个问题是企业债券和非金融企业股票融资比例不高,以银行为主的间接融资占据了绝对主导地位,但是这两者的走势出现相反态势。从融资结构看,根据社会融资①统计,自2002年以来,社会融资中新增人民币贷款和外币贷款占比从95.5%下降到2017年的71.2%,而以企业债券和股票为代表的直接融资比例从4.9%上升到2016年的23.8%,但2017年跌回6.8%(见图9-9)。从资产结构比例看,2016年12月底,我国股市市值达到567086亿元,各类债券余额为744104

---

① 从社会融资结构看,一是金融机构表内业务,包括人民币和外币贷款;二是金融机构表外业务,包括委托贷款、信托贷款和未贴现的银行承兑汇票;三是直接融资,包括非金融企业境内股票和企业债券;四是其他项目,包括投资性房地产、小额贷款公司和贷款公司贷款。

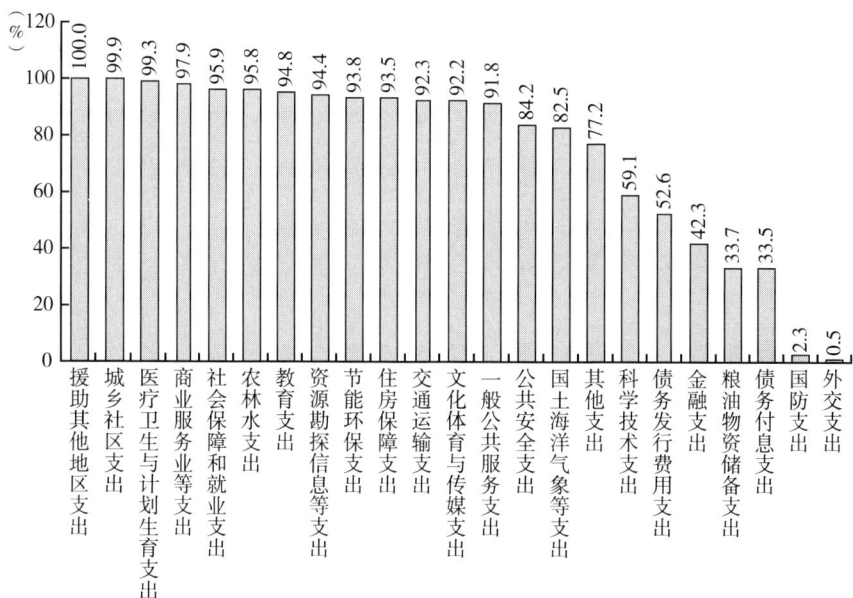

图 9-8　2016 年分支出类比中地方支出占比

资料来源:《中国统计年鉴》。

亿元,银行业总资产高达 2457784 亿元,这三项在金融资产总额中占到 65.2%。

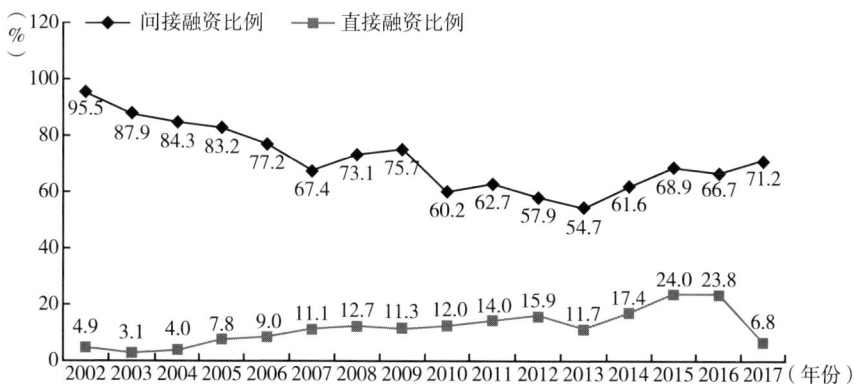

图 9-9　2002~2017 年社会融资中直接融资和间接融资比例

资料来源:《中国统计年鉴》、中国人民银行官网、中国银监会官网。

政府间事权和支出责任的划分中，投资事权的划分是重要方面，投资对地方财政带来的压力远远超过一般性公共支出的压力，加上地方经济增长模式难以在短期内摆脱对投资的依赖，以及现有预算制度所具有的软约束性，都使得地方存在着巨大的投资需求。以银行贷款为主的间接融资体系和政府巨大的投资需求相结合就会带来一个问题，就是会形成巨大的政府债务，尤其是地方政府债务。反过来，我们会问：为何地方政府有这么大的投资需求？从体制上我们知道地方政府的收支失衡压力最大，尤其基层政府，而地方财政收入里面没有太多大的税种来支撑日益增长的各类民生投入，于是会寻找财政之外的各种融资方式，一些突发的外部冲击会加快地方融资步伐。在 2008 年国际金融危机冲击下，中央和地方政府共同发力稳定经济，地方政府融资平台迎来快速发展的机会。鉴于地方融资平台所具有的政府信用以及稳定收入，为了规避商业银行表内信贷严格的监管制度以及债务付息支出压力，各种"影子银行"业务快速增长，"影子银行"背后有政府的影子，因为这些融资平台背后的政府信用担保强化了新的资金流入，市场对政府融资有刚性兑付的强烈预期。一些地方融资平台公司通过信托、基金、券商资管计划等进行明股实债的投资，导致地方债务风险不断累积。如果后续无法获得稳定的现金流，也就是政府回购责任难以实现，那么这些风险就会逐步暴露，财政风险金融化助推了系统性金融风险。

从政府债券管理看，原来无论是国债转贷，还是中央代发，这些都不是地方为主的债券发行体制，2011 年开始实行地方自行发债的改革，地方政府债券逐步成为地方规范的举债融资渠道，2014 年通过的新《预算法》允许地方政府合理合规发债，未来不再有政府性债务的提法，政府债务融资不能再依托原来的银行贷款或其他非标业务，只能通过政府债券（无收益的公益性项目对应一般性债券，有部分收益的对应专项债券）这一唯一渠道来进行。银行不能见了政府担保就放贷，政府也不能以政府采购名义来采购融资服务，这实际上在债务风险和金融风险之间建立了"防火墙"机制，然后财政和金融监管部门可以在各自监管权限内分"兵"把守、各负其责，防止风险交织传播导致公共危机出现。为了减少投资对年度预算的影响，新《预算法》要求建立中期规划来实现跨年度预算平衡，这样能够更好地满足跨年度基建项目的时间要求，地方政府可以基于其财政能力更好地作出跨期收入、支出和发债决策。尽管现有的地方政府债券发行距离真正的以政府信用评级为主的市场化发行还有距离，中央严控地方政府债务限额，财政部门制订了相关的债券额度发行的分配办法，规定了年度上限。以往市场认为如果地方债务违约中央可能会救助，但是按照新《预算法》的表述，"中央不救助"是一个基本原则，这实际上就改变了传统的救助预期，也体现了财政部门强化预算约束的决心，如此一来，及早建立起风险"防火墙"隔离机制并尽快化解债务风险、金融风险，打破市场的刚性兑付预期，这将会遏制债务风险金融化倾向。

3. 政府官员考核晋升机制

中国经济增长的一个重要源泉是地方政府竞争，在地方政府竞争这一现象背后是官员晋升考核机制，各个层级地方政府行政首长更在意的是在政绩考核"锦标赛"中的晋升机会。"锦标赛"最早来自 Lazear 和 Rosen（1981）对劳动力市场上企业晋升激励的研究，结果发现"锦标赛"式的晋升奖励制度被广泛运用于企业的运营实践中。这一制度的核心特征是参赛者关心的是自身在竞赛结构中的相对排名而非绝对结果。周黎安（2004）最早将"锦标赛竞争"理论用于对中国经济增长的研究，结论认为中国经济增长得益于政治集权的保障，地方政府在行使自主权的同时必须听令于中央政策的调度指挥，否则会受到政治问责与处置。这种中国地方官员晋升由上级政府决定的制度安排，保证了地方官员始终以经济建设为中心。在人事权集中的政府治理模式下，晋升激励对提高作为经济理性人的地方官员效用更为直接，排名淘汰制给予官员有效的晋升激励，使得地方官员愿意为政绩考核来推动地方经济发展。这种层层下解的晋升激励机制，使得不同层级的行政官员都能够围绕中央经济增长目标而努力。研究者对省、市、县不同层面的一些实证研究再次验证了这一结论（徐现祥，2008，2010；周黎安，2005；罗党论等，2015）。

现实中往往先由中央制定一个经济增长目标，该目标从中央到省、市、县会层层分解加码，有的地方不顾经济成本和财力所限，花大力气招商引资上项目，短期内会带来经济高速增长，但同时给后任者遗留了一堆政府债务，这不利于地方的可持续发展。因此，未来的债务风险管理中，如何将举债纳入行政考核并建立相应的全面问责机制将会直接影响地方政府债务的增长趋势。

（三）地方政府债务结构现状

1. 地方政府债务分类：政府债务与政府性债务

在地方政府债务分类中，政府债务和政府性债务是两个重要的划分类别，地方政府性债务范围要大于地方政府债务。地方政府性债务是指地方政府负有偿还责任的债务以及或有债务总称，既包括地方政府必须偿还、有偿还义务的地方政府债务，也包括地方政府违规担保形成的或者有一定救助责任的或有债务。2014 年最后一次地方政府债务审计结果显示，截至 2014 年 12 月 31 日，地方政府性债务余额为 24 万亿元，其中地方政府负有偿还责任的债务（地方政府债务）规模为 15.4 万亿元，地方政府或有债务规模为 8.6 万亿元。

地方政府负有偿还责任的债务，即地方政府债务，又称"一类债务"，是指地方政府（含政府部门和机构，下同）、经费补助事业单位、公用事业单位、政府融资平台公司和其他相关单位举借，确定由财政资金偿还的债务。一是地方政府债券、国债转贷、外债转贷、农业综合开发借款、其他财政转贷债务中确定由财政资金偿还的债务。二是政府融资平台公司、政府部门和机构、经费补助事业单位、公用事业单位及其他单位举借、拖欠或以回购（BT）等方式形成的债务中，确定由财政资金（不含车辆通行费、学费等收入）偿还的债务。三是地方政府粮食企业和供销企业政策性挂账。从 2015 年 1 月 1 日开始，仅有省级地方政府发行的地方政府债务才能计入地方政府债务。为了控制新增债务，从 2015 年开始，每年按照全国人大批准的新增地方政府债务限额为限，规定了地方政府债务的最高上限，2015 年为16万亿元（新增0.6万亿元），2016年为17.18万亿元（新增1.18万亿元），2017年为18.8万亿元（新增约1.63万亿元）。

地方政府负有担保责任的债务，是地方政府或有债务的一种，又称"二类债务"，是指因地方政府提供直接或间接担保，当债务人无法偿还债务时，政府负有连带偿债责任的债务。一是政府融资平台公司、经费补助事业单位、公用事业单位和其他单位举借，确定以债务单位事业收入（含学费、住宿费等教育收费收入）、经营收入（含车辆通行费收入）等非财政资金偿还，且地方政府提供直接或间接担保的债务。二是地方政府举借，以非财政资金偿还的债务，视同政府担保债务。存量担保债务认定仅限于2014年12月31日以前形成的债务，2015年以后，理论上不再新增地方政府负有担保责任债务，这部分债务主要由于地方政府违规提供担保承诺形成的。

地方政府可能承担一定救助责任的债务，是地方政府或有债务的另一种，又称"三类债务"，是指政府融资平台公司、经费补助事业单位和公用事业单位为公益性项目举借，由非财政资金偿还，且地方政府未提供担保的债务（不含拖欠其他单位和个人的债务）。政府在法律上对该类债务不承担偿债责任，但当债务人出现债务危机时，政府可能需要承担救助责任。存量救助债务仅限于2014年12月31日以前形成的债务，2015年以后不再新增。

2. 地方政府债务分类：一般债务与专项债务

《预算法》2015年正式施行后，地方政府应当通过发行地方政府债券方式举借债务，除此以外不得以其他任何方式举债。为了加强对政府债务的预算管理，2016年财政部印发了《地方政府一般债务预算管理办法》（财预〔2016〕154号）和《地方政府专项债务预算管理办法》（财预〔2016〕155号）（以下统称《办法》）。目前地方政府债券分为一般债券和专项债券，分别对应无稳定收益来源的项目和有稳定收益来源的项目，列入一般公共预算和政府性基金预算。2016年，一般债券和专项债券的余额分别为9.8万亿元（限额10.7万亿元）和5.5万亿元（限额6.5万亿元），

累计 15.3 万亿元，不超过债务上限。2017 年新增地方政府债务限额 1.63
万亿元，其中新增一般债务限额 8300 亿元、专项债务限额 8000 亿元
（2015 年新增地方政府债务限额为 6000 亿元，其中一般债券 5000 亿元，
专项债券 1000 亿元，这是地方政府首次发行专项债券；2016 年新增地方
政府债务限额为 1.18 万亿元，其中一般债券 7800 亿元，专项债券 4000
亿元）。2017 年未设置置换限额（2015 年置换限额为 3.2 万亿元，2016
置换限额为 5.5 万亿元）。截至 2017 年 11 月，全国发行地方政府债券
43258 亿元。其中，一般债券 23596 亿元，专项债券 19662 亿元；按用途
划分，新增债券 15773 亿元，置换债券 27485 亿元。

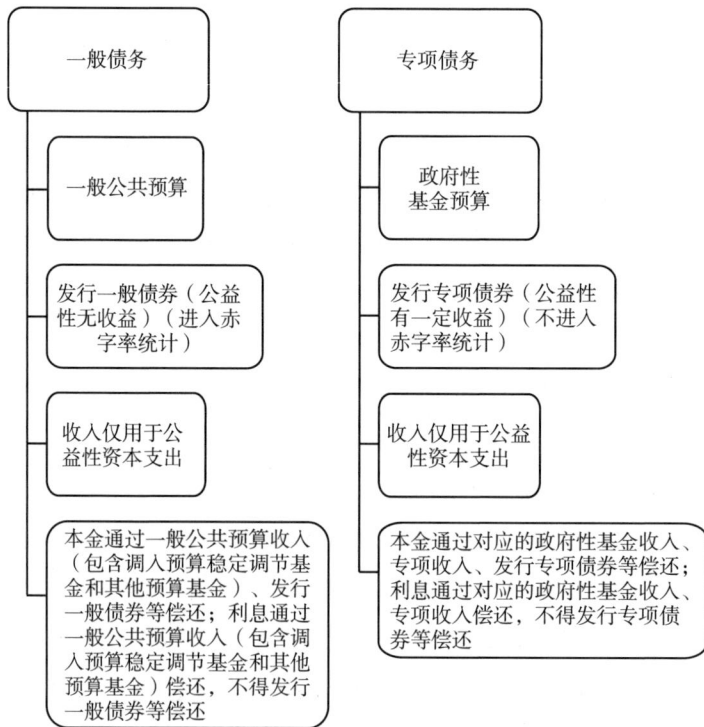

图 9 - 10　一般债务与专项债务的区别

资料来源：根据《地方政府一般债务预算管理办法》等绘制。

中国目前的债务管理有一个明显特征，即"贷转债"，除了用债券置换的方式来替换已有的政府性债务（主要是银行贷款所形成的债务），目前发行的土地储备、收费公路两类专项债券，也具有这种特点：一是土地储备专项债券取代以往的土地储备贷款。2015 年以前，地方土地储备资金的来源以银行贷款为主，或由土地储备中心直接向银行借贷，或由受地方政府委托土地一级开发的企业向银行借贷或通过其他途径筹措资金。2017 年财政部、国土资源部印发《地方政府土地储备专项债券管理办法（试行）》（财预〔2017〕62 号），将土地储备贷款方式转为土地储备专项债券发行方式，这样地方政府在组织土地供应时不受银行贷款还本付息的压力和负责一级开发的企业影响，而且土地储备专项债券可以根据地方土地储备业务实际需要，在发行额度、发行期限、发行对象、项目管理、收益回报等方面进行专业规划，既减少了金融风险，又增加了地方自主权；同时，土地储备专项债券纳入政府性基金预算，由纳入国土资源部名录管理的土地储备机构专项用于土地储备，这种刚性的"专款专用"避免了以往土地储备项目因资金不足而逾期的风险。二是收费公路专项债券。2017 年财政部、交通运输部共同发布了关于印发《地方政府收费公路专项债券管理办法（试行）》（财预〔2017〕97 号）。这里的收费公路是指由县级以上人民政府作为投资主体、采用政府收取车辆通行费等方式偿还债务而建设的收费公路。主要包括高速公路和收费一级公路等，亦被称为政府还贷公路，不包括由社会投资者运用BOT 等经营性模式建设的收费公路。发行收费公路专项债券的政府收费公路项目应当有稳定的预期偿债资金来源，对应的政府性基金收入应当能够保障偿还债券本金和利息，实现项目收益和融资自求平衡。

3. 地方政府债务的纵向结构

截至 2016 年末，我国中央政府债务余额为 120066.75 亿元，同比增长 12.63%，地方政府债务余额为 153164.01 亿元，同比增长 3.79%，中央与地方合计债务余额为 273230.76 亿元，同比增长 7.5%（见表 9 - 1），地方政府债务余额占比为 56.06%，比 2015 年下降 2 个百分点（见图 9 - 11）。

表 9 - 1　2012~2016 年中央与地方政府债务余额情况

单位：亿元

年份	中央政府债务余额	地方政府债务余额	合计
2012	77565. 70	96281. 87	173847. 57
2013	86746. 91	108859. 17	195606. 08
2014	95655. 45	154074. 30	249729. 75
2015	106599. 59	147568. 37	254167. 96
2016	120066. 75	153164. 01	273230. 76

　　资料来源：2012~2016 年中央政府债务余额系国家统计局公布的中央财政债务余额。2012~2013 年地方政府债务余额来自审计署发布的《全国政府性债务结果》（2013 年第 32 号公告）中的地方政府负有偿还责任的债务，其中 2013 年数据系 2013 年 6 月底数据。2014~2016 年数据来自财政部对应年份地方债务余额情况表。

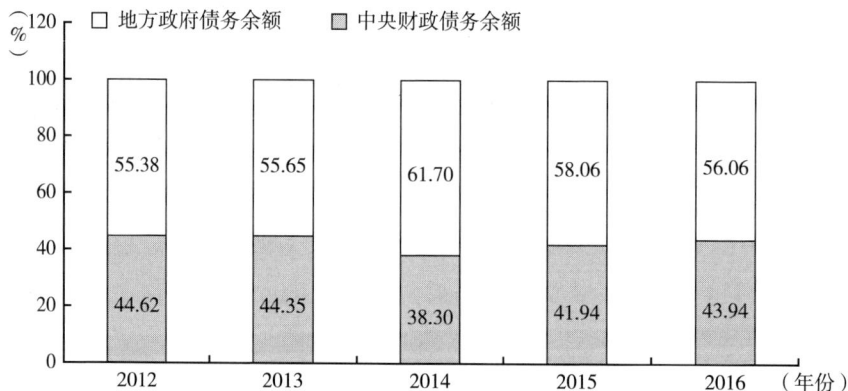

图 9 - 11　2012~2016 年中央与地方政府债务余额比例情况

　　资料来源：2012~2016 年中央政府债务余额系国家统计局公布的中央财政债务余额。2012~2013 年地方政府债务余额来自审计署发布的《全国政府性债务结果》（2013 年第 32 号公告）中的地方政府负有偿还责任的债务，其中 2013 年数据系 2013 年 6 月底数据。2014~2016 年数据来自财政部对应年份地方债务余额情况表。

①省以下地方政府纵向结构

截至 2013 年 6 月末，地方政府负有偿还责任的债务合计 108859. 17 亿元，其中省级 17780. 84 亿元，占比 16. 33%，市级 48434. 61 亿元，占比 44. 49%，县级 39573. 60 亿元，占比 36. 35%，乡镇 3070. 12 亿元，占比

2.83%；地方政府负有担保责任的债务 26655.77 亿元，其中省级 15627.58 亿元，占比 58.63%，市级 7424.13 亿元，占比 27.85%，县级 3488.04 亿元，占比 13.09%，乡镇 116.02 亿元，占比 0.44%；地方政府可能承担一定救助责任的债务合计 43393.72 亿元，其中省级 18531.33 亿元，占比 42.71%，市级 17043.70 亿元，占比 39.28%，县级 7357.54 亿元，占比 16.96%，乡镇 461.15 亿元，占比 1.06%（见表 9－2 和图 9－12）。

表 9－2　2013 年 6 月末地方各级政府性债务规模情况表

单位：亿元

政府层级	政府负有偿还责任的债务	政府负有担保责任的债务	政府可能承担一定救助责任的债务
省级	17780.84	15627.58	18531.33
市级	48434.61	7424.13	17043.70
县级	39573.60	3488.04	7357.54
乡镇	3070.12	116.02	461.15
合计	108859.17	26655.77	43393.72

资料来源：地方政府债务余额来自审计署发布的《全国政府性债务结果》（2013 年第 32 号公告）。

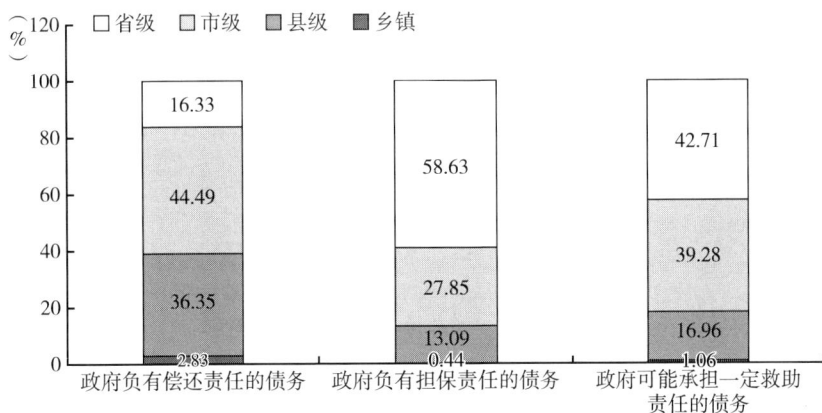

图 9－12　2013 年 6 月末地方政府各类债务的分布情况

资料来源：地方政府债务余额来自审计署发布的《全国政府性债务结果》（2013 年第 32 号公告）。

4. 地方政府债务的期限分布结构

截至 2017 年 11 月末，地方政府 2017 年共计发行地方政府债券 43464.3 亿元，其中 1 年期债券总额 100 亿元，占比 0.23%，3 年期债券 7951.43 亿元，占比 18.29%，5 年期债券 14735.07 亿元，占比 33.90%，7 年期债券 11933.72 亿元，占比 27.46%，10 年期债券 8744.08 亿元，占比 20.12% （见表 9 - 3 和图 9 - 13）。

表 9 - 3　2012 ~ 2017 年地方政府当年发行不同期限债券发行总额情况

单位：亿元

年份	1 年期	3 年期	5 年期	7 年期	10 年期
2012				144.50	
2013			1757.00	326.00	
2014			1599.80	915.60	327.60
2015		6532.38	12061.55	10553.44	9191.02
2016		11291.83	19222.99	16753.74	13189.85
2017	100.00	7951.43	14735.07	11933.72	8744.08

资料来源：Wind 数据库。

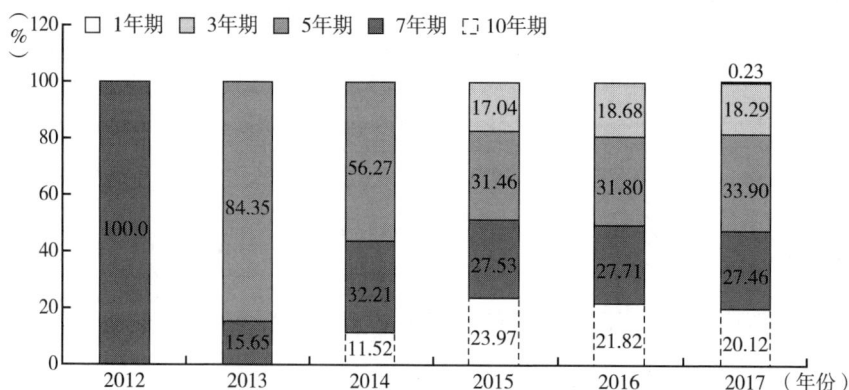

图 9 - 13　2012 ~ 2017 年地方政府当年发行不同期限债券发行总额比例情况

资料来源：Wind 数据库。

二 地方政府债务管理中存在的问题

（一）地方政府债务刚性增长趋势不变

1. 地方举债背后的道德风险

新《预算法》实施前，地方政府总有一种心态，那就是许多事权是中央委托地方执行的，因此一旦形成了债务，这个债务并非地方本意，所以中央应该承担救助责任。同时，现有体制下中国的地方政府不像国外地方政府可以宣告破产，现有的法律条文中未对地方政府债务重组做出明确安排。加上从中央到地方形成的多层委托代理关系，弱化了中央对地方行为地有效监控，诸如此类原因，都助长了地方过度举债的道德风险。

尽管审计署在 2013 年进行了地方政府债务的统计核实，但是地方出于担心问责的考虑未能如实上报债务存量数据。接着在 2014 年财政部又进行了一轮政府债务存量甄别，在这次上报中地方积极地上报大量债务数据，地方存在中央可能救助的预期或"幻觉"，从而导致各种扭曲行为，这就是一种道德风险，由于中央意识到这些问题可能带来虚增政府存量债务的问题，因此《地方政府存量债务纳入预算管理清理甄别办法》（财预〔2014〕351 号文）要求，"对虚增政府存量债务的，相应核减地方政府债券发行规模，并追究相关责任人责任"，但是要从根本上杜绝则需要建立完备的长效机制。自 2013 年 6 月审计政府性债务以来，地方政府债务增量的刚性增长趋势未得到有效遏制，这反映在 2017 年 6 月审计署《关于 2016 年度中央预算执行和其他财政收支的审计工作报告》（以下简称《报告》）中。《报告》指出："部分地方政府债务增长较快，有的还违规举债。至 2017 年 3 月底，审计的 16 个省、16 个市和 14 个县本级政府债务风险总体可控，但政府承诺以财政资金偿还的债务余额，比 2013 年 6 月底增长 87%，其中基层区县和西部地区增长超过 1 倍；2015 年以来，通过银行贷款、信托融资等形式，7 个省、6 个市和 5 个县本级政府违规举借并承诺以财政资金偿还的债务余额达 537.19 亿元。"

2. 实质性的债务问责机制尚未完全建立

1994 年的《预算法》第 28 条规定："地方各级预算按照量入为出、收支平衡的原则编制，不列赤字。除法律和国务院另有规定外，地方政府不得发行地方政府债券。"但是这一法律颁布以来，地方政府变相举债的步伐没有停止过。从形式看地方政府年度预算保持了平衡，没有赤字，但是大量的政府性债务在表外循环，《预算法》的权威性大打折扣。2014 年国务院出台了一个地方政府性债务管理的总纲性文件，即《国务院关于加强地方政府性债务管理的意见》（国发〔2014〕43 号文），提出："建立考核问责机制。把政府性债务作为一个硬指标纳入政绩考核。明确责任落实，各省、自治区、直辖市政府要对本地区地方政府性债务负责任。强化教育和考核，纠正不正确的政绩导向。对脱离实际过度举债、违法违规举债或担保、违规使用债务资金、恶意逃废债务等行为，要追究相关责任人责任。"2015 年 1 月开始实施的新《预算法》吸收了这些文件精神，"国务院建立地方政府债务风险评估和预警机制、应急处置机制以及责任追究制度，国务院财政部门对地方政府债务实施监督"。第十章"法律责任"就各类违法违规现象进行处置做了详细分类，甚至有的还要承担刑事责任，但是没有一条关于债务问责的具体表述，只有一些相关联事务的问责表述。

2016 年一些地方变相违法违规举债频发，财政部开始就部分地区地方政府违法违规举债担保问题进行了专项核查，核查的主要内容是违规举债、政府出具担保函等。在此基础上，2017 年开始，财政部遵照新《预算法》精神进行问责，通报过重庆、山东、河南、湖北等多地违法违规举债行为并进行问责；省政府约谈并问责当事人，事后对直接责任人员多给予行政撤职处分，对负有领导责任人员给予行政警告处分，对其他相关人员给予行政记过处分，对情节严重的移送司法机关。

2017 年 7 月 14～15 日召开的第五次全国金融工作会议上，习近平总书记指出："各级地方党委和政府要树立正确政绩观，严控地方政府债务增量，终身问责，倒查责任。"以此为标志，可以预见，在地方政府债务问责机制改革上将会有新的制度推出。这需要顶层设计，包含债务问责的形式、内容、重点、程序等多方面内容，真正将政府债务问责纳入党政领导干部问责范围，扭转政府施政理念和发展方式，以此来规避增量债务的快速增长。

3. 人大对地方政府债务的监督有效性不足

审查批准预算是宪法和法律赋予各级人大的重要职责。新中国成立后，1954 年《宪法》确立了人大预算监督制度；1978 年《宪法》恢复了 1954 年《宪法》的一些基本原则；1982 年《宪法》对地方人大预算监督制度进行了完善。1983 年六届全国人大一次会议决定，全国人大设立财政经济委员会，以便在大会闭幕期间，在全国人大常委会的领导下，从事审议、拟定、研究议案的工作。地方人大及其常委会也普遍设立了财政经济委员会或工作委员会，配备了一些专业人员，从而为提高预算审批监督质量提供了保障。1998 年 12 月 29 日，九届全国人大常委会第六次会议决定设立全国人大常委会预算工作委员会①，以提升预算审查的专业能力。同时，我们看到近年来地方政府债务的急剧膨胀，凸显了人大对政府债务监督的有效性不足。

现实中人大对地方政府债务的监督有效性不足，主要体现在几个方面：一是人大债务监督能力不足。近年来国家对地方政府债务的管理模式发生了重大改变，以前除了财政部代发的政府债券外，大部分存量债务未纳入预算；2015 年要求按照新《预算法》和国务院有关规定，将存量债务置换后分类纳入各自预算，这意味着从 2016 年开始，各级人大将面临大量债务资金纳入预算审查监督的压力，这就需要各级人大不断完善债务预算审查监督程序和监督手段，增强对地方政府债务的监督实效，这并非一件易事。一些

---

① 全国人大常委会预工委主要职责是：协助全国人大财政经济委员会承担全国人民代表大会及其常委会审查预决算、审查预算调整方案和监督预算执行方面的具体工作；受全国人大常委会委员长会议委托，承担有关法律草案的起草工作，协助财政经济委员会承担有关法律草案审议方面的具体工作；承办常委会、委员长会议交办以及财政经济委员会需要协助办理的其他有关财政预算的具体事项；经委员长会议专项同意，要求政府有关部门和单位提供预算情况，并获取相关信息资料及说明；经委员长会议专项批准，对各部门、各预算单位或重大建设项目的预算资金和专项资金的使用进行调查，政府有关部门和单位应积极协助、配合。

地方在举债的同时，为了规避风险和责任，会邀请同级人大代表及常委会委员参加，这大多是体现一种合法程序，往往是预算草案或者决算报什么，人大就进行相应的审或批，人力十分紧张，省以下的预算审查监督日常工作多由财经委承担，市、县人大财经工委人手普遍不足，难以进行事前介入和全面有深度地初审。人大除了对债务举借的前期介入不够外，对债务资金使用过程也没有进行有效地跟踪监督，更不用说监控到一些变相违法违规政府融资带来的债务问题，这些都会导致债务监督职能的虚化。二是债务报送信息不完备。新《预算法》第四十八条有关全国人民代表大会和地方各级人民代表大会对预算草案及其报告、预算执行情况的报告重点审查内容中强调了"预算安排举借的债务是否合法、合理，是否有偿还计划和稳定的偿还资金来源"，第六十七条"需要增加举借债务数额"引起的预算调整需要各级人大进行审批，第七十九条关于决算重点审查内容中强调"经批准举借债务的规模、结构、使用、偿还等情况"应重点审查。尽管做出了这样明确的要求，但在现实中还难以做到所有地方的人大代表都能看到详细的举债项目、偿债计划、限额确定办法，势必影响到债务监督的有效性。

4. 养老隐性债务向直接债务转换

养老保险基金对应的隐性债务指的是养老保险基金承担了部分本应由政府承担的支出。中国人口老龄化①的加剧凸显了这一问题的严重性。据国家统计局统计，截至2016年底，我国60岁以上人口已达2.3亿人，占总人口的16.7%，65岁以上人口达1.5亿人，占10.8%；据人社部统计，截至2017年11月，全国城镇职工基本养老保险期末参保人数达到了39847万人，基金收入和支出分别为36535.3亿元、33699.7亿元。影响养老保险基金缺口的主要因素是老年人口抚养比，这一比例越高，意味着单位劳动人口的养老负担越重，则平均基本养老金缺口越大（见图9-14）。

---

① 1956年联合国《人口老龄化及其社会经济后果》确定的划分标准，当一个国家或地区65岁及以上老年人口数量占总人口比例超过7%时，则意味着这个国家或地区进入老龄化。1982年维也纳老龄问题世界大会，确定60岁及以上老年人口占总人口比例超过10%，意味着这个国家或地区进入老龄化。

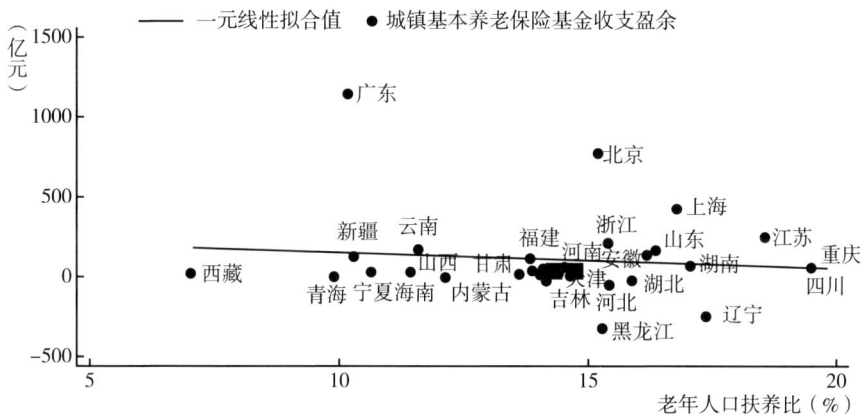

图 9 – 14 全国各省（区、市）老年人口抚养比与城镇职工基本
养老保险基金收支盈余相关情况

资料来源：人力资源和社会保障部网站。

据人社部社保事业管理中心发布的《中国社会保险年度发展报告
(2016)》统计，2016 年全国有 13 个省市养老保险基金累计结余可支付月数
已不足 1 年，而黑龙江省的累计结余已为负数，赤字 232 亿元，主要原因是
退休人数增加和劳动人口净流出并存所致。在社会保险基金结余中有不少来
自财政补助，如果扣除财政补助，各省的养老保险基金余额会减少，有的甚
至还会出现亏空（见图 9 – 15）。按照这样的趋势发展下去，未来会有更多
的地方加入养老亏空行列，会形成一种"多米诺骨牌"效应，中央财政将
会面临两难选择，救助则会助长地方的"道德风险"行为，不救助则不能
维持社会稳定。2017 年 12 月 29 日召开的全国人力资源和社会保障工作会
议提出，2018 年要实施基本养老保险基金中央调剂制度，旨在解决人口流
动导致的抚养比差异过大所引起的养老保险负担区域失衡问题，调剂余缺，
进一步在全国范围发挥养老保险互助共济作用。

此外，近年来，随着"三去一降一补"改革的推进，一些过剩产能企业
的养老负担可能会直接转移给地方政府成为其直接债务，还有一些企业为了
降成本而进行阶段性养老缴费率下调，这些都会给未来财政带来很大的或有
债务压力。

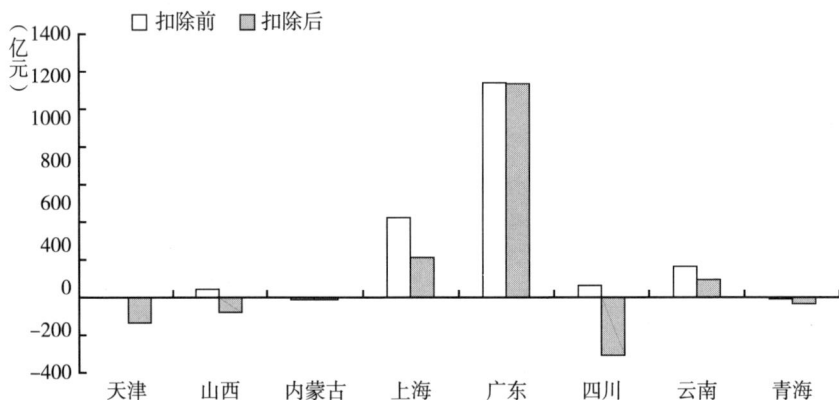

图 9 – 15　2016 年部分省市城镇基本养老保险基金盈余变化

资料来源:《中国社会保险年度发展报告 2016》。

5. 生态环保修复的历史欠账

中国经济长期高速增长让世界瞩目,但是由于中国的能源结构过度依赖煤炭,税制绿色化不足,环保治理长效机制不健全,经济增长越快对环境的破坏也越大,让我们付出了惨重的生态代价,中国的水、土壤、空气等环境资源都遭受了相当程度地污染,一些生态灾害时有发生,给经济社会带来较大的损害。据环保部统计,2016 年,全国 338 个地级及以上城市中,254 个城市环境空气质量指数超标,占 75.1%。全国 6124 个地下水水质监测点中,水质为优良级、良好级、较好级、较差级和极差级的监测点分别占 10.1%、25.4%、4.4%、45.4% 和 14.7%。2016 年地质灾害发生数量、造成死亡失踪人数和直接经济损失分别比 2015 年上升 18.1%、41.1% 和 27.4%。

从经济增长速度看,2007 年中国的经济增速一度达到 14.2% 的高峰,之后在国际金融危机冲击以及中国国内供给侧结构调整下,经济逐渐走向了中高速增长路径。从环境治理投入看,环境污染治理投资和财政环保支出并未随经济增速下降而放缓,而是保持持续增长态势,这从另一个侧面也反映了环保投入不足带来的历史欠账在未来还需要相当长一段时间来消化。但是,随着经济增速下行,财政收入增速下行也是常态,这就会折射出未来环境治理中财力空间的问题，就需要更多地采取绿色发展的财税、金融或其他政策激励，让社会资本共同参与到环保事业中来（见图 9 - 16）。

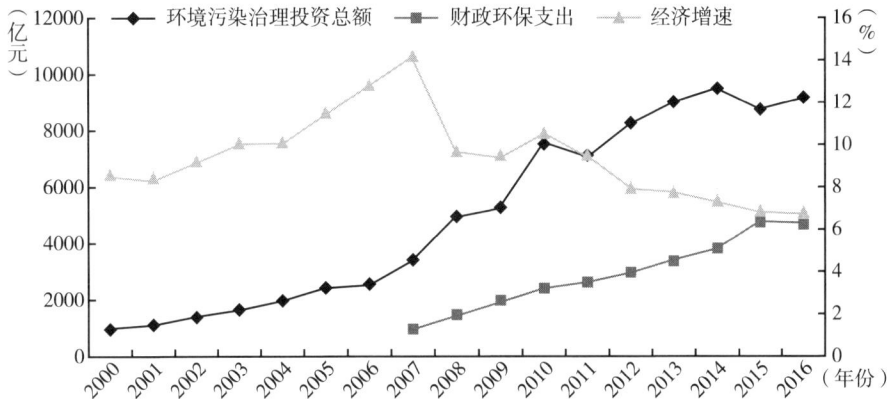

图 9 - 16　2000~2016 年经济增速、环境污染治理投资、财政环保支出情况

资料来源：Wind 数据库。

（二）地方政府举债方式多元化

1. 融资平台变相举债

《银行法》① 不允许地方政府向银行借贷，《担保法》② 不允许政府为第三方提供融资担保，现实中地方政府面临着较大的财政收支失衡压力，要保证地方经济社会发展，地方会通过其他渠道绕开监管进行融资，其中，地方政府融资平台③就是一个常见融资工具（运作机制如图 9 - 17 所示），地方政府

---

① 《中华人民共和国中国人民银行法》第二十九条规定，"中国人民银行不得对政府财政透支，不得直接认购、包销国债和其他政府债券。"第三十条规定，"中国人民银行不得向地方政府、各级政府部门提供贷款，不得向非银行金融机构以及其他单位和个人提供贷款，但国务院决定中国人民银行可以向特定的非银行金融机构提供贷款的除外。"贷款通则第二条规定，"借款人系指从经营贷款业务的中资金融机构取得贷款的法人、其他经济组织、个体工商户和自然人。"

② 《中华人民共和国担保法》第八条规定，"国家机关不得为保证人，但经国务院批准为使用外国政府或者国际经济组织贷款进行转贷的除外。"

③ 地方政府融资平台就是指地方政府发起设立，通过划拨土地、股权、规费、国债等资产，迅速包装出一个资产和现金流均可达融资标准的公司，必要时再辅之以财政补贴作为还款承诺，以实现承接各路资金的目的，进而将资金运用于市政建设、公用事业等肥瘠不一的项目。

融资平台导致了不少债务问题，主要原因是举债规模难以控制、融资成本过高、债务不透明等。具体的举债行为包括三种形式：一是用虚假项目直接申请贷款。在经济下行、总体信贷需求疲软的背景下，地方融资平台依托其政府背景推出的项目对银行极具吸引力，有的地方把独立立项、具备单独资金来源的基建项目产品整合为新的项目，以便获取银行的政策性贷款。二是银行贷款间接进入融资平台。有的银行贷后管理不到位，对贷款资金流向及使用缺乏有效地监督，导致资金经过多层嵌套后流向融资平台。由于融资平台能够提供相对稳定的现金流，又可以帮助银行完成存款考核任务，使得大量的银行表外资金，通过信托、理财等所谓的"影子银行"渠道流向融资平台。影子银行的融资成本大大高于银行贷款成本。比如，信托和委托贷款的成本在10%左右，BT融资年利率最高达20%，远高于银行贷款的7%，融资平台公司的债务负担由此加重，最后会转嫁到政府身上。三是利用土地资源进行融资。在土地储备专项债券出台前，地方的土地融资是一种常见的融资模式，形成了土地收储变为资产，资产入股变为资本，入股资本变为资金，筹集资金用于各种项目建设的融资链条。融资平台还可以利用土地作为抵押物进行各种贷款融资。除了这三个主要方面外，还有其他方面，例如部分地方要求政府融资平台对专项建设基金的回购责任等，这也是变相举债行为。

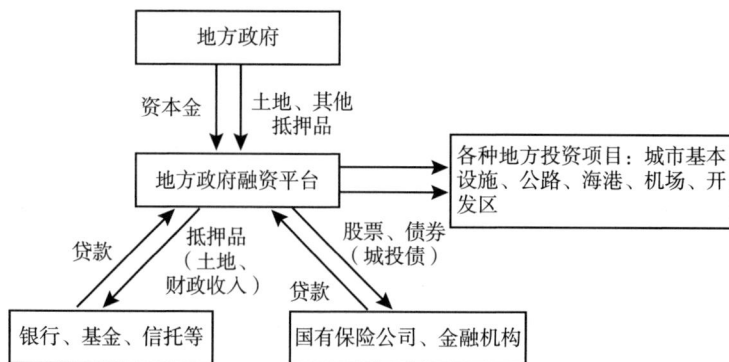

图9-17 地方政府融资平台运行机制

　　根据审计署 2013 年 6 月末的审计结果，地方政府负有偿还责任的债务共计 10.89 万亿元，其中，融资平台债务 4.08 万亿元，占比为 37.47%；地方政府或有债务共计 7.01 万亿元（负有担保责任的债务 2.67 万亿元，可能承担一定救助责任的债务 4.34 万亿元），其中，融资平台债务 2.89 万亿元，占比为 41.22%。在审计署统计的全国 7170 家地方政府融资平台公司的债务中，仅有 4.08 万亿元被纳入地方政府债务，大部分的平台债务不属于地方政府债务。2014 年"国发 43 号文"明确剥离融资平台的政府融资职能，未来融资平台不得新增政府债务，同时地方政府债务的融资渠道仅限于政府债券（一般债券和专项债券）。"43 号文"之后，融资平台公司开启了转型发展之路。

　　2. PPP（政府和社会资本合作）和政府投资基金的变相举债融资

　　2014 年财政部按照党中央部署开始推广 PPP[①] 模式，这是公共服务供给机制的重大创新，但一些地方也存在着许多不规范的现象，存在不同形式的不规范融资行为。一是政府采购变形。由于 PPP 项目融资被限制在地方年度预算支出的 10% 以内，且流程长、要求高，因此有些地区把大型基建、工程项目也通过政府购买服务的方式来融资，由于此前对"政府购买服务"没有给出负面清单和清晰界定，导致这一渠道泛滥，成为近两年一些地方违规举债的重要渠道。二是名股实债。根据财政部 PPP 中心对全国 PPP 项目信息统计，截至 2017 年 6 月末，使用者付费项目 4929 个，投资 5.0 万亿元，分别占入库项目总数和总投资额的 36.4% 和 30.5%；政府付费项目 4659 个，投资 4.3 万亿元，分别占入库项目总数和总投资额的 34.4% 和 26.5%；可行性缺口补助（即政府市场混合付费）项目 3966 个，投资 7.0 万亿元，分别占入库项目总数和总投资额的 29.2% 和 43.0%。政府付费和可行性缺口补助项目加总后占入库项目总数的 63.9% 和总投资额的 69.5%，

---

　　① PPP 指的是政府采取竞争性方式择优选择具有投资、运营管理能力的社会资本，按照平等协商原则订立合同，明确责权利关系，由社会资本提供公共服务，政府根据公共服务绩效评价结果向社会资本支付相应对价，保证社会资本获得合理效益。付费方式有三类：使用者付费、可行性缺口补助、政府付费。

这就表明 PPP 项目对政府资金的依赖度仍然较高，因此在一些地方财政压力大、银行贷款和社会融资成本高，吸引部分产业投资基金作为股权投资方加入，可以带动各类社会资本进入 PPP 项目成为常见方式。但问题是这些产业投资基金希望短期内退出并获取较高回报，表面上是表外融资，不增加地方政府债务，但是往往需要地方出具安慰函或回购承诺，以土地出让收入来做担保，是典型的名股实债，势必会增加政府的隐性负债。

政府投资基金是由各级政府通过预算安排，以单独出资或与社会资本共同出资的方式设立，采用股权投资等市场化方式，引导社会各类资本投资经济社会发展的重点领域和薄弱环节，支持相关产业和领域发展的资金；政府投资基金主要包括政府创业投资引导基金和政府产业投资基金两类。一些地方为了发挥财政资金的撬动作用，采取了一些不规范的做法，例如承诺回购社会资本方的投资本金，承担社会资本方的投资本金损失，向社会资本方承诺最低收益，对有限合伙制基金等任何股权投资方式额外附加条款变相举债，这违反了相关政策文件的要求。[①]

3. 违法违规融资担保

金融机构处于风控压力，常会对地方政府融资施加一定的约束条件，导致一些地方政府及所属机关事业单位、人大、社会团体等通过出具担保函、承诺函、安慰函等直接或变相担保协议，来为地方政府融资平台或一些企业融资承诺承担偿债责任。国开行、农发行资金（例如专项建设基金）期限长、贷款利率低，可以解决地方政府建设资本金不足的问题，但是其要求地方出具还款承诺，同级人大出具同意将偿债支出列入预算的决议，违反新《预算法》"地方政府及所属部门不得为任何单位和个人以任何方式提供担保"的规定。

4. 政府购买服务不规范导致的举债行为

政府购买服务内容重点应当是有预算安排的基本公共服务项目，但在现

[①] 《政府投资基金暂行管理办法》（财预〔2015〕210 号）：为更好地发挥政府出资的引导作用，政府可适当让利，但不得向其他出资人承诺投资本金不受损失，不得承诺最低收益。国务院另有规定的除外。

实中，一些地方为了减轻 PPP 融资压力，将建设工程作为政府购买服务项目；还有一些地方将金融机构、融资租赁公司等非金融机构提供的融资行为纳入政府购买服务范围，这可能会诱发金融风险财政化；一些地方甚至虚构或超越权限签订应付（收）账款合同帮助融资平台公司等企业融资，利用政府的应收账款来向银行进行抵押贷款，银行大多认同政府信用，这进一步助长了这一违规行为。

5. 其他变相举债行为

从 2013 年审计署公布的 36 个地方政府本级政府性债务审计结果发现，2011 年以来，上述地方政府债务余额增长了 12.94%，总量达 3.8 万亿元。不仅如此，一些地方通过信托贷款等七种"多元化"方式变相融资现象突出，其变相融资额高达 2180.87 亿元。这七种变相融资方式是：信托贷款、融资租赁、售后回租、发行理财产品、BT（建设－移交）、垫资施工和违规集资。审计署抽查发现，2011～2012 年，有 6 个省本级和 7 个省会城市本级通过信托贷款、融资租赁、售后回租和发行理财产品等方式融资 1090.1亿元；12 个省会城市本级和 1 个省本级通过 BT 和垫资施工方式实施 196 个建设项目，形成政府性债务 1060.18 亿元；3 个省本级和 3 个省会城市本级的部分单位违规集资 30.59 亿元，合计 2180.87 亿元，占这些地区两年新举借债务总额的 15.82%。这些融资方式隐蔽性强，不易监管，且筹资成本普遍高于同期银行贷款利率，如 BT 融资年利率最高达 20%、集资年利率最高达 17.5%，蕴藏新的风险隐患。

（三）地方政府债券的市场定价机制尚未形成

1. 地方政府债券发行的行政化色彩浓厚

地方政府融资最常见的方式是发行地方政府债券，在新中国成立初期曾经为了支持经济建设发行少量的地方建设公债，如 1950 年东北人民政府发行的"东北生产建设折实公债"。由于存在融资方式不规范、资金使用不透明、行政摊派等问题，1993 年国务院制止了地方的举债行为，1994 年的《预算法》明确了地方不得自主发行地方政府债券的基本原则。1998 年亚洲金融危机突然爆发，为了满足地方建设需求，中央通过发行专项国债再转贷给地方，以此向地方政府提供资金；同时，为规避《预算法》的举债限制，各地纷纷成立了五花八门的地方融资平台①，融资平台通过银行贷款和发行债券（即"城投债"，包括企业债券、中期票据、短期融资券等）两种方式进行融资。2008年在国际金融危机背景下，地方融资平台迎来了快速发展机遇，同时给地方带来了相当大的债务负担。为了规避风险，监管部门于2010年开始对地方投融资平台进行整顿清理，根据银监会政策要求，名单内平台被分为监管类（即仍按平台管理类）和监测类（即退出类平台）。在发放贷款方面，银监会要求金融机构不得向名单以外的平台公司发放贷款，对名单内监管类平台的发放贷款还需要满足资产负债要求且融资规模受到控制②。

在控制融资平台债务的同时，财政部门开始探索恢复发行地方政府债券。主要包括三个阶段（见图9-18）：一是中央代发代还阶段（2009～2014年）。2009年财政部开始代理各地方政府发债，并将其纳入地方预算构成地方债务，债券到期前，地方政府需将还本付息资金缴入中央财政专户，由财政部代办还本付息。2009～2011年地方政府债券延续每年2000亿元③的发行规模，2012年、2013年和2014年额度分别增加至2500亿元、3500亿元和4000亿元。二是地方自发代还阶段。2011年，经国务院批准，上海、浙江、广东、深圳在国务院批准的额度内开展地方债自发代还试点。

---

① 地方政府通过财政拨款或注入土地、股权等资产，使融资平台公司具备获取贷款或者发行债券的基础，待其筹集资金后，再投入到具体项目中。由于地方融资平台存在自身偿债能力不足的问题，有时需要由政府提供担保或其他形式的偿债安排。

② 截至2016年6月30日，银监会名单内共有11721家平台，其中9399家仍按平台管理，其余2322家已退出平台。从退出平台类平台退出时间分布来看，2011年退出的平台数量最多，为1452家；2012年和2013年退出的平台数量也较多，分别为285家和241家。

③ 2009年在2000亿元地方债各省份的分配方案中，受汶川大地震影响，四川获得的发行额度最大，达到180亿元，占全国的9%。按照地方债分配向"中西部倾斜"的原则，云南、贵州、宁夏、河北分别为84亿元、64亿元、30亿元、60亿元，安徽一期为40亿元，新疆一期为30亿元，陕西为60亿元，广西为65亿元。在2000亿元总规模内，根据中央投资公益性项目地方配套规模、地方项目建设资金需求以及偿债能力等因素，按公式法合理分配各地区债券规模。

2013 年，新增江苏、山东为地方债自发代还试点地区。试点地区可在国务院批准的发债规模限额内，自行组织发行政府债券，并由财政部代办还本付息；试点省（市）可发行 3 年期和 5 年期债券，实行年度发行额管理，发债规模限额当年有效，不得结转下年。2013 年起，进一步增加了地方政府自行发债试点省（市），并适度延长了发债期限，最多可发行三种期限债券（3 年期、5 年期和 7 年期），每种期限债券发行规模不得超过发债规模限额的 50%。三是地方自发自还阶段。2014 年 5 月，财政部在上海、北京、广东、江苏、山东、浙江、江西、宁夏、深圳和青岛 10 个试点地区自行组织本地区政府债券发行、支付利息和偿还本金机制。试点地区发行规模不得超过国务院批准的当年发债限额，发行期限为 5 年、7 年和 10 年，比例为 4∶3∶3。从 2015 年开始，新《预算法》明确规定地方政府只能通过发行债券融资，并对地方政府债券品种、债务规模、风险预警机制及相应的配套制度做出了原则性安排。

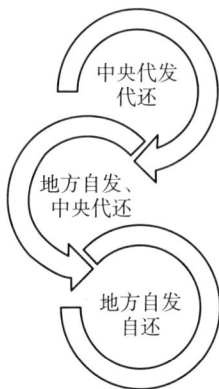

图 9 - 18　地方政府债券发行的三个阶段

从中央代发代还到自发代还、自发自还，债券发行对中央政府信用的依赖程度逐渐降低。中央代发代还的行政审批色彩最浓，地方发债的额度由中央政府审批，有一系列的控制机制。地方自发代还、自发自还则多依靠地方政府信用，但是地方政府债券发行额度控制、发行利率定价的行政化色彩较浓，目前难以做到完全市场化发行和定价，2015年曾经历了江苏延期发债、辽宁意外流标，以完全市场化①之路发行的地方债都基本上无功而返。地方债发行中出现了一些有悖常理的现象，例如在自发自还之初出现的"利率倒挂"现象，即信用级别较低、流动性低于国债的地方政府债券竟然出现招标利率低于国债的现象。从理论上讲，一个地方是否需要举债、举债规模多大、举债方式如何，这些要取决于地方债务资金使用效率和经济实力，用规模限额来控制债务会增加央地之间的博弈并带来一些"寻租"空间。未来随着债券市场体系的不断健全，将会形成由市场来决定的、与地方风险相匹配的地方债券定价机制，地方政府债券将和其他债券一起形成全国多层次资本市场和多层次利率体系，不仅有助于规范预算管理，还有助于打破以往过于倚重融资平台带来的系统性金融风险问题，通过行政和市场的双重力量来约束政府行为。

2. 地方综合财务报告制度不完善

政府编制的地方财务报告制度是地方政府债务管理的基础，比政府财务报告更加全面的是政府综合财务报告。政府综合财务报告由政府财政部门编制，主要反映政府整体财务状况、运行情况和财政中长期可持续性等政府综合财务报告，可作为考核地方政府绩效、开展地方政府信用评级、评估预警地方政府债务风险、编制全国和地方资产负债表以及制定财政中长期规划和其他相关规划的重要依据。目前中国政府综合财务报告制度并不完善，体现在以下几个方面：一是会计核算体系支撑力不足。按照预算会计制度编制的财政总决算报表、部门决算报表、财政专户会计报表主要反映的是预算收支的年度执行情况，不能全面反映政府的资产、负债、收入、成本费用等财务运行状况，现收现付制主要反映现金流动，无法反映应收未收、应支未支的信息，无法直接在预算会计的账表基础上生成，难以反映整个资金的真实动态变化，无法实现以权责发生制为基础的政府综合财务报告编

---

① 地方政府债券发行方式最市场化的是拍卖，可以实现发行利率和发行费率最低，效率最高，也有利于二级市场的活跃；承销方式比较简便，但发行时间较长，发行利率较高，而且投资者须支付承销团的承销费、管理费等费用，投资者承担的成本较高。

制。二是资产负债表信息不完善。根据政府综合财务报告的口径，资产不仅应包括货币资金、存货、固定资产，还应该包括应收收入、应收非税收入、应收利息、应收股利，矿产、土地、森林等自然资源。一些公共基础设施等资产涉及的产权比较复杂，或者一些成本资料信息保存不够完整导致难以通过历史成本法测算。如果用公允价值估算则成本太高，还有许多信息分散在不同的主管部门无法得到完整的资产信息。负债信息涉及财政、事业单位、国企、融资平台等不同部门的债权债务关系，例如对一些三角债问题如何在编制综合财务报告时进行内部冲抵，加上地方上报债务往往存在不实使得债务统计和综合财务报告中的负债数据有差异，例如一些PPP项目合同中产生的回购责任、养老金等隐形负债。未来要实现市场化的地方债券定价发行，就离不开这些完整的资产负债信息。

为了推动政府综合财务报告制度改革，2014年国务院出台了《关于批转财政部权责发生制政府综合财务报告制度改革方案的通知》（国发〔2014〕63号），改革分为三个阶段：一是从2014年到2015年，重点是建立健全政府会计准则体系和财务报告制度框架体系，清查核实政府资产负债信息，开展政府综合财务报告信息系统建设。二是从2016年到2017年，在前期准备的基础上，开展政府综合财务报告编制试点。三是从2018年到2020年，在试点工作基础上，全面开展政府综合财务报告编制工作，建立健全政府财务报告分析应用体系，制定发布政府财务报告审计制度、公开制度等。从现实看，各省试点编制进展并不顺利，截至2017年11月，仅有海南省向财政部报送《关于2016年度海南省本级政府综合财务报告和工作总结的报告》，成为全国第一个完成政府综合财务报告编制试点的省份。

3. 地方政府信用评级市场不发达

地方政府信用评级是地方政府债券市场化发行的前提，中国地方政府信用评级市场不发达，无法提高投资者对地方债风险与收益的系统认识，不利于分解地方债市场的风险，不利于广大投资者理性购买。具体在以下三个方面存在不足。

一是专业的政府信用评级机构不多。国际上有标普、惠誉、穆迪三大评级机构，具有成熟的评级经验，在国际评级市场具有垄断地位，其评级对国际金融市场震动很大。相比之下，国内评级机构起步较晚，市场准入严格，主要有大公国际、联合、中诚信、东方金诚、上海新世纪、鹏元、中债资信这7家机构，有资格做政府债券评级的公司不多，能否坚持客观公允评价政府信用对这些评级机构也是一个挑战，例如有的评级机构做的各省地方政府债券信用评级几乎都是3A。

二是地方政府信用评级框架不完善。借鉴国外评级机构的做法，在对地方债发行主体进行信用评级时要全面评估发行主体的债务结构、坚持稳健预算政策的能力和财经纪律遵守情况、可用财政收入状况、经济社会环境。具体来说，影响地方政府信用评级的直接因素包括：地方政府治理、地方财政状况、地方债务状况、预算管理；间接因素包括：地方政府信用历史记录、地方经济社会状况、外部经济形势变化。现有的信用评级框架许多并不完备，有的受制于数据可得性，例如政府综合财务报告尚未形成就无法提供详细的资产与债务的存量数据；有的则是对预算管理等专业知识的理解存在一定偏差。

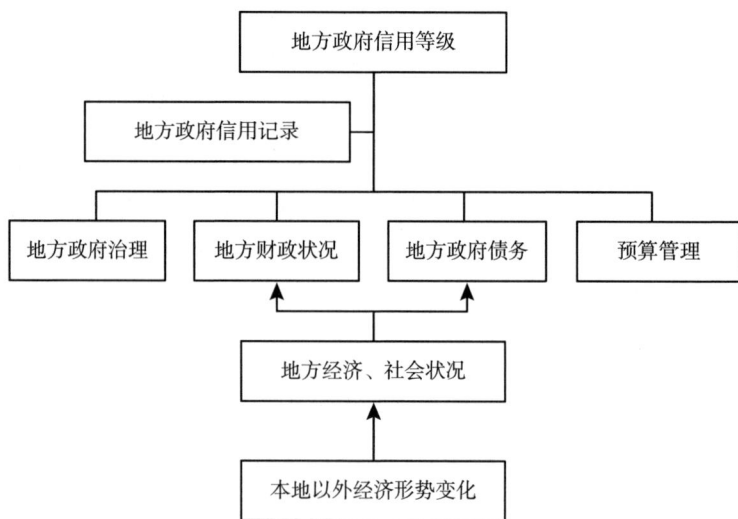

图9-19 地方政府信用评级基本框架

三是地方政府信息披露不足。关于地方政府债券发行，直到 2015 年，财政部才明确出台了相关的一般政府债券和专项政府债券管理办法①，对相关的信息披露做了一定的要求，但是在现实中一些地方仍然无法完全做到披露详细的信息，例如发债项目存续时间、地方债务负担率及偿债计划、辖区内经济社会状况、财政收入状况、可抵押变现资产、债券利率与期限结构、债务还本付息等诸多方面信息。

三　地方政府债务风险管理改革

（一）债务存量风险化解

1. 地方政府债务限额管理

2014 年 9 月，国务院颁布的《关于加强地方政府性债务管理的意见》（国发〔2015〕43 号）提出，地方政府债务规模实行限额管理，地方政府举债不得突破批准的限额。2015 年 8 月，第十二届全国人大常委会第十六次会议通过《关于批准〈国务院关于提请审议批准 2015 年地方政府债务限额的议案〉的决议》。2015 年 12 月，财政部下发了《关于对地方政府债务实行限额管理的实施意见》（财预〔2015〕225 号），明确了地方政府债务限额确定的程序，并提出要将所有政府债务纳入限额并分类纳入预算管理。

---

① 2015 年财政部《地方政府一般债券发行管理暂行办法》（财库〔2015〕64 号）第八条要求"各地应及时披露一般债券基本信息、财政经济运行及债务情况等"；第九条要求："信息披露遵循诚实信用原则，不得有虚假记载、误导性陈述或重大遗漏。投资者对披露信息进行独立分析，独立判断一般债券的投资价值，自行承担投资风险。"《地方政府专项债券发行管理暂行办法》第九条要求："各地应当按照有关规定及时披露专项债券基本信息、财政经济运行及相关债务情况、募投项目及对应的政府性基金或专项收入情况、风险揭示以及对投资者做出购买决策有重大影响的其他信息。"第十条要求："专项债券存续期内，各地应按有关规定持续披露募投项目情况、募集资金使用情况、对应的政府性基金或专项收入情况以及可能影响专项债券偿还能力的重大事项等。"第十一条要求："信息披露遵循诚实信用原则，不得有虚假记载、误导性陈述或重大遗漏。投资者对披露信息进行独立分析，独立判断专项债券的投资价值，自行承担投资风险。"

截至 2017 年 11 月末，全国地方政府债务余额为 165944 亿元，控制在全国人大批准的 18.82 万亿元限额之内，其中一般债务余额为 104109 亿元，控制在 11.55 万亿元限额之内，专项债务余额为 61835 亿元，基本控制在 6.18 万亿元限额之内。

2. 地方政府债券置换

2014 年财政部出台了《地方政府存量债务纳入预算管理清理甄别办法》（财预〔2014〕351 号），组织各地对 2014 年末地方政府存量债务进行清理甄别和核查。经清理核查，2014 年末全国地方政府债务余额为 15.4 万亿元，其中 90% 以上的是通过非政府债券方式举借，平均成本在 10% 左右，地方政府每年需支付较高的利息。为此，2015 年 12 月，《关于对地方政府债务实行限额管理的实施意见》（财预〔2015〕225 号）提出，对于地方政府存量债务中通过银行贷款等非政府债券方式举借部分，通过三年左右的过渡期，由省级财政部门在限额内安排发行地方政府债券置换。自 2015 年以来，截至 2017 年 11 月份，累积发行地方政府债券置换存量债务约 10.8 万亿元，其中 2015 年置换 3.2 万亿元，2016 年置换 4.9 万亿元，2017 年 1 ~ 11 月份累计置换 2.7 万亿元，仅 2016 年全年降低利息成本约 4000 亿元。

（二）债务增量风险控制

1. 严格债务合规性审查

2017 年财政部按照新预算法精神进一步加强了地方政府债务的合规性审查，2017 年 4 月，财政部颁布的《关于进一步规范地方政府举债融资行为的通知》（财预〔2017〕50 号）提出，严禁地方政府利用 PPP、政府出资的各类投资基金等方式违规变相举债；规定地方政府及其所属部门不得以文件、会议纪要、领导批示等任何形式，要求或决定企业为政府举债或变相为政府举债；规定除外国政府和国际经济组织贷款转贷外，地方政府及其所属部门不得为任何单位和个人的债务以任何方式提供担保，不得承诺为其他任何单位和个人的融资承担偿债责任，并要求地方政府尽快组织一次地方政府及其部门融资担保行为摸底排查，并于 2017 年 7 月 31 日前全面改正地方政府不规范的融资担保行为，对于逾期不改正的或改正不到位的相关部门、市县政府，省级政府性债务管理领导小组应当提请省级政府依法依规追究相关责任人的责任。2017年5月，财政部又颁布《关于坚决制止地方以政府购买服务名义违法违规融资的通知》（财预〔2017〕87号），规定地方政府及其部门不得利用或虚构政府购买服务合同为建设工程变相举债，不得通过政府购买服务向金融机构、融资租赁公司等非金融机构进行融资，不得以任何方式虚构或超越权限签订应付（收）账款合同帮助融资平台公司等企业融资，并要求各省级财政部门会同相关部门组织全面摸底排查本地区政府购买情况，发现违法违规问题的，督促相关地区和单位限期依法依规整改到位，并将排查和整改结果于2017年10月底报送财政部。据财政部披露，2017年，财政部共对山东、内蒙古、河南等8个省（区、市）的市县政府违法违规举债担保行为进行了问责，并依法依规提出了相应的处理意见。

2. 剥离地方政府融资平台政府融资功能

2014年9月，《国务院关于加强地方政府性债务管理的意见》（国发〔2015〕43号文）提出，剥离融资平台公司政府融资职能，融资平台公司不得新增政府债务。2015年12月，《关于对地方政府债务实行限额管理的实施意见》（财预〔2015〕225号）进一步指出，取消融资平台公司的政府融资职能，推动有经营收益和现金流的融资平台公司市场化转型改制。2017年4月，《关于进一步规范地方政府举债融资行为的通知》（财预〔2017〕87号）再次强调，切实加强融资平台公司融资管理，规定地方政府及其所属部门不得干预融资平台公司日常运营和市场化融资。经过这些改革，未来地方政府融资平台的企业债务将彻底和政府债务分离，这减少了新增政府债务的隐患。

3. 行政问责终身制

2017年7月，习近平总书记在第五次全国金融工作会议上指出，各地方政府要树立正确政绩观，严控地方政府债务增量，终身问责，倒查责任，这标志着我国地方政府债务行政问责终身制的启动，显示出中央政府对规范地方政府融资行为的决心和力度。尽管相关的制度细则尚在进一步制定中，可以预见地是未来政府乱举债的增量空间将会大大压缩，这有利于地方债务风险的控制，也有利于宏观杠杆率的控制。

（三）扩大专项债券品种

1. 发行土地储备专项债券

为完善地方政府专项债券管理，逐步建立专项债券与项目资产、收益相对应的制度，2017 年 5 月，财政部联合国土资源部颁布《关于印发〈地方政府土地储备专项债券管理办法（试行）〉的通知》（财预〔2017〕62 号），提出 2017 年先从土地储备领域开展试点，发行土地储备专项债券，规范土地储备融资行为。据统计，截至 2017 年 11 月末，共计发行了 229 只土地储备专项债券，总额为 2347.18 亿元。

2. 发行收费公路专项债券

2017 年 6 月，财政部联合交通运输部颁布《关于印发〈地方政府收费公路专项债券管理办法（试行）〉的通知》（财预〔2017〕97 号），提出发行收费公路专项债券，规范政府收费公路融资行为。据统计，截至 2017 年 11 月末，共计发行了 23 只收费公路专项债券，总额为 430.04 亿元。

3. 发行 PPP 项目专项债券及推广资产证券化以减轻 PPP 融资压力

一是发行 PPP 项目专项企业债。2017 年 4 月，国家发改委发布了《政府和社会资本合作（PPP）项目专项债券发行指引》（发改办财金〔2017〕730 号），由 PPP 项目公司或社会资本方发行，募集资金主要用于以特许经营、购买服务等 PPP 形式开展项目建设、运营的企业债券。现阶段支持重点为能源、交通运输、水利、环境保护、农业、林业、科技、保障性安居工程、医疗、卫生、养老、教育、文化等传统基础设施和公共服务领域的项目。

二是 PPP 项目资产证券化。2016 年发改委与证监会发布的《关于推进传统基础设施领域政府和社会资本合作（PPP）项目资产证券化相关工作的通知》（发改投资〔2016〕2698 号），开启了 PPP 项目资产证券化改革。2017 年 6 月 19 日，财政部、人民银行和证监会发布了《关于规范开展政府和社会资本合作项目资产证券化有关事宜的通知》（财金〔2017〕55号），与前面的文件相比，"55号文"在发起人（原始权益人）和基础资产类别、PPP项目筛选和择优推荐程序、审核程序、风险管理和监管要求等方面更加完善、更具可操作性，要求也更加细致，例如："资产证券化产品的偿付责任，由特殊目的载体（SPV）以其持有的基础资产和增信安排承担，不得将资产证券化产品的偿付责任转嫁给政府或公众，并影响公共服务的持续稳定供给。坚持真实出售、破产隔离原则，在基础资产与发起人（原始权益人）资产之间做好风险隔离。"这样既可以保证公共服务提供的稳定性，又可以防止地方政府以PPP项目资产证券化方式带来的变相融资，增加地方政府的隐形债务。

（四）建立债务风险预警及处置机制

1. 债务风险预警机制

2014年9月，《国务院关于加强地方政府性债务管理的意见》提出建立地方政府性债务风险预警机制，根据各地区一般债务、专项债务、或有债务等情况，测算债务率、新增债务率、偿债率、逾期债务率等指标，评估各地区债务风险状况，对债务高风险地区进行风险预警。2016年10月，国务院办公厅下发《国务院办公厅关于印发〈地方政府性债务风险应急处置预案〉的通知》（国办函〔2016〕88号），进一步指出财政部会定期评估各地区政府性债务风险情况并作出预警，省级财政部门应当按照财政部相关规定做好本地区政府性债务风险评估和预警工作。

2. 债务风险分级相应处置

2016年10月，国务院办公厅印发了《地方政府性债务风险应急处置预案》（国办函〔2016〕88号），首次将我国政府性债务风险事件根据风险事件性质、影响范围和危害程度等，划分为Ⅳ级（一般）、Ⅲ级（较大）、Ⅱ级（重大）、Ⅰ级（特大）四个等级。对Ⅳ级、Ⅲ级债务风险，主要由市县政府立足自身化解；对Ⅱ级、Ⅰ级债务风险，除上述措施外，省级政府可依据市县政府申请予以适当救助。另外，当地方政府出现极大风险时，中央政府可适当指导。政府性债务风险事件监测主体为省级、设区的市级、县级政府。经济开发区管委会等县级以上政府派出机构的政府性债务风险事件按照行政隶属关系由所属政府负责监测。

文件特别强调了"地方政府对其举借的债务负有偿还责任，中央实行不救助原则"。要求地方政府要加强日常风险管理，按照"国办函〔2016〕88号"的配套文件即财政部《地方政府性债务风险分类处置①指南》（财预〔2016〕152号），妥善处理政府性债务偿还问题。同时，要加强财政资金流动性管理，避免因流动性管理不善导致政府性债务违约。对因无力偿还政府债务本息或无力承担法定代偿责任等引发风险事件的，根据债务风险等级，相应及时实行分级响应和应急处置。

四 政府债务风险管理改革方向：从制度主义转向行为主义

（一）行为不确定性的来源：四大背离

通过前面对政府债务管理的分析，我们不难发现，制度主义仍然盛行，但是为何这些制度屡屡受挫甚至无效，这就需要我们反思现有的债务管理模式。从根本上讲，不确定性是现代社会的一个重要特征，公共债务管理中制度主义为何失灵？根源在于它难以把握行为的不确定性。作为风险的来源，行为不确定性的来源是基于四个背离：动机（目标）与结果的背离、个体与整体的背离、惯性与趋势的背离、外部性与内部性的背离。正是这四类背

---

① 分类处置的基本原则：（一）对地方政府债券，地方政府依法承担全部偿还责任。（二）对非政府债券形式的存量政府债务，债权人同意在规定期限内置换为政府债券的，政府承担全部偿还责任；债权人不同意在规定期限内置换为政府债券的，仍由原债务人依法承担偿债责任，对应的地方政府债务限额由中央统一收回。（三）对清理甄别认定的存量或有债务，不属于政府债务，政府不承担偿债责任。属于政府出具无效担保合同的，政府仅依法承担适当民事赔偿责任，但最多不应超过债务人不能清偿部分的二分之一；属于政府可能承担救助责任的，地方政府可以根据具体情况实施一定救助，但保留对债务人的追偿权。

离导致了各种风险的产生，并且影响到现有债务管理制度的实际效果。

1. 动机与结果的背离

制度在设定之初大都充满了理想化色彩，制度制定者的动机都是好的，以债务管理为例，所有的债务管理无不是以风险防控为主要目标，从举债、用债、还债等各个不同环节进行详细的规定，还包括对债务预算管理和使用结果的考核制度，但为何制度执行的结果不尽如人意？主要原因是制度制定时所处的状态和现实中的环境并非完全一致，现实是复杂多变的，而且债务管理不仅是财务行为，还内含行政行为，制度制定者自身所具备的信息、知识、认识等都有一定的局限性，不完全信息下制定的制度多为不完备合约，加之事前难以预判制度涉及的利益各方的行为反应，最终使得制度的动机与结果常常出现背离现象。

2. 个体和整体的背离

个体和整体的背离主要源于个体理性和集体理性的冲突，个体目标和集体的目标并非总是一致。对于债务管理而言，个体的行为选择包括尽可能地扩大债务规模用于特定支出，不同行政机关可以举债，事业单位可以举债，一些融资平台也可以举债，资金用途各异，但是最后偿债却都归集到财政部门。例如2008年以后极度宽松的信贷政策导致的杠杆率快速增长并带来债务风险，而且许多债务杠杆最终会传递到财政部门，而财政部门是难以对此做出预判并有效控制的。

3. 惯性与趋势的背离

市场主体在一定的制度环境下往往有特定的行为选择，在制度没有发生大的变化时，各类主体的行为具有一定的惯性，在某种程度上讲，这种行为惯性有其合理的一面，体现了各方对现有制度的遵从，或是对一种非正式规则的遵从；但是外部环境总在发生变化，尤其是一些趋势性变化，例如中国经济进入新常态以后，随着国家法治化的推进，社会各方的法治意识都空前高涨，正式规则的覆盖面不断增加，如果个体看不清趋势而因循守旧保持行为惯性，就会带来一定的不确定性，进而会造成公共风险的扩大。

4. 外部性与内部性的背离

从产权理论看，内部性是由交易者所经受但没有在交易条款中反映的利益和成本。产权虽然在法律上可以清晰界定，但在事实上无法完全界定清楚，而未界定的产权便会作为公共财富被置于公共领域。于是，交易双方可以凭借其信息优势而过度攫取公共领域的财富，就会对处于劣势的交易另一方带来在交易合同条款中界定的成本，这就是所谓的内部性。例如在债务管理制度中，因信息不对称和不确定性的存在，交易成本高昂，限制了政府行为的理性化程度，促使不完备合约的签订，拥有信息优势的一方就会攫取另一方的利益，导致政府行为内部性的产生。当然，不同市场行为主体，其行为会产生外部性，和内部性不同，行为外部性是对不涉及交易的第三方造成的影响。就公共债务管理制度而言，行为主体的内部性和外部性可能出现背离，例如政府行为的正内部性和负外部性，或是政府行为的负内部性和正外部性，其他主体也会有类似问题，加上现有制度对正内部性和正外部性激励不足，这些都加剧了制度设计的困境。

（二）行为主义指引下的公共债务管理模式：三大转向

行为主义不排除制度设计，行为主义指引下的制度是一种良性的、务实的制度，能充分体现各个利益主体的互动、预期以及彼此之间的信息传递，让制度变得更加可靠，也可以增强各方对制度的遵从度，提高制度的执行力，通过将各种不确定性以及风险因素纳入制度设计中来减少不确定性，防范化解风险，或将不确定性转化为可以预见的风险。因此，下面我们在前面分析的基础上给出了三大转向，以此来推动未来公共债务管理的制度创新。

1. 从固守制度转向遵守契约精神

一是遵守契约精神优于机械地遵守契约。如果一个制度已经不适应时代要求，而相关各方仍然拘泥于已有制度，这就和契约精神的本质相违背。债务管理制度是一种契约，债务本质上也是一种契约，如果债务来源、债务传导机制、债务表现形式等制度要素发生了变化，但是相关的制度没有及时改变，而我们坚持遵从这些制度就是机械地固守契约，反而会带来一系列问题和各种博弈难题，从而加剧债务风险，进而带来公共风险扩大。

二是反思债务管理制度空转。债务管理是政府治理的一个方面，离不开各种制度文件，这些制度文件的效果到底如何？现实中存在诸多"制度空转"的现象，主要有三个方面原因：首先是法治意识缺失。缺乏遵守规则的意识，对遵守规则的行为也缺乏激励机制，结果是机会主义行为横行，行为主体从个体利益出发来选择性遵守某些制度或扭曲行为，导致制度失灵。其次是制度制定者的局限性或"有限理性"。制度是人制定的，而人具有有限而非无限理性，就增加了债务管理制度制定的难度。债务决策要体现民主、科学就需要大量地前期调研、分析，要对各种风险进行评估和预判，没有大量一手信息是难以对现实和未来做出精确判断并制定有效对策的。同时还要有前瞻性，对未来不确定性所导致的风险进行预控，否则会让制度陷入"短视"，难以保持长期的可持续性。例如，就现有债务管理制度而言多是针对显性债务，一些隐性的或有债务难以准确把握，例如养老保险，未来中国养老金缺口到底有多大？最后是债务管理相关制度文件间的矛盾。不同部门出台的文件初衷不同，有的为了稳增长结果带来了债务风险，有的控制债务风险可能影响经济增长，金融部门的政策可能忽视了金融风险财政化问题等。

2. 从单向管理转向多元治理

考察现有的债务管理文件，不难发现多是自上而下的单向发出要求，层层加码，而没有相关的互动和纠偏机制来及时修正制度漏洞，这不能不说是一个遗憾。和单向管理不同，多元治理首先意味着参与债务管理的各方是平等的行为主体，绝大多数受操作规则影响的行为主体可以参与对操作规则的修改，要通过一定的对话协商机制来建立有效的多元治理机制。通过反复交流、互动来建立信任与合作，激励各方从长计议、从整体利益出发的行为，约束短视行为和非合作行为，并最终实现激励相容的结果。在公共债务管理制度设计中要体现多元治理理念，这就要求债务相关主体要共同参与到债务决策、债务管理、债务使用评估等环节中。一是从横向角度看，作为委托人的广大纳税人不会轻易让自己的钱被政府浪费，部门亦不能从本位主义出发来扩大债务规模，政府部门要统筹安排，各级人大要认真履行监督职责，债务管理制度要充分体现各方的合理要求，在政府、社会、市场之间建立一种信任、互动、合作的机制或氛围，制度宽严有度，让债务管理更加透明、高效。二是从纵向角度看，要有中央—地方的二级治理框架，刘尚希（2015）认为在分级治理模式下，地方财政是一个相对独立的主体，不是中央财政的附庸。地方自主治理与地方财政的相对独立性关联在一起，但如何来界定这种相对独立性，包括权力、责任和利益，是当前治理改革中需要去创造性地解决的问题。

3. 从微观审慎转向宏观审慎管理

一是微观审慎忽视了个体风险的外部性。传统债务管理是一种微观审慎管理，重视局部风险控制，但是忽视了个体风险的外部性。现代社会每一个个体在分工中和其他个体直接或间接地发生着联系，个体之间的互动联系实际上就意味着风险也存在联系，控制了一种风险或控制所有单个风险不意味着能够控制宏观风险，况且风险是随机游走变化无常的，风险的分散、传导和累积变得更加复杂，微观稳定不等于宏观稳定。例如，以《巴塞尔协议》为核心的资本监管可以保证每个金融机构正常运行，但是难以保证整个金融体系的稳定。再比如中国分业监管的体系可以保证每一个行业的健康稳定，但是金融业混业经营是普遍现象，如果没有一个宏观监管视角是难以切断不同行业间风险的传播与扩散的。此外，发生在社会领域的一些不确定性事件会诱发社会风险，社会风险最终会转为财政风险，如果社会治理只是用社会学视角看待也会落入制度失灵的陷阱。

二是宏观审慎可以从整体上把握公共风险。宏观审慎管理就是从系统性风险防范的角度出发，在保持微观稳定的前提下，追求宏观总体的韧性和反脆弱性。宏观审慎管理不仅包含了必要的微观审慎监管，同时注重个体之间的互动、信息传递和风险传导，从整体、动态上进行把握，减少负面信息导致的风险传染和扩大。微观审慎管理把公共风险视为外生变量，即个体风险不会影响宏观经济，个体间不存在相互关联，忽略了个体风险的传递与扩散。从管理对象看，宏观审慎管理范围更大。从管理手段看宏观审慎管理是自上而下式的（见表9-4）。

表 9 - 4　宏观审慎管理和微观审慎管理的区别

	微观审慎管理	宏观审慎管理
对公共风险的认识	风险外生	风险内生
管理目标	单个机构或个体的局部风险	整体的公共风险
管理对象	单个机构或个体	系统
管理手段	自下而上	自上而下

因此，在设计公共债务管理制度时从一种整体视角来审视现有的风险源、风险结构、传导机制及风险分担形式，把握住了财政风险这个关键节点就可以更好地平衡公共风险和债务风险。风险源往往来自众多方面，包括社会风险、自然环境风险、经济风险、政治风险等，这些风险构成了公共风险，政府应对公共风险是应有的责任，因此会以财政风险（主要体现在债务和赤字指标上）来应对公共风险，但是这里面有一个度的把握，财政风险不能太高，否则会加剧公共风险，甚至带来公共危机，所有的债务都会显性化。刘尚希（2015）指出："在现代社会，……财政风险适当主动扩大有时候是必要的，就像遭遇特大洪水时采取的'分洪'措施，有利于降低系统性公共风险，以避免全局性的公共危机。"

基于宏观审慎的治理架构设计财政货币政策，让政策可以实现协调，以此来控制公共风险，避免公共危机的发生。以财政货币协调为例，货币政策尤其信贷政策对于债务累计具有相当大的促进作用，如果任由信贷规模快速增长，这些信贷资金可能通过"影子银行"等金融衍生产品流入金融体系进行内循环，没有真正流入实体经济，还会推高企业杠杆率。另外，快速的信贷投放如果和一些地方融资行为结合起来必然会推高政府杠杆率。到最后，要么货币政策严控私人信贷，要么政府财政为赤字进行货币融资，前者可能带来债务—通缩，后者可能带来通胀。

宏观审慎管理还要有国际视野，2008 年国际金融危机给了各国一个教训，那就是风险的跨国传染所带来的负面冲击。应对公共风险是政府的公共职能所在，这就需要进行宏观政策的国际协调，通过协商建立风险的监管合作机制，实现多边信息交换和共享，建立灵活的国际救援体系。从 G7、G8

到 G20，越来越多的国家认识到国际协调的重要性，宏观审慎的理念被越来越多的国家所认同，我们的公共债务管理中的外债部分是一个显性的债务风险，还要认真分析各种外部不利冲击对我国经济的各种或明或暗的影响，例如税源跨境转移、投资贸易转移等问题，这些都需要在公共债务管理制度中加以考虑。

4. 建立完备的债务问责机制来彻底扭转债务刚性增长态势

要真正触动地方政府，使得其观念和行为能够适应党的十九大提出的经济高质量发展的要求，就必须设计一套有效的体制机制来切实加以保障，其中最关键的是债务问责机制的设计。有效的债务问责可以打破地方政府和国有企业的各种预算软约束，消除刚性兑付的预期，最大限度地减少公共风险。具体来说包括以下几点：

一是把"终身问责、倒查责任"的债务问责机制纳入政绩考核体系。有了这个要求，地方政府在举债时就会瞻前顾后，仔细斟酌。要实现这个要求，中央政府应将债务风险控制纳入中央对地方的政绩考核体系，省以下各级政府同样由上一级政府把下一级政府的债务风险纳入政绩考核体系，对政府各种变相融资举债实行终身追责。对地方政府违法举债担保和发生区域性系统性债务风险的，组织提拔实行一票否决。对于部分金融机构、国有非金融企业出现的违法违规融资行为应该一并问责处罚。

二是新增债券分配要和地方控制债务风险绩效挂钩。除了已有的分配因素外，每年人大安排新增债券额度分配时，要和地方债务规范管理和控债、化债绩效挂钩。对那些控制债务风险较好的地区实行一定程度地专项奖励，或者提高其地方政府债券分配额度。

三是实行联合问责以提高问责效果。审计部门可以提供部分线索，财政部门按照《预算法》规定，认定责任后提供给有权处罚部门，按规定启动问责处罚程序；及时将处罚结果在全国范围内通报，抄送审计、纪检监察、组织人事等部门，将涉及提供融资的金融结构名单告知央行、银监会等金融监管部门，由其对相关金融机构向地方政府提供融资及是否要求政府、财政提供担保的情况进行核实，根据核实后的情况依法实施处罚。这种联合问责机制可以充分发挥问责的协同效应，对债务风险涉及各方进行有效的警示和处置，体现出宏观审慎管理的特点。

5. 扩大部分地区地方债市场化发行规模

一是加快政府信用评级市场建设。随着地方政府资产负债表编制改革的推进，政府综合财务报告会陆续披露，这些财务和财政信息有助于政府信用评级机构来做出科学的评级。在对政府信用评级机构的管理上，可以制定统一的政府信用监管法，提高法律级次，避免多头监管和行政干预过多的问题，使得其评级尽可能地客观、公正、专业；同时要制定信用评级机构的"黑名单"制度，对那些有虚假记载、误导性陈述或者负有重大遗漏的民事法律责任的机构给予处罚并列入"黑名单"，视情节严重程度设定市场禁入期。

二是可以在有发行基础的部分市县进行自主市场化发行地方债试点。地方债发行实际上可以减少地方各种隐性债务融资渠道，可以将隐性债务显性化，让地方成为偿债主体，这有助于明晰各级政府事权和支出责任。政府信用是政府的重要资源，政府保持较高的信用等级就会有更多的市场化发债空间，可以缓解地方融资压力。当然，要保持合理的债券发行规模和科学的利率定价，前提是公正的信用评级以及全面规范的信息披露，这可以激励地方不断强化财政管理和提高财政运行效率，来保持较高的信用等级，并吸引更多的投资者购买。

参考文献

王小鲁、樊纲、余静文：《中国分省份市场化指数报告（2016）》，社会科学文献出版社，2017。

周黎安：《晋升博弈中政府官员的激励与合作——兼论我国地方保护主义和重复建设问题长期存在的原因》，《经济研究》2004 年第 6 期。

徐现祥：《经济特区：中国渐进改革开放的起点》，《世界经济文汇》2008 年第 2期。徐现祥、王贤彬：《晋升激励与经济增长：来自中国省级官员的证据》，《世界经济》

2010 年第 2 期。

周黎安：《中国地方官员的晋升锦标赛模式研究》，《经济研究》2007 年第 7 期。

罗党论、佘国满、陈杰：《经济增长业绩与地方官员晋升的关联性再审视——新理论和基于地级市数据的新证据》，《经济学季刊》2015 年第 4 期。

刘尚希：《财政与国家治理：基于三个维度的认识》，《中国财经报》2015 年 7 月 7 日，第一版。

刘尚希：《财政新常态：公共风险与财政风险的权衡》，《光明日报》2015 年 3 月 18 日，第 15 版。

Abstract

This report is written around issues related to China's fiscal policy and is divided into four major sections.

The first major section is the general report, which includes two parts. It looks forward to the 2018 fiscal policy while reviewing the 2017 fiscal policy. *The Main Content and Effect Evaluation of Chinese Proactive Fiscal Policy in 2017* proposes that the 2017 fiscal policy will show a transition from "positive" to "actively effective" and from the "demand-side total" adjustment to the "supply-side structural" adjustment. The classification of active fiscal policies in 2017 revealed that it has focused on promoting the implementation of "supply-side structural reforms" in many aspects such as agriculture, popular entrepreneurship and innovation, import and export, ecological civilization construction, government and social capital cooperation, and local government debt management.". Finally, we point out that the active fiscal policy has played an important role in stabilizing economic growth, reducing the cost of the real economy, promoting supply-side structural reforms, and advancing reform of the fiscal and taxation system. *Outlook: Chinese Fiscal Policy in 2018 for the Fiscal Policy of Public Risk Management* starts from the perspective of public risk management and points out that the future fiscal policy should meet the requirements of reducing the uncertainty of economic, social development and reform. The paper proposes specific suggestions for each aspect.

The second section is the public finance and macroeconomic section, including two parts. We will review and forecast the economic and social situation and the financial performance of China respectively. *The Analysis of the Characteristics of Chinese Economic, Social and Financial Operations in 2017* summarizes the features of China's economic, social, and financial operations in 2017 and proposes the risks that need to be addressed in the future. The analysis points out that in the aspect of economic operation, the structural reform on the supply side has achieved remarkable results, the investment, consumption, and export structure have been continuously optimized, and the conversion of old kinetic energy to new kinetic energy has been accelerating. From the perspective of industry, region, and microeconomic aspects, the Chinese economy has strong upward momentum and the economy is performing well. In social operation, employment is better than expected. The aging of the population is accelerating and the population mobility is slowing down. The income distribution gap between urban and rural residents has shrunk, and the non-agricultural industry's income has grown rapidly. In terms of financial operations, social spending has continued to increase, the quality of fiscal revenue has improved, the tax structure has become more reasonable, and regional fiscal revenue has become more balanced. *Chinese Social and Economic Situation*, *Financial Revenue and Expenditure Forecast in 2018* constructed the ARIMA model. Using relevant data, the economic and social situation in 2018, as well as fiscal revenues and expenditures and key taxes were forecasted. In terms of social economics, the GDP growth rate will fall slightly to 6.6% . Investment still maintains medium- and high-speed growth, among which the low growth rate of private investment needs to be highly valued. The final consumer spending growth will reach 11.74% , and the growth rate of online consumption is strong. Net exports of goods and services fluctuate greatly. The CPI will rise moderately, and the PPI will rise slightly. With respect to fiscal revenue, fiscal revenue will still maintain a relatively high growth rate, quality will be improved, tax revenue will grow faster, and non-tax revenue will be further regulated. With regard to fiscal expenditure, fiscal expenditure will maintain moderate growth, the structure will be further optimized, and key expenditures will be further effectively guaranteed.

The third section is the policy evaluation section, which consists of three parts and analyzes and evaluates the government policies. *Analysis of the Effect of Chinese Government Investment* has evaluated the effect of government investment on the economic, social and ecological environment and put forward relevant policy recommendations. It is believed that the proportion of government investment in underdeveloped areas and rural areas should be increased, private investment should be guided, and the gap between urban and rural areas between rich and poor should be reduced. *An Assessment of Chinese Reform Program to Replace the Business Tax with a Value-added Tax* reviews the reform process. Quantitative analysis of qualitative analysis, statistical data, and questionnaires are used to comprehensively evaluate the implementation of the reform over the past five years and the positive results achieved. The focus is on the effects of reforms, tax reductions, and expected effects, and conclude that the reforms have basically achieved the expected goals of reform. At the same time, it points out that due to the complexity of the value-added tax system, China's value-added tax still has room for further reform and improvement, and puts forward corresponding suggestions. *Regional Effects of Chinese Proactive Fiscal Policy* is based on the perspective of regional economics and empirically analyzes the economic and social effects of procative fiscal policies in four major regions. The economic effects mainly studied the impact of positive fiscal policies on regional economic growth, private investment, private consumption and employment. The social effects mainly studied the influence of active fiscal policies on the level of regional education, medical care, and the incidence of poverty. The study finds that there are differences in the economic and social effects of active fiscal policies in different regions. After considering the regional financial competition, the spatial econometric model was used to further empirically study the economic and social effects of the proactive fiscal policies.

The fourthsection is the risk management section, which consists of two parts. The section analyzes various types of risks and studies the corresponding risk response measures. *Fiscal, Monetary and Financial Policies Are Coordinated to Protect Against Risks* starts from the management of macro-risk and proposes the policy control orientation of macro-risk management. It constructs a regulatory framework for fiscal and financial policies based on resisting risk together, and discusses fiscal and taxation policies and monetary and financial policies for macro-risk management. Based on the current macroeconomic risks, it proposes a relatively complete mechanisms and the policy collocation of fiscal and financial policies to cope with risks. *The Management of Local Government Debt Risks* begins with an examination of the changes in local government debt and analyzes how the development of local government debt occurred under the macroscopic background of industrialization, marketization and urbanization. It analyzes the changes in local government debts and describes the current hierarchical structure and term structure of local government debts. Secondly, it analyzes the problems existing in the management of local government debts. Then introducing the current fiscal government debt management reform measures. Finally, it reflects on the failure of management under the existing institutionalism thinking, and proposes policy recommendations from the perspective of behaviorism.

Keywords: Fiscal Policy; Supply-side Structural Reforms; Economic Situation; Fiscal and Taxation System Reform; Pubic Risk

Contents

I   General Report

Abstract: The year 2017 is the second year of the implementation of the 13th Five-year Plan, and it is also the second year that Chinese decision-makers put forward the Supply-side Structural Reform. This year, the fiscal policy in China has shown shifts from proactive to proactive and effective, and from the demand-side aggregate to the Supply-side Structural adjustment. China's proactive and effective fiscal policy focuses on promoting and implementing Supply-side Structural Reform and fully embodying its advantages of structural adjustment. In 2017, China's fiscal policy covers a wide range of fields, mainly focusing on agriculture, mass entrepreneurship and innovation, foreign trade, ecological civilization construction, Public-Private Partnership, local government debt management and so on. It has played an important role in stabilizing economic growth, lowering the cost of the real economy, promoting Supply-side Structural Reforms, optimizing the economic structure, advancing reform of the fiscal and taxation systems, and promoting the development of the social undertakings.

Keywords: Fiscal Policy; Supply-side Structural Reform; Steady Growth; Fiscal and Taxation System Reform

B. 2　Outlook: Chinese Fiscal Policy in 2018 for the Fiscal

　　Policy of Public Risk Management　　　　*Shi Yinghua* / 026

Abstract: Fiscal policy is an important tool for the realization of national governance. It is also an important means of macro management. The uncertainty of the future economic and social development is increasing, thus macro management should enter a higher level of public risk management after focus from demand management to supply side management. This also accords with the demand that our country pay more attention to the quality of development Instead of economic growth. The future fiscal policy should aim at improving the state of employment, to deal with various uncertainties in the state of employment. The target of fiscal policy in 2018 should be more focused on promoting employment equity. In the future, fiscal policy is turning to public risk management. Essentially, it is to infuse certainty in every field of economy and society, and to hedge all kinds of uncertainty and risk challenges with certainty.

Keywords: Fiscal Policy; Public Risk; Risk Management; Employment

II　Public Finance and Macroeconomics

B. 3　The Analysis of the Characteristics of Chinese Economic,

　　Social and Financial Operations in 2017　　*Wang Zhigang* / 040

Abstract: In 2017, Chinese economic, social and financial operations generally showed a "steady progress" trend. The supply-side structural reform achieved remarkable results. The acceleration of the conversion of old and new economic impetus was manifested in many aspects and the quality of economic growth also improved. In terms of industries, regions and micro-aspects, Chinese economy started to move faster than the downward pressure and its structural growth was good. Chinese economy stabilized gradually at the bottom of "L". The employment is better than expected, and the employment capacity of the secondary and tertiary industries is high; The aging of the population has been accelerated and population mobility has slowed down; The income distribution gap between urban and rural residents has narrowed, and the income of non-agricultural industries has increased rapidly; Technological progress leads to employment growth; Social expenditure continues to increase, the quality of fiscal revenue is improved, the tax structure reflects the adjustment of economic structure, and the regional fiscal revenue balance is increased. However, some hidden dangers in the future should not be underestimated, requiring the government to pay more attention.

Keywords: Public Finance; economic situation; social situation; Supply-side Reforms

B. 4　Chinese Social and Economic Situation, Fiscal Revenue and Expenditure Forecast in 2018　　　　　*Wang Hongli* / 071

Abstract: In 2017, the Chinese economy enjoyed a strong momentum of steady growth, and GDP growth proved higher than expected. With the creasing optimization of our country's economic structure, the contribution of service industry to economic growth was becoming more and more prominent as well as the contribution of consumption to the growth of GDP kept rising. In addition, the quality and benefit continued to improve. Based on the analysis of the economic situation in 2017 and the related data of the earlier years, ARIMA model is built to forecast the economic and social situation in 2018. The results show that: in 2018, the GDP growth rate would slightly drop to 6.6%; investment would maintain medium-to-high growth, in particular, slow growth of private investment ought to be attached great importance; the growth rate of final consumption expenditure would achieve 11.74%, what's more, online spending would perform outstanding; net export of goods and services might have large fluctuation; CPI would experience mildly rising; a slight drop of PPI could be seen in 2018. Economy decides public finance, so the judgement of the situation proves the basic of forecast of fiscal revenue and expenditure. By using ARIMA method, fiscal revenue would be still growing at a high speed, more over, the quality of fiscal revenue could enjoy further improvement in 2018. In fact, tax revenue could have fast growth, however, non-tax revenue is going to be further regulated. Indeed, rapid growth would be realized during excise tax、enterprise income tax、individual income tax and resources tax. Besides, VAT could go through a medium-high rate of speed when the positive effect of "business tax to VAT" as well as cumulative effect of making structural tax reductions and cutting fees across the broad is taken into consideration; the VAT and consumption tax of import goods might play slow growth. In 2017, the progress of fiscal expenditure proved accelerated. Furthermore, the level of budget management gained further improvement, and key expenditure is effectively guaranteed, especially the expenditure about people's livelihood. Also, the poverty alleviation funds experienced huge growth. In the past years, the pulling rate of fiscal expenditure on GDP became stable. In other words, policy multiplier of active fiscal policy tended to decline. Because active fiscal policy would be held in 2018, as well as China would complete the building of a moderately prosperous society in all respects in 2020 and other elements, fiscal expenditure would maintain moderate speed. Also, the structure of fiscal expenditure would be further optimized. In addition, key expenditure would be effectively guaranteed. The results about fiscal expenditure show that: expenditure growth of social security would be 15.5%; science and technology expenditure、expenditure on agriculture, forestry and water affairs would maintain medium-to-high speed of growth; education expenditure, medical and health expenditure would gain slower growth, but the base of these has reached a larger level; transportation expenditure would be stable in 2018.

Keywords: Economic Situation; Fiscal Revenue; Fiscal Expenditure; ARI-MA; Forecast

Ⅲ   Policy Evaluation

Abstract: The effect of government investment is widely and far-reaching. This paper uses economic efficiency, social equity, ecological environment and other comprehensive indicators of to measure. The results of the analysis are as follows: in terms of economic effect: The crowding-in effect of government investment on private investment is obvious; the trend of economic activity, balance of macro economy and optimization of economic structure is positive. On the macro level, the increase of GDP、fiscal revenue and residents' income together with residents'income structure optimization, incremental capital output ratio shows that investment efficiency firstly increased and then decreased; investment stimulating employment effect shows a rapid downward trend. On the micro level, consumption and expenditure increase and structure is optimized, the percentage of retail sales of social consumer goods in GDP shows increasing trend, energyoutput has obviously positive effects and the growth of energy investment output and technology investment output. On social effect level: the improvement of personnel quality and the significantly increase of human capital, the rate of urbanization has slowed down year by year, the increase of health expenditure and the increase of urban area is larger than rural areas, and the average life expectancy has increased, the heritage industrytends to a better prospect and the output efficiency is obvious, good public security, tourism growth. On ecological environment level: the total area of afforestation increased by trend, the natural protection is generally stable, the effect of environmental governance increased obviously. Finally, the government investment policies suggestions are proposed in this paper, including: the size, direction and proportion of government investment should be planned and implemented differently according to the level of regional economic development, the government should reduce the investment proportion compatibly, the intervention of industrial policy gradually transit to the construction of market public information platform, the investment should be focused more on public service field based on the public attributesof government.

Keywords: Fiscal Expenditure; Government Investment; Economic Efficiency; Social Equity; Ecological Environment

B. 6　An Assessment of Chinese Reform Program to Replace the Business Tax with a Value-added Tax　　*Shi Wenpo* / 185

Abstract: The reform program to replace the business tax with a value-added tax is the most important tax reform in China in recent years. This article reviews the whole reform process, assesses the implementation of the reform and the positive results achieved through qualitative analysis, statistical data and quantitative analysis of a questionnaire. The assessment is focusing on the reform effect, tax cut effect and expectation effect of the reform to replace the business tax with a value-added tax. This paper argues that the reform basically achieved the expected goal and is a successful tax reform. However, due to the complexity of the VAT system, there is still room for further reform and improvement of China's VAT institutions, policies and administration after the reform. In this regard, this article also made some appropriate suggestions.

Keywords: The reform program to replace the business tax with a value-added tax; Value-added tax; Assessment of reform program.

B. 7　Regional Effects of Chinese Proactive Fiscal Policy
Liang Chengcheng / 222

Abstract: This paper focused on the regional effects of our country's proactive fiscal policy. Based on the perspective of regional economics, this paper empirically analyzed the economic and social effects of proactive fiscal policy in four major regions. The economic effects mainly focused on the impact of proactive fiscal policies on regional economic growth, private investment, private consumption and employment. The social effects mainly focused on the positive fiscal policy on the level of education, medical standards and the impact of poverty incidence. The empirical study found that: (1) With regard to economic effects, active fiscal policies had promoted regional economic growth, private investment, private consumption, and employment levels, but there have been differences in policy effects in different regions. (2) In terms of social effects, active fiscal policies had promoted regional education and medical standards; At the same time, there were obvious poverty reduction effects, but there also existed regional differences in policy effectiveness. Considering that there might had fiscal competition among regions and spillovers of policy effects, spatial econometric models were used to further empirically study the economic and social effects of active fiscal policies, it found that the economic and social effects of active fiscal policies were still very significant. Therefore, in the process of implementing the proactive fiscal policy, it is necessary to increase the inclination to backward areas, so as to better promote the coordinated and balanced development of the region.

Keywords: Active Fiscal Policy; Regional; Economic Effect; Social Effect

Ⅳ Risk Management

Abstract: Macro-risk problem is becoming the core issue of world development. In the macro risk, economic risk and social risk become the transfer carrier and prominent part of global risk. This article obtains from the macro risk management, and puts forward the policy orientation of macro risk management, constructed based on the risk altogether imperial fiscal and monetary policy framework, respectively discusses the macro risk management of the fiscal and tax policy and the monetary and financial policy, and putting forward the comparatively complete based on the current macroeconomic risks of fiscal and monetary policy, a total of risk mechanism and policy of the match.

Keywords: Macro-risk; Fiscal Policy; Monetary Policy; Defense Risk Together

B. 9   The Management of Local Government Debt Risks

Wang Zhigang / 328

Abstract: Under the background of industrialization, urbanization and marketization, more and more debt financing behaviors of local governments in China are taking place. Under the combined effect of the fiscalsystem, investment and financing system and administrative promotion assessment mechanism, local government debt increased rapidly. In particular, since the financial crisis of 2008, local governments have introduced a series of counter-cyclical policies in response to the downward pressure on the economy. Diversified investment and financing behaviors and various forms of debt borrowing have led to increasing risks of local government debt. In order to cope with the debt risks, the department adjusted the debt stock and the increment, including the establishment of the debt risk warning and disposal mechanism, but the effect was not very good. Therefore, this report will reflect on the phenomenon of management failure under the current institutionalism thinking, analyze it from the perspective of behaviorism and put forward some policy recommendations. It mainly includes shifting from compliance with the institution to adherence to the spirit of a contract, from single management to multiple governance, and from micro-prudential to macro-prudential management, to establish a complete debt accountability mechanism and to appropriately expand the issuance scale of the local bond market in some regions.

Keywords: Government Debt; Debt Risk; Institutionalism; Behaviorism

✤ 皮书起源 ✤

"皮书"起源于十七、十八世纪的英国,主要指官方或社会组织正式发表的重要文件或报告,多以"白皮书"命名。在中国,"皮书"这一概念被社会广泛接受,并被成功运作、发展成为一种全新的出版形态,则源于中国社会科学院社会科学文献出版社。

✤ 皮书定义 ✤

皮书是对中国与世界发展状况和热点问题进行年度监测,以专业的角度、专家的视野和实证研究方法,针对某一领域或区域现状与发展态势展开分析和预测,具备原创性、实证性、专业性、连续性、前沿性、时效性等特点的公开出版物,由一系列权威研究报告组成。

✤ 皮书作者 ✤

皮书系列的作者以中国社会科学院、著名高校、地方社会科学院的研究人员为主,多为国内一流研究机构的权威专家学者,他们的看法和观点代表了学界对中国与世界的现实和未来最高水平的解读与分析。

✤ 皮书荣誉 ✤

皮书系列已成为社会科学文献出版社的著名图书品牌和中国社会科学院的知名学术品牌。2016 年,皮书系列正式列入"十三五"国家重点出版规划项目;2013~2018 年,重点皮书列入中国社会科学院承担的国家哲学社会科学创新工程项目;2018 年,59 种院外皮书使用"中国社会科学院创新工程学术出版项目"标识。

中国皮书网

（网址：www.pishu.cn）

发布皮书研创资讯，传播皮书精彩内容
引领皮书出版潮流，打造皮书服务平台

栏目设置

关于皮书：何谓皮书、皮书分类、皮书大事记、皮书荣誉、
         皮书出版第一人、皮书编辑部

最新资讯：通知公告、新闻动态、媒体聚焦、网站专题、视频直播、下载专区

皮书研创：皮书规范、皮书选题、皮书出版、皮书研究、研创团队

皮书评奖评价：指标体系、皮书评价、皮书评奖

互动专区：皮书说、社科数托邦、皮书微博、留言板

所获荣誉

2008年、2011年，中国皮书网均在全国新闻出版业网站荣誉评选中获得"最具商业价值网站"称号；

2012年，获得"出版业网站百强"称号。

网库合一

2014年，中国皮书网与皮书数据库端口合一，实现资源共享。

权威报告·一手数据·特色资源

皮书数据库
ANNUAL REPORT(YEARBOOK)
DATABASE

当代中国经济与社会发展高端智库平台

所获荣誉

- 2016年，入选"'十三五'国家重点电子出版物出版规划骨干工程"
- 2015年，荣获"搜索中国正能量 点赞2015""创新中国科技创新奖"
- 2013年，荣获"中国出版政府奖·网络出版物奖"提名奖
- 连续多年荣获中国数字出版博览会"数字出版·优秀品牌"奖

成为会员

通过网址www.pishu.com.cn访问皮书数据库网站或下载皮书数据库APP，进行手机号码验证或邮箱验证即可成为皮书数据库会员。

会员福利

- 使用手机号码首次注册的会员，账号自动充值100元体验金，可直接购买和查看数据库内容（仅限PC端）。
- 已注册用户购书后可免费获赠100元皮书数据库充值卡。刮开充值卡涂层获取充值密码，登录并进入"会员中心"—"在线充值"—"充值卡充值"，充值成功后即可购买和查看数据库内容（仅限PC端）。
- 会员福利最终解释权归社会科学文献出版社所有。

数据库服务热线：400-008-6695
数据库服务QQ：2475522410
数据库服务邮箱：database@ssap.cn
图书销售热线：010-59367070/7028
图书服务QQ：1265056568
图书服务邮箱：duzhe@ssap.cn

社会科学文献出版社 皮书系列
SOCIAL SCIENCES ACADEMIC PRESS (CHINA)
卡号：337381787188
密码：

S 基本子库
UB DATABASE

中国社会发展数据库（下设 12 个子库）

全面整合国内外中国社会发展研究成果，汇聚独家统计数据、深度分析报告，涉及社会、人口、政治、教育、法律等 12 个领域，为了解中国社会发展动态、跟踪社会核心热点、分析社会发展趋势提供一站式资源搜索和数据分析与挖掘服务。

中国经济发展数据库（下设 12 个子库）

基于"皮书系列"中涉及中国经济发展的研究资料构建，内容涵盖宏观经济、农业经济、工业经济、产业经济等 12 个重点经济领域，为实时掌控经济运行态势、把握经济发展规律、洞察经济形势、进行经济决策提供参考和依据。

中国行业发展数据库（下设 17 个子库）

以中国国民经济行业分类为依据，覆盖金融业、旅游、医疗卫生、交通运输、能源矿产等 100 多个行业，跟踪分析国民经济相关行业市场运行状况和政策导向，汇集行业发展前沿资讯，为投资、从业及各种经济决策提供理论基础和实践指导。

中国区域发展数据库（下设 6 个子库）

对中国特定区域内的经济、社会、文化等领域现状与发展情况进行深度分析和预测，研究层级至县及县以下行政区，涉及地区、区域经济体、城市、农村等不同维度。为地方经济社会宏观态势研究、发展经验研究、案例分析提供数据服务。

中国文化传媒数据库（下设 18 个子库）

汇聚文化传媒领域专家观点、热点资讯，梳理国内外中国文化发展相关学术研究成果、一手统计数据，涵盖文化产业、新闻传播、电影娱乐、文学艺术、群众文化等 18 个重点研究领域。为文化传媒研究提供相关数据、研究报告和综合分析服务。

世界经济与国际关系数据库（下设 6 个子库）

立足"皮书系列"世界经济、国际关系相关学术资源，整合世界经济、国际政治、世界文化与科技、全球性问题、国际组织与国际法、区域研究 6 大领域研究成果，为世界经济与国际关系研究提供全方位数据分析，为决策和形势研判提供参考。

法律声明

"皮书系列"（含蓝皮书、绿皮书、黄皮书）之品牌由社会科学文献出版社最早使用并持续至今，现已被中国图书市场所熟知。"皮书系列"的相关商标已在中华人民共和国国家工商行政管理总局商标局注册，如LOGO（▨）、皮书、Pishu、经济蓝皮书、社会蓝皮书等。"皮书系列"图书的注册商标专用权及封面设计、版式设计的著作权均为社会科学文献出版社所有。未经社会科学文献出版社书面授权许可，任何使用与"皮书系列"图书注册商标、封面设计、版式设计相同或者近似的文字、图形或其组合的行为均系侵权行为。

经作者授权，本书的专有出版权及信息网络传播权等为社会科学文献出版社享有。未经社会科学文献出版社书面授权许可，任何就本书内容的复制、发行或以数字形式进行网络传播的行为均系侵权行为。

社会科学文献出版社将通过法律途径追究上述侵权行为的法律责任，维护自身合法权益。

欢迎社会各界人士对侵犯社会科学文献出版社上述权利的侵权行为进行举报。电话：010-59367121，电子邮箱：fawubu@ssap.cn。

社会科学文献出版社